최신시사상식

238집

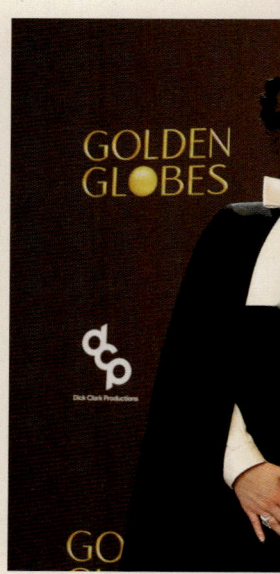

Contents

상식 요모조모

TEST ZONE

최신시사상식 238집

초판인쇄: 2026. 2. 25. 초판발행: 2026. 3. 1. 등록일자: 2015. 4. 29. 등록번호: 제2019-000137호 발행인: 박 용 편저자: 시사상식편집부
교재주문: (02)6466-7202 주소: 06654 서울시 서초구 효령로 283 서경빌딩 표지 디자인: 정재완 발행처: (주)박문각출판
이메일: team3@pmg.co.kr 홈페이지: www.pmg.co.kr

정가 11,000원   ISBN 979-11-7519-852-4

사진 출처: 연합뉴스

잠깐! 무슨 일이 있었지?
최신시사 뉴스 브리핑

돈로 독트린 | 이란 반정부 시위 | 美 미네소타 총격사태 | 윤석열 내란재판 | 중일 갈등과 한한령 | 한미 상호관세 |
코스피 5000 | 담배소송 항소심 | 2026 밀라노·코르티나담페초 동계올림픽 | AI 기본법 | 케이팝 데몬 헌터스

관세에서 영토 야욕까지, 트럼프의 다음은?

#돈로 독트린 #베네수엘라 #그린란드

지난해 1월 집권 2기 출범 이후 「상호관세」 선포로 전 세계 무역질서를 흔들었던 도널드 트럼프 미국 대통령이 2026년 시작과 함께 베네수엘라를 전격 공습해 마두로 정권을 축출했습니다. 트럼프는 곧이어 덴마크 자치령인 「그린란드」에 대한 병합 야욕을 본격화하면서, 수십 년간 이어져 왔던 동맹관계를 순식간에 무너뜨렸지요.

👍 더 알아보기 **10p**

피로 잠재운 분노, 끝 or 폭풍전야?

#하메네이 #이란혁명수비대 #팔레비

지난해 12월 28일 극심한 경제난에 항의하며 시작된 이란의 대규모 반정부 시위가 당국의 강경 진압으로 수주 만에 소강 상태로 접어들었습니다. 하지만 경제난 등 시위의 근본 원인이 해결되지 않았다는 점에서 언제든 재점화될 수 있다는 전망이 나옵니다.

👍 더 알아보기 **20p**

자국민을 향한 총구, ICE가 터뜨린 충격

#ICE #미네소타 사태

미국 미네소타주 미니애폴리스에서 1월 미국 이민세관단속국(ICE) 등 연방 요원들의 총격으로 2명의 미국 시민이 사망하면서, 트럼프 행정부의 강경 이민단속에 대한 반발이 거세지고 있습니다. 특히 민주당 출신의 전직 대통령들까지 사태에 대한 비판 성명을 내고 규탄에 나섰습니다.

👍 더 알아보기 **24p**

12·3 비상계엄, 443일 만의 판결 尹 전 대통령 1심, 무기징역 선고

#12·3 비상계엄 #내란 우두머리

서울중앙지법 형사25부가 2월 19일 12·3 비상계엄 사태와 관련해 「내란 우두머리」 혐의로 기소된 윤석열 전 대통령에게 무기징역을 선고했습니다. 이는 지난 2024년 12월 3일 비상계엄 선포 443일 만에 나온 사법적 판단입니다.

👍 더 알아보기 **41p**

희토류 꺼내든 중국, 자원전으로 번진 중일 갈등!

#이중용도 물자 #한일령 #희토류

중국 상무부가 1월 6일 군사·민간 용도로 모두 사용될 수 있는 이중용도 물자의 일본 수출을 금지한다고 발표했습니다. 특히 해당 조치에 일본의 중국 의존도가 높은 희토류가 포함돼 있어 일본 산업계의 우려가 높습니다.

👍 더 알아보기 **44p**

325일 만에 제동 걸린 관세 폭주, 트럼프의 반격은?

#상호관세 #IEEPA #행정명령

미 연방대법원이 2월 20일 도널드 트럼프 대통령이 추진해온 국가별 상호관세에 위법 판결을 내렸습니다. 그러자 트럼프 대통령은 10%의 글로벌 관세를 부과하는 행정명령에 서명한 데 이어, 해당 서명 하루 뒤에는 관세율을 법정 상한인 15%로 인상하겠다는 방침까지 내놓았습니다.

👍 더 알아보기 57p

4000 → 5000 단 87일, 박스피의 종말!

#코스피 #코스닥 #반도체 슈퍼사이클

코스피가 1월 22일 장중 사상 처음으로 5000을 돌파하면서, 한국 주식시장 공식 출범 70년 만에 새로운 기록이 쓰여졌어요. 여기에 1월 26일에는 코스닥 지수까지 2022년 이후 약 4년 만에 1000선을 돌파했습니다.

👍 더 알아보기 52p

흡연=폐암? 2심도 넘지 못한 '인과관계'의 벽

서울고등법원이 1월 15일 건보공단이 KT&G 등의 담배회사를 상대로 낸 손해배상 청구소송 항소심에서 「흡연과 폐암 사이의 개별적 인과관계를 인정하기 어렵다」며 공단의 항소를 모두 기각했습니다. 공단은 지난 2014년 보험급여 약 533억 원을 담배회사들이 배상해야 한다며 소송을 제기한 바 있습니다.

👍 더 알아보기 58p

고령화가 바꾼 암 지형도, 9위에서 1위로?

#국가암등록통계 #전립선암 #유방암

보건복지부와 국립암센터가 1월 20일 발표한 「2023년 국가암등록통계」에 따르면 관련 통계 집계 이후 처음으로 전립선암이 폐암을 제치고 남성 암 1위에 올랐습니다. 전립선암은 1999년에는 9위에 그쳤으나, 고령화와 비만 등의 영향으로 그간 빠르게 증가해왔지요. 한편, 여성의 경우 유방암이 1위로 나타났습니다.

👍 더 알아보기 65p

한국이 가장 먼저 눌렀다! 'AI 규제 버튼'

#AI기본법 #투명성 #고영향 AI

고영향·생성형 AI의 안전·투명성 확보를 골자로 한 「AI 기본법」이 1월 22일부터 시행됐습니다. 이에 한국은 AI를 포괄적으로 규제하는 법률을 세계 최초로 시행하는 국가가 됐습니다.

👍 더 알아보기 80p

올림픽 역사상 최초로 '두 도시' 이름이 붙은 대회?

#밀라노 #코르티나담페초

2월 6일부터 22일까지 이탈리아에서 열린 「2026 밀라노·코르티나담페초 동계올림픽」이 17일간의 열전을 끝내고 폐막했습니다. 이번 올림픽은 이탈리아에서 열린 세 번째 동계올림픽이자, 올림픽 역사상 최초로 두 도시의 이름을 공식 명칭에 올린 분산 개최 대회였죠.

👍 더 알아보기 76p

〈케데헌〉의 금빛 혼문, 그 끝은 어디?

#골든글로브 #그래미

넷플릭스 애니메이션 〈케이팝 데몬 헌터스〉(케데헌)가 1월 11일 열린 골든글로브 시상식에서 장편 애니메이션상과 주제가상 등 2관왕을 달성했습니다. 또 〈케데헌〉의 OST 「골든」은 2월 1일 열린 그래미어워즈에서 K팝 최초의 그래미 수상이라는 기록까지 남기면서 주목을 받았지요.

👍 더 알아보기 68p

Infographics

비만 유병률 | 음주 및 흡연 현황 | 만성질환 현황 | 5대 강력사범 접수/처리 현황 |
국내 인구 이동 | 1심·2심 무죄 현황 | 외환보유액

❶ 비만 유병률

비만 유병률 추이(체질량지수 기준)

○ 남자 ○ 여자

	2015	2016	2017	2018	2019	2020	2021	2022	2023	2024
남자	39.7	42.2	41.6	42.8	41.8	48.0	46.3	47.7	45.6	48.8
여자	25.9	26.4	25.6	25.5	25.0	27.7	26.9	25.7	27.8	26.2

출처: 2023 국민건강통계; 질병관리청(국가승인통계 제117002호, 국민건강영양조사)

🏔 지표분석

비만 유병률(만19세 이상, 표준화)은 2024년 38.1%(남자 48.8%, 여자 26.2%)로 매년 지속적으로 증가하고 있다. 다만 여자의 경우 소폭적인 등락을 오가고 있다.

- 비만 유병률: 체질량지수(kg/m²) 25 이상인 분율
- 체질량지수(kg/m²) 기준으로 저체중 18.5 미만, 정상 18.5 이상 23 미만, 비만 전 단계 23 이상 25 미만, 비만 25 이상인 분율

❷ 음주 및 흡연 현황

월간 음주율

○ 남자　○ 여자

출처: 2023 국민건강통계; 질병관리청(국가승인통계 제117002호, 국민건강영양조사)

📊 지표분석

현재 흡연율(만19세 이상, 표준화)은 2023년 남자 28.5%, 여자 4.2%로 2023년에 비해 남자는 3.9%p, 여자는 2.1%p 감소했다.

- 현재 흡연율: 평생 일반담배(궐련) 5갑(100개비) 이상 피웠고 현재 일반담배(궐련)를 피우는 분율(2019년부터 기존 담배를 일반 담배(궐련)로 용어 변경), 만 19세 이상

월간 음주율(만19세 이상, 표준화)은 2024년 남자 68.2%, 여자 51.4%로 2023년에 비해 남자는 0.2%p, 여자는 1.3%p 증가했다.

- 월간 음주율: 최근 1년 동안 한 달에 1회 이상 음주한 분율, 만 19세 이상

❸ 만성질환 현황

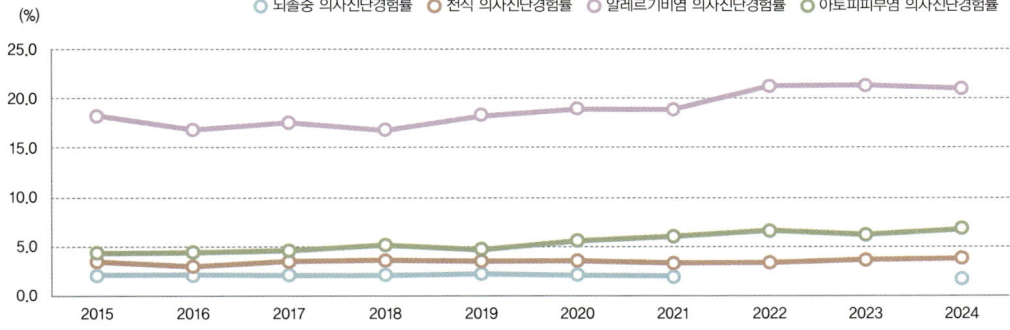

○ 뇌졸중 의사진단경험률　○ 천식 의사진단경험률　○ 알레르기비염 의사진단경험률　○ 아토피피부염 의사진단경험률

출처: 2023 국민건강통계; 질병관리청(국가승인통계 제117002호, 국민건강영양조사)

📊 지표분석

만성질환은 사람 간 전파가 없는 비감염성 질환을 말하며, 질병의 진행 속도가 완만한 것이 특징이다. 이는 크게 심혈관 계질환(심근경색 및 뇌졸중), 암, 만성폐질환(만성폐쇄성폐질환, 천식), 당뇨병으로 분류(2015, WHO)할 수 있다.
2024년 뇌졸중 의사진단경험률은 1.3%로 매년 줄어드는 추세에 있다. 천식은 2024년 3.4%로 2015년 이후 계속 3% 대에서 등락을 오가고 있다. 알레르기비염은 20.9%로 비교적 높은 수치가 매년 계속되고 있고, 아토피피부염의 경우 2024년 6.6%로 전년 5.8% 대비 증가했다.

❹ 5대 강력사범 접수/처리 현황

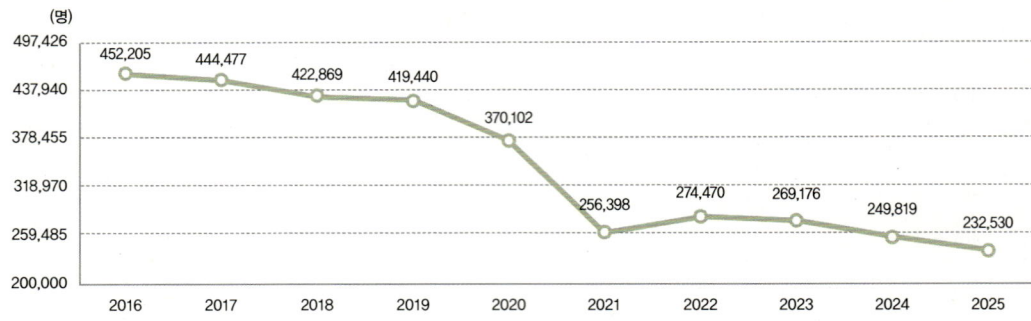

출처: 대검찰청(검찰통계시스템)

🏔 지표분석

5대 강력사범은 폭력사범, 흉악사범, 성폭력사범, 약취·유인사범, 방화·실화사범을 말한다. 5대 강력사범은 2009년까지는 증가 추세였으나 정부의 강력범죄 엄정 대처 등으로 2010년 대폭 감소했다. 이후 2014년까지는 일정한 수준을 유지하다 2015년 다소 증가한 추세를 보였으나, 2017년 이후부터 다시 감소 추세에 있다.

❺ 국내 인구 이동

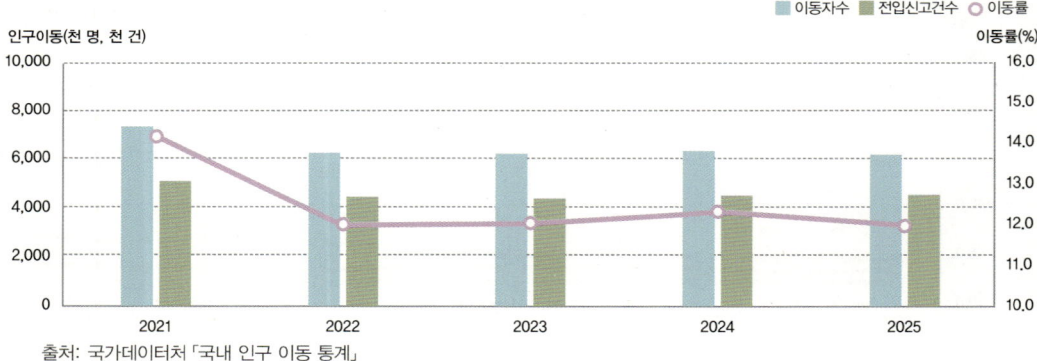

출처: 국가데이터처 「국내 인구 이동 통계」

🏔 지표분석

국내 인구 이동 통계는 지역 간의 균형적 국토개발, 교통, 교육 및 주택 등의 각종 정책수립 자료와 지역별 인구추계에 필요한 기초자료를 제공하는 데 활용된다. 2025년 12월 국내 인구 이동 결과, 이동자 수는 52만 8000명으로 전년 동월 대비 0.8% 증가했다. 또 인구이동률(인구 1백 명당 이동자 수)은 12.2%로 전년 동월 대비 0.1%p 증가했다.
시도별 순유입률은 인천(1.1%), 충북(0.7%), 충남(0.4%) 순으로 높고, 순유출률은 광주(-1.0%), 제주(-0.6%), 울산(-0.5%) 순으로 높다.

❻ 1심·2심 무죄 현황

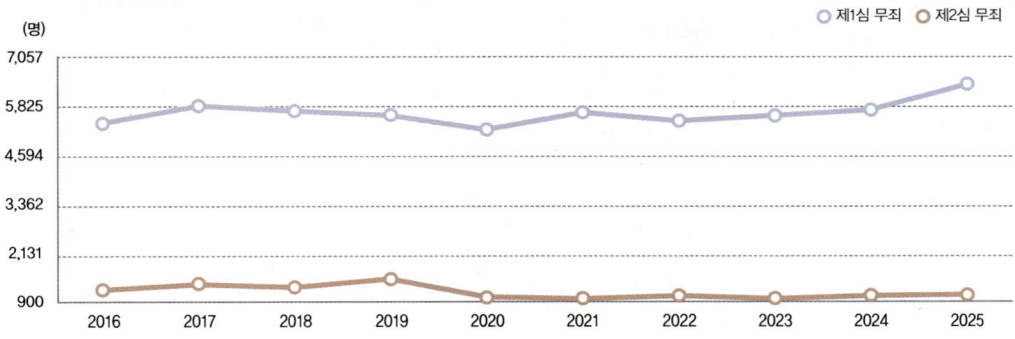

○ 제1심 무죄   ○ 제2심 무죄

출처: 대검찰청(검찰통계시스템)

🔺 지표분석

2025년 제1심 무죄율은 1.06%로 전년 대비 0.15%p 감소, 제2심 무죄율은 1.29%로 전년 대비 0.07%p 감소했다. 형사재판 1심 무죄판결의 경우 2016~2022년까지 무죄선고율이 소폭 증가하는 추세를 보이다 2022년부터 감소 추세에 있다. 형사재판 2심 무죄판결의 경우 2016년 이후 최저 무죄율을 보이고 있다.

❼ 외환보유액

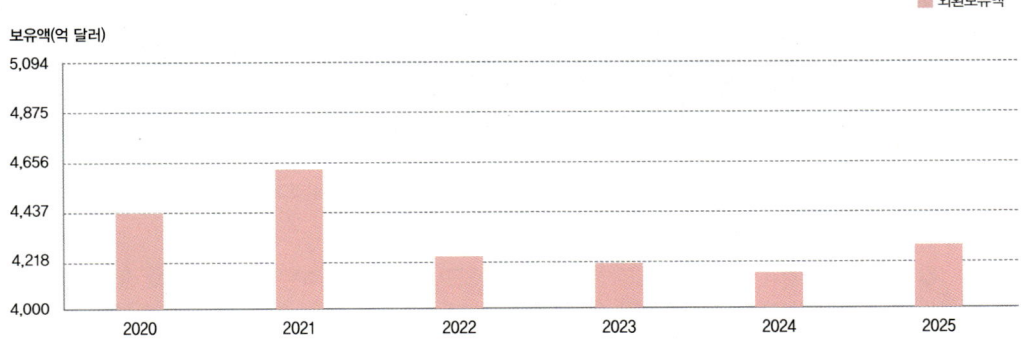

■ 외환보유액

출처: 한국은행(ECOS 경제통계시스템)

🔺 지표분석

2026년 1월 말 현재 우리나라의 외환보유액은 4,259.1억 달러로 전월 말(4,280.5억 달러) 대비 21.5억 달러 감소했다. 외환보유액 추이를 살펴보면 ▷2020년 4,431.0억 달러 ▷2021년 4,631.2억 달러 ▷2022년 4,231.6억 달러 ▷2023년 4,201.5억 달러 ▷2024년 4,156.0억 달러 ▷2025년 4,280.5억 달러로, 2021년 이후 소폭의 등락을 오가는 추세다. 특히 2025년 12월 말 기준 우리나라 외환보유액은 4,280.5억 달러로, 규모 면에서 중국·일본·스위스·러시아·인도·대만·독일·사우디아라비아에 이어 세계 9위 수준이다.

트럼프의 팽창주의 야욕,
전 세계 휘젓는
'돈로 독트린'

⬥ 도널드 트럼프 미국 대통령이 베네수엘라 군사작전을 시행한 1월 3일 이에 대한 기자회견을 갖고 있다. (출처: 연합뉴스)

지난해 1월 집권 2기 출범과 함께 전 세계를 상대로 한 「상호관세」 선포로 세계무역기구(WTO)를 중심으로 수십 년간 이어져온 무역질서를 흔들었던 도널드 트럼프 미국 대통령이 2006년 시작과 동시에 베네수엘라를 전격 공습해 니콜라스 마두로 대통령을 체포·압송했다. 트럼프 대통령은 곧이어 덴마크 자치령인 그린란드 병합 의도를 드러내면서 덴마크·나토(NATO)와 이어져 왔던 동맹관계도 순식간에 무너뜨렸다.

이와 같은 일련의 상황을 두고 트럼프 대통령이 서반구를 사실상 지배하겠다는 의도를 담은 「돈로 독트린(Donroe Doctrine)」을 현실화하고 있다는 평가다. 실제로 미 백악관은 지난해 12월 5일 「2025년 국가안보전략(NSS)」 보고서를 통해 돈로 독트린을 공식화한 바 있다. 그리고 얼마 지나지 않아 베네수엘라 군사작전이 단행되면서, 트럼프 행정부가 본격적으로 제국주의적 영토 확장 야욕을 드러냈다는 분석이 나온다.

무엇보다 미국의 베네수엘라 공습으로 트럼프 대통령이 위협성 발언을 지속해 온 국가들의 긴장은 더욱 고조됐는데, 트럼프는 1월 4일 콜롬비아와 쿠바 등 중남미의 반미 정권에 잇따라 경고 메시지를 보냈다. 이러한 긴장은 미국의 오랜 우방국인 캐나다도 예외가 아니었는데, 이는 트럼프 대통령이 집권 직후부터 「캐나다는 미국의 51번째 주」라는 발언을 반복해온 데 따른 것이다.

미국의 베네수엘라 공습,
'돈로 독트린' 현실화되다

지난해 1월 집권 2기를 시작한 도널드 트럼프 미국 대통령은 취임 직후부터 덴마크령 그린란드와 캐나다의 미국 복속 의지를 드러내고, 파나마운하 운영권 회수를 압박하면서 논란을 일으켰다. 미국 《뉴욕포스트》는 이를 두고 「돈로 독트린(Donroe Doctrine)」이라 명명했는데, 이는 서반구 패권 확보와 중국·러시아의 접근 차단을 내세운 미국의 외교·안보 전략을 말한다. (☞ 17p Q1.)

특히 트럼프 대통령은 남미 국가 개입을 노골화했는데, 남미 우파 정권에는 경제적 지원과 외교적 보상을 약속한 반면 반미·좌파 정권에는 지속적인 위협을 가하기 시작했다. 무엇보다 베네수엘라에 대해서는 미국으로 마약이 유입되는 주요 통로 국가라며 「마약과의 전쟁」을 선포하고, 니콜라스 마두로 베네수엘라 대통령을 마약테러조직의 수장으로 지목하고 나섰다. 이어 지난해 9월부터는 베네수엘라 인근 해역에 핵추진 항공모함 등의 병력을 전개하며 군사적 압박을 가하다가, 결국 1월 3일 베네수엘라를 전격 공습해 마두로 대통령 부부를 체포하기에 이르렀다.

미국의 베네수엘라 공습, 그 이유는?

미군이 1월 3일 베네수엘라 수도 카라카스를 전격 공습해 니콜라스 마두로(63, ※ 시사인물 참조) 베네수엘라 대통령 부부를 생포한 뒤 미국 뉴욕으로 강제 이송(작전명 「확고한 결의(Operation Absolute Resolve)」)했다. 이처럼 미군이 다른 주권국가 영토에 들어가 지도자를 생포해 미 본토로 이송한 사례는 1990년 파나마의 실권자 마누엘 노리에가 이후 36년 만에 이뤄진 것이다.

미국은 이 베네수엘라 군사작전의 공식 명분으로 마약테러(마두로 정권이 마약 카르텔과 결탁

돈로 독트린(Donroe Doctrine)

1823년 미국 제5대 대통령 제임스 먼로(1758~1831)가 아메리카 대륙에서 미국의 패권을 강조하며 천명했던 「먼로 독트린(Monroe Doctrine)」과 도널드 트럼프 대통령의 이름을 합친 말이다. 먼로 독트린이 유럽 열강의 아메리카 대륙 개입에 반대하는 정책이라면, 돈로 독트린은 중국과 러시아의 서반구(미주 대륙)에서의 영향력 확대를 억제하고 이 지역에서 미국의 단일 패권을 회복하고자 하는 것을 핵심으로 한다.

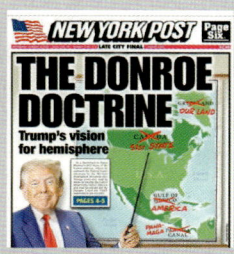

▲ 도널드 트럼프 대통령의 영토 확장 주장을 「돈로 독트린」으로 명명했던 뉴욕포스트 1면 표지

해 미국으로 펜타닐과 코카인을 유입시키고 있다는 것)를 내세웠지만, (☞ 17p Q2.) 실제로는 세계 최대 매장량을 지닌 베네수엘라의 석유 통제권을 회복하고 서반구에서 중국과 러시아의 영향력을 없애려는 의도가 있다는 분석이다. 중국의 경우 2007년 이후 베네수엘라 인프라에 대규모 투자를 거듭하며 중남미 「일대일로(一帶一路)」의 교두보로 활용하고 있으며, 러시아는 베네수엘라에 대량의 무기를 판매하는 등 군사적 밀월 관계를 유지하고 있다.

베네수엘라는 어떤 나라?

남아메리카 북단에 위치한 베네수엘라는 풍부한 천연자원 수출로 20세기 중반까지만 해도 중남미에서 가장 부유한 국가 중 하나였다. 하지만 원유 수출에만 치중해 제조업과 산업 다각화에 소홀했던 데다, 우고 차베스(1999~2013년 재임) 집권 시기 복지 지출을 대폭 확대하면서 정부 부채가 급증하기 시작했다. 여기에 이 시기 석유산업을 전면 국유화하며 기술 경쟁력도 약화된 가운데, 국제 유가까지 하락하면서 불황에 들어섰다. 특히 2013년 차베스의 후계자였던 마두로의 집권 이후 초인플레이션에 부딪히며 국가 경제는 최악으로 치달았다. 또 마두로 대통령의 장기집권 시도 등의 정치적 혼란도 이어지면서 베네수엘라 인구의 3분의 1에 달하는 국민들이 인근 국가로 대거 탈출하며 혼란이 극에 달했다.

✎ 미국은 1918년 베네수엘라가 원유를 처음으로 수출한 이래 베네수엘라 원유의 주요 수입국 중 하나였으며, 미국 엑슨모빌·걸프오일 등의 기업들이 베네수엘라에 진출하기도 했다. 하지만 차베스 전 베네수엘라 대통령이

2007년 자원민족주의를 앞세워 석유산업을 국유화하면서 미국 석유기업들의 자산 일부가 강제 몰수됐다. 여기에 베네수엘라의 반미 노선이 강화되며 양국 갈등이 고조됐는데, 2016년 트럼프 1기 행정부 출범 이후 양국 관계는 더욱 악화됐다. 특히 트럼프 대통령은 지난 2018년 베네수엘라의 대선이 부정선거라며 마두로의 재선을 인정하지 않았고, 야당 지도자인 후안 과이도 국회의장을 국가원수로 승인하기도 했다.

돈로 독트린, 신호탄 쏘다

미국의 베네수엘라 공습을 두고 트럼프 행정부가 외교안보 정책의 최우선 순위로 천명했던 「돈로 독트린」의 신호탄을 쏜 것이라는 분석이 나왔다. (☞ 17p Q3.) 트럼프 대통령은 마두로 대통령을 미국으로 압송한 뒤 가진 기자회견에서 「서반구에서 미국의 지배력이 다시는 의문시되지 않을 것」이라고 밝혔는데, 이에 미국의 베네수엘라 공습이 향후 미국·중국·러시아가 각자의 세력권에서 지배력 강화에 본격적으로 나서는 계기로 작용할 것이라는 우려가 높아졌다. 아울러 미국의 마두로 대통령 체포 작전은 베네수엘라 영토 안에서 미국의 군사력을 사용해 주권국가를 굴복시켰다는 점에서 국제법 위반 논란도 일으켰다. (☞ 17p Q4.) 하지만 미국 정부는 마두로가 미국에서 이미 기소돼 범죄자로 규정된 인물인 데다, 군사 개입이 아닌 범죄자 체포이기 때문에 국제법 위반이 아니라는 주장을 펴고 있다.

마두로 체포 이후 베네수엘라는?

트럼프 대통령은 마두로 대통령 부부를 미국으로 체포·압송한 1월 3일 긴급 기자회견을 열고 「적절하게 (정권이) 이양될 때까지 베네수엘라를 운영(run)할 것」이라고 밝혔다. 이어 1월 4일 마코 루비오 미 국무장관은 「트럼프 대통령의 베네수엘라 운영 발언은 국가 자체가 아니라 정책을 운영하겠다는 뜻」이라고 설명했다. 그리고 1월 5일에는 델시 로드리게스(56) 베네수엘라 부통령이 마두로 대통령 부재에 따른 통치권 수행을 위해 임시 대통령에 취임했다. 로드리게스 임시 대통령은 마두로 정권의 부통령이자 핵심 부처인 석유장관을 겸임했던 인물이다. 로드리게스는 당초 마두로 체포 직후 그를 송환하라며 강력 반발했으나, 1월 4일 미 행정부에 협력하겠다는 뜻을 밝히며 하루 만에 입장을 바꿨다. 이에 대해서는 트럼프 대통령이 2차 공격 가능성을 제기하며 압박을 이어간 데 따른 것으로 풀이됐다.

마두로 재판 일정 돌입 미국에 체포 구금된 마두로 베네수엘라 대통령 부부가 1월 5일(미 동부 시간 기준) 뉴욕 맨해튼 남부연방법원에 처음 출석하면서 재판 일정이 시작됐다. 마두로 대통령은 마약테러, 코카인 수입 공모, 기관총 소지 등의 각종 범죄혐의를 받고 있다. 미국은 지난 1989년에도 파나마의 노리에가 대통령을 마두로 대통령과 비슷한 혐의로 미국으로 압송해 재판을 진행한 바 있다. 당시 노리에가는 국가원수로서의 면책특권을 주장했으나 받아들여지지 않았고, 결국 징역 40년형을 선고받았다.

美 행정부의 과거 중남미 지도자 축출 사례

시기	국가(축출 대상)	축출 이유
1954년	과테말라(하코보 아르벤스 구스만 대통령)	토지개혁을 시행하며 미국 자본·기업을 밀어내고 공산당 합법화 → 미국, 반군 지원하며 정부군 공격을 사주해 구스만 축출
1971년	볼리비아(후안 호세 토레스 대통령)	미국 소유 광산을 국유화하는 등 반미 노선 개혁 강행 → 우고 반세르 대령의 쿠데타로 축출
1973년	칠레(살바도르 아옌데 대통령)	다국적 기업 국유화 등을 추진해 미국과 갈등 → 미국 CIA의 칠레 군부 지원으로 쿠데타 발생하며 붕괴
1989년	파나마(마누엘 노리에가 대통령)	마약 관련 범죄가 드러나며 미국 정부의 압박을 받자 반미 노선으로 전환 → 미국, 파나마 침공해 노리에가 축출

✎ 유엔난민기구(UNHCR)에 따르면 마두로 집권 이듬해인 2014년 이후부터 현재까지 베네수엘라를 떠난 인구는 전체 인구의 20~30%에 달하는 약 790만 명으로 추산

되며, 이 가운데 80%가량은 콜롬비아·칠레·페루 등의 인근 국가에 머물고 있다. 이처럼 베네수엘라를 떠나 해외 여러 지역에 흩어져 거주하는 베네수엘라인들의 집단을 가리켜 「베네수엘라 디아스포라(Diaspora)」라고 하는데, 향후 이들의 목소리가 베네수엘라의 향방을 결정 짓는 중요 변수가 될 것이라는 전망이 나온다.

트럼프의 '그린란드' 야욕, 80년 이어진 동맹에 균열을 일으키다

트럼프 대통령이 베네수엘라 공습 이후인 1월 7일 덴마크 자치령인 그린란드 매입을 공식적인 외교정책 목표로 천명하고 군사력 사용까지 언급하면서, 덴마크는 물론 나토 동맹국들의 우려를 높였다. 트럼프는 앞서 1기 행정부 때인 2019년에도 그린란드 매입 검토를 지시하면서 외교 문제를 일으켰는데, 이때만 해도 트럼프 특유의 거래기술 정도로 치부됐다. 하지만 트럼프는 2024년 대선에서 당선된 후부터 그린란드 야욕을 지속적으로 드러내 왔는데, 베네수엘라 공습 사태를 계기로 그린란드 야욕은 실체적 위협으로 부상하게 됐다.

▲ 도널드 트럼프 미국 대통령이 1월 20일 자신의 트루스소셜에 올린 이미지로, 트럼프가 그린란드에서 대형 성조기 깃발을 들고 서 있는 모습을 합성했다.

트럼프의 그린란드 야욕, 왜? 트럼프 대통령이 그린란드 병합 야욕을 부리는 것은 이곳이 지닌 안보적 가치와 자원 때문인 것으로 분석된다.

안보 안보 측면에서 그린란드는 북미와 유럽의 가운데에 자리해 공군과 미사일 전력 운용 등에 유리하며, 북극권의 유일한 미군 기지(피투피크 미국 우주군 기지)가 위치한 곳이기도 하다.
여기에 뉴욕과 모스크바(러시아)의 중간에 있는 그린란드의 지정학적 위치도 러시아와 중국의 영향력을 차단할 수 있다는 점에서 중요하다.

자원 그린란드는 희토류와 석유, 천연가스 등의 자원이 대량 매장된 것으로 추정되는데, 이는 중국에 희토류를 의존하고 있는 미국으로서는 중국과의 패권 경쟁에서 유리한 위치를 점할 수 있는 기반이 된다.
또 그린란드는 지구온난화로 빙하가 급속히 녹으면서 향후 북극항로의 교두보로 꼽히고 있는 지역이기도 하다. 북극항로는 항해 기간을 단축시켜 물류비 절감에 큰 역할을 할 것으로 전망되는데, 이 때문에 러시아와 중국을 비롯한 전 세계의 주요 국가들이 북극항로 개발에 적극 나서고 있는 상태다.

그린란드(Greenland)

북아메리카 북동부 대서양과 북극해 사이에 위치한, 면적 약 216만 5600km² 규모의 세계에서 가장 큰 섬이다. 그린란드는 나토(NATO·북대서양조약기구) 회원국인 덴마크의 자치령으로, 약 5만 6000명이 거주한다. 1721년 그린란드에 정착한 덴마크인들은 1814년부터 식민 지배를 시작했다. 그린란드는 1979년 자치령이 되면서 어느 정도의 자율성을 인정받기는 했으나, 2008년 주민투표에 따른 자치법안 통과로 2009년 6월부터는 외교·국방·통화권을 제외한 치안·사법·회계 등 대부분의 영역에서 자치권을 행사하고 있다.

면적	216만km²(한반도의 9배. 영토의 80% 이상이 빙하)
수도	누크
공용어	그린란드어, 덴마크어
인구	5만 6000여 명
인종	이누이트 88%, 덴마크 및 유럽 12%
국가원수	덴마크 프레데릭 10세

美·덴마크·그린란드 회담 성과 無

미국의 그린란드 병합 요구가 노골화되는 가운데, 미국·덴마크·그린란드가 그린란드 문제를 논의하기 위해 1월 14일 첫 고위급 회동에 나섰다. 하지만 미국이 그린란드에 대한 병합 의지를 고수하고 덴마크와 그린란드가 이를 용납할 수 없다고 맞서면서, 현격한 입장 차이만 확인한 채 회담이 종료됐다. (☞ 17p Q5.) 특히 덴마크 국방부는 이날 「그린란드 일대에 병력을 비롯해 항공기와 함정을 추가 배치할 것」이라며 「북극의 인내 작전」에 돌입했다고 밝혔다. 덴마크 국방부는 해당 훈련이 북극에서의 동맹 활동을 강화하며 유럽과 북극 지역의 안보를 강화하기 위한 목적이라고 설명했으나,(☞ 17p Q6.) 미국의 그린란드 합병 시도가 이어지는 상황에서 이를 경고하는 일종의 무력시위라는 분석이 제기됐다. 특히 해당 훈련에는 영국·프랑스·독일·스웨덴·노르웨이·네덜란드·핀란드 등의 나토 회원국들까지 참여했다.

美, 그린란드 파병 8개국에 관세 부과 예고

트럼프 대통령이 1월 17일 트루스소셜을 통해 그린란드 방어 훈련 참가를 위해 병력을 파견한 유럽 8개국에 오는 2월부터 10%, 6월부터 25%의 관세를 부과하겠다고 예고했다. 이에 1949년 창설돼 80년 가까이 이어진 나토가 전례 없는 균열 위기에 처하게 됐다는 전망이 나왔다. 실제로 유럽연합(EU)은 트럼프 대통령의 해당 방침 발표 이후인 1월 18일 벨기에 브뤼셀에서 긴급회의를 열고, 미국에 대한 930억 유로(약 159조 원)의 보복관세 등 공동 대응방안을 논의했다. 이러한 유럽의 방침에 미 뉴욕증시에서는 유럽 투자자들이 미국 자산을 대거 매도할 수 있다는 「셀 아메리카(Sell America) 공포가 높아졌는데, 이는 유럽 국가들이 미국의 가장 큰 채권자이기 때문이다. 여기에 EU는 그린란드 매입을 둘러싼 트럼프의 관세 보복 예고를 주권 침해이자 부당한 경제 압박으로 규정하며, 「무역 바주카포」로 불리는 통상위협대응조치(ACI) 발동을 검토하기도 한 것으로 전해졌다.

통상위협대응조치(ACI·Anti-Coercion Instrument)

유럽연합(EU)이 제3국이 경제적 압박(무역 제재, 수출입 제한, 불공정한 경제적 조치) 등을 가할 경우 이에 대응하기 위해 마련한 무역 규칙이다. ACI에 따르면 타국이 EU 회원국을 무역 제재나 관세로 압박할 경우 EU는 해당국에 대해 ▷보복관세 ▷수출 및 수입 제한 ▷투자 금지 ▷정부조달 배제 ▷금융제재 등으로 공동 대응할 수 있다. 다만 이는 2023년 도입됐으나 한 번도 시행된 적은 없다.

트럼프, 관세 부과 방침 철회 -갈등은 일단 진정세

스위스 다보스에서 열린 세계경제포럼(WEF) 연차총회(일명 다보스포럼)에 참석한 트럼프 대통령이 1월 21일 마르크 뤼터 나토 사무총장과의 회담 뒤 「그린란드에 관한 프레임워크(합의 틀)」를 마련했다며, 유럽 8개국에 대한 보복관세 철회 방침을 밝혔다. (☞ 17p Q7.) 월스트리트저널(WSJ) 등에 따르면 이 프레임워크에는 ▷그린란드 내 미국 군사력 증강 ▷차세대 미사일 방어체계인 「골든돔」 배치 ▷그린란드 광물에 대한 미국의 접근권 보장 등의 내용이 포함됐다. 또 그린란드를 미국이 소유하지 않는다는 내용도 담

골든돔(Golden Dome)

트럼프 대통령이 지난해 5월 발표한 계획으로, 미국 본토 전체를 보호하는 우주 기반 미사일 방어체계를 말한다. 이는 러시아·중국·북한·이란 등의 미사일 공격을 방어하기 위한 미사일 방어(MD)망으로, 이스라엘의 미사일 방공체계인 「아이언돔(Iron Dome)」과 유사한 것이다. 골든돔은 적 미사일을 ▷발사 전(前) 단계 ▷최초 비행 단계 ▷비행 중 단계 ▷목표물을 겨냥해 하강하는 단계 등 총 4단계에 걸쳐 탐지하고 요격한다는 점에서 기존 미사일 방어 체계와 같지만, 미사일이 지상에 도달하기 전에 우주에서 직접 요격해 처리한다는 데에서 차이가 있다.

긴 것으로 추정되는데, 메테 프레데릭센 덴마크 총리는 1월 22일 성명을 통해 그린란드와 관련해 주권을 제외한 분야에서는 협상할 수 있다고 밝혔다. 이에 따라 그린란드를 둘러싸고 고조됐던 미국과 유럽의 갈등이 일단은 진정세에 들어섰다. 하지만 동맹국조차 언제든 거래 대상으로 삼을 수 있음을 보여준 트럼프의 일방주의로 인해 유럽과 미국 간 갈등은 언제든 촉발될 수 있을 것이라는 전망이 지배적이다.

트럼프 대통령과 그린란드 갈등 일지

1. 4.	트럼프 대통령, 베네수엘라 공습 이후 「국가 안보 관점서 그린란드 필요」 발언
7.	마코 루비오 국무장관, 「군사 옵션도 유효」 발언
14.	• 미국·덴마크·그린란드 회담 → 입장차만 확인하면서 종료 • 덴마크, 그린란드 일대에 병력 배치(나토 일부 회원국, 그린란드에 병력 파견)
17.	트럼프, 그린란드 병합 반대 유럽 8개국에 추가 관세 부과 천명
18.	EU, 미국에 대한 보복관세 등 공동 대응방안 논의
21.	트럼프, 유럽 8개국 관세 부과 방침 철회

동맹·국제법 모두 무시한 트럼프의 1년, 전 세계의 향방은 어떻게?

1월 20일로 재집권 2년차를 맞은 도널드 트럼프 대통령의 지난 1년은 「미국 우선주의(America First)」의 귀환을 넘어 전후(戰後) 80년간 미국이 구축해 온 자유주의 무역질서, 동맹 중심의 외교안보 체제를 무너뜨리는 시간이었다. 미국은 제2차 세계대전 이후 러시아(당시 소련)와 중국을 견제하면서 민주주의 국가들과의 동맹을 강화하는 데 중점을 두어 왔다. 하지만 트럼프 대통령은 지난 1년간 관세와 군사력을 앞세워 전 세계를 상대로 위협과 경고를 이어가는 제국주의 행태를 보이면서, 수십 년간 이어져온 국제법과 세계질서 원칙은 존속 위기에 부딪히게 됐다.

▲ 상호관세를 발표하고 있는 트럼프 대통령(2025. 4.)

상호관세로 시작한 WTO 체제의 붕괴

트럼프 2기 행정부는 출범과 함께 캐나다·멕시코·중국을 상대로 일방적 관세를 부과하며 「관세 전쟁」의 막을 올렸다. 그리고 지난해 4월 2일에는 다른 나라의 관세 및 비관세 무역장벽으로 미국 기업이 받는 차별을 해소한다는 명목으로 우리나라와 유럽연합(EU), 일본 등 동맹국을 비롯한 57개 경제주체에 기본관세 10%에 국가별 관세를 얹어 상호관세를 부과하겠다고 선포했다. 트럼프 정부의 상호관세는 그간 국제통상의 기준으로 여겨진 세계무역기구(WTO) 체제의 근간을 흔드는 것이었는데, 세계 각국은 관세 인하를 위해 대규모 대(對)미 투자와 시장 개방을 약속해야만 했다.

특히 트럼프 정부는 중국에 대한 관세율을 145%까지 올렸고 중국도 이에 대응해 미국에 125%의 초고율 관세를 적용하며, 미중 관세전쟁이 격화되기도 했다. 이러한 상황에서 제이미슨 그리어 미국무역대표부(USTR) 대표는 지난해 8월 「WTO 체제는 더 이상 지속 가능하지 않다」며, 기존의 다자주의에서 벗어난 양자·특정국 중심의 통상 협력을 중시하는 「트럼프 라운드(Trump Round)」를 예고하기도 했다.

고율 관세 부과, 협상카드로 활용 트럼프 대통령은 관세를 본래 취지인 무역적자 해소 목적으로 꺼내든 것은 물론, 외교안보 분야에서 마찰을 빚고 있는 상대국을 압박하기 위한 수단으로까지 활용하고 있다. 여기에는 우리나라도 포함이 돼 있는데, 트럼프 대통령은 1월 26일 한국 국회가 한미 무역합의 이행에 필요한 법적 절차를 진행하지 않았다며, 한국산 제품에 대한 관세를 15%에서 무역합의 이전 수준인 25%로 다시 인상하겠다고 기습적으로 발표했다. 또 1월 24일에는 그린란드 병합 야욕을 거세게 비판하고 중국과의 경제협력 확대 및 관계 개선에 나선 캐나다에 대해 100% 관세 부과를 압박했다.

2025년 국가안보전략, 돈로 독트린 공식화

백악관은 지난해 12월 5일 서반구에 대한 외국 간섭을 배제하고 미국의 역내 영향력을 강화한다는 내용을 골자로 한 「2025년 국가안보전략(NSS)」 보고서를 통해 돈로 독트린을 공식화했다. 그리고 이러한 돈로 독트린은 지난 1월 베네수엘라 공습으로 현실화됐으며, 트럼프 대통령은 1월 3일 베네수엘라 공습 이후 가진 기자회견에서 돈로 독트린을 공식 천명하기도 했다. 아울러 트럼프는 베네수엘라 공습 이후 다른 남미 국가들과 동맹국에까지 팽창주의 야욕을 드러냈는데, 특히 그린란드의 경우 1951년 미국과 방위협정을 맺은 오랜 동맹국인 덴마크의 자치령이라는 점에서 논란이 더욱 거세졌다.

✎ 미국 국무부가 1월 15일 향후 5개년의 외교전략 목표를 담은 「2026~2030 회계연도 전략계획(ASP·Agency Strategic Plan)」을 공개하면서 돈로 독트린을 공식 용어로 채택했다. 전략계획은 각 행정부가 4년마다 의회에 제출하는 문서로, 트럼프 2기 행정부의 외교 노선과 구체적인 실현 방안을 담고 있다. 트럼프 행정부는 지난해 12월 발표한 NSS에서도 서반구 안보에 우선순위를 두겠다고 강조했지만, 「돈로 독트린」을 국가 문서에 공식 사용한 것은 처음이다.

베네수엘라·그린란드, 다음은 어디?

베네수엘라 군사작전으로 마두로 대통령을 축출한 트럼프 대통령은 1월 4일 콜롬비아·쿠바 등 중남미 좌파 정권을 겨냥한 경고성 발언을 이어가면서 팽창주의 야욕을 노골화했다. 여기에 미국의 이웃이자 오랜 핵심 우방국 캐나다에서도 긴장 수위가 높아지고 있는데, 트럼프 대통령은 지난해부터 「캐나다는 미국의 51번째 주」라는 발언을 반복해 왔다. (☞ 17p Q8.)

콜롬비아 미국의 베네수엘라 침공 직후 위기감이 고조되고 있는 국가 중 하나가 베네수엘라와 국경을 맞대고 있는 콜롬비아다. 콜롬비아는 세계 최대의 코카인 생산국인데, 현재 콜롬비아 역사상 최초의 좌파 대통령인 구스타보 페트로가 집권 중이다. 미국 재무부는 지난해 10월 페트로 대통령을 「마약 카르텔 두목」으로 규정하고 그의 부인과 함께 제재 대상에 올린 바 있다. 페트로 대통령은 트럼프 2기 행정부 출범 이후 공개적으로 반트럼프·반미 노선을 고수해 와 트럼프와의 관계가 좋지 않은데, 트럼프 대통령은 1월 3일 페트로 대통령을 겨냥해 「등 뒤를 조심하라」며 재차 경고하고 나섰다.

쿠바 트럼프 대통령은 마두로 대통령 체포 직후 쿠바의 붕괴 가능성을 거론하면서 쿠바를 실패한 국가라 표현했다. 트럼프는 앞서 1기 행정부 때도 쿠바를 베네수엘라·니카라과와 함께 「폭정의 트로이카(Troika of tyranny)」라고 규정한 바 있는데, 이들 3개국은 강성 반미 노선을 앞세운 정권이 장기 집권하며 독재 체제를 구축해 왔다는 공통점이 있다. 트럼프 대통령은 1월 11일에는 베네수엘라에서 쿠바로 지원되던 석유와 자금을 전면 차단하겠다고 밝히면서, 쿠바를 향한 압박 수위를 더욱 높이고 나섰다.

캐나다 트럼프 대통령은 1월 20일 캐나다 영토에 성조기를 표시한 가상의 사진을 트루스쇼셜에 게시하면서 캐나다의 긴장을 고조시켰다. 이러한 가운데 캐나다는 북극 군사력 증강과 함께 미국 침공 대응 시나리오를 100년 만에 처음 수립한 것으로 확인됐다. 나토 창립 회원국이자 북미항공우주방위사령부(NORAD) 공동 운영국인 캐나다가 동맹국을 가상 적국으로 상정한 것은 이례적이다. 여기에 캐나다는 미국과 맞닿은 남부 국경 강화에 10억 달러(약 1조 4800억 원)를 투입했으며, 향후 북부 국경 강화에 수십억 달러를 추가 투자한다는 계획도 내놓았다.

🔍 핵심만 짚어보기

▶ 도널드 트럼프 미국 대통령은 지난해 1월 재집권 직후 그린란드·캐나다·파나마운하 문제를 거론하며 영토·패권 확장 의지를 노골화했고, 미국 언론은 이를 「돈로 독트린」이라 명명했다. 이는 중국·러시아의 서반구 진출을 차단하고 미국의 단일 패권을 회복하려는 전략이다.

▶ 트럼프는 특히 남미에 대한 개입을 노골화했는데, 그 정점이 베네수엘라 군사 개입이었다. 미국은 마약테러 척결을 명분으로 내세워 1월 3일 베네수엘라를 공습해 니콜라스 마두로 대통령 부부를 체포·압송했다.

▶ 트럼프는 이어 덴마크 자치령인 그린란드의 병합 가능성을 공개적으로 언급하며 나토 동맹과의 갈등이 본격화됐다. 이러한 미국의 압박에 덴마크와 유럽 8개국이 그린란드에서 군사훈련을 실시하자 트럼프는 관세 보복을 예고했고, 유럽 국가들도 이에 맞대응 방침을 시사하면서 사태가 확산됐다. 다만 제한적 합의가 이뤄지며 갈등은 일단 진정세에 들어섰으나, 재발 가능성은 남아 있다.

▶ 트럼프 2기 행정부는 출범 이후 관세와 군사력 등을 앞세워 전후 국제질서와 동맹 체제에 균열을 일으키고 있다. 특히 트럼프의 베네수엘라 공습 이후 콜롬비아·쿠바·캐나다 등의 긴장이 높아지고 있다.

- -

❓ 해당 이슈 관련 예상 질문들

Q1 돈로 독트린(Donroe Doctrine)이란 무엇인가?

Q2 미국이 공식적으로 내세운 베네수엘라 군사작전(1월 3일)의 명분은?

Q3 베네수엘라 공습이 「돈로 독트린」의 현실화로 평가되는 이유는?

Q4 미국의 베네수엘라 공습이 국제법 위반이라는 비판이 나오는 이유는 무엇인가?

Q5 1월 14일 미국·덴마크·그린란드 고위급 회담은 왜 성과 없이 종료됐는가?

Q6 덴마크가 1월 14일 실시한 「북극의 인내 작전」의 목적은?

Q7 트럼프 대통령이 유럽 8개국에 예고했던 보복관세를 철회한 이유는?

Q8 미국의 베네수엘라 공습 이후 캐나다가 위기를 느끼는 이유는?

최신 주요 시사 ···

최신시사상식 238집

최신
주요 시사

1월 / 2월

정치시사 / 경제시사 / 사회시사 / 문화시사

스포츠시사 / 과학시사 / 시시비비(是是非非)

시사용어 / 시사인물

정치시사

이란, 경제난 반발 대규모 반정부 시위
시위 소강세에도 재점화 전망은 지속

- 지난해 12월 28일 극심한 경제난에 항의하며 시작된 이란의 반정부 시위가 당국의 강경 진압으로 유혈사태로 확산되다 수주 만에 소강 상태로 접어들었다. 하지만 경제난과 정권의 무능·억압이라는 시위의 근본 원인은 해결되지 않아 언제든 시위가 재점화될 수 있다는 전망이 나온다.
- 이번 시위는 이전과는 달리 이란 정권의 주요 지지층이던 상인들의 주도로 시작된 데다, 시위 현장에서 반정부 구호와 팔레비 왕조 소환 목소리까지 나오면서 이란의 신정일치 체제가 47년 만에 최대 위기에 처했다는 분석이다.
- 여기에 시위 유혈진압을 빌미로 이란 공격 가능성을 시사했던 도널드 트럼프 미국 대통령이 이란의 핵 합의를 압박하며 이란 인근에 대규모 군사력을 배치하면서 긴장이 고조되기도 했다.

💡 이란 정부는 이번 시위 과정에서 3117명이 사망했다고 공식 발표했는데, 이는 인권단체 등이 의료진·유족 증언과 내부 자료를 토대로 집계한 수치와는 매우 차이가 크다. 특히 이란 정부의 유혈 진압이 최고조에 달했던 1월 8~9일에만 3만 명 이상이 사망했다는 관측도 있다.

이란 반정부 시위, 왜 일어났나?

고물가 등 민생고가 원인　이란은 핵 개발에 따른 서방의 오랜 제재로 사실상 경제 파탄 상태에 놓여 있다. 이번 시위는 사상 최저치로 떨어진 리알화, 고물가, 에너지 가격 인상 등의 민생고에 대한 반발로 시작됐다. 이란 리알화 가치는 지난해 12월 28일 달러당 142만 리알(약 4만 9000원)까지 폭락했는데, 이에 테헤란의 그랜드바자르(전통시장) 상인들이 항의하며 거리로 나온 것이다. 상인들의 주도로 시작된 시위에는 대학생과 일반 시민들이 합류하며 점차 확산됐고, 이에 이란 정부는 1월 5일 국민 8000만 명에게 매달 1인당 100만 토만(약 7달러, 한화 약 1만 원)을 지급하겠다는 유화책을 제시했으나 시위를 가라앉히기에는 역부족이었다.

2022년 히잡시위 vs 2025~26년 반정부 시위

구분	2022년 히잡 시위	2025~26년 반정부 시위
촉발 원인	히잡 미착용 혐의로 체포된 22세 여성(마흐사 아미니)의 의문사	리알화 가치 폭락과 고물가 등의 경제난
발생 시기	2022년 9월 16일~2023년 초	2025년 12월 28일~2026년 1월
주도 세력	여성과 청년층 주도하에 전 계층	상인에서 시작돼 전 계층으로 확대

💡 히잡(Hijab)은 아랍어로 「가리다」는 의미를 가진 이슬람 여성의 전통 복장으로, 얼굴만 내놓은 채 머리에서 가슴 부위까지 천을 늘어뜨려 상체를 가리는 두건을 말한다. 이는 이슬람 경전인 <코란>에도 언급되었을 정도로 역사가 깊은 복장으로, 지역·종교적 성향·나이·계층 등에 따라 그 모양이나 색이 다양하다.

정권 퇴진 요구하는 반정부 시위로 확대 당초 경제난에서 촉발된 시위는 이란 신정체제 종식 요구로까지 확산됐다. 시위대에 대한 강경 진압을 이어간 이란 정부는 1월 8일에는 국제전화·인터넷을 전면 차단하면서 시위대와 외부의 소통까지 단절시켰다. 그리고 1월 12일까지 군경의 발포로 사망자가 속출하면서, 수도 테헤란 등 주요 도시에서 일었던 반정부 집회는 점차 소강 상태에 들어섰다.

> **스타링크(Starlink)** 민간우주업체 스페이스X가 저궤도 소형 위성 1만 2000개, 장기적으로는 4만여 개를 쏘아 올려 지구 전역에 초고속 인터넷 서비스망을 구축하려는 사업이다. 이번 시위에서 이란 정부가 인터넷을 차단한 가운데, 스타링크가 인터넷 우회 수단으로 사용되면서 시위의 변수로 부상하기도 했다. 스타링크는 기존 통신 인프라가 차단된 곳이라도 스타링크 단말기만 있으면 인터넷 이용이 가능한데, 지난 2022년 이란 히잡시위 때도 스타링크가 큰 역할을 한 바 있다.

기존의 이란 반정부 시위와 어떻게 달랐나?

시위 원인과 주도 계층 이번 시위는 서방의 오랜 경제제재로 누적된 경제난이 원인이 됐다. 1979년 이슬람혁명으로 이슬람공화국 체제가 들어선 이란에는 그간 몇 차례의 반정부 시위가 있어 왔는데, 대부분이 정치적인 이유에서였다. 또 대학생과 지식인 등이 주도해 왔던 과거 반정부 시위와 달리, 이번 시위는 이란의 집권 세력을 지지해온 상인들이 주도했다는 점에서 파급력이 컸다는 평가다.

왕정 복고 여론도 등장 이번 시위에서는 1979년 이슬람 혁명으로 축출된 팔레비 왕조 소환을 요구하는 목소리도 나왔다. 팔레비 왕조의 마지막 왕세자 레자 팔레비(65)는 현재 미국에 망명 중인데, 그는 이번 시위를 공개적으로 지지하고 나섰다. 다만 시위대에서 팔레비 왕조 소환 목소리가 나온 것은 왕정 복고 바람보다는 현 체제를 타도하기 위해 동원된 구호일 뿐이라는 지적도 있다. 1925~79년까지 이란을 통치했던 팔레비 왕조는 사회·정치·경제적으로 광범위한 변화를 가져왔으나, 결국 전제 정치화되면서 군사적 탄압과 부패 등으로 몰락에 이른 바 있다.

이란 반정부 시위, 주요 일지

2025. 12. 28.	리알화 가치 급락, 테헤란 그랜드바자르 상인들의 시위 시작
29~31.	이란 전역으로 시위 확산, 대학생과 도시 증산층의 시위 합류
2026. 1. 2.	도널드 트럼프 美 대통령, 「이란이 시위대 살해한다면 미국이 그들을 구하러 갈 것」 경고
3.	하메네이 이란 최고지도자, 「폭도들은 제자리를 찾아야 한다」 경고
5.	이란 정부, 국민에게 1인당 7달러 지급한다는 유화책 발표
8~9.	• 이란 정부의 시위 강경 진압으로 대규모 사상자 발생 • 인터넷 차단으로 시위대와 외부 단절
10.	이란 검찰총장, 「시위 가담하면 사형 선고」 경고

이란 신정체제에 미친 영향은? 이번 시위 확산으로 1989년부터 장기 집권 중인 최고지도자 아야톨라 알리 하메네이(Ayatollah Ali Khamenei·87)의 거취 및 후계 구도에 미칠 영향이 주목되기도 했다. 하메네이는 1979년 루홀라 호메이니를 도와 팔레비 왕조를 전복시키고 이슬람 혁명을 성공시킨 인물로, 1989년 최고지도자로 선출돼 현재에 이르고 있다. 하지만 지난해 6월 이스라엘과 미국의 이란 공습을 제대로 막아내지 못해 그 입지가 많이 위축된 상태다. 다만 이란혁명수비대(IRGC)를 중심으로 한 군부가 하메네이 체제를 지탱하고 있고 시민들의 분노를 대표해 맞설 정치적 대안 세력이 없다는 점에서, 이번 시위가 하메네이 체제에 큰 영향력은 미치지 못했다는 평이다.

💡 1979년 당시 이란의 정신적 지도자였던 호메이니는 당시 팔레비 국왕이 정신적·물질적으로 기독교 위주의 서방세계에 경도돼 있다며 반정부 투쟁을 벌였는데, 이것이 「이슬람 혁명」이다. 이 이슬람 혁명이 성공한 뒤 이란에서는 이슬람 원리주의자들이 본격적으로 세를 확장하게 되었다.

> **이란 최고지도자** 이란은 통치권을 행사하는 최고지도자 아래 대통령 중심의 행정부·입법부·사법부가 3권분립의 형태를 취하고 있다. 최고지도자의 임기는 종신직으로, 사망이나 직무이행 불능 시에 국가지도자운영회의가 후임자를 선출한다.
>
> **이란혁명수비대(IRGC·Islamic Revolutionary Guard Corps)** 이란 정규군과 함께 양대 조직을 형성하고 있는 최정예 부대로, 이란의 이슬람 체제를 수호하는 것을 주요 임무로 한다. 이는 육군, 해군, 공군, 특수전 및 해외 작전을 담당하는 정예부대인 쿠드스, 민병대 조직 바시즈 등 5개 단위로 구성돼 있다. IRGC의 현역 병력 규모는 15만~19만 명인데, 바시즈를 포함한 별도 병력까지 포함하면 60만 명에 이른다. 여기에 이들의 경제활동 규모가 이란 국내총생산(GDP)의 약 30%에 육박한다는 분석이 있을 정도로 이란 경제 전반도 장악하고 있는 상태다. 한편, 이번 시위에서 IRGC를 중심으로 한 이란 정부의 강경 진압이 이어지면서 미국에 이어 유럽연합(EU)도 IRGC를 테러단체로 지정하는 방안을 논의한 것으로 전해졌다. 미국의 경우 트럼프 1기 행정부 때인 2019년 4월 IRGC를 외국 테러단체로 지정했는데, 미국이 다른 나라의 정규군을 테러단체로 지정한 것은 처음 있는 일이었다.

美·이란, 8개월 만에 핵협상 재개
「우라늄 농축 중단」 합의는 실패

- 미국과 이란이 2월 6일 오만 수도 무스카트에서 8개월 만에 이란 핵협상을 재개했다. 양측은 지난해 4~5월 오만 등의 중재로 5차례에 걸쳐 협상을 진행했으나, 이스라엘이 그해 6월 이란을 상대로 「12일 전쟁」을 개시하면서 예정된 6차 협상이 무산되며 대화가 중단된 바 있다.
- 미국 측에서는 스티브 위트코프 백악관 중동특사와 도널드 트럼프 대통령의 맏사위인 재러드 쿠슈너가 참석했으며, 이란에서는 아바스 아라그치 외무장관이 대표로 나왔다. 이번 회담 역시 지난해처럼 오만을 중개자로 둔 간접 회담 형식으로 진행됐다. 미국은 지난해 12월 발생한 이란 반정부 시위를 계기로 군사 개입 가능성을 시사하며 이란에 핵협상 재개를 압박해 왔다.
- 다만 이번 회담의 최대 쟁점이자 미국이 요구한 이란의 우라늄 농축 중단은 이란 측이 거부한 것으로 전해졌다. 미국은 이란이 우라늄 농축을 완전히 포기할 것을 요구하고 있으나, 이란은 이를 주권 문제로 보고 강력히 거부하고 있다. 특히 이란은 중동 내 제3국이 참여하는 방식으로라도 우라늄 농축활동을 계속해야 한다는 입장이다.

도널드 트럼프 美 대통령,
유엔 산하기관 등 66개 국제기구 탈퇴 서명

- 도널드 트럼프 미국 대통령이 1월 7일 유엔기후변화협약(UNFCCC) 등 유엔 산하기구를 포함한 총 66개 국제기구에서 미국의 탈퇴를 공식화하는 대통령 각서에 서명했다.
- 미국이 탈퇴를 밝힌 유엔 산하기구에는 ▷유엔 경제사회국(UN DESA) ▷국제무역센터(ITC) ▷유엔무역개발회의(UNCTAD) ▷유엔기후변화협약(UNFCCC) 등이 포함됐다.
- 백악관은 이번 조치의 배경으로 국익 침해와 막대한 분담금 문제 등을 들었는데, 이번 탈퇴에 따라 비유엔기구 35개와 유엔 산하기구 31개에 대한 미국의 자금 지원이 중단된다.

💡 이스라엘 외교부가 1월 13일 유엔문명연대(UNAOC), 유엔에너지(UNE), 글로벌이주개발포럼(GFMD), 유엔여성기구(UN Women), 유엔무역개발회의(UNCTAD) 등 7개 국제기구에서 탈퇴한다고 밝히면서 트럼프 대통령의 국제기구 탈퇴 움직임에 동참했다.

美, WHO 탈퇴 완료 발표 미국 정부가 트럼프 대통령이 이미 선언했던 세계보건기구(WHO) 탈퇴를 완료했다고 1월 22일 밝혔다. 다만 WHO는 미국이 WHO에 대한 기금 1억 3000만여 달러(1904억 5000만 원)를 미납해 부채가 남았다고 밝혔다. 트럼프 대통령은 집권 1기 말기인 2020년 7월에도 WHO 탈퇴를 지시했으나, 후임인 조 바이든 대통령이 취임하면서 이를 철회한 바 있다. 하지만 트럼프 대통령

세계보건기구(WHO·World Health Organization) 보건·위생 분야의 국제협력을 도모하는 유엔 전문기구로, 1948년 4월 7일 정식으로 발족됐다. 본부는 스위스 제네바에 있다. WHO는 소아마비·엠폭스(MPOX·옛 명칭 원숭이두창) 등 세계적으로 유행하는 치명적인 전염병에 대한 국제사회의 조직적 대응을 비롯해, 최빈국들에 대한 백신 보급 등 의약품과 의료기술 지원도 맡고 있다.

은 지난해 1월 재집권 즉시 행정명령을 통해 코로나19 방역 등 세계적인 감염병 대응에 실패했다는 이유로 WHO 탈퇴를 발표했고, 이후 1년간 WHO에 대한 자금 지원을 중단하고 모든 인력을 철수하는 등의 탈퇴 작업을 진행해 왔다.

이처럼 WHO 최대 공여국인 미국의 탈퇴로 인간면역결핍바이러스(HIV)·소아마비·에볼라 등 각종 질병에 적절히 대응하기가 어려워질 것이라는 전망인데, 미국은 2022~2023년에만 WHO에 약 13억 달러를 제공한 것으로 알려졌다.

트럼프가 종신 의장 맡은 「평화위원회」 출범
유엔 대체기구 의혹 제기

- 도널드 트럼프 미국 대통령이 주도하는 새 국제기구인 「평화위원회(Board of Peace)」가 1월 22일 공식 출범했다. 트럼프 대통령은 이날 스위스 다보스포럼 행사장에서 각국 정상과 관료들을 초청해 평화위원회 헌장 서명식을 가졌다.
- 헌장에는 회원국 가입·탈퇴 결정권을 갖는 초대 의장을 트럼프가 맡고, 회원국 임기는 3년으로 제한한다는 내용이 담겼다. 또 초대 회원국에 한해 10억 달러(약 1조 4700억 원)를 부담하면 「영구 회원」 자격이 부여된다는 내용도 포함됐다.

평화위원회(Board of Peace)는 어떤 기구? 평화위원회는 당초 팔레스타인 가자지구 재건과 평화 정책을 위한 최고 의사결정기구로 구상됐다. 그러나 외교계에서는 종신 의장을 맡은 트럼프 대통령이 이를 더 확대해 유엔을 대체할 기구로 만들려 한다고 보고 있다. 트럼프 대통령은 이날 59개국이 서명했다고 밝혔으나, 외신들에 따르면 실제 참여 의사를 밝힌 나라는 20여 개국으로 파악됐다. 이날 미국을 비롯해 아르메니아·아르헨티나·아제르바이잔·바레인·불

▲ 평화위원회 헌장 서명식(1. 22.)

가리아·헝가리·인도네시아·요르단·카자흐스탄·몽골·모로코·파키스탄·파라과이·카타르·사우디아라비아·튀르키예·아랍에미리트(UAE)·우즈베키스탄 등 19개국과 코소보가 서명했다.

반면 영국과 프랑스 등 미국의 전통적 동맹국들은 대부분 거절하거나 참여 의사를 명확히 밝히지 않은 상태다. 특히 유럽 국가들은 블라디미르 푸틴 러시아 대통령이 미국 동결 국유자산 10억 달러를 회원비로 내겠다며 적극 참여 의사를 밝힌 데 대해, 거부감을 갖고 있는 것으로 알려졌다.

美 미네소타 총격 사태
민간인 2명 사망에 시위 격화-전직 대통령들도 규탄

- 미국 미네소타주 미니애폴리스에서 1월 연방 이민단속 요원의 총격으로 2명의 미국 시민이 사망하면서 도널드 트럼프 행정부의 강경 이민 단속에 대한 반발이 확산됐다. 연방 당국은 정당방위라는 주장을 폈으나, 시민들이 촬영한 영상과 주요 언론의 분석은 정부의 설명과는 배치되는 것이어서 이에 대한 논란이 거세다.
- 특히 미니애폴리스는 트럼프 집권 1기 때인 2020년에 흑인 조지 플로이드가 백인 경찰의 과잉 진압으로 사망하면서 「흑인 생명도 소중하다(BLM·Black Lives Matter)」 시위를 미국 전역으로 확산시킨 상징적 도시로 알려져 있다.

미네소타 총격 사태는 무엇? 미국 이민세관단속국(ICE)이 1월 7일 불법이민을 단속하는 과정에서 비무장 상태의 30대 백인 시민권자 여성을 사살해 충격을 일으킨 가운데, 24일에 또다시 30대의 백인 남성이 연방 요원의 총격으로 사망하는 사건이 벌어졌다. 이에 팀 월즈 미네소타 주지사는 연방 요원들이 혼란과 폭력을 조장하고 있다며 주 정부 주도의 수사를 선언하고, 연방 요원의 철수를 요구했다. 하지만 트럼프 대통령은 월즈 주지사 등이 내란을 선동하고 있다고 비판하며 내란법 발동 가능성까지 언급하고 나섰다. 이에 연방 법 집행요원의 과잉 단속에 대한 비판과 이에 항의하는 시위가 미니애폴리스를 비롯해 미국 전역으로 확산됐는데, 특히 빌 클린턴·버락 오바마·조 바이든 등 민주당 출신의 전직 대통령들까지 사태에 대한 비판 성명을 내고 규탄에 나섰다.

> **미국 이민세관단속국(ICE)** 2003년 국토안보부(DHS) 산하에 설립된 연방 법집행기관으로, 2001년 9·11 테러 이후 제정된 국토안보법에 근거해 출범했다. ICE는 당시 재무부 소속이던 세관(Customs)과 법무부 소속이던 이민귀화국(INS)의 기능을 통합해 출범했으며, 국경·세관·무역·이민 분야의 연방법 집행을 담당한다. 구체적으로 ▷불법체류자 색출·구금·추방 ▷이민 관련 사건 조사 ▷테러 예방 등을 수행하고 있다. 그런데 ICE는 집권 전부터 연 100만 명의 불법 체류자를 추방시키겠다고 공언해 온 트럼프 대통령의 기조에 따라 과거와 달리 범죄 경력이 없는 단순 불법 체류자들도 적극적으로 체포하고 나서면서 논란이 커진 상태다. 대표적으로 지난해 9월에는 미국 조지아주 서배너에 위치한 현대자동차그룹과 LG에너지솔루션의 합작 배터리 공장을 급습, 비자요건을 갖추지 않은 한국인 근로자 300여 명을 구금하면서 국내에서도 큰 논란이 된 바 있다.

美 국가방위전략, 서반구 패권 장악에 중점
「한국은 북한 억제 주도적 책임」 명시

- 도널드 트럼프 미국 행정부가 1월 23일 공개한 새 국가방위전략(NDS)에서 서반구(남북 아메리카) 패권 장악을 최우선 과제로 설정했다. 또 대북 방어의 주된 책임은 한국에 있음을 명시했으며, 중국은 평화롭게 지내야 할 공존 대상으로 규정했다.
- NDS(National Defense Strategy)는 미 국방부가 의회에 보통 4년 주기로 제출하는 최상위 국방전략 문서로, 지난해 12월 발표된 국가안보전략(NSS)의 하위 문서 격이다.

▲ 2026년 국가방위전략(NDS)

美 국가방위전략(NDS) 주요 내용

본토   남·북 아메리카 대륙, 그린란드를 포함하는 서반구를 사실상의 「본토」로 규정하고, 이에 대한 방어를 최우선 과제로 제시했다. 그러면서 북극에서 남아메리카에 이르는 핵심 지역, 특히 그린란드와 아메리카만(멕시코만), 파나마운하에 대해 군사적·상업적 접근을 확보하겠다고 강조했다.

남북한과 유럽   본토 이외의 지역 방어에 대해서는 동맹들의 책임을 강조했는데, 한국에 대해서는 「북한 억제를 위한 주된 책임을 질 능력이 있는 국가」라고 명시했다. 북한의 위협은 중국·러시아·이란 뒤로 조정됐고, 지난 NSS와 마찬가지로 북한 비핵화는 언급되지 않았다. 유럽에 대해서는 나토를 통해 미국에 안보를 무임승차했다며, 「나토가 유럽의 재래식 방어에 대한 일차적 책임을 맡도록 하겠다」고 명시했다.

중국   2022년 NDS에서 과제 1순위로 꼽혔던 중국 견제는 본토 방어에 이어 두 번째로 우선순위가 밀렸다. 중국에 대해서는 「미국에 유리하면서도 중국이 받아들이고 공존할 수 있는 괜찮은 평화」를 달성하는 것을 목표로 명시했는데, 다만 제1도련선(島鏈線)을 따라 강력한 거부적 방어를 구축할 것이라는 내용이 명시됐다.

> **도련선(島鏈線, Island Chain)**   태평양의 섬(島)을 사슬(鏈)처럼 이은 가상의 선(線)으로, ▷제1도련선은 「일본 규슈~일본 오키나와~대만~필리핀」을 연결하며 ▷제2도련선은 「일본 혼슈~괌~사이판~팔라우」로 연결된다. 이는 1951년 6·25전쟁 당시 존 덜레스 미국 국무장관이 처음 제시한 것으로, 미국은 이 섬들에 군사기지를 두거나 동맹국을 배치해 중국 해군 진출을 막는 봉쇄선으로 활용하고 있다.

미국의 2026년 NDS 주요 내용

미국 본토 및 서반구	• 그린란드를 포함하는 서반구에 대한 방어를 최우선 과제로 제시 • 그린란드, 파나마운하 등 핵심지역에 대한 군사적·상업적 접근권 재확인
중국	• 중국이 받아들일 수 있는 조건하에서의 괜찮은 평화 가능 • 제1도련선 따라 강력한 방어선 구축 필요
러시아	미 본토에 대한 러시아 위협을 방어하도록 보장
북한	미 본토에 분명하고 현존하는 핵 공격 위험, 북한 비핵화 언급은 無
한국	대북억제에 대한 일차적 책임 부담
동맹 전반	공동 방위에 대한 공정한 몫 부담해야 할 것

⽇ 자민당, 중의원 선거 압승
전후 첫 단일정당 3분의 2 의석-개헌선 확보

- 일본 집권 자민당이 2월 8일 치러진 중의원 선거(총선)에서 전체 465석 중 개헌안 발의선이자 전체 3분의 2(310석)를 상회하는 316석을 차지하는 압승을 거뒀다. 이는 자민당 창당 이후 역대 최다 의석수로, 특히 단일 정당이 단독 개헌 의석을 확보한 것은 처음이다.
- 자민당 압승을 주도한 다카이치 사나에(高市早苗) 총리는 지난 1월 23일 중의원을 전격 해산하고 조기 총선 실시를 결정한 바 있다. 그리고 이번 총선 승리로 다카이치는 명실상부한 1강 체제를 구축한 것은 물론, 장기 집권의 토대까지 마련했다는 분석이다.

> **중의원(衆議院)** 양원제를 채택하고 있는 일본 의회는 미국 하원에 해당하는 중의원과 상원에 해당하는 참의원(參議院)으로 구성된다. 중의원의 임기는 4년이지만 총리가 언제든지 해산할 수 있기 때문에 더 짧아질 수 있다. 중의원은 총리지명권과 내각불신임의결권, 예산우선심의권 등을 행사한다. 또 참의원과의 의견이 엇갈릴 경우 중의원에서 재의결해 3분의 2 이상이 찬성하면 법안이 통과될 수 있다는 점에서 실질적 권한을 갖는다.

일본 중의원 선거 결과   자민당이 이번 선거에서 차지한 316석의 의석은 기존 의석수 198석과 비교하면 118석이나 늘어난 것으로, 자민당 창당 이후 1986년 총선에서 얻은 역대 자당 최다 의석(304석)을 넘어선 것이다. 이로써 자민당은 이시바 시게루(石破茂) 정권 때인 2024년 10월 총선에서 무너진 단독 과반 의석을 1년 4개월 만에 되찾게 됐다. 무엇보다 중의원에서 310석 이상의 의석을 보유하면 개헌안을 발의할 수 있는 데다, 참의원에서 부결된 법안도 재의결을 통해 가결할 수 있어 정책 추진 과정에서 사실상 독주가 가능해진다.

한편, 기존 의석수가 167석이었던 최대 야당 중도개혁연합은 49석을 얻는 데 그치면서 여당을 견제할 힘을 잃게 됐으며, 이에 입헌민주당 출신 노다 요시히코 공동대표는 사임 의사를 표명했다.

자민당의 압승, 향후 어떤 영향?   이번 선거 결과에 따라 3대 안보문서 개정, 비핵 3원칙(핵무기 비제조·비보유·비반입) 재검토 등 「강한 일본」 재건을 강조해 온 다카이치의 정책들이 추진력을 얻게 됐다는 평가다. 무엇보다 일본의 전쟁과 무력행사를 금지하는 이른바 「평화헌법」으로 불리는 일본 헌법 제9조에 「자위대」를 명기하는 개헌이 추진될 가능성이 높아졌다. 해당 개헌이 이뤄질 경우 일본은 태평양전쟁 종전 이후 80여 년 만에 사실상 「전쟁 가능 국가」로 나아가게 된다.

다만 자민당이 당장 개헌에 나서기는 어려운데, 개헌안을 발의하기 위해서는 중의원뿐만 아니라 참의원에서도 3분의 2 이상의 찬성을 얻어야 하기 때문이다. 현재 참의원은 여소야대 상태로, 참의원 선거는 2028년에 열릴 예정이다.

> **일본 헌법 제9조**   2차 세계대전 후 승전국인 미국의 주도에 의해 만들어진 일본 현행 헌법에 포함돼 있는 내용으로, 전력(戰力) 보유 금지와 국가 교전권 불인정을 주요 내용으로 한다. 일본은 이 헌법 제9조에 의해 유엔이 인정하는 집단적 자위권의 권리는 갖지만 행사하지는 못한다. 여기서 집단적 자위권은 밀접한 관계의 국가가 적국으로부터 공격을 받으면 무력으로 공동방어를 할 수 있는 권리를 말한다.

코스타리카 대선, 우파 여당 페르난데스 승리
중남미 블루타이드 확산

- 2월 1일 치러진 코스타리카 대통령 선거에서 우파 여당인 국민주권당(PPSO) 소속 라우라 페르난데스 후보가 승리했다. 페르난데스 후보는 대선 기간 마약밀매 범죄자 엄벌, 외국인 범죄자 즉각 추방, 이민통제 강화 등을 핵심 공약으로 내세워 도널드 트럼프 미국 대통령과 유사한 노선을 걷는다는 평가를 받았다.
- 무엇보다 페르난데스의 승리는 최근 중남미에 확산되고 있는 블루타이드(우파 집권) 흐름이 코스타리카에까지 미친 것으로, 앞서 칠레·볼리비아·아르헨티나·온두라스 선거에서도 우파 정권이 잇따라 승리한 바 있다. 특히 트럼프 대통령은 이들 중남미 국가 선거가 있을 때마다 우파 후보를 지지하는 언급을 하며 영향력을 행사해 왔다.

💡 임기 4년의 코스타리카 새 대통령은 오는 5월 8일 취임할 예정이다. 이렇게 되면 페르난데스는 1950년 코스타리카에서 처음으로 여성의 선거권이 허용된 이후 두 번째 여성 국가수반이 된다.

李 대통령, 한중·한일 정상회담
中과 관계 복원-日과는 셔틀외교 본궤도

- 이재명 대통령이 1월 4일 중국을 3박4일의 일정으로 국빈 방문해 시진핑 중국 국가주석과 정상회담을 가진 데 이어, 13일에는 1박2일 일정으로 방일해 다카이치 사나에 일본 총리와 정상회담을 가졌다.
- 중국과의 회담은 지난해 11월 경주 APEC 정상회의를 계기로 가진 정상회담 이후 2달 만에 이뤄진 것으로, 이번 정상회담으로 중국의 사드 보복과 윤석열 정부의 반중정책으로 악화됐던 양국 관계가 전면 복원의 동력을 마련하게 됐다.
- 또 일본과의 정상회담으로는 한일 셔틀외교가 본궤도에 오르고 양국 간 신뢰가 한층 업그레이드 됐다는 평가다.

> **셔틀외교(Shuttle Diplomacy)** 본래 첨예하게 대립하고 있는 양국 사이를 중재하기 위해 제3자 또는 제3국을 활용하는 외교 방식 또는 국제관계를 의미하는 용어다. 그러다 점차 외교 현안사항들을 수시로 협의하기 위해 양국 정상이 양국 또는 제3국을 오가며 벌이는 외교(양국 간 정례 실무회담) 활동으로 그 의미가 확대됐다.

한중 정상회담 주요 내용 이재명 대통령과 시진핑 중국 국가주석이 1월 5일 중국 베이징에서 정상회담을 갖고, 디지털·과학기술 협력 등 민생과 경제 분야 협력 강화를 위한 양해각서(MOU) 15건을 체결했다. 한국 대통령의 중국 방문은 2019년 문재인 대통령 이후 7년 만으로, 특히 국빈 방문은 9년 만에 이뤄진 것이었다. 이 대통령의 이번 방중으로 한한령(한류 제한령)과 서해 구조물 문제 해결의 실마리를 찾고, 양국 관계를 전면 복원하는 계기를 마련했다는 평가다. 다만 한중 양국은 북한과의 대화·교류 재개 등의 민감 사안에 대해서는 원론적 입장을 교환하는 등 심도 있는 논의는 추후 과제로 남겨뒀다.

💡 중국이 1월 27일 서해 잠정조치수역(PMZ)에 무단 설치된 구조물 일부를 이동시킨다고 밝혔다. 서해 구조물 문제는 앞서 한중 정상회담에서 주요 의제로 다뤄진 바 있는데, 중국의 해당 조치는 이에 대한 후속 조치로 풀이된다.

> **한중 잠정조치수역(PMZ·Provisional Measures Zone)** 서해 중 한국과 중국의 배타적경제수역(EEZ)이 겹치는 구역으로, 해양 경계선 확정을 유보한 곳이다. 양국은 2001년 한중 어업협정에 따라 이 지역에서 어업활동 외의 시설물 설치나 지하자원 개발을 금지했다. 그런데 중국이 지난 2018년과 2022년, 2024년 PMZ 중국 구역에 심해양식 장비라며 「선란 1, 2호」와 폐기된 석유시추선을 재활용한 양식장 관리시설을 설치하면서 논란이 됐다. 특히 해당 시설물 설치를 두고 중국의 군사적·영토적 의도가 담긴 「회색지대 전술」일 수 있다는 지적까지 제기됐다.
>
> **회색지대 전술(Gray Zone Tactics)** 실제 무력 충돌이나 전쟁으로 확대되지는 않을 정도의 방식, 이른바 전쟁 단계에 이르지 않는 애매모호한 단계의 강압적인 활동을 지속하면서 안보 목표를 이루려는 전략을 말한다. 여기서 「회색지대」란 검은색도 흰색도 아닌 어느 쪽에도 속해 있지 않은 모호한 영역을 뜻하는데, 회색지대 전술은 전쟁과 평화의 중간에 해당하는 행동을 통해 상대방의 반응을 이끌어내는 것이다.

한일 정상회담 주요 내용 이재명 대통령이 1월 13일 다카이치 사나에(高市무苗) 일본 총리와 정상회담을 갖고, 지식재산 보호 및 스캠범죄 공동대응을 비롯해 한반도 비핵화와 대북정책 등 외교·안보 분야에서의 실질적인 협력 확대를 약속했다. 또 두 정상은 일제강점기 「조세이 탄광 수몰사고」의 조선인 희생자 유해의 신원 확인을 위한 DNA 감정을 추진하기로 합의했는데, 이재명 정부 출범 후 한일 정상이 과거사 문제를 공식적으로 다룬 것은 이번이 처음이다. 양국 정상은 일본이 주도하는

「포괄적·점진적 환태평양경제동반자협정(CPTPP)」 가입 문제와 이와 연관된 일본산 수산물 수입 문제 등도 논의했지만, 공동언론 발표문에는 포함시키지 않았다. 이 대통령은 1월 14일에는 다카이치 총리와 나라현의 불교 사찰 호류지를 찾아 친교 시간을 갖는 것으로 방일 일정을 마무리했다.

> **조세이 탄광 참사** 일제강점기 시절이었던 1942년 2월 3일 일본 야마구치현 우베시 연안에 있던 조세이 탄광의 해저 갱도가 붕괴, 강제 동원됐던 한반도 출신 노동자 136명과 일본인 47명 등 총 183명이 수몰된 사고를 말한다. 당시 일본 정부와 언론은 「대부분 구조됐다」며 사고를 축소·은폐했는데, 1991년 조선인 희생자 명부가 발견되면서 그 실체가 알려지기 시작했다. 그리고 1991년 일본 시민단체와 한국 유족들이 진상 규명과 유해 발굴을 목표로 활동을 이어가기 시작했고, 2024년 10월에는 민간 주도로 수몰된 갱도 입구를 여는 데 처음으로 성공하기도 했다. 이후 2025년 8월에는 잠수조사 과정에서 인골로 추정되는 유해 일부가 처음으로 발굴되는 성과가 나온 바 있다.
>
> **포괄적·점진적 환태평양경제동반자협정(CPTPP)** 일본 주도로 아시아·태평양 11개국이 출범시킨 경제 협정으로, 다양한 분야의 제품에 대한 역내 관세를 전면 철폐하는 것을 원칙으로 한다. 2018년 12월 30일 발효됐으며, 2023년 7월 영국이 추가로 가입하면서 총 12개 회원국이 가입돼 있다.

국방부, 北의 무인기 침투 주장 부인
민간인 자수-정보사 연루 의혹 확산

- 북한이 1월 10일 한국 무인기가 북측 상공을 침투(지난해 9월과 1월 4일)했다고 주장한 가운데, 국방부가 이를 공식 부인했다.
- 이후 한 30대 남성이 자신이 북한에 무인기를 보낸 당사자라 주장한 데 이어 해당 민간인과 국군정보사령부(정보사) 연루 의혹까지 제기되면서 파문이 확산됐다. 특히 이재명 대통령은 1월 20일 열린 국무회의에서 무인기의 북한 침범과 관련, 엄정 수사와 처벌을 강조하면서 국가기관 연관설에 대해서도 거론했다.

북한의 주장 이후 우리 측의 대응은? 북한은 1월 9일 조선인민군 총참모부 대변인 성명을 통해 지난해 9월과 이달 4일 한국이 무인기를 침투시켰다고 주장했다. 이에 따르면 ▷지난 1월 4일 침투한 무인기는 인천 강화군에서 이륙해 북한 개성시, 황해북도 평산군 등을 비행했고 ▷작년 9월의 무인기는 경기 파주시에서 이륙해 황해북도 평산군, 개성 등을 비행했다.

▲ 북한이 개성시 장풍군에 추락한 한국 무인기라며 공개한 사진

이에 국방부는 1월 10일 북한이 주장하는 일자에 우리 군이 무인기를 운용한 사실은 없는 것으로 확인됐다며, 민간 무인기일 가능성을 철저히 조사하겠다는 입장을 밝혔다. 이후 김여정 북한 노동당 중앙위원회 부부장은 1월 11일과 13일 담화에서 우리 측에 재발 방지 조치를 강구하라고 촉구했다.

민간인 자수와 정보사 연루 의혹 제기 1월 12일 경찰청 국가수사본부 안보수사국장을 팀장으로 총 30여 명 규모의 군경합동조사 태스크포스(TF)가 꾸려진 가운데, 16일 30대 대학원생 오모 씨가 채널 A 인터뷰를 통해 자신이 북한에 3차례에 걸쳐 무인기를 날려 보냈다고 주장했다. 이후 군경 합동조사 TF의 조사를 받은 오 씨와 무인기 제작사 대표 장모 씨 등이 윤석열 정부 시절 대통령실에서 근무한 사실이 알려졌으며, 특히 오 씨가 12·3 비상계엄 국면 때 핵심 역할을 했던 국군정보사령부(정보사)와 연루됐다는 의혹이 제기되면서 논란은 더욱 커졌다. 이에 따르면 오 씨가 지난해 3월 위장 인터넷 매체를 설립했는데, 여기에 정보사의 공작 자금이 지원됐다는 것이다.

💡 국군정보사령부는 국방정보본부 예하의 기능사령부로, 해외·대북 군사정보 수집과 기밀 첩보업무를 담당하고 있다.

정부, 중수청·공소청 법안 입법예고
중수청은 이원화-공수청 보완수사권은 추후 논의

- 국무총리 산하 검찰개혁추진단이 1월 12일 중대범죄수사청(중수청)의 수사 대상을 9대 중대 범죄로 규정하고, 중수청을 수사사법관과 전문수사관의 이원화 구조로 운영하는 내용 등을 담은 공소청 및 중수청 법안을 마련했다고 밝혔다.
- 하지만 이 법안을 두고 여당 지지층을 중심으로 거센 논란이 인 데다, 이재명 대통령이 1월 13일 해당 법안에 대한 여당 의견을 수렴하라고 정부에 지시하면서 국회에서 수정 방안이 제시될 것으로 전망된다. 더불어민주당은 지난해 9월 검찰의 수사·기소 분리를 위해 수사권은 행안부 산하에 신설되는 중수청이 담당하고, 기소권은 법무부에 신설되는 공소청이 담당하는 내용을 담은 정부조직법 개정안을 처리한 바 있다.

중수청·공소청 정부안 주요 내용

중수청 중수청의 수사 대상을 부패·경제범죄 등 기존 검찰이 직접 할 수 있는 범위에 공직자·선거·방위사업·대형참사·마약·내란·외환죄를 더한 9대 범죄로 정했으며, 구체적인 죄명과 범위는 대통령령으로 정한다는 방침이다. 또 9대 범죄 외에도 공소청 또는 수사기관 소속 공무원이 범한 범죄 등도 수사할 수 있도록 했다. 중수청 구조는 법률가 출신인 「수사사법관」과 비법률가인 「전문수사관」으로 이원화하는데, ▷수사사법관은 변호사 자격을 가져야 하며 ▷전문수사관은 경력이 풍부한 수사관으로 구성하되 1~9급 방식으로 운영한다.
중수청은 행안부 장관의 지휘·감독을 받게 되는데 행안부 장관은 중수청 사무에 대해 일반적으로 지휘·감독할 수 있고, 구체적 사건에 관해서는 중수청장만을 지휘할 수 있도록 규정했다. 여기에 경찰 국가수사본부(국수본)나 고위공직자범죄수사처(공수처)와의 관계도 설정했는데, 원칙적으로 중수청이 사건 이첩을 요청할 수 있고 특별한 사유가 없으면 다른 수사기관은 응하도록 했다. 다만 공수처법에 따른 수사는 공수처장이 이첩 여부를 결정할 수 있도록 했다.

공소청 법무부 산하에 설치되는 공소청의 경우 현행 검찰청법상 검사의 직무인 「범죄수사」와 「수사개시」 부분이 삭제되고, 「공소의 제기 및 유지」가 명시됐다. 조직 체계는 현행과 유사하게 대공소청·고등공소청·지방공소청의 3단 구조로 운영되며, 공소청을 총괄하는 공소청장은 기존과 마찬가지로 「검찰총장」으로 불리게 된다.
다만 각 고등공소청에 사건심의위원회 설치, 검사 적격심사위원회의 외부 추천위원 비율 상향, 검사의 정치관여 처벌규정을 신설해 통제를 강화하겠다는 방침이다. 하지만 검찰개혁 과정에서 최대 쟁점으로 부상했던 공소청 검사의 보완수사권은 추후 형사소송법을 개정하는 과정에서 다시 논의하기로 했다.

각 수사기관의 수사 범위

중대범죄수사청(중수청)	9대 중대범죄: 부패, 경제, 공직자, 선거, 방위산업, 대형참사, 마약, 내란 및 외환, 사이버
고위공직자범죄수사처(공수처)	고위공직자와 그 가족의 특정 범죄
경찰청 국가수사본부	전체 범죄(3급 이상 공무원, 검사 범죄는 공수처 이첩)
공소청	기소 및 공소 유지

기존 검찰청과 신설 예정인 중수청·공수청(정부안) 비교

구분	검찰청	중수청	공소청
수사 대상	부패, 경제 등 2대 범죄	부패, 경제, 공직자, 선거, 방위사업, 대형참사, 마약, 내란 및 외환, 사이버 범죄 등 9대 범죄	수사 개시 불가
수사 권한	경찰 송치 사건 보완수사 및 보완수사 요구 가능	경찰, 공수처 등 다른 수사기관과 중복되는 범죄에 대해 이첩 요청할 수 있음	보완수사권은 추후 논의 예정
기소	검찰 송치 사건과 검찰 직접수사 사건 기소 여부 결정 및 공소 유지	기소권 없음	기소 여부 결정 및 공소 유지
조직 수장	검찰총장	중수청장	검찰총장
신분	검사	수사사법관과 전문수사관	검사
소속	법무부 장관	행정안전부 장관	법무부 장관

정부안을 둘러싼 논란 중수청의 인적 구성을 변호사 자격을 가진 「수사사법관」과 그 외 「전문수사관」으로 이원화한 것을 두고, 현 검찰의 검사와 수사관 구조라는 점에서 제2의 검찰청이 될 수 있다는 비판이 제기된다. 또 이원화 구조와 함께 중수청의 수사 범위를 지나치게 넓게 설정해 검찰의 조직 문화와 권한을 오히려 더 강화시켰다는 지적도 제기된다.

특히 공소청 검사의 보완수사권 여부는 미뤄졌는데, 이를 두고 여당에서는 검찰의 수사 기능을 완전 박탈해야 한다는 의견이 많다. 반면 정부 일각에서는 경찰의 부실 수사를 보완하기 위한 검사의 제한적인 수사가 필요하다는 반론이 있어 향후 형사소송법 개정 과정에서 논쟁이 예상된다.

Q&A

검찰개혁 정부안 Q&A

Q 정부가 마련한 검찰개혁 법안의 핵심은?
A 중수청과 공소청을 신설해 검찰의 수사권과 기소권을 완전히 분리하도록 한 것이다.

Q 정부안에 명시된 중수청의 수사 대상은?
A 중수청은 부패·경제범죄에 더해 공직자·선거·방위사업·대형참사·마약·내란 및 외환죄까지 포함한 총 9대 중대 범죄를 수사 대상으로 한다. 구체적 범위는 대통령령으로 정하며, 공소청·수사기관 소속 공무원의 범죄도 수사할 수 있다.

Q 공소청 검사의 보완수사권은 어떻게?
A 보완수사권 문제는 이번 정부안에 포함되지 않았으며, 향후 형사소송법 개정 과정에서 논의한다는 방침이다.

Q 이번 정부안을 둘러싼 주요 논란은?
A 중수청의 이원화 구조가 현 검찰과 유사해 제2의 검찰청이 될 수 있다는 비판이 있다. 또 수사 대상 범죄가 지나치게 넓어 검찰 권한을 오히려 강화할 수 있다는 지적도 나온다.

민주당, 검찰에 보완수사요구권만 허용
검찰개혁법 당론 결정

- 더불어민주당이 2월 5일 중수청의 인력 구조를 일원화하고, 공소청에는 경찰 등 다른 수사기관에 대한 보완수사요구권만 부여하는 내용의 「중수청·공소청 설치법 조정안」을 공개했다.
- 이에 따르면 중수청 수사인력을 「수사관」 하나의 직제로 일원하기로 했으며, 핵심 쟁점이었던 공소청 보완수사권은 전면 폐지하는 대신 보완수사요구권만 허용하기로 했다. 또 공소청 수장은 검찰총장 대신 공소청장이라는 표현을 쓰기로 했는데, 다만 헌법상 검찰총장이 명시된 만큼 「공소청장이 검찰총장을 겸한다」 등의 규정을 만든다는 방침이다.
- 아울러 중수청의 수사 범위도 정부안에 담긴 9대 범죄(부패·경제·공직자·선거·방위산업·대형 참사·마약·내란−외환·사이버 범죄)에서 대형 참사와 공무원, 선거 범죄를 제외한 6대 범죄로 축소한다는 계획이다.

정부 안과 민주당 안

구분	정부 안	민주당 안
공소청 보완수사권	추후 논의	폐지. 보완수사요구권만 부여
중수청 인력 구조	수사사법관과 전문수사관으로 이원화	수사관으로 직제 일원화
중수청 수사 범위	부패, 경제, 공직자, 선거, 방위사업, 대형 참사, 마약, 내란 및 외환, 사이버 등 9대 범죄	공직자, 선거, 대형 참사 제외한 6대 범죄
공소청 수장 명칭	검찰총장 유지	공소청장으로 변경

尹 전 대통령 체포방해 혐의 1심, 「징역 5년」
12·3 비상계엄 선포 409일 만의 첫 판결

- 서울중앙지법 형사35부(부장 백대현)가 1월 16일 열린 윤석열 전 대통령의 「고위공직자범죄수사처(공수처) 체포방해 혐의」 등의 재판에서 징역 5년을 선고했다. 이는 2024년 12월 3일 윤 전 대통령이 비상계엄을 선포한 지 409일 만이자, 윤 전 대통령이 받고 있는 8개의 재판 가운데 처음으로 나온 판결이다.
- 재판부는 이날 내란 특검(특별검사 조은석)이 공소장에 적시한 총 8개의 혐의 중 1개를 제외하고는 모두 유죄로 판단했는데, 특검팀은 지난해 12월 26일 결심공판에서 윤 전 대통령에게 징역 10년을 구형한 바 있다.

판결 주요 내용 재판부는 이번 선고에서 공수처 수사권의 적법성과 계엄 전 국무회의의 위법성을 인정했다. 무엇보다 이는 2월 19일 선고를 앞둔 윤 전 대통령의 내란 우두머리 혐의 재판에서도 쟁점으로 다뤄지는 사안이라는 점에서, 향후 재판의 중요한 판단기준이 될 수 있다는 해석이 나온다.

공수처 수사는 적법 판단 공수처는 윤 전 대통령의 비상계엄 선포에 대해 직권남용으로 입건한 뒤 내란을 관련 범죄로 보고 수사를 확대했는데, 윤 전 대통령 측은 헌법 84조(대통령은 내란 또는 외환의 죄를 범한 경우를 제외하고는 재직 중 형사상의 소추를 받지 아니한다)를 근거로 공수처의 수사를 불법수사라고 주장해 왔다.

정치시사

31

하지만 재판부는 수사기관의 수사는 형사상 소추를 전제하는 것이 아니라며 공수처가 현직 대통령의 직권남용 혐의를 기소와 관계 없이 수사할 수 있다고 봤으며, 공수처가 직권남용 혐의를 수사하는 과정에서 내란 혐의를 함께 수사한 것도 문제가 되지 않는다는 판단을 내렸다. 또 윤 전 대통령이 지난해 1월 대통령경호처를 동원해 공수처의 체포영장 집행을 막고, 경호처 직원들의 비화폰 내역을 삭제하도록 지시한 혐의에 대해서도 유죄를 인정했다.

계엄 전 국무회의는 위법 판결 재판부는 계엄 선포 직전 열린 국무회의가 위법하다고 판단했는데, 일부 국무위원만 소집해 소집 통지를 받지 못한 국무위원 7명의 심의권을 침해했다는 혐의(직권남용)에 유죄를 선고했다. 또 윤 전 대통령의 사후 계엄 선포문 작성 혐의(허위공문서 작성)와 수사가 시작되자 이를 파기한 혐의(대통령기록물관리법 위반 및 공용서류 손상)도 유죄로 판단했다. 다만 허위 사실이 담긴 정부 입장을 외신에 전파하도록 지시한 혐의 등에 대해서는 무죄로 판단했다.

윤 전 대통령 공수처 체포 방해 혐의, 법원의 판단은?

공소사실	적용 혐의	재판부 판단
대통령경호처 동원해 공수처 체포영장 집행 방해	특수공무집행방해, 범인도피교사, 직권남용 권리행사방해	유죄
내란 수사 대비 비화폰 기록 삭제 지시	대통령경호법 위반교사	유죄
일부 국무위원만 소집해 국무회의 개최	직권남용 권리행사방해	유죄
계엄선포문 사후 작성 및 폐기	허위공문서 작성, 공용서류 손상, 대통령기록물법 위반	유죄
	허위공문서 행사	무죄
외신 상대 허위 공보	직권남용 권리행사방해	무죄

尹 외환·위증 혐의 등 7개 재판 선고는 언제? 윤석열 전 대통령은 1월 16일 체포방해 등의 혐의로 1심에서 징역 5년을 선고받은 데 이어, 앞으로 7개의 재판과 선고를 받게 될 예정이다.

우선 12·3 비상계엄과 관련해서는 ▷내란 우두머리 혐의 ▷평양 무인기 침투와 관련한 외환(일반이적 혐의) ▷한덕수 전 국무총리 재판 관련 위증 혐의 등 모두 3건의 관련 재판이 이뤄진다. 또 김건희 특검이 기소한 ▷명태균 여론조사 무상 수수 의혹(정치자금법 위반 혐의) ▷20대 대선 중 허위사실 공표 혐의(공직선거법 위반)도 향후 진행된다. 아울러 채상병 특검이 기소한 ▷채상병 수사외압 의혹(직권남용 혐의) ▷이종섭 전 호주대사 도피 의혹(범인도피 등) 등 2건의 재판도 남아 있다. 무엇보다 특검법에 따라 공소를 제기한 지 6개월 안에 1심 판결을 끝내야 하는 만큼 늦어도 상반기 내에는 7개 재판 모두 1심 선고가 나올 것이라는 전망이다.

尹 전 대통령이 받고 있는 나머지 7개 재판은?

특검	혐의	일정
내란 특검	내란 우두머리(12·3 비상계엄 선포)	2월 19일 1심 선고
	일반이적(평양 무인기 투입)	1월 19일 2차 공판
	위증(한덕수 재판 위증)	1월 21일 준비기일
김건희 특검	정치자금법 위반(명태균 씨 여론조사 무상 수수)	1월 27일 준비기일
	공직선거법 위반(20대 대선 중 허위사실 공표)	미정
채상병 특검	직권남용 권리행사방해(채상병 수사 외압)	2월 3일 준비기일
	범인도피 등(이종섭 호주 도피)	2월 11일 준비기일

💡 서울중앙지법 형사25부(재판장 지귀연)가 2월 19일 12·3 비상계엄 사태와 관련해 「내란 우두머리」 혐의로 기소된 윤석열 전 대통령에게 무기징역을 선고했다. 이는 지난 2024년 12월 3일 비상계엄 선포 443일 만에 나온 사법적 판단이다. (※ 41~42p 참조)

법원, 「내란 중요임무종사」한 전 총리에 징역 23년 선고
「12·3 계엄은 내란」판단

- 한덕수 전 국무총리가 1월 21일 12·3 불법 계엄에 대한 「내란 중요임무종사」혐의로 징역 23년형을 선고받고 법정 구속됐다.
- 서울중앙지법 형사33부(재판장 이진관)는 이날 12·3 비상계엄을 「위로부터의 내란」이자 「친위 쿠데타」라고 명확히 규정했다. 이는 내란 혐의에 대한 법원의 첫 판단으로, 특히 재판부가 선고한 징역 23년은 내란 특검팀의 구형(15년)보다 8년 많은 형량이다.

판결 주요 내용 재판부는 지난 2024년 12월 3일의 비상계엄 선포는 내란 행위에 해당한다고 규정했으며, 한 전 총리의 혐의(내란 중요임무종사, 허위공문서 작성, 대통령기록물법 위반, 공용서류 은닉·손상, 위증) 대부분에 유죄를 선고했다. 다만 허위작성공문서 행사 혐의에 대해서는 무죄를 선고했다. 재판부는 한 전 총리가 계엄 선포의 위헌·위법성을 알았음에도 윤 전 대통령의 범행에 가담했으며, 계엄 선포 전 국무회의 심의를 제안하면서 절차적 요건을 갖추도록 도와 중요임무에 종사했다고 판단했다.

당초 특검팀은 한 전 총리에 대한 공소를 제기하면서 내란 우두머리 방조 혐의를 적용했지만, 이후 재판부의 요청으로 공소장을 변경해 내란 중요임무종사 혐의를 추가한 바 있다. 또 특검팀은 앞서 전두환·노태우 두 전직 대통령의 내란 사건을 참고해 구형량을 정했지만, 재판부는 기존 내란 사건에 대한 대법원 판결은 피고인에 대한 형을 정하는 데 있어 기준이 될 수 없다고 밝혔다. 특히 그간 대한민국의 국제적인 위상이 높아진 만큼 친위 쿠데타 발생에 따른 경제적·정치적 충격이 과거 내란 때와는 비교할 수 없을 만큼 크다고도 강조했다.

한덕수 전 국무총리 1심 재판부 판단은?

혐의	주요 내용	판결
내란 중요임무종사	비상계엄 선포에 동조해 국무회의 개최 건의 및 위원 소집 등	유죄
허위공문서 작성	비상계엄 선포의 절차적 하자를 은폐하기 위해 사후 계엄선포문에 부서	유죄
허위작성공문서 행사		무죄
대통령기록물법 위반	비상계엄선포문 폐기	유죄
공용서류 손상		유죄

김건희 1심, 「알선수재」혐의만 유죄 판결
1년 8개월형 선고 논란

- 서울중앙지법 형사27부(재판장 우인성)가 1월 28일 도이치모터스 주가조작, 통일교 청탁 명목 금품 수수, 여론조사 무상 수수 혐의 등으로 기소된 윤석열 전 대통령의 부인 김건희 씨에게 통일교에서 금품을 받은 알선수재에 대해서만 일부 유죄로 인정하며 1년 8개월형을 선고했다.
- 앞서 윤 전 대통령이 체포방해 혐의 등으로 5년을 선고받은 데 이어 김 씨도 실형을 선고받으면서 헌정 사상 최초로 전직 대통령 부부가 동시에 실형 선고를 받은 사례가 됐다. 하지만 김 씨의 대부분 혐의에 무죄가 선고되고 특검 구형량(15년형)에 한참 못 미치는 양형이 나오면서 논란이 거세졌는데, 김건희 특검팀은 즉각 항소 입장을 밝혔다.

김건희 씨의 혐의와 1심 판결 주요 내용 김건희 씨는 ▷2010년 10월~2012년 12월 도이치모터스 주가조작에 가담해 8억 1000만 원 상당의 부당이득을 취득했고(자본시장법 위반) ▷2021년 6월~2022년 3월 윤 전 대통령과 공모해 명태균 씨로부터 합계 2억 7440만 원 상당의 여론조사를 무상으로 제공받았으며(정치자금법 위반) ▷건진법사 전성배 씨와 공모해 2022년 4~7월 통일교 관계자로부터 교단 지원과 관련한 청탁을 받고 총 8293만 원 상당의 금품을 수수(특정범죄가중처벌법상 알선수재)했다는 혐의로 지난해 8월 구속기소된 바 있다.

자본시장법과 정치자금법 위반은 무죄 재판부는 김 씨의 도이치모터스 주가조작에 대해서는 김 씨를 공범(공동정범)으로 볼 수 없다면서 무죄를 선고했다. 또 정치 브로커 명태균 씨로부터 무상 여론조사를 받은 혐의에 대해서도 윤 전 대통령 부부가 명 씨의 여론조사 비용으로 상당한 재산상 이익을 취했다고 볼 수 없다며 무죄를 선고했다. 이 가운데 도이치 주가조작 사건은 앞서 검찰이 4년 6개월 간의 수사 끝에 2024년 10월 무혐의 불기소 처분을 내리면서 봐주기 논란을 일으켰던 사건이다.

알선수죄 혐의는 일부 유죄 재판부는 김 씨가 건진법사 전성배 씨를 통해 윤영호 전 통일교 세계본부장으로부터 샤넬백 2점과 그라프 목걸이 1점 등 8300만 원 상당의 금품을 받은 혐의에 대해서는, 2022년 7월 1271만 원 상당의 샤넬백 1점과 6220만 원 상당의 그라프 목걸이 수수만 청탁의 대가성을 인정해 유죄 판결을 내렸다.

김건희 씨 1심 선고 결과는?

혐의	특검 구형	혐의 주요 내용	1심 선고와 판결 이유
도이치모터스 주가조작 (자본시장법 위반)	징역 11년, 벌금 20억 원, 추징금 8억 1144만 원	2010년 10월~2012년 12월 도이치모터스 주가조작에 가담해 8억 1000만 원 상당의 부당이득을 취득한 혐의	무죄. 시세조종 미필적 고의는 인정되나 범죄 공모 사실은 입증되지 않음
통일교 금품 수수(특가법상 알선수재)		2022년 4~7월 건진법사 전성배 씨와 공모해 통일교 관계자로부터 교단 지원 청탁과 함께 그라프 목걸이, 샤넬가방 등 8000만 원 상당의 금품을 수수한 혐의	일부 유죄. 샤넬가방과 그라프 목걸이는 청탁 목적의 알선 대가
명태균 여론조사 무상 수수(정치자금법 위반)	징역 4년, 추징금 1억 3720만 원	2021년 6월~2022년 3월 윤석열 전 대통령과 공모해 명태균 씨로부터 2억 7000만 원 상당의 여론조사 58회 결과를 제공받은 혐의	무죄. 여론조사 계약 체결 증거 없고, 그 비용에 상당하는 재산상 이득을 취한 것으로 볼 수 없음

💡 우인성 재판부는 이날 통일교 측으로부터 1억 원의 불법 정치자금을 수수한 혐의(정치자금법 위반)로 기소된 권성동 국민의힘 의원에게는 징역 2년에 추징금 1억 원, 김건희 씨와 권 의원에게 금품을 제공한 혐의(청탁금지법·정치자금법 위반)로 기소된 윤영호 전 세계본부장에게는 징역 1년2개월을 선고했다.

헌재, 「비례대표 의석 3% 저지조항」 위헌 판단
소수 정당 진입 확대

- 헌법재판소가 1월 29일 정당 득표율이 3% 이상이어야 비례대표 의석을 얻을 수 있도록 규정한 공직선거법 조항(비례대표 3% 저지조항)에 대해 재판관 7 대 2의 의견으로 위헌 판단을 내렸다.
- 이번 판결은 노동당·녹색당·진보당 등 군소정당과 유권자들의 헌법소원 제기에 따른 것으로, 해당 헌법소원은 189조 1항 1호에 대해서만 접수됐지만, 헌재는 같은 조항 2호(지역구 국회의원선거에서 5석 이상의 의석을 차지한 정당에 비례대표 의석 배분)에 대해서도 위헌 결정을 선고했다.

- 이 조항은 소수 정당의 난립을 방지하고 안정적인 의회 운영을 도모할 수 있다는 평가를 받아 왔다. 그러나 헌재는 해당 조항이 군소정당의 난립을 막는 효과보다는 정치적 다양성을 떨어뜨리는 등의 부작용이 크고, 이미 거대 양당이 대부분의 의석을 차지한 상황에서 해당 조항을 두는 것은 과도한 제약이라는 판단을 내렸다. 헌재의 이와 같은 결정에 따라 소수 정당의 원내 진입 가능성이 커질 것으로 전망된다.

사법농단 양승태, 직권남용 일부 유죄
2심은 징역 6개월·집행유예 선고

- 사법농단 사태로 기소돼 1심에서 전부 무죄를 선고받은 양승태 전 대법원장(78)이 1월 30일 항소심에서 일부 유죄가 인정돼 징역형의 집행유예를 선고받았다. 전직 대법원장이 형사사건으로 유죄를 받은 것은 이번이 처음이다.
- 서울고법 형사14-1부는 이날 직권남용 권리행사방해, 공무상 비밀누설 등 47개 혐의로 기소된 양 전 대법원장과 당시 법원행정처장이었던 박병대 전 대법관에게 1심의 무죄를 깨고 징역 6개월에 집행유예 1년을 선고했다.

판결 주요 내용 양 전 대법원장은 취임 후인 2011년 9월부터 상고법원 도입을 목적으로 강제징용 재판, 전국교직원노동조합 법외노조 통보사건 등 각종 재판에 부당하게 개입한 혐의로 2019년 2월 재판에 넘겨졌다. 또 헌법재판소 파견 법관을 통해 헌재 내부 정보를 수집하고, 법관 블랙리스트를 작성한 혐의 등도 적용됐다.

지난해 1월 1심 재판부는 범죄 성립요건이 부족하다며 무죄를 선고했으나, 항소심 재판부는 직권남용 성립 요건을 명확히 설정하면서 47개 혐의 가운데 2개 혐의를 유죄로 판단했다. 재판부는 양 전 대법원장 산하 사법부가 일부 재판에 개입해 직무권한을 남용했고, 양 전 대법원장과 고 전 대법관이 이에 공모했다고 인정했다.

2차 종합특검법, 국무회의서 의결
3대 특검서 못 밝힌 여죄 수사

정부가 1월 20일 이재명 대통령 주재로 국무회의를 열고 지난해 출범한 3대 특검(내란·김건희·채상병 특검)이 밝히지 못한 여죄를 수사하기 위한 「2차 특검법(윤석열·김건희에 의한 내란·외환 및 국정농단 행위의 진상규명을 위한 특별검사 임명 등에 관한 법률안)」을 심의·의결했다. 이는 앞서 1월 16일 국회가 2차 특검법을 통과시킨 지 4일 만이다.

2차 특검법 주요 내용

수사 대상 2차 특검은 앞서 3대 특검의 수사 대상이었지만 충분히 다루지 못했거나 수사 과정에서 새롭게 불거진 의혹들을 수사 대상으로 한다. 구체적으로 ▷윤석열 전 대통령의 무인기 평양 침투 등 외환·군사반란 혐의 ▷윤 전 대통령의 부인 김건희 씨의 대통령 집무실·관저 이전 개입 의혹 ▷노상원 수첩에 담긴 계엄 기획·준비 의혹 등 17개가 이에 해당한다.

특검 임명과 수사 특검 후보자는 민주당과 비교섭단체 중 의석수가 가장 많은 단체(조국혁신당)가 각 1명씩 추천하고, 대통령이 그 중 1명을 임명한다. 특검의 수사기간은 특검이 임명된 날부터 준비기간 20일, 본수사 기간 90일, 30일의 연장기간 2회 등을 합친 최장 170일이다. 수사 인력은 역대 특검 중 최대 규모인 내란 특검(267명)에 육박하는 최대 251명으로 규정됐다.

2차 종합특검법 주요 내용

수사 대상	3대 특검에서 충분히 다루지 못했거나 새롭게 불거진 의혹 등 17개
수사 기간	최장 170일(준비기간 20일, 수사기간 90일, 1·2차 연장 각각 30일)
수사인력	총 251명(특검 1명, 특검보 5명, 특별수사관 100명, 파견검사 15명, 파견공무원 130명)

李 대통령, 조혁당 추천 권창영 변호사 특검 임명 이재명 대통령이 2월 5일 2차 종합특검법에 따른 특검으로 조국혁신당이 추천한 권창영 변호사를 임명했다. 판사 출신인 권 특검은 현재 법무법인 지평 소속으로, 서울대 법학전문대학원 겸임교수로도 활동 중이다. 앞서 민주당은 전준철 법무법인 광장 변호사, 조국혁신당은 권 특검을 특검 후보로 이 대통령에게 추천한 바 있다.

정부, 李 대통령 피습 사건
「국가 공인 1호 테러」로 지정

- 정부가 1월 20일 김민석 국무총리 주재로 국가테러대책위원회를 개최하고, 2024년 당시 더불어민주당 대표였던 이재명 대통령이 부산 가덕도에서 피습당한 사건을 「국가 공인 1호 테러」로 지정했다. 이는 지난 2016년 테러방지법 제정 후 정부가 공식 인정한 첫 테러로, 이에 해당 사건에 대한 전면 재수사가 이뤄질 것으로 전망된다.
- 이 대통령은 민주당 대표였던 지난 2024년 1월 부산 가덕도 신공항 부지를 둘러보던 중 60대 남성이 휘두른 흉기에 왼쪽 목을 찔려 응급수술을 받았다. 사건 이후 민주당 등에서는 윤석열 정부 국정원과 대테러센터 등이 해당 사건을 테러로 지정하지 않고 현장 증거를 인멸하며 사건을 축소·왜곡했다는 의혹을 제기해 왔다.

檢, 대장동 이어 위례 의혹도 항소 포기
남욱·유동규·정영학 무죄 확정

- 검찰이 2월 4일 위례 신도시 개발사업 특혜 의혹과 관련해 1심에서 무죄를 선고받은 유동규 전 성남도시개발공사 사장 직무대리와 남욱 변호사, 정영학 회계사 등 민간 사업자들에 대해 항소를 포기했다. 이에 따라 이들의 무죄 판결이 확정됐는데, 이 사건은 이재명 대통령과 연관돼 있어 검찰의 항소 여부에 관심이 모인 바 있다.
- 앞서 검찰은 유 전 직무대리 등에 2013년 위례신도시 아파트 개발사업을 앞두고 성남도시개발공사의 내부 정보를 흘려 민간업자들에게 배당이익 등 211억여 원을 몰아준 혐의(이해충돌방지법 위반)를 적용해 재판에 넘겼다. 하지만 지난 1월 28일 1심을 심리한 서울중앙지법은 사업권을 곧 배당이익으로 볼 수 없다며 이들의 혐의를 전부 무죄로 판단했다.
- 한편, 이들의 무죄가 확정되면서 해당 사건으로 별도 기소됐다가 대통령 당선 뒤 재판이 중지된 이 대통령 사건에도 영향이 미칠 것으로 전망된다.

국방부, 「준4군 체제로 해병대 개편」 발표
해병대 작전통제권, 50여 년만에 육군에서 환원

- 국방부가 해병대 1·2사단의 작전통제권을 약 50년 만에 육군에서 해병대로 환원하는 내용 등을 담은 「준(準)4군 체제로 해병대 개편」 방안을 12월 31일 발표했다.
- 이번 개편은 지난 12월 18일 업무보고 당시 이재명 대통령이 직접 검토를 지시한 데 따른 후속 조치로, 당시 이 대통령은 해병대 1·2사단의 작전통제권이 육군에 있는 문제를 지적한 바 있다.

해병대 준4군 체제는 어떻게? 해병대 준4군 체제는 해병대의 법적·작전적 독립성을 강화해 4군(육군, 공군, 해군, 해병대)에 준하는 위상을 부여하는 것이다. 이 방안의 핵심은 해병대의 주요부대인 해병대 1·2사단의 작전통제권을 해병대에 돌려주는 것으로, 두 사단의 작전권은 해병대가 해체됐던 1973년 육군에 이관됐으나 1987년 해병대사령부 재창설 이후로도 반환되지 않았었다. 방안에 따르면 육군 제2작전사령부의 통제를 받는 해병 1사단은 2026년 말까지, 육군 수도군단의 통제를 받는 해병 2사단은 2028년 이내에 작전통제권이 각각 해병대로 환원된다.

또 해병대 출신 장성들이 합동참모본부 등 상급부대에 진출할 수 있는 기회를 확대하고 대장 진급의 길도 연다는 방침이다. 아울러 해병대에 별도 작전사령부를 창설하는 방안도 추진되며, 해병대의 상륙작전·도서방위 임무를 국군조직법에 명시한다는 방침이다.

준4군 체제 개편방안 주요 내용

작전통제권 원복	해병대 1·2사단의 작전통제권을 해병대사령부로 원복
지휘구조 신설	해병대에 별도의 작전사령부 창설
진급 및 상급부대 진출 확대	• 해병대 장성의 대장 진급 • 해병대원의 합참 등 상급부대 보임 확대
국군조직법 개정	해병대의 고유 임무를 「상륙작전 → 도서방위 및 상륙작전」으로 확대

방첩사, 49년 만에 해체 수순
수사·방첩·보안 기능 분산

- 국방부 민관군 합동특별자문위원회가 1월 8일 국군방첩사령부(방첩사) 해체 및 수사기능 이관 등의 내용이 담긴 「군 정보기관 개혁안」을 국방부 장관에게 권고했다.
- 자문위의 권고안은 지난 2024년 12·3 비상계엄 당시 위법업무 수행 논란에 따른 것으로, 국방부는 법령 개정과 시설 재배치 등을 거쳐 올해 안에 개편을 완료하는 것을 목표로 하고 있다. 이렇게 되면 방첩사 모태인 국군보안사령부가 1977년 육·해·공군 방첩부대를 합쳐 창설된 지 49년 만에 방첩사가 해체되게 된다.

방첩사 관련 권고안 주요 내용 합동자문위 권고안에 따르면 방첩사를 해체하고, 현재 방첩사가 수행하고 있는 안보수사·방첩정보·보안감사·동향조사 등의 기능을 이관 또는 폐지한다. 구체적으로 ▷안보수사는 국방부조사본부에 ▷방첩정보는 국방안보 정보원(신설, 가칭)에 ▷보안감사는 중앙보안감사단(신설, 가칭)에 이관하고, 군내 간 부들에 대한 세평(인사 첩보) 수집과 동향조사 등 논란을 일으켜온 기능은 전면 폐지하는 것이다. 여기에 방첩사 기능 분산을 통해 설립될 기관들에 또다시 권력이 집중되는 문제를 막기 위해 국방부에 국장급 기구인 정보보안정책관(가칭)을 신설, 국방안보정보원 등을 지휘 통제하도록 하는 방안도 권고됐다. 그리고 신설 기관 감찰 책임자는 군무원이나 외부 인력으로 기용해 독립성과 중립성을 확보토록 했다.

방첩사 해체 방안은?

주요 기능	변경 방안
안보수사	국방부 조사본부로 이관(군사경찰, 정보·수사 권한의 집중 문제 해소)
방첩정보	신설되는 국방안보정보원에서 담당 – 방첩·방산·대테러 관련 정보 활동 및 방산·사이버 보안 임무 수행 – 민간 인력을 수장으로 임명
보안감사	신설되는 중앙보안감사단에서 담당(중앙보안감사·신원조사, 장성급 인사검증 지원 등의 임무 수행)
인사첩보·세평수집·동향조사	폐지

방첩사 폐지 권고에 이르기까지 방첩사의 모태는 1980년 신군부 권력 장악에 막후 역할을 했던 국군보안사령부(보안사)로, 보안사는 1950년 특무부대로 시작해 육·해·공군에 보안부대로 나뉘어 있던 것을 1977년 10월 통합한 것이다. 이후 막강한 영향력을 행사한 보안사는 1990년 10월 민간인 사찰 폭로사건을 계기로 1991년 1월 「국군기무사령부(기무사)」로 명칭이 변경됐다. 하지만 명칭만 변경됐을 뿐 기존 기능은 거의 그대로 유지됐고, 이에 2009년 민간인 사찰로 인한 국가배상 등의 사건이 꾸준히 이어졌다. 특히 2014년 세월호 유가족 동향 수집, 2017년 박근혜 전 대통령 탄핵 국면에서의 계엄문건 의혹이 확산하면서 기무사 개편 요구 목소리는 더욱 높아졌다. 이에 문재인 정부는 2018년 9월 「군사안보지원사령부」로 조직을 개편하면서 인원 대폭 축소 및 정치 개입과 민간인 사찰을 엄격히 금지하는 조항을 신설하며 해편(해체 후 재편성) 수준으로 평가됐다.

그러나 2022년 윤석열 정부 출범 이후 「국군방첩사령부」로 명칭을 바꾸면서 조직과 기능 강화를 꾀했는데, 특히 2024년 12·3 비상계엄에 방첩사가 깊이 연루된 것이 드러나며 큰 논란이 됐다. 현재 여인형 전 방첩사령관은 계엄 당시 정치인 체포를 지시하고 선거관리위원회에 군 병력을 보낸 혐의로 기소돼 재판을 받고 있다.

> **방첩사, 창설에서 해체 결정에 이르기까지**
>
> 1977. 10. 국군보안사령부(보안사) 창설
> 1991. 1. 국군기무사령부(기무사)로 개칭
> 2018. 9. 기무사 해편 후 「군사안보지원사령부」 창설
> 2022. 10. 윤석열 정부 출범 후 「국군방첩사령부」로 개칭

정부, 행정통합 특별시에 40조 원 지원
대전충남·광주전남 등 통합 가속 전망

- 김민석 국무총리가 1월 16일 광역 지방정부 간 행정통합을 추진하는 지역에 각각 연간 최대 5조 원, 4년간 최대 20조 원을 지원하는 방안 등을 발표했다. 이를 위해 내국세 일반세 수입의 19.24%를 나눠주는 현행 지방교부세와 별도로 「행정통합교부세」와 「행정통합지원금」을 신설해 재정을 지원한다는 방침이다.
- 그리고 특별시 부단체장의 직급을 차관급으로 격상하고, 소방본부청과 기획조정실장 등의 핵심 보직도 1급 운영이 가능하게 하는 등 서울시에 준하는 위상과 지위를 부여하기로 했다. 여기에 통합특별시에 입주하는 기업에 고용보조금 지원, 토지 임대료 및 지방세 감면 등의 혜택을 부여한다. 또한 2027년 본격 추진하는 2차 공공기관 이전 때도 통합특별시를 적극 우대한다는 방침이다.

靑, 통합 지방정부 재정지원 TF 구성 청와대가 1월 20일 통합 지방정부에 대한 재정 지원을 논의하기 위해 「통합 지방정부 재정지원 태스크포스(TF)」를 구성했다. 해당 TF에서는 앞서 1월 16일 김민석 국무총리가 발표한 행정통합 특별시에 대한 대규모 재정을 어떻게 지원할지 세분화된 방안을 마련할 예정이다. TF 단장은 김용범 청와대 정책실장이 맡고, 류덕현 재정기획보좌관과 임기근 기획예산처 차관이 공동 간사를 담당한다.

행정통합시에 부여되는 혜택들은?

재정 지원	• 연간 최대 5조 원, 4년간 최대 20조 원 지원 • 행정통합교부세, 행정통합지원금 신설
위상 강화	• 서울시에 준하는 위상과 지위 부여 • 부단체장 직급을 차관급으로 격상
공공기관 우선 이전	2027년 2차 공공기관 이전 시 통합특별시 우선 고려
산업 활성화 지원	• 입주기업 고용보조금 및 교육훈련금 지원 • 토지 임대료 및 개발사업 지방세 감면

> **5극3특** 수도권 집중 문제와 지방소멸 위기에 대응하기 위해 이재명 정부가 제시한 정책으로, 현재 수도권 1극 체제에서 벗어나 전국을 5개 초광역권(극)과 3개 특별자치도(특)로 재편하는 것이다. 여기서 5개 초광역권(극)은 수도권, 충청권(세종·대전), 동남권(부산·울산·경남), 대경권(대구·경북), 호남권(광주·전남)으로 구성된다. 그리고 3개 특별자치도(특)에는 제주·강원·전북이 포함되는데, 이들 지역은 자치 권한과 재정적 지원을 강화해 독자적 발전을 지원하게 된다.

각 지역 행정통합 논의는 어떻게? 현재 행정통합 논의는 충남·대전, 전남·광주, 대구·경북에서 동시다발적으로 진행 중에 있으며, 부산·울산·경남(부울경)은 오는 6월 지방선거 이후 논의를 이어간다는 방침이다. 대구·경북의 경우 지난 2024년 통합 논의가 중단됐지만, 정부가 대대적 지원책을 내놓자 1월 행정통합을 재추진하기로 합의한 바 있다. 광주·전남, 대전·충남, 대구·경북 등 3개 권역을 대상으로 한 행정통합 특별법은 민주당안과 국민의힘안을 포함해 모두 5건이 국회에 제출됐다.

특별법 국회 발의 민주당은 1월 30일 국회에 「충남대전통합특별시 설치 및 경제과학국방중심도시 조성 특별법안」과 「전남광주통합특별시 설치 특별법안」을 제출했다. 민주당이 당론으로 발의한 두 개의 특별법에는 서울특별시에 준하는 위상과 재정분권을 통합특별시에 부여하고, 국무총리 산하 통합특별시 지원위원회를 설치하는 내용 등이 담겼다.

특별법에 따라 충남과 대전은 「충남대전통합특별시」(약칭 대전특별시)로 통합되며, 전남과 광주는 「전남광주통합특별시」(약칭 광주특별시)가 된다. 다만 대전·충남 통합은 야당 반발이 변수인데, 이는 기존에 국민의힘이 만든 특별법과 달리 재정 이양이 불충분하다는 취지다.

여기에 국민의힘 대구경북 의원들이 1월 30일 「대구경북특별시 특별법」을 발의한 데 이어 임미애 민주당 의원도 2월 2일 「대구경북 행정통합 특별법안」을 발의했다. 이 가운데 국민의힘이 제출한 법안에는 민주당이 광주·전남과 대전·충남에 주는 각종 특례에 더해, 중앙정부가 대구·경북에서 거두는 국세 중 법인세의 10%, 부가가치세의 0.5%를 주도록 하는 내용도 담겼다.

각 지역 행정통합 논의 현황은?

충남·대전	2025년 10월 2일: 국민의힘, 「대전·충남특별시 특별법」 발의 2026년 1월 30일: 민주당, 「충남·대전통합특별시 특별법」 발의
전남·광주	1월 30일: 민주당, 「전남·광주통합특별시 특별법」 발의
대구·경북	1월 30일: 국민의힘 「대구·경북특별시 특별법」 발의 2월 2일: 민주당, 「대구·경북행정통합 특별법」 발의
부산·울산·경남	1월 28일: 박형준 부산시장·박완수 경남지사, 「2028년 행정통합」 목표 발표

「언론사 단전·단수 지시」 이상민 전 행안부 장관,
징역 7년형-내란 중요임무종사 인정

서울중앙지법 형사합의32부(류경진 부장판사)가 2월 12일 12·3 비상계엄 당시 언론사 단전·단수 지시를 전달하는 등 내란 중요임무종사 혐의 등으로 재판에 넘겨진 이상민 전 행정안전부 장관에게 징역 7년을 선고했다. 재판부는 이 전 장관의 내란 중요임무종사와 위증 혐의에 대해서는 일부 유죄를 인정했지만, 직권남용 혐의에 대해서는 무죄를 선고했다.

판결 내용 재판부는 이 전 장관에 대한 구체적인 유무죄를 논하기 전 12·3 비상계엄은 형법상 내란에 해당한다고 규정했다. 이는 앞서 한덕수 전 국무총리에게 징역 23년을 선고한 이진관 판사의 판결에 이어 두 번째로 나온 사법부의 판단이다.

재판부는 이 전 장관이 12·3 비상계엄 당일 윤석열 전 대통령으로부터 국회 등 주요 기관 봉쇄와 언론사 단전·단수 지시를 받고 당시 소방청장에게 협조를 지시했다는 공소사실을 인정하며, 내란 중요임무종사의 고의 및 국헌문란의 목적이 있었다는 판단을 내렸다. 또 이 전 장관이 지난해 2월 헌법재판소의 윤석열 전 대통령 탄핵심판 변론에서 단전·단수를 지시하지 않았고 대통령으로부터 지시받은 적도 없다는 취지로 허위 증언한 혐의(위증)에 대해서도 유죄 판결을 내렸다. 다만 이 전 장관이 소방청장에게 의무 없는 일을 하게 했다는 직권남용 권리행사방해 혐의는 무죄로 판단했다.

이상민 전 행안부 장관 혐의별 재판부의 판단은?

혐의	주요 내용	1심 판단
내란 중요임무종사	주요기관 봉쇄 및 단전·단수 문건 받아 업무 지시	유죄
직권남용 권리행사방해	허석곤 전 소방청장에게 언론사 단전·단수 지시	무죄
헌법재판소 위증	윤석열 전 대통령 탄핵심판에서 단전·단수 지시한 적 없다고 증언	유죄

대법, 「전두환, 회고록으로 5·18 역사 왜곡」
9년 만에 배상책임 확정

- 대법원이 2월 12일 전직 대통령 고(故) 전두환 씨가 회고록에서 5·18 민주화운동을 왜곡하고 관련자의 명예를 훼손했다며 손해를 배상하라는 판결을 내렸다. 이는 2017년 소송 제기 약 9년 만에 나온 최종 결론이다.
- 대법원 3부(주심 이흥구 대법관)는 이날 5·18 기념재단 등 4개 단체와 故 조비오 신부의 조카 조영대 신부가 전 전 대통령과 아들 전재국 씨를 상대로 제기한 회고록 관련 손해배상 청구소송에서 원고 일부승소한 원심 판결을 확정했다.
- 이번 판결에 따라 전 전 대통령의 배우자인 이순자 씨와 아들 전 씨는 오월단체들에 각각 1500만 원씩, 조영대 신부에게 1000만 원 등 총 7000만 원을 배상해야 한다. 또 문제가 된 표현을 삭제하지 않으면 회고록의 출판·배포도 금지된다.

소송 제기에서 대법 판결까지 전두환 전 대통령은 2017년 4월 출간한 회고록에서 5·18을 폭동으로 규정하고 헬기 사격을 부정하는 내용들을 썼다. 이에 5월단체들과 조비오 신부의 유족은 회고록을 집필한 전두환 씨와 이를 발간·판매한 아들 재국 씨를 상대로 출판·배포 금지 가처분 신청과 손해배상 소송을 제기했다.

이후 2018년 9월 1심은 회고록 표현 중 일부에 대해 허위사실 적시에 의한 명예훼손이 성립된다고 판단하면서, 전 씨 측이 5·18단체 4곳에 각각 1500만 원, 조영대 신부에게 1000만 원 등 총 7000만 원을 배상하라고 판결했다. 또 회고록 속 표현 70개 중 69개를 삭제하지 않으면 해당 서적을 출판·배포할 수 없도록 했다. 이에 전 씨 측이 항소했으나 2022년 9월 열린 2심도 같은 액수를 배상하라고 판결하면서, 검토한 63개 표현 중 51개를 전부 또는 일부 삭제하라고 명령했다. 그러다 전두환 씨가 2심 재판이 진행 중이던 2021년 11월 사망하면서 부인 이순자 씨가 소송을 수계하게 됐다. 그리고 대법원 역시 전 씨가 회고록에 허위 사실을 적시해 5·18 단체들의 사회적 평가가 침해됐으며, 전 씨에게 위법성 조각 사유가 없다는 원심 판단을 유지했다.

제헌절, 올해부터 다시 공휴일 지정
18년 만에 공휴일 부활

- 국회가 1월 29일 제헌절을 공휴일로 지정하는 내용의 「공휴일에 관한 법률 일부개정안」을 통과시켰다.
- 개정안은 현행법상 국경일 중 3·1절, 광복절, 개천절, 한글날로 한정된 공휴일 범위를 모든 국경일로 확대하는 것이 핵심이다. 이는 국무회의에서 공포된 날로부터 3개월이 지나면 시행하도록 돼 있어, 올해 제헌절부터 공휴일이 된다.
- 제헌절(制憲節)은 1948년 대한민국 헌법 제정 및 공포를 기념하기 위해 지정된 국경일로, 1950년 7월 17일부터 공휴일이 됐다. 그러나 2005년 「관공서의 공휴일에 관한 규정」이 개정됐고, 2008년부터 기업 부담 등을 이유로 공휴일에서 제외되며 국경일 중 유일하게 쉬지 않는 날이었다. 이에 제헌절 복원 요구가 꾸준히 제기돼 왔다.

국민의힘, 「당원 게시판 여론 조작」
한동훈 전 대표 제명 확정

- 국민의힘 지도부가 1월 29일 열린 최고위원회의에서 한동훈 전 대표 가족들의 이른바 「당원 게시판 여론 조작」을 이유로 앞서 13일 당 중앙윤리위원회가 최고 수위 징계인 「제명」 처분한 것을 원안대로 의결했다. 이와 같은 지도부의 결정은 당 윤리위가 제명 처분을 내린 지 16일 만이다.
- 이번 제명 확정에 따라 한 전 대표는 향후 5년간 최고위의 의결 없이는 재입당이 불가해, 6월 지방선거와 재·보궐선거를 비롯해 다음 총선과 대선도 국민의힘 후보로 출마할 수 없게 된다.

「내란 우두머리」 혐의 尹 전 대통령 1심
무기징역 선고-443일 만의 결론

- 서울중앙지법 형사25부(재판장 지귀연)가 2월 19일 12·3 비상계엄 사태와 관련해 「내란 우두머리」 혐의로 기소된 윤석열 전 대통령에게 무기징역을 선고했다.
- 이는 지난 2024년 12월 3일 비상계엄 선포 443일 만에 나온 사법적 판단으로, 앞서 1월 13일 내란 특검은 12·3 불법 계엄을 「반국가세력에 의한 중대한 헌법질서 파괴사건」으로 규정하며 윤 전 대통령에게 사형을 구형한 바 있다.

• 이 밖에 비상계엄과 관련된 김용현 전 국방부 장관에게는 징역 30년이 선고됐으며, 노상원 전 정보사령관은 징역 18년, 조지호 전 경찰청장은 징역 12년, 김봉식 전 서울경찰청장은 징역 10년, 목현태 전 서울경찰청 국회경비대장에는 징역 3년이 선고됐다. 다만 김용군 전 육군 대령, 윤승영 전 경찰청 국가수사본부 수사기획조정관에게는 각각 무죄가 선고됐다.

윤석열 전 대통령 등 내란사건 1심 선고

피고인	혐의	선고
윤석열 전 대통령	내란 기획 및 지휘(내란 우두머리)	무기징역
김용현 전 국방부장관	내란 기획 및 지휘	징역 30년
노상원 전 국군정보사령관	내란 기획, 불법 수사단 편성	징역 18년
조지호 전 경찰청장	비상계엄 당일 국회 봉쇄 및 출입통제 지시	징역 12년
김봉식 전 서울경찰청장		징역 10년
목현태 전 국회경비대장	국회 봉쇄 관여	징역 3년
윤승영 전 국가수사본부 수사기획조정관	정치인 체포 지원 지시	무죄
김용군 전 제3야전군사령부 헌병대장	불법 수사단 편성 관여	

尹 전 대통령의 혐의와 판결 내용 윤석열 전 대통령은 김용현 전 국방부 장관 등과 공모해 전시·사변 또는 이에 준하는 국가비상사태의 징후 등이 없었는데도 위헌·위법한 비상계엄을 선포하는 등 국헌문란을 목적으로 폭동을 일으킨 혐의로 지난해 1월 26일 구속기소됐다. 또 계엄군과 경찰을 동원해 국회를 봉쇄함으로써 비상계엄 해제 의결을 방해하고, 우원식 국회의장과 당시 더불어민주당 이재명 대표 등 정치권 주요 인사와 중앙선거관리위원회 직원들을 체포·구금하려 한 혐의도 받았다. 이에 재판부는 윤석열 전 대통령의 위헌·위법한 비상계엄 선포 혐의와 이후 경찰의 국회 출입 통제, 군의 국회 투입 시도, 중앙선거관리위원회 확보 시도 등의 공소사실을 유죄로 인정하면서 무기징역을 선고했다.

내란 우두머리 혐의 인정 재판부는 윤 전 대통령이 「국회에 군을 보내 봉쇄하고 주요 정치인 등을 체포하는 방법으로 국회 활동을 저지·마비시켜 국회가 상당 기간 기능을 제대로 할 수 없게 하려는 목적을 가지고 있었음을 부정하기는 어렵다」며 「군대를 보내 폭동을 일으킨 사실도 인정된다」고 판단했다. 이는 윤 전 대통령의 행위가 형법상 내란죄 성립 요건인 「국헌문란 목적」과 「폭동」에 부합한다는 취지다. 그러면서 비상계엄 선포 자체가 바로 내란죄에 해당할 수는 없지만 헌법기관 기능을 마비시키려는 목적이라면 내란죄가 성립한다며, 12·3 비상계엄은 내란에 해당한다고 밝혔다. 다만 재판부는 윤 전 대통령이 2024년 12월이 아닌 약 1년 전부터 비상계엄을 준비했다는 특검 측의 주장은 받아들이지 않았다.

공수처·검찰의 내란죄 수사 가능 재판부는 고위공직자범죄수사처(공수처)나 검찰 모두 비상계엄 사태와 관련해 내란죄 수사 권한이 있다고 판단했다. 이에 따르면 공수처와 검찰 모두 관련법상 내란죄는 직접수사 대상이 아니지만, 수사 대상 범죄인 직권남용죄의 관련 범죄로 내란죄를 수사할 수 있으며 검찰은 기소도 가능하다고 밝혔다. 그간 윤 전 대통령 측은 「공수처의 내란죄 수사는 위법한 수사였다」며, 재판부가 공소기각을 선고해야 한다고 주장해 왔다. 그러나 재판부는 내란 범죄가 공수처의 수사권이 있는 범죄와 직접 관련이 있는 범죄로서 시행령상 수사 범위에 포함된다고 해석할 수 있는데다 경찰과 검찰의 기록들도 같이 송부했기 때문에, 공수처 수사기록을 모두 제외해도 다른 기록들을 근거로 유·무죄를 판단하는 데 문제가 없다고 밝혔다.

💡 공소기각은 공소가 제기된 경우 실체적 심리에 들어가기 전에 갖추어야 할 형식적 소송조건이 미흡한 경우, 법원에서 소송을 종결시키는 형식적 재판을 말한다.

재판부, 사형 아닌 무기징역 선고 재판부는 윤 전 대통령에게 적용된 내란 우두머리와 직권남용 권리행사방해 혐의를 모두 유죄로 인정하면서도, 특검의 구형량이었던 법정 최고형인 사형 대신 무기징역을 선고했다. 이에 대해 재판부는 ▷치밀하게 계획을 세운 것으로 보이지 않고 ▷물리력 행사를 자제시키려 했던 것으로 보이는 데다 대부분의 계획이 실패했으며 ▷범죄 전력이 없고 장기간 공무원으로 봉직해 왔고 ▷현재 65세의 비교적 고령인 점을 종합적으로 고려해 형량을 정했다고 밝혔다.

> **12·3 비상계엄 사태(2024)** 2024년 12월 3일 오후 10시 27분경 윤석열 당시 대통령이 긴급담화를 통해 비상계엄을 선포하면서 시작돼 12월 4일 오전 4시 30분까지 이어진 계엄령이다. 이는 대한민국 정부 수립 이후 17번째의 계엄령 선포로, 1979년 10월 26일 이후로는 45년 만이자 1987년 민주화 이후로는 처음 있는 비상계엄 선포였다. 당시 윤 대통령의 비상계엄 선포에 국회는 12월 4일 새벽 1시께 본회의를 열어 비상계엄을 해제하는 결의안을 만장일치(재적 190명, 찬성 190명)로 가결시켰고, 이에 윤 대통령이 비상계엄 해제를 발표하며 사태는 6시간 만에 종료됐다.
> 한편, 2월 19일 김의영 서울대 정치외교학부 교수에 따르면 세계정치학회(IPA) 전·현직 회장 등 일부 정치학자들이 지난 1월 노르웨이 노벨위원회에 12·3 비상계엄 사태를 극복한 한국의 「시민 전체(Citizen Collective)」를 노벨평화상 후보로 추천했다.

📎 **윤석열 전 대통령, 「내란 우두머리」 혐의 재판 일지**

2024. 12.	3.	윤석열 전 대통령, 비상계엄 선포
	14.	윤 전 대통령 탄핵소추안, 국회 가결
2025. 1.	15.	윤 전 대통령 체포
	25.	검찰, 내란 우두머리 혐의로 윤 전 대통령 구속기소
3.	7.	법원, 윤 전 대통령 구속취소 결정
4.	4.	헌법재판소, 윤 전 대통령 파면 선고
	14.	서울중앙지법, 윤 전 대통령 「내란 우두머리」 혐의 공판 시작
6.	12.	내란 특검, 공식 수사 개시
7.	10.	윤 전 대통령, 석방 124일 만에 재구속
12.	24.	내란 특검, 수사 종료
	30.	김용현 등 군경 수뇌부 재판 병합
2026. 1.	13.	특검, 내란 우두머리 혐의 윤 전 대통령에 사형 구형
2.	19.	1심 재판부, 윤 전 대통령 내란 우두머리 혐의에 무기징역 선고

~~~~~~

트럼프, 반도체 관세 발표
韓 기업에 즉각적 영향은 없을 전망

- 도널드 트럼프 미국 대통령이 1월 14일 외국에서 제작돼 미국으로 수입된 뒤 재수출되는 반도체와 관련 제조 장비, 파생제품에 25%의 관세를 부과하는 포고문에 서명했다.

- 이번 조치는 미국의 반도체 공급망 구축, 파생제품 미국 내 제조, 데이터센터 등을 위해 수입되는 반도체를 제외한 칩이 대상으로, 1월 15일 0시 1분(미 동부시각)을 기해 발효됐다. 백악관은 포고문 팩트시트에서 관세 대상을 「엔비디아의 인공지능(AI) 칩 H200과 AMD의 MI325X와 같은 고성능 컴퓨팅 반도체 칩」이라고 특정했다.

- 아울러 트럼프 대통령은 반도체 및 파생제품 수입에 더 광범위한 관세를 부과할 수 있으며, 이에 상응하는 관세 상쇄 프로그램을 도입할 수 있다는 내용도 포고문에 적시했다.

> **H200** 엔비디아가 생산하는 고성능 그래픽처리장치(GPU) 제품으로, 지난 세대 아키텍처인 호퍼를 적용한 칩 중 최고 성능을 갖춘 것이다. H200은 추론 등에 활용할 때 H20의 2배 성능을 보이고, AI 훈련에 쓰이는 텐서코어 연산 성능은 6배 이상으로 알려졌다. 무엇보다 H200은 삼성전자와 SK하이닉스에서 생산하는 고대역폭메모리(HBM)인 HBM3E를 사용해 제작되고 있다.

우리 기업에 미칠 영향은? 반도체가 우리나라의 대미 3대 수출품목 중 하나일 정도로 그 비중과 영향력이 크다는 점에서, 트럼프 대통령의 이번 포고문이 삼성전자와 SK하이닉스 등 우리 기업에 미칠 영향이 주목되고 있다. 다만 이들 기업이 미국에 수출하는 반도체가 미국 내 AI 데이터센터·서버 등에 사용되는 고대역폭메모리(HBM)·서버용 D램이 주력이라는 점에서 즉각적인 영향은 미치지 않을 전망이다. 여기에 지난해 10월 합의된 한미 관세협상에서 우리나라 반도체가 대만·일본·유럽연합(EU) 등과 비교해 불리하지 않은 「최혜국 대우」를 약속받은 점도 긍정적 요인으로 꼽힌다. 단, 향후 관세 적용범위와 강도가 확대될 경우 우리 기업도 영향을 받을 가능성이 있다.

中, 日에 이중용도 품목 수출 전면 금지
제3국 수입 후 일본行 수출도 제한

- 중국 상무부가 1월 6일 군사·민간 용도로 모두 사용될 수 있는 이중용도 물자의 일본 수출을 금지하는 조치를 단행한다고 발표했다. 이는 다카이치 사나에 일본 총리의 「대만 유사시 개입」 발언에 대한 보복 차원으로 풀이된다.

- 이중용도 물자에는 희토류를 비롯해 갈륨, 게르마늄, 흑연 등 첨단기술(반도체, 이차전지 등) 제품의 핵심 소재로 사용되는 품목들이 다수 포함돼 있다.
- 여기에 중국 상무부는 다른 국가·지역의 조직·개인이 중국의 조치를 위반해 중국이 원산지인 이중용도 물자를 일본의 조직·개인에 이전하거나 제공하면 법적 책임을 추궁하겠다는 「세컨더리 보이콧(Secondary Boycott)」도 발표문에 명시했다.

💡 세컨더리 보이콧은 제재국가의 정상적인 경제활동과 관련해 거래를 하는 제3국의 기업이나 금융기관까지 제재하는 것으로, 「2차 보이콧」이라고도 한다. 즉 1차 보이콧의 대상이 된 회사와의 거래를 중단할 것을 다른 회사에게 요구하는 것이다.

중국의 조치가 일본에 미칠 영향은? 중국은 지난해 11월 다카이치 사나에 일본 총리의 「대만 유사시 개입」 발언 이후 ▷일본 여행 및 유학 자제 ▷일본 수산물 수입 금지 ▷센카쿠 열도(중국명 댜오위다오·釣魚島) 순찰 강화 등의 조치를 단행해 왔다. 그리고 이번 희토류 등의 수출 제한으로 현재 희토류 물량의 60~70%를 중국에 의존하고 있는 일본 산업계는 큰 위기에 봉착했다. 일본 싱크탱크 노무라연구소는 중국의 희토류 수출 통제가 3개월간 지속될 경우 일본 경제에 연간 6600억 엔(약 6조 1000억 원)의 손실이 발생할 것이라는 예측을 내놓았다.

> **희토류(稀土類, Rare earth elements)** 지각 내 총 함유량이 300ppm 미만인 희유금속의 일종으로, 1794년 스웨덴에서 처음 발견된 이트륨(Y)을 시작으로 1910년대까지 17개 원소가 차례로 발견됐다. 희토류는 화학적으로 안정되면서도 열을 잘 전달하는 성질이 있어 첨단산업의 소재로 사용된다. 다만 희토류를 광물과 토양에서 분리하는 과정에서 강력한 산성 용액이 사용되고 방사능이 유출돼 환경오염 논란이 있다. 현재 중국이 전 세계 희토류 생산량의 90% 이상을 차지하고 있는데, 중국은 세계 각국과 외교적 갈등이 발생하면 희토류 수출을 제한하며 이를 외교적 무기로 사용하고 있다. 이 때문에 미국 등은 중국산 희토류 의존도를 줄이고 다른 생산국으로 공급처를 다변화하는 방안을 추진 중에 있다.

트럼프, 55개국과 「희토류 동맹」 결성
희토류·핵심광물의 원활한 공급 목적

- 도널드 트럼프 미 행정부가 2월 4일 희토류 및 핵심광물의 원활한 공급 확보를 위해 「포지(FORGE·Forum on Resource Geostrategic Engagement·지전략적 지원협력 포럼) 이니셔티브」라는 명칭의 무역블록 출범을 공식화했다.
- 포지는 지난 2022년 6월 조 바이든 행정부 때 출범했던 「핵심광물안보파트너십(MSP)」를 재편한 것으로, 그간 MSP에 참여해 온 한국을 비롯해 주요 7개국(G7)과 유럽연합(EU) 등 17개 회원국은 자동으로 포지 참가국이 됐다. 특히 2024년 7월부터 MSP 의장을 맡아온 한국은 오는 6월까지 포지 의장국을 유지하기로 했다. 우리나라는 지난해 트럼프 2기 국무부 주도로 출범한 인공지능(AI)·반도체 광물 협력체인 「팍스 실리카」에도 가입한 바 있다.
- 한편, 미국은 우리나라를 비롯해 일본·호주 등 자원 보유국과 동맹국을 포함해 약 55개국을 핵심광물 공급망 협력 파트너로 설정하고, 이들과 단계적으로 협력 체계를 구축하겠다는 구상을 내놓았다.

> **팍스 실리카(Pax Silica)** 핵심광물 및 에너지 투입재부터 첨단 제조, 반도체, 인공지능(AI) 인프라, 물류에 이르기까지의 실리콘 공급망 구축을 목표로 미국이 주도해 총 9개국이 참여한 경제 협력체. 지난해 12월 11일 출범한 팍스 실리카에는 미국 외에 한국, 일본, 싱가포르, 네덜란드, 영국, 이스라엘, 아랍에미리트(UAE), 호주 등이 참여하고 있다.

트럼프 정부의 파월 연준 의장 수사 후폭풍
세계 중앙은행·월가 집단 반기

- 미국 법무부가 1월 9일 제롬 파월 연방준비제도(연준, Fed) 의장에게 지난해 6월 상원 청문회에서 연준 청사 리모델링 비용과 관련해 위증한 혐의로 대배심 소환장을 발부했다.
- 파월에 대한 수사 방침이 알려지자 앨런 그린스펀, 벤 버냉키, 재닛 옐런 등 전 연준 의장을 포함한 경제계 원로 13명은 1월 12일 공동성명을 통해 「파월에 대한 수사는 검찰의 수사권을 휘둘러 연준의 독립성을 훼손하려는 전례 없는 시도」라고 비판했다. 이어 1월 13일에는 이창용 한국은행 총재, 크리스틴 라가르드 유럽중앙은행(ECB) 총재 등 각국 중앙은행 총재 13명이 공동성명을 내고 파월 의장에 대한 연대를 선언했다.

> **제롬 파월(Jerome Powell)은 누구?** 미 연방준비제도(Fed) 의장(73)으로, 1990~93년 조지 H W 부시 행정부에서 재무부 차관을 역임했다. 그러다 오바마 행정부 때인 2012년 5월 Fed 이사로 선임됐고, 이후 취임한 트럼프 대통령에 의해 Fed 의장으로 지명되면서 제16대 Fed 의장으로 취임했다. 이어 2021년 11월 조 바이든 당시 대통령이 Fed 차기 의장으로 또다시 파월을 지명하면서 2022년 2월부터 두 번째 임기를 시작한 바 있다. 파월은 중도 성향(올빼미파)을 나타내기도 하지만 기본적으로는 점진적인 금리 인하 기조를 지향하는 비둘기파로 분류된다.
>
> **연방준비제도(Fed·Board of Governors of the Federal Reserve System)** 1913년 연방준비법에 의거해 설립된 미국의 중앙은행 시스템으로, ▷통화금융정책 결정 및 수행 ▷은행의 관리감독 및 소비자 신용서비스 보호 ▷금융 시스템의 안정성 유지 등의 기능을 한다. 연준의 주요 기관으로는 연방준비제도 이사회, 연방공개시장위원회, 12개 지역의 연방준비은행, 연방준비은행 이사회 등이 있다.

EU-인도, FTA 타결
세계 GDP 25% 규모-19년 협상 마침표

- 유럽연합(EU)과 인도가 2007년부터 19년간 협상을 이어온 자유무역협정(FTA)을 1월 27일 체결했다.
- 이번 FTA에 따라 인도는 주요 유럽산 제품 96.6%에 부과하던 관세를 인하하거나 폐지하게 되는데, 특히 인도가 EU산 자동차에 부과하는 관세는 향후 5년 동안 기존 110%에서 10%까지 단계적으로 낮아진다. 또 유럽산 와인 관세는 150%에서 20%까지 차츰 인하되며, 파스타와 초콜릿을 포함해 현재 50%인 가공식품 관세는 완전히 사라진다.
- 그리고 EU는 향후 7년에 걸쳐 인도산 품목의 99.5%에 부과하던 관세를 인하하고 가죽제품, 화학제품, 플라스틱, 고무, 섬유, 의류, 보석 등에 부과하던 관세는 없애기로 했다.

💡 유럽연합(EU)과 베트남이 1월 29일 외교 관계를 최고 수준인 「포괄적 전략동반자」로 격상하고 경제·안보 협력을 대폭 강화하기로 했다. 이로써 베트남은 동남아에서 EU와 포괄적 전략동반자 관계를 맺은 첫 나라가 됐다.

트럼프, 한국 관세 15 → 25%로 다시 인상
韓국회 무역합의 관련 승인 지연 주장

- 도널드 트럼프 미국 대통령이 1월 26일 소셜미디어(SNS) 트루스소셜에 한국 국회가 한미 무역합의 이행에 필요한 법적 절차를 진행하지 않았다고 주장하며, 한국산 제품에 대한 관세를 15%에

서 무역합의 이전 수준인 25%로 다시 인상하겠다고 기습적으로 발표했다. 이는 지난해 10월 경주 한미 정상회담과 11월 한미 조인트 팩트시트(Joint Factsheet·공동 설명자료)에 명시된 합의 내용을 모두 뒤집겠다는 것이다.

• 트럼프 대통령은 이번 인상의 이유로 국회의 절차 지연을 이유로 들었지만, 관세 인상의 구체적인 시점이 언급되지 않은 데다 국가 간의 합의사항을 공식문서나 세부 설명 없이 SNS로 일방적으로 통보했다는 점에서 논란이 됐다.

한미 조인트 팩트시트 주요 내용

대미 투자	• 총 3500억 달러 투자: 현금투자 2000억 달러(연간 200억 달러 한도) + 조선업 협력 1500억 달러 • 5:5(원리금 상환 전 수익 배분) → 1:9(상환 후 한미 수익 배분) • 투자 약정 기한: 2029년 1월(트럼프 대통령 임기)
관세	• 자동차 및 자동차 부품: 25% → 15% • 의약품: 15% 이하 • 반도체: 한국보다 교역량 많은 국가 대비 불리하지 않은 조건 • 항공기 및 항공기 부품, 제네릭(복제약) 의약품: 15% → 관세 철폐
안보	• 한국의 핵추진 잠수함 건조 승인 • 미국, 한국의 민간 우라늄 농축 및 사용후핵연료 재처리 절차 지지 • 한국, 국방비를 GDP 대비 3.5%로 증액 • 전시작전통제권 전환 위한 동맹 협력 지속

트럼프의 관세 인상 통보, 왜?　트럼프 대통령은 우리 국회의 절차 승인 지연을 관세 인상의 명분으로 내세웠는데, 여기서 「한국 국회의 승인 절차」는 대미투자를 이행하는 데 필요한 법적·제도적 장치를 담은 「한미 전략적 투자 관리를 위한 특별법안」(대미투자특별법)이다. 미국은 특별법이 국회에 제출되면 그달 1일 자로 소급해 관세를 인하하기로 약속한 바 있으며, 이에 지난해 11월 26일 해당 법안이 국회에 발의되자 11월 1일부터 한국산 자동차 등에 대한 관세를 15%로 소급 인하했다. 따라서 트럼프 대통령이 법안 처리 지연을 이유로 관세를 재부과하는 것은 한미 합의를 벗어나는 것이다.

💡 현재 대미투자특별법은 국회 재정경제기획위원회에 계류 중인데, 여당인 더불어민주당은 한미 무역합의가 법적 구속력이 없는 양해각서(MOU)이므로 국회 비준이 아닌 별도의 특별법 제정을 통해 무역합의를 이행하겠다는 입장이다. 반면 국민의힘은 협상 이행에 막대한 재정이 소요되는 만큼 국회의 비준 동의 절차가 필수라고 맞서고 있다.

대미투자 성과 확보가 진짜 의도?　트럼프 대통령의 이번 관세 인상 발표에 대해서는 상호관세 위법 여부를 가르는 미국 연방대법원의 판결을 앞두고 대미투자 성과를 서둘러 확보하기 위해서라는 시각이 있다. 대법원이 앞서 1·2심과 마찬가지로 상호관세에 위법 판결을 내릴 경우 트럼프 대통령이 앞서 부과했던 국가별 관세는 무효가 되는데, 해당 판결 전에 한국 국회의 비준을 압박해 대미 투자를 되돌릴 수 없도록 만들려는 전략이라는 것이다.

정보통신망법 개정안 불만과 국내 위기 타개?　우리 국회에서 지난해 12월 24일 통과된 정보통신망법 개정안(허위조작정보 근절법)과 쿠팡의 대규모 개인정보 유출사태에 대한 수사 불만이 반영됐을 수 있다는 주장이다. 이 밖에 최근 미네소타 미니애폴리스에서 연방 요원의 총격으로 2명의 민간인이 사망하며 미국 전역으로 시위가 확산되는 가운데, 트럼프 대통령이 지지율 하락이라는 국내의 위기를 국외 문제로 돌려 정국 전환을 노린 것이라는 해석도 나온다.

美, 온플법 등 비관세장벽 압박도 본격화　트럼프 미 행정부가 한국에 대한 25% 관세 인상을 예고한 가운데, 한국의 대미투자 이행 속도와 함께 비관세장벽 문제까지 거론하고 나섰다. 이 가운데 대표적인 것이 한국 정부와 국회가 입법을 추진하고 있는 「온라인 플랫폼 규제법」(온플법)인데, 미국은 지난해 관세협상에서 온플법을 비관세장벽 중 하나로 규정하며 입법에 반대해 왔다. 이 법은 ▷구글·네이버·카카오 등 대형 플랫폼이 입점업체를 상대로 불공정 행위를 하지 못하도록 규제하는 「갑을관계 공정화법」과 ▷시장을 독점하는 대형 플랫폼을 시장지배적 사업자로 규정해 이들의 자사 우대, 끼워 팔기, 멀티호밍(다른 플랫폼 이용) 제한, 최혜대우 요구 등 4대 반칙행위를 규제하는 「독점규제법」으로 구성돼 있다. 미국은 이 가운데 독점규제법에 반대하고 있는데, 지난해 한미 정상회담 이후 양국이 합의한 팩트시트에는 「망 사용료, 온라인 플랫폼 규제를 포함한 디지털 서비스 관련 법과 정책에 있어 미국 기업이 차별당하거나 불필요한 장벽에 직면하지 않도록 보장할 것을 약속한다」는 내용이 명시된 바 있다.

美 재무부,
한국 3회 연속 「환율관찰대상국」 지정

- 미국 재무부가 1월 29일 발표한 「미국 주요 무역 파트너국 거시경제·환율정책」 보고서에서 한국을 비롯해 중국·일본·대만·태국·싱가포르·베트남·독일·아일랜드·스위스 등 10개국을 환율관찰대상국으로 지정했다.
- 우리나라는 2023년 하반기 약 7년 만에 미국의 환율관찰대상국에서 제외됐지만 2024년 11월 다시 지정됐고, 이후 지난해 6월에 이어 이날 발표까지 3회 연속 지정됐다.

환율대상국 지정, 왜? 미국은 교역규모 상위 20개국의 거시정책과 환율정책을 6개월마다 평가해 자체적으로 마련한 3가지 요건을 충족하면 환율조작국으로, 2개를 충족하거나 대미 무역흑자가 과도하다고 판단될 경우에는 환율관찰대상국으로 지정한다. 구체적인 평가 요건은 ▷대미무역(상품+서비스) 흑자 150억 달러 이상 ▷국내총생산(GDP) 대비 경상흑자 3% 이상 ▷GDP 대비 달러 순매수 규모 2% 이상 및 12개월 중 8개월 이상 개입의 3가지다. 다만 환율관찰대상국으로 지정돼도 별다른 조치가 이뤄지지는 않는다.

미 재무부는 한국의 대미무역 흑자와 GDP 대비 경상수지 흑자 비율을 환율관찰대상국 지정 사유로 들었다. 보고서에 따르면 2024년 7월부터 지난해 6월까지 한국의 대미 상품·서비스 흑자는 520억 달러(약 75조 원)이며, 같은 기간 경상수지 흑자 규모는 GDP의 5.9%를 기록했다.

환율보고서상 한국에 대한 판정은?

❶ 현저한 대미 흑자	520억 달러 → 지정 기준 충족
❷ 상당한 경상 흑자	5.9% → 지정 기준 충족
❸ 지속적·일방향 시장 개입	−0.4% → 지정 기준 미달

2026년 경제성장전략, 올해 2% 성장 목표
국내 전용 ISA 출시-20조 원 규모 국부펀드 출범

재정경제부가 1월 9일 관계부처 합동으로 20조 원 규모의 한국형 국부펀드를 출범시키고 방산과 원전 등의 프로젝트를 지원하는 전략수출금융기금 신설 등의 내용을 담은 「2026년 경제성장전략」을 발표했다. 특히 재경부는 올해 실질 성장률 전망치를 지난해보다 1.0%p 오른 2.0%로 제시했다.

전략수출금융기금 조성 상반기 중 특별법을 마련해 방산·원전 등 국가 간 수주 경쟁이 심화하는 분야에 대규모 프로젝트를 지원한다. 또한 수혜기업의 이익 일부를 다시 기금으로 환수해 중소·중견 기업에 투자하는 산업 생태계 환류 구조도 만든다. 기금 재원은 정부 출연과 보증, 정책금융기관 출연, 수혜기업 기여금, 정부 납부 기술료 등으로 구성된다. 기금은 수출입은행이나 무역보험공사가 지원하기 어려운 장기·저신용 프로젝트, 수출 연계성이 높은 연구개발(R&D)에 특화해 투자한다.

국민참여형 국민성장펀드 출시 첨단산업 투자 촉진을 위해 150조 원 규모로 조성되는 국민성장펀드 가운데 일반 국민이 참여하는 국민참여형펀드가 이르면 2분기(4~6월) 내 6000억 원 규모로 출범한다. 국민성장펀드 장기투자자는 소득공제와 배당소득 저율 분리과세를 동시에 적용받는데, 특히 국민참여형펀드 운용 과정에서 손실이 나더라도 20%까지는 후순위 구조를 통해 국가 재정이 보강한다.

> **국민성장펀드** 이재명 정부가 2026~2030년까지 5년간 인공지능(AI)·반도체·바이오 등 10대 첨단전략산업에 집중 투자하기 위해 150조 원 규모로 조성하는 펀드를 말한다. 산업별 지원 규모는 AI가 30조 원으로 가장 많으며, 반도체 (20조 9000억 원), 모빌리티(15조 4000억 원), 바이오·백신(11조 6000억 원) 등에도 대규모 자금 공급이 이뤄진다.

국내시장 전용 ISA 출시 국내 주식 장기투자를 유도하기 위해 기존 개인종합자산관리계좌(ISA)보다 세제 혜택을 대폭 확대한 국내시장 전용 ISA가 새로 출시된다. 다만 투자 대상은 국내 주식·펀드, 국민성장펀드, 기업성장집합투자기구(BDC)로 제한된다. 이는 해외로 빠져나간 서학개미 자금을 국내로 되돌리려는 목적으로, 현행 ISA는 국내 상장 해외 상장지수펀드(ETF)에 투자할 수 있어 세금 감면 혜택이 국내 기업으로 유입되지 못한다는 지적이 있어 왔다.

청년 전용 적금·청년 ISA 신설 사회생활 초기에 목돈을 만들기 어려운 청년을 지원하기 위해 청년 전용인 「청년미래적금」(※ 시사용어 참조)이 6월 출시된다. 대상은 19~34세로, 연 소득 6000만 원 이하 근로자 혹은 연 매출 3억 원 이하 소상공인이어야 가입이 가능하다. 적금에 가입하면 정부 보조금, 이자소득 비과세 등을 통해 3년간 최대 2200만 원의 자산을 형성할 수 있다. 또 34세 이하 청년(총급여 7500만 원 이하)을 대상으로 이자·배당소득세 감면과 소득공제를 함께 적용하는 「청년형 ISA」도 출시된다. 단 청년미래적금, 국민성장 ISA 등과의 중복 가입은 제한된다.

한국형 국부펀드 출시 초기 자본금 20조 원 규모로 조성되는 펀드로, 자본금은 정부 출자주식, 물납주식의 현물출자, 지분 취득 등을 통해 마련한다. 다만 민영화 우려를 방지하기 위해 정부 출자 공공기관의 정부 지분은 50% 이상 유지하고, 법정 주주 제한 준수범위 내에서 출자한다. 출자 대상 공공기관이나 투자처는 아직 정해지지 않았는데, 정부는 상반기 중 추진 방안을 구체화한다는 방침이다.

💡 국부펀드는 국가가 자산을 운용하기 위해 설립한 특별 투자펀드로, 국가가 직접 또는 간접적으로 관여하는 것이 특징이다. 이는 국부 증식을 위해 보다 적극적인 수익 추구를 도모한다는 점에서, 대외지급준비자산으로서 안정성과 유동성 위주로 운용되는 외환보유액과 차이가 있다.

한국형 인플레이션감축법(IRA) 도입 미국 인플레이션감축법(IRA)처럼 지역과 산업에 따라 투자 인센티브를 차등화하는 「한국형 IRA」가 도입되는데, 이를 통해 지방 성장 잠재력을 끌어올린다는 구상이다. IRA(Inflation Reduction Act)는 기후변화 대응, 의료비 지원, 법인세 인상 등을 골자로 한 미국의 법으로, 급등한 인플레이션 완화를 위해 조 바이든 정부 때인 2022년 8월 16일 발효됐다.

MSCI 선진국 지수 편입 로드맵도 제시 재경부는 이날 「MSCI 선진국 지수 편입을 위한 외환·자본시장 종합 로드맵」도 발표했다. 정부는 우선 국내 중개회사의 중개 시스템을 24시간 운영해 거래 공백을 해소하겠다는 계획인데, 현재 외환시장의 운영시간은 오전 9시부터 이튿날 새벽 2시까지다. 특히 새벽 시간대에는 외환 전문인력이 부재한 것을 감안해 전자거래(eFX) 가이드라인을 마련하고 자동 거래가 가능하도록 개선할 방침이다. 또 외국 금융기관이 국내에 원화 계좌를 두고 이를 통해 원화를 직접 운용할 수 있도록 허용하는 역외 원화 결제기관 제도도 도입한다.

> **MSCI 지수(Morgan Stanley Capital International index)** 미국의 모건스탠리캐피털 인터내셔널사가 작성·발표하는 세계적인 주가지수로, FTSE 지수와 함께 국제금융 펀드의 투자 기준이 되는 대표적인 지표다. MSCI는 세계 주요 증시를 매년 선진시장, 신흥시장, 프론티어시장, 독립시장 등 크게 네 그룹으로 분류하는데, 한국 증시는 1992년 신흥시장에 편입됐다. 이후 2008년 선진지수 편입 후보군인 관찰대상국으로 지정됐으나, 2014년 관찰대상국에서 제외됐다. 한국은 경제발전 단계, 시장 규모·유동성 측면에서는 선진시장 기준을 충족했으나 시장 접근성이 충분하지 않다는 평가 때문에 여전히 신흥시장으로 분류돼 있다.

정부, 조세특례제한법 개정안 발표
국민성장펀드·RIA 세제혜택 명시

재정경제부가 오는 6~7월 출시 예정인 국민성장펀드에 개인이 3년 이상 투자하면 최대 40%의 소득공제를 받게 되는 내용 등을 담은 「조세특례제한법」 및 「농어촌특별세법」 개정을 2월 임시국회에서 추진한다고 1월 20일 밝혔다.

국민참여형 성장펀드 세제 혜택 국민참여형 국민성장펀드에는 1인당 2억 원 한도로 투자할 수 있고, 최대 7000만 원까지 소득공제를 받을 수 있다. 구체적으로 ▷3000만 원 이하는 40% ▷3000만 원 초과~5000만 원 이하는 20% ▷5000만 원 초과~7000만 원 이하는 10% 등 투자액에 따라 공제율 차이가 있다. 그리고 국민참여형 국민성장펀드에 3년 이상 장기 투자할 경우 납입금 2억 원 한도 내에서 배당소득에 9% 분리과세하는 방안을 도입한다. 현재 배당소득세는 지방세 포함 15.4%다.

국민성장펀드 세제 지원

요건	국민참여형 국민성장펀드에 3년 이상 장기 투자, 납입금 2억 원 한도 내
배당소득	펀드에서 발생하는 배당소득에 9% 분리과세
소득공제 (※ 투자금액 기준)	• 3000만 원 이하: 40% • 3000만 원 초과~5000만 원 이하: 투자금액 20% • 5000만 원 초과~7000만 원 이하: 투자금액 10% • 7000만 원 초과: 1800만 원

서학개미 위한 RIA 출시 국내로 유턴하는 서학개미(해외 주식 개인 투자자)를 위한 「국내시장 복귀계좌(RIA·Reshoring Investment Account)」가 출시된다. 이는 해외주식을 매도해 원화로 환전한 자금을 국내 주식으로 장기 투자할 때 해외주식 양도소득세를 한시적으로 비과세·감면하는 계좌를 말한다. 세제 혜택을 받기 위해서는 RIA를 개설한 후 해외주식 계좌에 있던 주식을 이전해야 한다. 이후 RIA 안에서 해외주식을 매도하고 환전을 해, 국내 주식이나 주식형 펀드를 매수하면 된다.

RIA 개요

매각 대상	2025년 12월 23일까지 보유한 해외 주식
비과세 한도	1인당 거래금액 5000만 원 한도
소득공제 (※ 매도 시점에 따른 감면율)	• 3월 31일까지: 양도소득금액 100% 감면 • 6월 30일까지: 양도소득금액 80% 감면 • 12월 31일까지: 양도소득금액 50% 감면

세제 혜택은 2025년 12월 23일까지 보유한 해외주식에 한해 올해에만 적용되며, 1인당 매도금액 한도는 5000만 원이다. 복귀 시점에 따라 공제 혜택은 차등 적용되는데, ▷1분기 매도 100% ▷2분기 매도 80% ▷하반기 매도 50% 등이다. 단, 투자자가 일반계좌를 통해 해외주식을 순매수한 경우에는 해당 금액에 비례해 소득공제 혜택이 조정된다.

용산·태릉·과천 등 수도권에 6만 가구 공급
「1·29 부동산 공급대책」 발표

- 구윤철 경제부총리 겸 재정경제부 장관이 1월 29일 「도심 주택 공급 확대 및 신속화 방안」을 통해 서울 용산 국제업무지구와 경기 과천 경마장 등 수도권 내 핵심 국공유지를 총동원해 2030년까지 6만 가구의 주택을 공급한다고 밝혔다.
- 이는 2030년까지 수도권에 135만 가구 이상 공급한다는 내용의 「9·7 부동산 공급대책」의 후속 조치로, 수도권 내 역세권 등에서 그간 유휴부지로 남아있던 곳과 노후 청사 등을 적극 활용하게 된다.

도심 주택 공급, 어떻게? 지역별로는 서울 3만 2000가구(53.3%), 경기 2만 8000가구(46.5%), 인천 100가구(0.2%)다. 이 중 5만 가구는 국공유지 개발 및 신규 공공택지 조성을 통해 이뤄지고, 나머지 1만 가구는 도심에 산재한 소규모 노후 공공청사 복합개발 방식으로 공급된다. 특히 1만 가구 안팎의 신규 공급은 신혼부부 등 젊은 세대의 수요에 대응한다는 복안이다.

서울에서는 역세권 우수 입지 중 하나인 용산구 일대에 1만 3501가구가 공급된다. 이는 용산역과 직결된 핵심 입지인 용산국제업무지구에 1만 가구, 옛 미군 기지 용산 캠프킴에 2500가구 등이다. 또 경기도 과천 경마장과 바로 옆 국군방첩사령부 부지를 합쳐 9800가구 규모의 주택이 공급되며, 성남에서도 판교테크노밸리 인근과 성남시청 주변의 그린벨트를 해제해 6300가구 공급을 추진한다. 여기에 수도권 노후 청사 34곳 복합 개발 방식으로 청년·신혼부부 대상 주택 1만 가구를 공급하는 방안도 마련됐다. 이는 한국토지주택공사(LH)가 소유한 서울 강남구 삼성동 서울의료원 남측 부지(518가구), 성동구 성수동 옛 경찰기마대 부지(260가구), 도봉구 쌍문동 교육연구시설(1171가구), 경기 수원시 수원우편집중국(936가구) 등이 해당한다.

다주택자 양도세 중과 유예, 5월 9일로 종료
매매계약 체결 시에는 4~6개월 유예

- 정부가 2월 12일 다주택자에 대한 양도소득세 중과 유예를 오는 5월 9일 예정대로 종료하되, 세입자를 비롯한 국민 불편을 최소화하기 위해 보완 방안을 담은 소득세법 시행령 및 부동산거래신고법 시행령을 13일부터 입법예고한다고 밝혔다.
- 다주택자 양도세 중과는 문재인 정부 때인 2018년 4월부터 2022년 5월까지 도입됐으나, 윤석열 정부 들어 반복적으로 유예되다가 4년 만에 재개되게 됐다.

> **다주택자 양도세 중과** 다주택자가 조정대상지역 내 주택을 양도할 때 적용되는 세금으로, 기본 소득세율(6~45%)에 2주택자는 20%포인트, 3주택자는 30%포인트를 가산하는 방식이다. 그러다 2022년 5월 처음으로 중과 유예가 발표된 이후 매년 세 차례(4년간) 유예를 연장해 왔는데, 이재명 대통령은 이번에는 절대 연장은 없다고 밝혀 왔다.

경제시사

다주택자 양도소득세 중과 보완, 어떻게?

조정대상지역에 따라 차등 적용 정부는 기존 조정대상지역(서울 강남3구와 용산구)과 신규 지정 조정대상지역 등으로 나뉘어 유예기간을 차등 적용한다. 우선 기존 조정대상지역인 서울 강남구·서초구·송파구 및 용산구 소재 주택의 경우 5월 9일까지 매매계약을 완료하고, 계약일로부터 4개월 이내 양도하면 양도세가 중과되지 않는다. 그리고 지난해 10·15 부동산 대책으로 신규 지정된 조정대상지역(서울 21개 자치구와 경기 12개 지역)은 기존 조정대상지역보다 2달 많은 6개월의 유예기간이 주어진다. 매매계약은 가계약 또는 토지거래허가 전 사전거래 약정이 아닌, 매매계약을 체결하고 계약금을 지급받은 사실이 증빙서류로 확인되어야만 인정된다.

임차인 임차인의 경우 잔여 계약기간까지 거주가 보장되는데, 이를 위해 매수인의 토지거래허가제도상 실거주 의무를 제한적으로 완화한다. 정책 발표일인 이날(2026년 2월 12일)까지 체결한 임대차 계약이 있다면, 주택 매수인은 오는 2028년 2월 11일(2년 거주)까지 실거주 의무가 유예된다. 또 실거주 의무 유예에 맞춰 주택담보대출 실행에 따른 전입신고 의무도 완화해 「대출 실행일부터 6개월」 또는 「임대차계약 종료일부터 1개월」 중에서 더 늦은 시점을 선택할 수 있도록 했다.

다주택자 양도세 중과 유예 종료 관련 주요 내용

구분	기존 조정대상지역 (서울 강남3구 및 용산구)	신규 조정대상지역 (그외 서울 전 지역과 경기 일부 지역)
적용 대상	조정대상지역 내 다주택자	
계약기한	2026년 5월 9일까지	
양도세 중과 면제 기한	계약 후 4개월 이내	계약 후 6개월 이내
임차인이 있는 주택 매수	• 첫 임대차 계약 종료일까지 실거주 의무 면제 • 2년(2028년 2월 11일) 내 입주 • 매수인은 무주택자 한정	
주택담보대출 실행 시 전입신고 의무	현행 대출 후 6개월 내 → 대출 후 6개월 또는 계약 종료 후 1개월 중 늦은 시점까지	

코스피, 70년 만에 장중 첫 5000 돌파
4000선 돌파 3달 만의 기록

- 코스피가 1월 22일 장중 사상 처음으로 5000을 돌파한 가운데, 이날 오전에는 장중 사상 최고치인 5019.54까지 기록했다. 이는 1956년 한국 주식시장이 공식적으로 출범한 지 70년, 1983년 코스피를 처음 산출한 지 43년 만이다. 특히 코스피가 4000선을 돌파한 뒤로는 불과 87일 만이다.
- 코스피는 1983년 출범 이후 1000까지 6년, 2000까지 18년, 3000까지 13년, 4000까지 5년이 걸린 바 있다. 그러나 지난해부터 본격화된 성장세로 그간 한국 증시의 고질적 문제로 지적받던 「코리아 디스카운트(저평가)」 해소 계기가 될 것이라는 전망도 나온다.

코스피, 5000선 돌파에 이르기까지 1983년 1월 4일 122.52로 처음 공표된 코스피는 지난 2021년 1월 사상 첫 3000포인트를 넘어서며 최고치를 기록했다. 하지만 이후 4년이 넘도록 2000포인트대에 갇혀 박스권 흐름을 나타냈다. 그러다 지난해 4월 9일에는 2293.7까지 하락했으나, 그해 6월 이재명 정부 출범 이후 정치적 불확실성이 해소되고 상법 개정 등이 이어지면서 3000포인트를 회복하며 반등을 시작했다. 특히 반도체 업계의 호황, 정부의 증시 부양책이 맞물리며 지난해 10월 27일에는 사상 처음으로 4000선을 넘어섰고, 올해 들어서는 12거래일 상승 랠리를 이어간 데 이어 결국 5000선을 돌파하는 기록까지 썼다.

코스피 5000, 그 주역은? 코스피 5000시대를 이끈 주역으로는 단연 반도체가 꼽힌다. 특히 해당 분야 대장주인 삼성전자와 SK하이닉스는 코스피 시총의 40%에 육박하는 비중을 차지하고 있다. 이 외에도 자동차·방산·조선 분야의 우량 대기업들도 5000을 이끄는 주역이 됐다. 여기에 「코스피 5000시대」를 공약으로 내세웠던 이재명 정부의 증시 부양책도 코스피 상승에 큰 역할을 했다는 평가다. 전문가들은 반도체를 중심으로 실적 전망이 갈수록 높아지는 데다 지배구조 개선 등의 방안도 추진되면서 국내 증시 강세는 당분간 이어질 것이라는 전망을 내놓고 있다.

국내 주식시장 역사

1956년 3월	첫 거래 시작(12개 상장사로 개장)
1983년 1월 4일	코스피 지수 산출
1989년 3월	1000선 돌파
2007년 7월	2000선 돌파
2017년 10월	2500선 돌파
2020년 3월	1500선으로 하락(코로나19 등의 영향)
2021년 1월	3000선 돌파
2024년 12월	2300선으로 하락(12·3 비상계엄 사태 등)
2025년 6월	3000선 재돌파(이재명 정부 출범 후 증시 부양책에 대한 기대감)
2025년 10월 27일	4000선 돌파
2026년 1월 22일	5000선 돌파

이재명 정부가 추진 중인 증시 부양책은?

- 금융투자 소득세 폐지
- 고배당 상장법인 배당소득 분리과세
- 이사의 주주에 대한 충실 의무 도입
- 자사주 소각 의무화
- 한국 주식시장, MSCI 선진국 지수 편입 추진
- 국내시장 복귀계좌(RIA) 신설
- 국민참여형 국민성장펀드 투자 시 소득공제

코스닥도 4년 만에 1000선 돌파 코스닥 지수가 1월 26일 전 거래일 대비 9.97포인트(1.00%) 오른 1003.90에 개장하면서 1000선을 돌파했다. 코스닥 지수가 장중 1000포인트를 넘어선 것은 2022년 1월 6일(1003.01) 이후 약 4년 만이다. 특히 이날 코스닥150 선물가격 및 현물지수가 6% 넘게 급등하면서 매수 사이드카가 발동됐는데, 코스닥 매수 사이드카가 발동된 것은 지난해 4월 이후 9개월 만이다. 이와 같은 코스닥의 초강세는 정부의 증시부양 정책이 주요인으로 꼽히는데, 정부는 앞서 1월 22일 「코스피 5000」 다음 목표로 「코스닥 3000」을 제시한 바 있다.

> **사이드카(Side Car)** 프로그램 매매 호가 효력 일시정지제도. 시장 상황이 급변할 경우 프로그램 매매의 호가 효력을 일시적으로 제한함으로써, 프로그램 매매가 주식시장에 미치는 충격을 완화하고자 하는 제도이다. 이는 선물시장의 급등락이 현물시장에 과도하게 파급되는 것을 막기 위한 안전 장치로, 선물 가격이 기준가 대비 ±5% 이상인 상황이 1분간 지속되는 경우 발동된다.
>
> **서킷 브레이커(Circuit Breaker)** 시장의 가격 변동이 더 심할 때 아예 선물시장을 중지하는 것으로, 사이드카보다 더욱 강력한 조치이다.

삼성전자, 시가총액 1000조 돌파 삼성전자가 2월 4일 국내 기업 역사상 처음으로 시가총액 1000조 원을 넘어섰다. 이는 1975년 유가증권시장 상장 이후 50년 만에 달성한 기록이다. 이날 유가증권시장에서 삼성전자 주가는 전 거래일 대비 0.96% 오른 16만 9000원에 거래를 마치면서, 종가 기준 시총이 1001조 107억 원을 기록했다. 이는 코스피 전체 시가총액(4437조 3235억 원) 중에서는 그 비중이 22.56%에 달하는 것이다.

퇴직연금, 20년 만에 대전환 방침
전 사업장 의무화·기금형 도입 합의

정부와 노사가 참여한 「퇴직연금 기능 강화를 위한 노사정 태스크포스(TF)」가 2월 6일 퇴직연금 의무화와 기금형 제도 도입을 골자로 한 공동선언문을 발표했다. 2005년 퇴직연금 제도 도입 이후 노사정이 제도의 구조적 개선 방향에 합의한 것은 이번이 처음이다.

퇴직연금, 이렇게 바뀐다?

퇴직연금 도입 의무화 현재는 회사가 퇴직금을 사내에 쌓아두는 사내 적립 방식이 가능하지만, 앞으로는 은행이나 증권사 등 퇴직급여의 사외 적립을 의무화하게 된다. 이렇게 되면 기업의 경영난이나 도산 여부에 관계없이 퇴직금 지급이 보장되는데, 다만 영세·중소사업장에는 부담이 될 수 있어 단계적으로 도입한다는 방침이다. 또 퇴직연금을 의무화하더라도 근로자의 선택권을 위해 퇴직금 중도인출이나 일시금 수령 등은 현행 퇴직연금 제도와 동일하게 보장된다는 점을 명확히 했다.

기금형 퇴직연금 도입 운용 방식에서는 「기금형」 퇴직연금을 도입하는데, 이는 국민연금처럼 특정 운영주체가 사용자 납입 부담금으로 공동의 기금을 조성해 자산을 운용하는 방식을 말한다. 현재는 기업이 금융회사와 1 대 1로 계약을 맺고 근로자가 그 안에서 상품을 고르는 계약형 퇴직연금이 주를 이루고 있다.

퇴직연금 제도 개편안 주요 내용

퇴직연금 도입 의무화	• 퇴직금 제도 사라지고, 금융기관 등 사외에 적립하는 퇴직연금 제도로 일원화(단, 사업장 규모별 단계적 의무화) • 중도인출 및 일시금 수령은 그대로 가능
기금형 퇴직연금 도입	• 확정기여형(DC형)의 선택지로 적용 • 금융기관 개방형, 공공기관 개방형, 연합형 기금 등 신규 도입

기금형은 우선 확정기여형(DC형)에 적용하고 ▷은행·증권·보험 등 민간 금융회사가 운영하는 「금융기관 개방형」 ▷복수의 사용자가 연합해 공동 수탁법인을 설립하는 「연합형」 ▷공공기관이 참여하는 「공공기관 개방형」 등 다양한 유형을 만들어 선택권을 넓히기로 했다. 다만 기금형을 도입해도 기존 계약형 제도와 공존하는 것을 전제로 하며, 하나의 사업장에서도 계약형과 기금형을 동시에 도입할 수 있는 등 근로자에게 선택권을 부여한다는 방침이다.

> **DC(확정기여)형과 DB(확정급여)형** DC(확정기여)형은 회사가 매년 내는 금액(기여금)이 미리 정해져 있고, 그 돈을 어떻게 굴릴지는 근로자가 직접 선택하며, 운용 성과에 따라 퇴직금이 달라지는 퇴직연금 제도다. 이에 반해 DB(확정급여)형은 퇴직 시 받을 금액이 미리 정해져 있고, 회사가 적립금 운용을 책임지며, 근속연수·평균임금에 따라 퇴직금이 결정되는 제도를 말한다.

빗썸, 비트코인 62만 개 오지급 사태
유령코인 대거 유통-거래소 허점 노출

2월 6일 국내 2위 가상자산거래소 빗썸에서 직원의 입력 실수로 약 61조 원에 달하는 비트코인이 오지급되는 초유의 사태가 발생했다 이에 빗썸이 보유한 비트코인의 3500배가 넘는 「유령 코인」이 대거 유통된 가운데, 이번 사고를 두고 허술한 내부통제 시스템과 중앙화거래소(CEX)의 허점이 노출됐다는 평가가 나온다.

사고 발생은 왜? 빗썸은 확률에 따라 2000~5만 원 상당의 포인트를 지급하는 랜덤박스 이벤트를 진행했다. 이후 2월 6일 이벤트 보상 지급 과정에서 직원이 「원」 단위를 「비트코인(BTC)」으로 잘못 입력하면서 1인당 2000원이 아닌 비트코인 2000개가 지급되는 사고가 발생했다. 이에 당초 249명에게 지급될 예정이던 62만 원이 62만 비트코인으로 이체됐는데, 이는 당시 시세 기준 약 61조 원에 달하는 천문학적 규모다. 다만 빗썸은 오(誤)지급된 62만 개의 비트코인 중 99.7%는 사고 발생 35분 만에 출금을 동결하고 즉시 회수했다. 하지만 당시 비트코인을 지급 받은 249명 중 86명이 이를 처분하면서, 125개의 비트코인(약 129억 원)은 아직 회수하지 못한 상태다.

장부거래 방식과 내부통제 시스템 허점 노출 이번 사태는 실제 보유량을 훨씬 넘어서는 장부상 코인이 발행됐음에도 어떠한 경보도 작동하지 않았다는 점에서 논란을 낳고 있다. 이는 빗썸과 같은 중앙화거래소(CEX)의 운영 구조에서 비롯됐다는 분석이 있는데, CEX는 내부 데이터베이스(DB) 숫자만 변경하는 식으로 거래를 처리하고, 일정 시간이 지난 후 블록체인에 실물 코인의 실제 소유권 내역을 기록하는 방식이다. 반면 탈중앙화거래소(DEX)는 스마트 콘트랙트를 통해 거래가 이루어지므로, 거래소 지갑에 실제 코인이 없다면 애초에 지급 자체가 실행되지 않는다.

여기에 빗썸의 허술한 내부통제 시스템도 지적되고 있는데, 대규모 자산 이동 시에는 다단계 인증과 승인 절차를 거치고 비정상적일 경우 이상거래탐지시스템(FDS)이 작동해야 한다. 하지만 이번 빗썸의 이벤트 보상 지급 과정에서는 단 한 번의 결재만으로 비정상적 매매가 체결됐다.

미국산 소고기 관세율,
한미 FTA 이후 14년 만에 0%

- 농림축산식품부가 미국산 소고기 관세가 1월 1일부터 무관세 품목이 됐다고 밝혔다. 이는 2012년 3월 한미 자유무역협정(FTA) 발효 이후 약 14년 만이다. 단, 관세가 폐지되더라도 광우병이 우려되는 30개월령 이상 미국산 소고기는 수입되지 않는다.
- 미국산 소고기 관세율은 FTA 발효 당시 37.3%에서 매년 약 2.6%포인트씩 인하돼 왔다. 지난해 1~11월 미국산 소고기 수입량은 21만 8383t으로 전체 수입 소고기의 45.2%에 달한다. 여기에 생우유, 치즈, 신선란, 감귤, 호두, 땅콩, 마늘, 양파 등 미국산 농축산물 45종의 관세 역시 올해부터 폐지됐다.
- 한편, 호주산 소고기는 2028년부터 관세가 철폐될 예정이다.

과기정통부, 쿠팡 침해사고 조사 결과 발표
유출된 개인정보 3300만 건 이상

- 과학기술정보통신부 쿠팡 민관합동조사단이 2월 10일 쿠팡 고객정보 유출사태의 정보 유출 규모와 유출 경로 조사 결과를 발표했다. 이에 따르면 유출된 개인정보는 3300만 건을 넘어섰으며, 이름·전화번호·주소 등이 포함된 「배송지 목록 페이지」는 약 1억 5000만 회나 조회됐다.
- 여기에 과기부 조사단의 발표와는 별도로 개인정보보호위원회(개보위)가 개인정보보호법에 따른 쿠팡의 개인정보 유출 규모 및 법 위반 여부 등을 조사하고 있으며, 경찰도 별도 수사를 진행 중에 있다.

> **쿠팡 고객정보 유출사태(2025)** 국내 최대 이커머스 플랫폼 쿠팡에서 이름·전화번호·집주소·이메일 등을 포함한 3370만 명의 개인정보가 유출된 사태를 말한다. 해당 정보들은 지난해 6월 24일부터 유출됐으나 그해 11월에나 드러나면서 논란이 됐는데, 관리나 시스템 부실 등에 따른 명백한 인재로 추정되는 데다 쿠팡의 미흡한 후속 대처가 이어지면서 파문이 확산됐다.

쿠팡 고객정보 유출사태 조사 결과

유출 규모 과기정통부는 지난해 11월 29일부터 남아있는 쿠팡의 웹 접속기록(로그) 25.6티라바이트(TB) 분량(데이터 6642억 건)을 분석했다. 조사 대상에는 범행에 쓰인 것으로 추정되는 공격자의 PC 저장장치 4대가 포함됐고, 현재 재직 중인 쿠팡 개발자의 노트북에 대한 포렌식 분석도 병행하는 방식으로 이뤄졌다.

조사 결과 이름과 이메일 정보가 포함된 이용자 계정정보 3367만 3817건의 유출이 확인됐으며, 이름·전화번호·주소 등의 민감 정보가 담긴 「배송지 목록 페이지」는 1억 4805만 6502회나 조회됐다. 특히 배송지 목록에는 가족이나 지인 등 제3자의 주소를 최대 20개까지 저장할 수 있어 정보 유출 규모가 더 커질 가능성까지 제기된다. 여기에 공동현관 비밀번호가 그대로 노출된 「배송지 목록 수정 페이지」는 50만 474회가 조회됐다.

아울러 조사단은 개인정보들이 해외 소재 클라우드 서버로 전송됐을 가능성도 파악했으나, 실제 전송이 이뤄졌는지까지는 확인할 수 없다고 밝혔다.

쿠팡 개인정보 유출 규모

접근페이지	접근정보	유출 건수 및 조회 수
내 정보 수정	성명, 이메일	3367만 건
배송지 목록	성명, 전화번호, 주소, 특수문자로 비식별화된 공동현관 비밀번호	1억 4805만 회
배송지 목록 내 수정 페이지	성명, 전화번호, 주소, 공동현관 비밀번호	50만 회
주문 목록	주문상품 정보	10만 회

쿠팡의 인증관리체계 부실 공격자는 쿠팡의 이용자 인증시스템을 설계·개발했던 소프트웨어 거발자로 확인됐다. 공격자는 쿠팡 재직 당시 인증체계의 취약점을 인지한 뒤 서명키를 탈취했고, 퇴사 후 이를 활용해 전자출입증을 위·변조하는 방식으로 로그인 절차 없이 시스템에 무단 접속했다. 조사단은 이처럼 공격자가 정상적인 로그인 없이 이용자 계정에 접속해 대규모 정보 유출을 했음에도, 쿠팡 측이 이를 인지하지 못했다고 지적했다.

또 정상 발급 절차를 거치지 않은 「전자출입증」이 사이버 공격에 악용될 가능성이 쿠팡이 사전에 실시한 모의 해킹에서 드러난 바 있지만, 쿠팡이 이를 개선하지 않았다는 점도 지적했다.

쿠팡 공격자 정보유출 경로

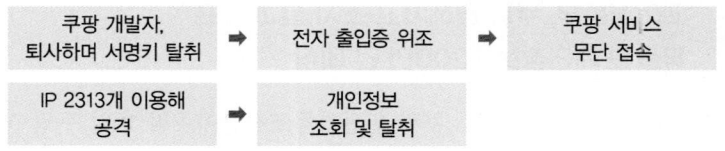

한편, 조사단은 쿠팡의 24시간 내 신고규정 위반에 대해 과태료 처분을 내린다는 계획이다. 또 과기부가 지난해 11월 19일 정보유출 사고 원인 분석을 위해 쿠팡에 자료 보전을 명령했지만 따르지 않아 2024년 7월부터 약 5개월 분량의 웹 접속기록이 삭제되고 지난해 5월 23일~6월 2일 애플리케이션 접속기록이 사라진 데 대해서는 수사를 의뢰했다.

美대법원, 「상호관세는 위법」 판결
트럼프, 10% 글로벌 관세 부과 → 15%로 인상

- 미 연방대법원이 2월 20일 도널드 트럼프 대통령이 추진해온 국가별 상호관세에 위법 판결을 내리면서 상호관세가 발표 325일 만에 원칙적으로 무효가 됐다.
- 대법원은 이날 트럼프 대통령이 상호관세 부과 근거로 「국제비상경제권한법(IEEPA)」(1977년 제정)을 활용한 것이 권한을 넘어섰다는 하급심 판단을 유지했다. IEEPA는 국가 비상사태 때 대통령에게 제한적 경제 권한을 부여하는데, 트럼프 대통령은 대규모 무역적자를 비상사태로 규정해 관세 부과에 활용했다.
- 한편, 대법원의 판결에 큰 타격을 받게 된 도널드 트럼프 대통령은 이날 전 세계의 대미 수출품에 10%의 관세를 부과하는 행정명령에 서명한 데 이어 하루 뒤에는 15% 인상 방침까지 내놓았다. 또 제동이 걸린 IEEPA가 아닌, 해외 국가에 관세를 부과할 수 있는 또다른 근거 법 조항을 검토한다는 방침이다.

> **상호관세(Reciprocal Tariff)** 트럼프 행정부가 다른 나라의 관세 및 비관세 무역장벽에 따라 미국 기업이 받는 차별을 해소한다는 명목으로 발표한 관세이다. 이는 전 세계를 대상으로 하는 기본관세 10%와 이른바 최악 국가에 대한 개별관세로 구성됐다.

트럼프, 전 세계 대상 10→15% 관세 부과 대법원의 이번 판결로 트럼프 대통령이 한국을 비롯해 각국에 적용했던 기본 10% 관세와 국가별 차등 관세, 멕시코·캐나다·중국에 부과한 펜타닐 관세 등은 무효가 됐다. 다만 이번 판결은 IEEPA를 근거로 한 관세에만 적용되며, 무역확장법 232조 등을 기반으로 한 자동차·철강·알루미늄 등 품목별 관세에는 직접적인 영향을 미치지 않는다.

이와 같은 대법원의 판결에 트럼프 대통령은 무역법 122조에 근거해 전 세계를 상대로 한 10% 관세 부과를 전격 발표했다. 무역법 122조는 심각한 국제수지 적자 해소를 위해 대통령이 최대 15%의 관세를 150일간 한시적으로 부과할 수 있도록 허용한다. 백악관에 따르면 새 관세는 미국 동부시각 기준 2월 24일 오전 12시 1분부터 발효된다. 트럼프 대통령은 이와 함께 무역법 301조(외국 정부의 부당하거나 불합리하고 차별적 행동 등에 맞서 관세를 부과할 권한을 부여)에 근거한 관세 조사를 시작한다고 밝혔으며, 또다른 관세 수단인 무역확장법 232조, 무역법 201조, 관세법 338조 등도 거론했다. 여기에 트럼프 대통령은 10% 관세 발표 하루 만인 21일에 해당 관세를 15%로 인상하겠다고 밝혔다.

한국 경제에의 영향은? 미 대법원의 이번 판결로 한국에 적용되던 15% 상호관세도 원칙적으로 법적 효력을 상실하게 됐다. 그러나 여전히 관세협상의 주도권이 미국에 있다는 점에서 불확실성은 지속될 전망이다. 우선 트럼프 대통령의 추후 방침에 따라 글로벌 관세가 10% 적용되면 한국에 적용되던 세율은 5% 포인트 내려가고, 15%가 적용되면 현상 유지가 된다. 다만 자동차·철강 등의 주요 품목이 여전히 품목관세 대상이라는 점에서 수출 전반에 미치는 영향은 제한적이라는 평가도 있다.

건보공단, 담배소송 2심 패소
법원,「흡연과 폐암 인과관계 불인정」

- 서울고등법원 제6민사부가 1월 15일 국민건강보험공단(건보공단)이 KT&G와 한국필립모리스, 브리티시아메리칸타바코(BAT)코리아 등을 상대로 낸 손해배상 청구소송 항소심에서 공단의 항소를 모두 기각했다.
- 법원은 이날「흡연과 폐암 사이의 개별적 인과관계를 인정하기 어렵다」는 1심 판결의 법리를 재차 확인하는 판결을 내렸고, 이에 건보공단은 즉각 상고 방침을 밝혔다.

📎 **건보공단 담배소송 일지**
- 2014. 4. 건보공단, 담배 3사 상대 손해배상 청구소송 제기
- 2020. 11. 1심, 건보공단 패소 판결
- 2026. 1. • 건보공단 연구결과 발표(폐암 발생 위험에 흡연 기여도 81.8%)
  • 항소심, 건보공단 패소 판결

담배소송의 시작은? 건보공단은 지난 2014년 30년 이상 흡연한 뒤 폐암(소세포암, 편평세포암) 또는 후두암을 진단받은 환자 3465명에게 2003~2012년 지급한 보험급여 약 533억 원을 담배회사들이 배상해야 한다며 소송을 제기했다. 공단은 담배회사들이 수입·제조·판매한 담배에 설계상·표시상 결함과 불법행위가 있어 환자들이 암에 걸렸고, 이에 따른 손해배상 책임이 있다고 주장했다. 건보공단의 해당 소송은 공공기관이 원고로 참여한 국내 첫 담배소송이라는 점에서 제기 당시부터 사회적으로 큰 주목을 받은 바 있다.

판결 주요 내용 2020년 11월 6년간의 심리 끝에 1심 재판부는 건보공단의 보험급여 지급은 국민건강보험법에 따른 의무 이행이므로 법익 침해가 발생했다고 보기 어렵다며, 원고 패소 판결을 내렸다. 또 담배에 제조물책임법상 결함을 인정하기 어렵고, 흡연과 폐암 발병 사이의 개별적 인과관계도 증명되지 않았다고 판단했다. 그리고 이번 2심 역시 ▷소송 당사자 자격 ▷흡연과 암 발병 사이 인과관계 등 주요 쟁점 대부분에서 담배회사 측의 손을 들어줬다. 특히 흡연과 암 발병 사이 인과관계에 대해서는「역학적·통계적 상관관계만으로는 특정 개인의 질병 원인을 단정할 수 없다」며「흡연 시기와 기간, 건강 상태, 생활 습관 등 개별 사정을 추가로 살펴야 한다」고 판단했다.

담배소송을 둘러싼 주요 쟁점들

주요 쟁점	법원 판단	건보공단의 입장
흡연과 폐암 간 인과관계 입증	흡연과 폐암 발병 간 관계는 환경과 유전적 요인 가능성을 배제할 수 없으므로, 개별적 인과관계 인정 어려움	소송 대상자의 흡연력 등을 일일이 확인해 개별적 입증 → 법원이 과학적 근거를 좁은 범위로 해석
제조물 책임 및 불법행위 여부	담배 제조 및 판매 과정에서 위험 방지 의무를 위반했다고 보기 어려움	담배회사는 중독성과 유해성을 알고도 은폐했고, 홍보와 마케팅으로 흡연을 유도

10월부터 담배 유해성분 44종 공개 1월 22일 식품의약품안전처에 따르면 오는 10월부터 담배 유해성분 관리 및 정보공개제도가 시행된다. 이에 따라 담배 제조 및 수입판매업자는 1월 말까지 담배 유해성분 검사를 검사기관에 의뢰하고, 검사 결과를 식약처에 제출해야 한다. 궐련 및 궐련형 전자담배는 니코틴·타르·납 등 44종이, 액상형 전자담배는 니코틴·포름알데히드 등 20종이 유해성분 검사 항목에 포함됐다. 그간 담배 포장지에는 타르와 니코틴 등 8가지 유해성분만 표시돼 담배의 유해성에 대한 국민의 알 권리를 침해한다는 지적이 있어 왔다.

4월 24일부터 액상 전담도 「담배」로 규제
담배 범위 37년 만에 확대

- 보건복지부가 2월 3일 합성 니코틴이 들어간 액상형 전자담배도 일반 궐련 담배와 동일한 규제를 받도록 한 담배사업법 개정안이 오는 4월 24일부터 시행한다고 밝혔다.
- 현행 국민건강증진법상 담배 규제는 담배사업법에서 정의한 담배에만 적용돼, 합성 니코틴을 원료로 한 액상형 전자담배는 규제 대상에서 제외돼 있었다. 그러나 개정법은 담배의 정의를 연초뿐 아니라 니코틴 기반 제품 전반으로 확대했다. 이에 금연구역에서는 궐련, 궐련형 전자담배, 액상형 전자담배 등 모든 담배제품 사용이 전면 금지되며, 이를 위반하면 10만 원 이하의 과태료가 부과된다.
- 또 담배 제조업자와 수입·판매업자는 모든 담배제품의 포장과 광고에 경고 그림과 문구를 의무적으로 표시해야 한다. 아울러 담배 자동판매기는 법적 요건을 갖춰 소매인 지정을 받은 경우에만 설치할 수 있으며, 19세 미만 출입금지 장소나 소매점 내부, 흡연실 외 장소에는 설치할 수 없다.

노동부, 플랫폼 노동자도 「근로자」 추정 입법 추진
주52시간제·최저임금·퇴직금 등 보장

- 고용노동부가 1월 20일 플랫폼 노동자와 프리랜서, 특수고용직(특고) 종사자 등을 근로자로 추정하는 내용 등을 담은 「권리 밖 노동자 보호를 위한 패키지 입법」을 5월 1일 노동절에 맞춰 추진하겠다고 밝혔다.
- 패키지 입법은 노무 분쟁이 발생했을 때 플랫폼·특고 종사자 등을 일단 근로자로 추정(근로자 추정제)하는 「근로기준법 개정안」과 계약 형식에 관계없이 일하는 사람의 권리를 규정한 「일하는 사람 기본법 제정안(일하는 사람 기본법)」으로 구성된다. 노동부는 이를 통해 약 870만 명으로 추정되는 법 밖의 근로자를 보호하겠다는 방침이다.
- 한편, 이번 방안에 대해 산업계는 입법의 대상이 광범위해 향후 법적분쟁이 증가하고 인건비가 상승할 수 있다며 반발하고 있다. 노동계의 경우 근로기준법 체계가 아닌 별도의 법으로 관리하는 방식은 차별적 지위를 고착화할 수 있다며, 근로기준법 제2조(근로자 정의)를 개정해 근로자 개념을 확대하자는 입장이다.

「권리 밖 노동자 보호를 위한 패키지 입법」 주요 내용

근로자 추정제 분쟁이 발생할 경우 노무를 제공했다는 사실만 확인되면 일단 근로자로 추정하고, 사업주가 이를 입증하지 못하면 근로자로 인정하는 방식이다. 현재 근로기준법 적용 대상이 아닌

「권리 밖 노동자」에는 보험설계사, 학습지 교사, 골프장 캐디, 대리운전 기사 등 특수고용직·프리랜서 등이 해당된다. 이들 직종은 임금이나 퇴직금을 사업주에게 청구하려면 스스로 근로자라는 사실을 입증해야 했지만, 근로자 추정제는 그 입증 책임을 근로자가 아닌 사용자로 전환한 것이다. 근로자로 인정되면 최저임금, 주52시간제, 퇴직금, 주휴수당, 4대 보험 등 근로기준법상의 강행 규정이 일괄 적용된다.

일하는 사람 기본법 계약 형식과 관계없이 다른 사람을 위해 노무를 제공하고 보수를 받으면 일단 「일하는 사람」으로 규정했으며, 특히 「근로자 추정제」를 통해 근로자 요건을 갖추지 못한 사람까지 포괄했다. 해당 법안은 공정한 계약 체결권, 안전하고 건강하게 일할 권리, 사회보장제도 접근권 등 8가지 기본권리를 명시했다. 사업주에게는 서면계약 체결 의무, 일방적인 계약 해지·변경 제한, 권리 행사에 따른 불이익 조치 금지 등의 책임이 부과된다.

「권리 밖 노동자 보호를 위한 패키지 입법」 개요

적용 대상	프리랜서, 특수고용직, 플랫폼 종사자 등 모든 일하는 사람
적용 규모	최대 870만 명 추정
근로기준법 개정안 (근로자 추정제)	• 내용: 분쟁 발생 시 우선 근로자로 추정하고, 근로자가 아니라는 점은 사용자가 입증해야 함 • 분쟁 범위: 근로기준법 및 근로기준법상 근로자 개념을 바탕으로 개별 노동관계를 규율하는 최저임금법, 퇴직급여보장법, 기간제법, 파견법 포함 → 주52시간제 및 최저임금, 퇴직금, 연장·야간·휴일수당 등 사실상 보장
일하는 사람 기본법	• 대상: 계약 형식과 관계 없이 「모든 일하는 사람」과 플랫폼 사업자를 포함해 노무를 제공받는 모든 사업자를 규율 • 내용: 안전하고 건강하게 일할 권리, 공정한 계약 체결 및 적정 보수 등을 보장받을 권리 등 8가지 권리를 명시

근로감독관, 73년 만에 「노동감독관」으로 명칭 변경
감독 대상 사업장은 3배 늘려

• 김영훈 고용노동부 장관이 1월 14일 열린 현장 근로감독관과의 대화 자리에서 「근로감독 행정혁신 방안」을 발표하고, 73년간 사용해온 「근로감독관」 명칭을 「노동감독관」으로 바꾼다고 밝혔다.
• 근로감독관은 노동 현장에서 임금체불·부당해고·산업재해 등을 감독·수사하는 직책인데, 이번 방안은 1953년부터 써온 해당 명칭을 대국민 공모 등을 통해 노동감독관으로 바꾸는 것이다.
• 감독관 인력은 2024년 3131명에서 해마다 1000명씩 늘려 올해 5131명까지 증원한다는 방침이다. 여기에 근로기준 대비 산업안전 감독관 비율은 2028년 5 대 5로 맞추며, 감독 대상 사업장은 현재 5만 4000곳에서 2027년 14만 곳으로 늘릴 계획이다.

대법, 「평균임금에 성과 인센티브 불포함」
삼성전자 소송 7년 만에 확정

• 대법원 2부가 1월 29일 삼성전자 퇴직자 15명이 회사를 상대로 낸 퇴직금 청구소송에서 「성과 인센티브의 임금성을 부정한 원심 판단은 정당하나 목표 인센티브는 임금성에 관한 법리 오해의 잘못이 있다」며 원심을 깨고 사건을 수원고법으로 돌려보냈다.

● 이는 사전에 지급 기준과 규모가 어느 정도 확정된 목표 인센티브는 임금에 해당하므로 퇴직금 산정에 반영해야 한다는 것으로, 이번 판결은 2019년 1심 제기 후 7년, 대법원 계류 5년 만에 나온 것이다.

소송의 시작은?   삼성전자는 취업규칙에 따라 1994년부터 연 2회 목표 인센티브를, 2000년부터 연 1회 성과 인센티브를 지급해 왔다. 전직 삼성전자 직원 15명은 삼성전자가 목표 인센티브와 성과 인센티브로 구분되는 성과급을 평균임금에서 제외하고 퇴직금을 산정했다며 미지급분을 달라는 소송을 2019년 6월 제기했다. 평균임금은 근로자가 퇴직 전 3개월 동안 받은 임금의 1일 평균치로, 퇴직금은 근속 1년당 30일분 이상의 평균임금을 지급하게 돼 있다. 성과급이 임금으로 간주돼 평균임금에 포함될 경우 퇴직금 총액도 이에 맞춰 늘어나게 되는데, 앞서 1·2심은 성과급이 임금이 아니라고 판단한 바 있다.

대법원 판결 내용   대법원은 성과급 중 목표 인센티브는 임금에 포함되고, 성과 인센티브는 포함되지 않는다고 판단했다. 목표 인센티브의 경우 근로자가 속한 사업부문과 사업부 성과를 평가해 등급에 따라 지급률이 결정됐는데, 법원은 이에 대해 경영 성과의 사후적 분배가 아니라 근로 성과의 사후적 정산에 더 가깝다며 평균임금에 포함되어야 한다고 판단했다. 반면 사업부별 경제적 부가가치(EVA)의 20%를 재원으로 삼아 지급기준에 따라 나눠준 성과 인센티브는 근로 제공과 직접적이고 밀접한 관련성이 없어 근로의 대가로 볼 수 없다고 판단했다.

대법, 「SK하이닉스 성과급, 퇴직금에 포함 안돼」   대법원이 2월 12일 SK하이닉스 직원들이 받은 경영 성과급이 퇴직금 산정 기준인 평균임금에 해당하지 않는다며 원고 패소 판결한 원심을 확정했다. 퇴직자들은 SK하이닉스가 성과급을 퇴직금 산정의 기준이 되는 평균임금에 산입하지 않았다며, 지난 2019년 1월 미지급분을 청구하는 소송을 제기한 바 있다. 이번 소송에서는 회사가 노사 합의를 거쳐 지급해 온 성과급도 근로기준법상 평균임금에 포함되는지가 쟁점이 됐다. 그러나 대법원은 SK하이닉스가 노사합의에 따라 성과급을 지급해왔을 뿐, 단체협약 등에 「회사가 성과급을 지급해야 한다」는 점이 명시돼 있지 않아 평균임금으로 인정되지 않는다고 판단했다.
한편, SK하이닉스는 반기별로 생산량에 따라 지급하는 「생산성격려금」과 영업이익 등을 기준으로 산정하는 「이익분배금」을 성과급으로 지급해 왔다. 다만 단체협약 등에 성과급 지급 의무가 명시돼 있지는 않고, 매년 노사 협상을 통해 지급 여부와 금액 등을 결정해 왔다.

캄보디아 스캠사태, 프린스그룹 천즈 체포
캄보디아서 검거돼 중국으로 송환

● 캄보디아에 대규모 범죄단지를 조성해 온라인 사기, 인신매매, 납치 및 감금 등의 각종 강력 범죄를 저지른 중국계 천즈(陳志·39) 프린스그룹 회장이 1월 6일 캄보디아 현지에서 체포돼 중국으로 송환됐다.
● 천즈는 캄보디아 실권자인 훈 센 상원의장(전 총리)의 고문을 지내는 등 캄보디아 고위 정치인과 밀착해 사업을 확장하고 막대한 부를 축적한 인물로, 그가 설립한 프린스그룹은 한국인 납치 등과 관련된 캄보디아 범죄단지의 배후로 지목돼 왔다.
● 이에 프린스그룹과 천 회장을 1년 이상 추적한 미국과 영국 정부는 지난해 10월 프린스그룹과 천즈의 부동산 및 금융자산을 동결하며 제재에 나선 바 있다. 또 우리 정부도 지난해 11월 프린스그룹과 천즈를 포함해 개인 15명과 단체 132곳을 독자 제재 대상에 올렸다.

캄보디아 스캠사태는 무엇? 지난해 8월 스캠 범죄에 연루된 한국인 대학생이 캄보디아 범죄단체에 의해 고문을 받고 사망한 사건이 뒤늦게 알려지면서, 캄보디아에서 자행된 한국인 대상 취업사기, 감금, 강제노동 등의 문제가 수면 위로 부상했다. 이에 정부는 양국 경찰을 중심으로 수사당국이 참여하는「한국-캄보디아 스캠 합동대응 TF」구성에 합의하고 캄보디아 전역의 여행경보를 상향하는 조치를 취했다.

이어 캄보디아에서 보이스피싱 등의 범죄에 가담했다가 이민 당국에 구금됐던 한국인 64명이 10월 18일 전세기를 통해 국내로 송환됐다. 송환 대상자들은 이른바「웬치(Wench)」로 불리는 캄보디아 범죄단지에서 보이스피싱이나 로맨스스캠(사기), 도박 등의 범죄에 가담한 혐의를 받고 있다. 이들 대부분이 한국에서 체포영장이 발부된 피의자 신분인데, 특히 인터폴(국제형사경찰기구) 적색수배자도 포함된 것으로 알려졌다.

농식품부,「축산물 유통구조 개선방안」발표
삼겹살 명칭 세분화·계란 중량 표기방식 변화

- 농림축산식품부가 1월 13일 삼겹살을 지방 함량에 따라 3가지로 명칭을 세분화하고, 계란 중량 표기방식을 알파벳 형식으로 바꾸는 내용 등을 담은「축산물 유통구조 개선방안」을 발표했다.
- 살코기보다 비계 양이 많은 이른바「비계 삼겹살」문제를 해소하기 위해 삼겹살의 명칭은 지방 함량에 따라 ▷앞삼겹(적정지방) ▷돈차돌(과지방) ▷뒷삼겹(저지방)으로 구분키로 했다. 또 1+ 등급 삼겹살 내 지방 비율 범위는 기존 22~42%에서 25~40%로 변경된다.
- 계란 중량 표기방식은 현행「왕·특·대·중·소」체계에서 소비자에게 친숙한 의류 등급 표기인「2XL·XL·L·M·S」로 바꾼다. 계란 품질등급도「판정」으로만 명시했으나, 앞으로는 계란 껍데기에 1+, 1, 2등급 등 3개 등급으로 세분화해 표기한다.
- 한우 사육기간의 경우 현행 32개월에서 28개월로 단축해 생산비 절감을 유도하고, 28개월령 이하 도축 비중을 2024년 8.8%에서 2030년 20%로 확대할 계획이다. 이를 위해 사육 기간을 줄이는 농가에 우량 정액을 우선 배정하고, 유전체 분석도 지원한다.

복지부,「지역의사양성법」시행령 입법예고
지역의사제 전형, 32개 지역 의대서 선발

보건복지부가 2027학년도 대입부터 서울을 제외한 전국 32개 의대에 지역의사제 전형을 도입하는 내용 등을 담은「지역의사양성법」시행령과 시행규칙 제정안을 2월 2일까지 입법예고한다고 1월 20일 밝혔다. 지역의사제는「지역의사 선발 전형」으로 의대에 합격해 의사 면허를 딴 뒤 지역에서 10년간 의무 복무하는 제도를 말한다.

지역의사제 지역 간 의료인력 수급 불균형과 의료 격차를 해소하기 위해 도입되는 제도로,「복무형」과「계약형」으로 나뉜다. 복무형은 의대 정원의 일정 비율을 지역의사 선발전형으로 뽑아 정부가 학비를 지원하고, 졸업 후 특정 지역에서 10년간 의무적으로 근무하는 제도다. 만약 제적, 자퇴, 3년 내 국가시험(국시) 불합격, 의무복무 불이행 등에는 받은 학비를 반환해야 한다. 계약형 지역의사는 기존 전문의 가운데 국가 지자체 의료기관과 계약을 맺고 특정 지역에서 5~10년 근무하는 제도다.

복지부 입법예고안 주요 내용 시행령에 따라 지역의사 선발 전형이 적용되는 대학은 서울을 제외한 9개 권역(14개 시·도)에 소재한 의대가 있는 32개 대학이다. 해당 권역은 ▷대전광역시·충청남도 ▷충청북도 ▷광주광역시 ▷전북특별자치도 ▷대구광역시 ▷경상북도 ▷부산광역시 ▷울산광역시 ▷경상남도 ▷강원특별자치도 ▷제주특별자치도 ▷경기도·인천광역시다.

입학 지역의사 선발 전형에 지원하려면 해당 의과대학의 소재지나 인접한 지역의 고등학교를 졸업해야 하고, 비수도권에 있는 중학교를 졸업(2027학년도 중학교 입학자부터 적용)해야 한다. 이때 「대학 소재지 고교」와 「인접 지역 고교」에 대해서는 각각 의대 모집 정원이 따로 운영되고, 별도로 경쟁하게 된다. 다만 경기와 인천 지역 의대(가천대, 인하대, 아주대, 성균관대, 차의과대)는 이 지역에서 중·고등학교를 모두 졸업해야 한다.

지역 의과대학 입학정원은 지역의 인구, 의료 취약지 분포, 의료 이용 및 의료자원 현황 등을 고려해 복지부 장관이 교육부 장관과 협의해 고시하게 된다. 지역의사 선발전형 결과에 따라 미충원 인원이 발생할 경우에는 의과대학 입학정원의 100분의 10을 초과하지 않는 범위에서 차차년도 입학전형에 한해 반영할 수 있다.

졸업 이후 의대 졸업 후 10년간 의무 근무하는 지역은 「대학 소재지 고교」 출신의 경우 해당 고교가 속한 권역이다. 「인접 지역 고교」 출신은 정부가 미리 정해놓은 권역(졸업한 의대가 속해있는 시·도내)들 중에서 의무 근무지를 고를 수 있다. 다만 해당 지역에 ▷의무 복무가 가능한 의료기관이 없거나 ▷전문의 수련이 불가능하거나 ▷응급·공공의료 수행이 필요한 경우 등 예외적 사유가 있을 때는 복지부 장관 승인으로 변경할 수 있다. 또 복무 중 의료기관 폐업이나 감원 등 불가피한 사유가 발생한 경우에도 변경이 허용된다. 한편, 의무복무 규정 위반에 따른 시정명령을 따르지 않으면 100만 원에서 500만 원까지 과태료가 부과되고, 계속 위반 시 면허 정지나 취소 처분이 이뤄질 수 있다.

Q&A

지역의사 전형 Q&A

Q 지역의사 전형의 지원 자격은?

A 의대 소재지 지역이나 인접 지역의 고교(입학부터 포함)를 다녔어야 한다. 다만 인천·경기를 제외하고는 대학 소재지 고교 출신이 아니더라도 인접 지역 고교만 나왔어도 지역의사제 지원이 가능하다. 예컨대 대전이나 세종·충남 지역 고교 졸업자나 졸업 예정자는 충북에 있는 충북대 의대에 지원할 수 있다.

Q 고교 기준만 충족하면 되는가?

A 현 중학교 1~3학년은 고교만 해당 지역에서 입학·졸업하면 지원이 가능하다. 그러나 2027학년도 중학교 입학자부터 중학교 졸업 요건이 적용된다.

Q 지역의사 전형으로 입학할 때의 혜택은?

A 지역의사제로 의대에 입학하면 정부로부터 등록금, 생활비 등을 지원받는다. 정부는 지역의사 지원센터를 설립해 학생들에 대한 학업지원, 진로탐색, 졸업 후 경력개발 등을 돕는다는 방침이다.

Q 지역의사의 의무복무 기간은?

A 지역의사 전형으로 합격한 의대생은 졸업 후 10년간 해당 지역에서 의무복무를 해야 한다. 10년이라는 의무복무 기간에는 군 복무 기간이 포함되지 않고, 전공의 수련기간 중 복무 지역이 아닌 곳에서 수련받는 것도 복무기간으로 간주되지 않는다. 보건복지부 장관은 지역의사가 의무복무 기간을 채우지 않으면 시정명령이나 면허자격 정지 결정을 내릴 수 있는데, 면허자격 정지를 3회 이상 받거나 복무를 이행하지 않으면 면허를 취소할 수도 있다.

2027학년도 의대 신입생, 490명 증원
5년간 총 3342명 단계적 증원

- 보건복지부가 2월 10일 열린 제7차 보건의료 정책심의위원회(보정심)에서 올해 치러지는 2027학년도 대입에서 의대 정원을 현재 모집인원(3058명)보다 490명 늘어난 총 3548명으로 결정한 「2027~2031년 의사인력 양성 규모」를 확정했다.
- 이는 서울 소재 의대 8곳을 제외한 나머지 전국 의대 32곳이 대상으로, 기존 의대에서 늘어나는 인원(증원분)은 대입에서 모두 「지역의사제 전형」 몫으로 배정된다.

정부 의대 정원 증원 계획

증원 규모	연간 평균 668명(2027~2031학년도 총 3342명)
적용 대상	비서울권 의대 32곳
선발 방식	증원되는 전원 지역의사제 적용
연도별 증원 규모	• 2027학년도: 490명 증원 • 2028학년도: 613명 증원 • 2029학년도: 613명 증원 • 2030학년도: 813명 증원 • 2031학년도: 813명 증원

- 이와 함께 2028~2031학년도는 의대 정원을 2년 단위로 각각 3671명(현재보다 613명 증원)과 3871명(813명 증원)으로 확대하기로 했다.

의대 정원 증원 주요 내용 정부는 내년부터 2031학년도까지 5년간 의대 정원을 총 3342명, 연평균 668명씩 늘린다는 방침이다. 구체적으로 2027학년도는 의정갈등 여파로 24·25학번 의대생들이 함께 수업을 받고 있는 특수 상황을 고려해 증원 인원을 490명으로 정했다. 이후 2028~2029학년도에는 613명, 2030~2031학년도에는 813명 등으로 증원 규모를 늘린다. 이 가운데 2030~2031학년도는 기존 의대 증원분 613명에다 추가로 신설되는 지방의대(100명)와 국립의학전문대학원(공공의대·100명)을 합친 데 따른 것이다. 기존 의대 중 증원하는 곳은 비서울권 32개 의대로, 늘어난 정원은 졸업 후 10년간 해당 지역에서 의무 복무하는 지역의사 전형으로 선발된다.

여기에 정부는 24·25학번 동시교육(더블링) 등을 고려해 의대별 증원 상한(20~100%)도 정했다. 이에 따르면 정원 50인 이상 지방 국립의대는 현재보다 최대 30%, 정원이 50명 미만인 의대는 최대 100%까지 증원한다. 또 지방 사립의대의 경우 정원 50명 이상은 20%, 50명 미만은 30%라는 상한선을 뒀다.

> **공공의대** 공공 의료기관이나 필수의료 분야에 종사할 의사를 양성하는 의대로, 빠른 의사 배출을 위해 4년제의 의학전문대학원 형태로 설립될 예정이다. 졸업생은 의사 면허 취득 후 15년간 공공의료 부문에서 의무 복무하게 된다.

증원에 따른 지역의사 양성 지역 배분안

지역	대학	인원
인천·경기	가천대, 인하대, 아주대, 성균관대, 차의과대	30명
충북	충북대, 건국대	58명
대전·세종·충남	충남대, 건양대, 을지대, 단국대, 순천향대	90명
전북	전북대, 원광대	48명
광주·전남	전남대, 조선대	62명
강원	강원대, 한림대, 연세대(원주), 가톨릭관동대	79명
대구·경북	경북대, 계명대, 영남대, 대구가톨릭대, 동국대	90명
부산·울산·경남	부산대, 고신대, 동아대, 인제대, 울산대, 경상대	121명
제주	제주대	35명

남성 암 발생률 1위는 전립선암
여성은 유방암이 1위

- 보건복지부와 중앙암등록본부(국립암센터)가 1월 20일 발표한 「2023년 국가암등록통계」에 따르면 1999년 관련 통계 집계 이후 처음으로 전립선암이 폐암을 제치고 남성 암 1위에 올랐다.
- 전립선암은 1999년에는 9위에 그쳤으나 고령화와 비만 등의 영향으로 그간 빠르게 증가해 왔다. 남성 암 발생률 순위는 전립선암 다음으로 폐암·위암·대장암·간암 등의 순이었으며, 여성은 유방암·갑상선암·대장암·폐암·위암 순이었다. 2023년 남녀 전체에서 가장 많이 발생한 암은 갑상선암이었는데, 이는 초음파 검사 보편화로 조기 진단이 늘어난 영향이 크다.
- 한편, 이번 조사에서 최근 5년(2019~2023년)간 암 진단을 받은 환자의 5년 상대 생존율(일반인과 비교해 5년간 생존할 확률)은 73.7%로 집계됐다. 암별로는 갑상선암(100.2%)·전립선암(96.9%)·유방암(94.7%)의 생존율이 높은 반면, 폐암(42.5%)·간암(40.4%)·췌장암(17%)의 생존율은 낮은 것으로 나타났다.

일하는 고령자 사상 최대
55~64세 고용률 70% 첫 돌파

- 2월 4일 고용노동부의 「고령자 고용동향」에 따르면, 2025년 고령자(55~64세) 고용률은 70.5%로 전년(69.9%)보다 0.6%포인트 상승했다. 고령자 고용률은 55~64세 전체 인구 가운데 취업자가 차지하는 비율로, 고령자 고용률이 70%를 돌파한 것은 1983년 통계 작성 이래 처음이다.
- 고령자 고용률은 2007년 60%를 넘어선 데 이어 2013년부터 60%대 중반을 지속하다가 지난해 70%까지 돌파하며 우상향을 이어가고 있다. 또 고령자 경제활동 참가율도 지난해 72%로 역대 가장 높았는데, 이 지표도 2022년 70%를 넘긴 뒤 매년 상승하고 있다. 반면 고령자 실업률은 2024년 2.4%에서 지난해 2.1%로 하락했다.

💡 일하는 고령층이 늘면서 국회에서는 현재 60세인 법정 정년을 65세로 단계적으로 높이는 정년 연장 논의가 이뤄지고 있다. 다만 노동계가 조속한 정년 연장을 주장하는 반면, 경영계는 일률적 연장보다 「퇴직 후 재고용」과 같은 유연한 제도를 요구하고 있어 속도는 내지 못하고 있는 상태다.

출생아 수 〈 사망자 수, 인구 감소세 지속
65세 이상 인구 비중은 2년 연속 20%대

1월 4일 행정안전부에 따르면 출생아 수가 2년 연속 늘었지만 사망자 수는 더 높아 전체 인구는 줄고 있다. 또 65세 이상 인구 비중은 2년 연속 20%를 넘어서며 한국 사회의 초고령화가 심화하는 추세를 나타냈다.

출생아 〈 사망자, 인구 감소세 지속 2025년 출생 등록아 수는 25만 8242명으로, 전년(24만 2334명)보다 1만 5908명(6.56%) 증가했다. 이로써 출생아 수는 2024년 9년 만에 증가로 전환된 이후 2년 연속 증가세를 보였다. 또 지난해 사망자 수도 2024년보다 5392명(1.49%) 늘어난 36만 6149명으로 집계됐다. 이처럼 출생아 수는 늘었으나 사망자 수보다는 적어, 자연적 요인에 따른 인구감소(10만 7907명)는 6년째 이어졌다.

주민등록인구, 6년 연속 감소세 2025년 12월 31일 기준 주민등록인구는 5111만 7378명으로, 2024년보다 9만 9843명(0.19%) 줄어 2020년 인구가 처음으로 감소한 이후 6년 연속 감소세를 보였다. 연령대별로는 50대(16.89%), 60대(15.50%), 40대(14.83%), 70대 이상(13.76%), 30대(13.06%), 20대(11.12%), 10대(9.05%), 10대 미만(5.79%) 순으로 전년과 순위가 같았다.

고령화 가속 지난해 12월 31일 기준 65세 이상 주민등록인구는 1084만 822명으로 전체 인구의 21.21%를 차지했다. 앞서 2024년 65세 이상 인구는 1025만 6782명으로 전체의 20%를 기록, 처음으로 초고령사회(전체 인구에서 65세 이상 인구 비중이 20%를 넘는 사회) 기준을 넘어선 바 있다.

수도권-비수도권 인구 격차 확대 2025년 수도권 인구(2608만 1644명)는 2024년보다 3만 4121명(0.13%) 증가한 반면, 같은 기간 비수도권 인구(2503만 5734명)는 13만 3964명(0.53%) 감소했다. 이에 따라 수도권과 비수도권 간의 격차는 2019년 수도권 인구가 비수도권 인구를 처음 넘어선 후 최대치(104만 5910명)로 확대됐는데, 특히 이 격차가 100만 명을 넘어선 것은 처음이다.

2025년 주요 인구 관련 항목

항목	내용	전년(2024년)과 비교(( )안은 비중)
출생아 수	25만 8242명	1만 5908명 증가(6.56% 증가)
사망자 수	36만 6149명	5392명 증가(1.49% 증가)
전체 주민등록인구	5111만 7378명	9만 9843명 감소(0.19% 감소)
65세 이상 인구(전체 인구에서의 비중)	1084만 822명(21.2%)	58만 4040명 증가(5.69% 증가)

정부, 「2030년 신차 50%는 저공해차로 판매」
내연차 퇴출 가속화-무리한 목표 지적도 제기

- 기후에너지환경부가 2030년에는 신차의 절반을 전기·수소차 등 저공해차로 판매하도록 하는 내용 등을 담은 「연간 저공해 및 무공해자동차 보급목표 고시」를 5일부터 시행한다고 1월 4일 밝혔다. 정부는 지난해 「국가 온실가스 감축목표(NDC)」를 발표하면서 2030년 신차의 40%, 2035년에는 70%를 전기·수소차로 보급하겠다고 밝힌 바 있다.
- 자동차 제조·수입사는 올해 신차의 28%를 저공해차로 판매해야 하는데, 이 목표치는 2027년 32%, 2028년 36%, 2029년 43%, 2030년 50% 등으로 해마다 높아진다. 보급 목표에는 무공해차인 전기·수소차와 저공해차인 하이브리드차가 모두 포함된다. 저공해차 목표를 달성하지 못하면 자동차 제조·수입사는 목표치에 미달한 차량 대수만큼 기여금을 내야 한다.
- 하지만 자동차 업계에서는 현재 전기차가 전체 신차에서 차지하는 비중이 13.%에 불과하다는 점을 들어 정부가 제시한 목표치가 지나치게 높다는 지적을 내놓고 있다. 또 미국과 유럽연합(EU) 등이 내연차 퇴출에 한발 물러선 상황에서 국내 중소 부품업체들의 피해와 중국산 저가 전기차의 반사이익으로 이어질 것이라는 우려도 나온다.

💡 국가온실가스 감축목표(NDC)는 국제사회에 감축 이행을 약속하는 구속력 있는 온실가스 감축목표로, 한국 등 파리기후협약 체결국은 2050년까지 탄소중립을 목표로 5년마다 탄소 감축목표를 유엔에 제출해야 한다.

기상청, 113년 기후변화 분석
여름 25일 ↑, 겨울 22일 ↓

기상청이 지난 113년간(1912~2024년)의 기상관측 자료를 분석한 「우리나라 113년 기후변화 분석 보고서」(2025년 12월 30일 발간)에 따르면 여름은 길어지고 겨울은 짧아지는 추세를 보였다. 이 자료는 인천·목포·부산·서울·대구·강릉 등 6개 지역 관측자료를 토대로 한 것이다.

「우리나라 113년 기후변화 분석 보고서」 내용

계절 양상　과거 30년(1912~1940년)과 비교하면 최근 30년(1995~2024년) 동안 여름은 25일, 봄은 5일 길어졌다. 반면 겨울은 22일, 가을은 8일 짧아졌다. 특히 과거 30년에는 체감 기간이 가장 긴 계절이 겨울(109일)이었지만, 최근 30년 동안은 여름이 123일로 가장 길어지는 등 우리나라의 계절 구조가 여름을 중심으로 재편되는 양상이 나타났다.

폭염과 한파일수　폭염일수는 1910년대 평균 7.7일에서 2020년대 16.9일로 2.2배가 됐으며, 같은 기간 열대야일수는 6.7에서 28.0일로 4.2배 급증했다. 반면 한파일수는 1910년대 3.7일에서 2020년대 1.1일로 줄었다. 또 지난 113년간 우리나라 연평균 기온은 10년마다 평균 0.21도씩 상승했다. 특히 2024년은 연평균 기온 15.4도로, 관측 이래 가장 더운 해로 기록됐다.

강수일수　지난 113년간 연간 강수일수는 10년마다 평균 0.68일씩 줄어든 반면, 연간 강수량은 10년당 17.83mm씩 증가했다. 이는 비가 오는 날은 줄었지만, 한 번 오면 많은 양이 쏟아지는 구조로 바뀐 것을 보여주는 것이다. 또 강수 강도, 호우 일수, 1시간 최다강수량 50mm 이상 일수 역시 뚜렷한 증가 추세를 나타냈다.

문화시사

〜〜〜〜〜〜〜〜〜〜〜〜〜〜〜〜〜〜〜〜〜〜〜〜〜〜〜〜〜〜〜〜

〈케데헌〉 골든, K팝 최초 그래미 수상
로제 〈아파트〉는 수상 불발

- 넷플릭스 애니메이션 〈케이팝 데몬 헌터스〉(케데헌)의 오리지널사운드트랙(OST) 〈골든〉이 2월 1일 미국 로스앤젤레스에서 열린 제68회 그래미 어워즈에서 「베스트 송 리튼 포 비주얼 미디어(Best Song Written For Visual Media)」를 수상했다.
- 이 부문은 노래를 만든 송라이터에게 수여되는 상으로, K팝 작곡가 혹은 음악 프로듀서가 그래미상을 수상한 것은 이번이 처음이다. 그간 성악가 조수미(1993년), 엔지니어 황병준(2012·2016년), 비올리스트 리처드 용재 오닐(2021년) 등 클래식 분야에서는 그래미 수상자가 나온 바 있다.
- 〈골든〉은 해당 부문 외에도 제너럴 필즈(General Fields·본상)인 「송 오브 더 이어」(올해의 노래)를 비롯해 「베스트 팝 듀오/그룹 퍼포먼스」 등 4개 부문(총 5개 부문) 후보에도 올랐으나, 나머지 부문 수상은 불발됐다. 〈골든〉은 지난해 미국 빌보드 메인 싱글차트 「핫 100」에서 통산 8주 1위를 차지하는 신드롬을 일으켰으며, 1월 초 골든글로브와 크리틱스 초이스 어워즈에서는 연달아 주제가상을 수상했다.

그래미 어워즈(Grammy Awards) 미국 레코드 예술과학아카데미(NARAS)가 매년 우수한 레코드와 앨범에 수여하는 상으로, 미국의 음악상 중 제일의 규모와 권위를 가진 상이다. 그래미 회원들의 수상자 결정에는 앨범 판매량이나 차트 인기도는 물론 아티스트의 음악적인 역량, 예술성, 연주, 녹음 기술의 혁신적인 성과, 역사적 중요성 등이 반영된다. 그러나 그래미는 변화에 둔감하고 미국의 3대 음악 시상식(빌보드 뮤직어워즈, 아메리칸 뮤직어워즈) 중 가장 보수적이라는 평가를 받고 있으며, 특히 수상자가 백인에 편중돼 있어 「백인들의 잔치」라는 비판도 받고 있다.

〈케데헌〉이 거둔 성과들은?
- 넷플릭스 역대 조회수 1위
- 주제가 〈골든〉, 美 빌보드 핫100·英 오피셜 싱글 동시 석권
- 뉴욕·시카고 비평가협회상, 최우수 장편 애니메이션상 수상
- 크리틱스 초이스 어워즈, 주제가상·최우수 장편 애니메이션상 수상
- 골든글로브, 주제가상·장편 애니메이션상 수상
- 그래미 어워즈, 「Best Song Written For Visual Media」 부문 수상

로제 〈아파트〉, 수상 실패 로제의 〈아파트〉는 본상인 「송 오브 더 이어」와 「레코드 오브 더 이어」(올해의 레코드)를 비롯해 「베스트 팝 듀오/그룹 퍼포먼스」까지 3개 부문 후보에 올랐으나 수상에는 실패했다. 다만 로제는 이날 시상식에서 오프닝 무대를 브루노 마스와 함께했는데, K팝 여가수가 그래미 시상식 공연 무대에 선 것은 처음이다. 또한 로제는 본상 후보로 지명된 최초의 K팝 솔로 아티스트라는 기록도 남겼다.

앞서 BTS가 지난 2020년 K팝 아티스트 최초로 그래미 무대를 밟았고, 2021년에는 K팝 가수 최초로 엔딩무대 공연을 펼친 바 있다. BTS는 또 2021년 그래미 「베스트 팝 듀오/그룹 퍼포먼스」 부문을 시작으로 2023년까지 3년 연속 총 5번 후보로 지명됐으나 수상에는 실패했다.

배드 버니, 「올해의 앨범」 수상 그래미 어워즈 본상 중에서도 가장 큰 상인 「올해의 앨범」은 푸에르토리코 출신의 가수인 배드 버니가 차지했다. 그래미 어워즈에서 스페인어로 된 앨범이 이 상을 수상한 것은 처음이다. 특히 버니는 수상 소감에서 현재 논란이 되고 있는 트럼프 행정부의 이민 정책을 비판해 관심을 모았으며, 「올해의 노래」 수상인 빌리 아일리시도 가슴에 「ICE(미국 이민세관단속국) Out」이라는 배지를 달고 시상대에 올랐다. 이 밖에 「올해의 레코드」는 퓰리처상을 수상했던 미국 래퍼 켄드릭 라마와 시저(SZA)의 협업곡 〈루터(Luther)〉가 차지했다.

티베트 달라이 라마, 그래미 어워즈 첫 수상 티베트의 정신적 지도자인 달라이 라마가 이번 그래미 어워즈 사전행사에서 「오디오북·내레이션·스토리텔링 레코딩」 부문 수상자로 발표되며, 사상 처음으로 그래미상을 수상했다. 수상작은 앨범 〈명상: 달라이 라마 성하의 성찰(Meditations: The Reflections Of His Holiness The Dalai Lama)〉로, 이는 달라이 라마가 직접 들려주는 명상과 성찰의 메시지를 담은 오디오 앨범이다.
1940년 즉위한 현 달라이 라마는 1959년 중국에 맞서 티베트의 독립을 위해 인도 북부 다람살라에 망명정부를 세운 인물이다. 그는 1951년 중국 인민해방군이 티베트를 통치하기 시작하자, 1959년 3월 중국 공산당을 피해 인도로 망명한 바 있다. 이후 비폭력 독립운동을 이끈 그는 1989년에는 노벨 평화상을 수상한 바 있다.

〈케데헌〉, 골든글로브·크리틱스 초이스 석권
장편 애니메이션상·주제가상 등 각각 2관왕 달성

- 넷플릭스 애니메이션 〈케이팝 데몬 헌터스〉(케데헌)가 1월 11일 열린 제83회 골든글로브 시상식에서 장편 애니메이션상과 주제가상(골든) 등 2관왕을 달성했다. K팝과 한국 문화를 주제로 한 애니메이션이 골든글로브 시상식에서 수상한 것은 처음 있는 일이다.
- 〈케데헌〉은 이날 장편 애니메이션상 부문에서 〈주토피아 2〉, 〈엘리오〉, 〈귀멸의 칼날: 무한성편〉, 〈아르코〉, 〈리틀 아멜리〉 등과 경쟁했으며, 주제가상 부문에서는 〈아바타: 불과 재〉, 〈씨너스: 죄인들〉, 〈위키드: 포 굿〉, 〈트레인 드림스〉 등과 경쟁을 펼쳤다.
- 〈케데헌〉은 앞서 1월 4일 열린 크리틱스 초이스 어워즈에서도 영화 주제가상(골든)과 최우수 장편 애니메이션상 등 2관왕을 기록한 바 있다.

💡 한편, 이번 골든글로브 시상식에는 박찬욱 감독의 〈어쩔수가 없다〉가 뮤지컬·코미디 영화 부문 작품상과 남우주연상(이병헌)·외국어영화상 등 3개 부문 후보에 올랐으나 수상은 불발됐다.

한국 작품의 골든글로브 수상 기록은? 한국 작품의 골든글로브 수상은 지난 2020년 77회 시상식 때 봉준호 감독의 〈기생충〉이 감독·각본·외국어영화상 등 3개 부문을 수상한 것이 시작이었다. 이후 2022년에는 〈오징어 게임〉의 배우 오영수가 남우조연상을 수상하면서 한국 배우 최초이자 유일한 남우조연상 기록을 남긴 바 있다.

〈오징어 게임 3〉, 크리틱스 초이스 최우수 외국어시리즈상 시즌3로 완결된 넷플릭스 시리즈 〈오징어 게임 3〉가 1월 4일 열린 제31회 크리틱스 초이스 어워즈에서 TV 부문 최우수 외국어시리즈상을 수상했다. 이 시상식의 TV 부문은 시즌 구분 없이 작품명만 공개하는데, 앞서 〈오징어 게임〉 시즌1은 2022년 시상식에서 한국 드라마 최초로 TV 최우수 외국어시리즈상을, 주연배우 이정재는 한국배우 최초로 드라마 시리즈 부문 남우주연상을 차지한 바 있다. 〈오징어 게임〉은 지난해에도 시즌2로 이 시상식에서 최우수 외국어시리즈상을 수상했었다.

씨름 이어 태권도, 유네스코 남북 공동등재 추진

- 1월 19일 국가유산청에 따르면 문화유산위원회가 8일 회의를 거쳐 태권도를 유네스코 인류무형문화유산 대표목록 공동 또는 확장 등재를 위한 차기 신청 대상으로 선정했다.
- 태권도는 지난 2024년에 북한이 먼저 등재를 신청한 상태여서 추후 북한과 함께 이름을 올릴 수 있을지 주목된다. 북한이 신청한 명칭은 「조선민주주의인민공화국의 전통 무술 태권도」로, 오는 11~12월 중국 샤먼(廈門)에서 열리는 제21차 유네스코 무형유산보호협약 정부간위원회에서 등재 여부가 결정된다.
- 한편, 남북한은 앞서 2018년 「씨름」을 인류무형문화유산 대표목록에 공동 등재한 바 있다. 따라서 만약 태권도가 공동 등재될 경우 남북이 공동으로 이름을 올리는 역대 2번째 인류무형문화유산이 된다.

검정고무신 7년 저작권 분쟁, 유족 최종 승소로 종결

- 만화 〈검정고무신〉 저작권을 두고 고(故) 이우영 작가 유족과 형설출판사 간에 진행됐던 소송이 7년 만인 1월 8일 유족 승소 판결로 마무리됐다.
- 대법원은 이날 장진혁 형설출판사 대표와 형설앤 외 1명이 이 작가의 유족을 상대로 제기한 손해배상 청구소송 상고심에서 원고 패소로 판단한 원심 판결을 심리불속행 기각으로 확정했다. 심리불속행은 대법원이 원심 판단에 중대한 법리 오해나 쟁점이 없다고 보고 상고를 받아들이지 않는 것으로, 이에 따라 2심 판결이 그대로 확정됐다.

〈검정고무신〉 저작권 7년 소송 만화 〈검정고무신〉은 1960년대 서울을 배경으로 초등학생 기영이, 중학생 기철이와 가족들의 이야기를 코믹하게 그린 만화로, 1992~2006년 《소년챔프》에 연재되면서 큰 인기를 끌었다. 이 작가는 2007년 캐릭터 업체인 형설앤과 저작권 계약을 맺었는데, 출판사 측은 2019년 이 작가가 계약을 어기고 〈검정고무신〉 캐릭터가 나오는 만화를 그렸다는 이유 등으로 손해배상 소송을 제기했다. 이에 이 작가도 형설앤이 불공정 계약을 맺었다며 맞소송(반소, 저작권 침해금지 청구소송)을 제기했으나, 1심 선고를 기다리던 도중인 2023년 3월 스스로 목숨을 끊었다. 이후 2023년 11월 1심에서는 이 작가 측과 출판사 간 계약 해지를 인정하면서도 이 작가 유족이 출판사에 7400여 만원과 이에 대한 지연이자를 배상하라고 판시했다. 그러나 지난해 8월 이뤄진 2심은 이 작가와 출판사 간 사업권 설정계약의 효력이 존재하지 않는다고 보고 장 대표 쪽의 〈검정고무신〉 캐릭터 사용을 금지했으며, 장 대표와 출판사 측이 이 작가의 유족에게 약 4000만 원을 지급하라는 판결을 내렸다.

박지원 《열하일기》 초고본,
보물 지정 예고

- 국가유산청이 12월 31일 단국대 석주선기념박물관이 소장한 「박지원 열하일기 초고본 일괄」을 보물로 지정할 예정이라고 밝혔다.
- 《열하일기》는 조선 후기 실학자 연암 박지원(1737~1805)이 1780년 청나라 건륭제의 칠순 축하잔치에 참석하기 위해 연경(燕京·북경)과 열하(熱河) 등을 방문한 뒤 그 경험을 기록으로 남긴 것이다. 일기체 형식으로 쓰여진 이 책은 청의 선진 문물, 당대 문인들과의 교유를 자세히 담고 있다.
- 이번에 보물로 지정 예고된 자료는 총 4종 8책으로 청에서 귀국한 박지원이 작성한 가장 초기의 고본(稿本) 즉, 저자가 친필로 쓴 원고로 만든 책이다. 특히 이 가운데 「연행음청(燕行陰晴) 건·곤」 책은 열하일기 정본에는 존재하지 않는 서학(西學) 관련 용어와 내용이 수록돼 있다. 또 「연행음청록 4」와 「연행음청기 3」 책은 박지원의 친필고본 중에서도 가장 이른 시기 형태를 보여 중요한 자료로 평가받는다.

▲ 박지원 열하일기 초고본 일부
연행음청 건·곤(출처: 국가유산청)

안성 청원사 대웅전,
국가지정문화유산 보물 지정

- 국가유산청이 1월 23일 고려 말에서 조선시대로 이어지는 건축형식과 시대적 변화 양상을 보여주는 「안성 청원사 대웅전(安城 淸源寺 大雄殿)」을 국가지정문화유산 보물로 지정했다.
- 「안성 청원사 대웅전」은 창건연대가 명확하지 않으나, 1854년(철종 5년) 대웅전의 공사 내용을 담고 있는 상량문을 통해 그 이전에 건립된 건물로 추정되고 있다. 특히 포작의 세부 장식이나 구성 수법 등을 통해 건립연대를 조선 전기로 추정할 수 있으며, 수종 분석과 연륜연대 분석을 통해 15세기의 부재로 특정할 수 있다.

- 대웅전의 규모는 정면 3칸·측면 3칸이며, 지붕은 맞배지붕 형식이다. 건물 앞면은 기둥 상부뿐 아니라 기둥과 기둥 사이에 공포(지붕의 무게를 분산하기 위해 기둥 위에 설치하는 목조)를 배치한 다포계 공포 양식이다. 이에 반해 뒷면은 기둥 위에 돌출된 부재와 끝부분을 날개 형태로 조각한 부재를 함께 사용한 형태로, 한 건물에 두 종류의 공포 양식이 동시에 드러나 있다.

▲ 안성 청운사 대웅전(출처: 국가유산청)

국내 최고(最古) 목관악기 출토
부여 관북리 유적에서 관악기「횡적(橫笛)」발견

- 국가유산청 국립부여문화유산연구소가 2월 5일 지난 2024~2025년 진행한 관북리 유적 16차 발굴조사에서 백제 횡적(橫笛·가로피리) 1점과 목간(木簡·글자를 새긴 나무조각) 329점이 출토됐다며 그 실물을 공개했다.
- 특히 횡적의 경우 문헌으로 전하던 백제 횡적의 실체가 확인된 첫 사례다. 또한 이는 삼국시대를 통틀어 관악기 실물이 발견된 첫 사례이자, 국내에서 확인된 가장 오래된 목관악기라는 점에서 주목된다.

국내 최고 목관악기 등 발굴　대나무 소재의 횡적은 백제 조당(왕과 신하가 국정을 논의하는 공간) 건물로 파악되는 7세기 건물지 인근 화장실 시설인 직사각형 구덩이에서 출토됐다. 횡적은 4개의 구멍이 일렬로 뚫려 있고 부러진 채 납작하게 눌린 상태였는데, 부서지기 전은 취구를 포함해 총 7개 구멍이 있고 길이는 31cm로 추정됐다. 횡적의 탄소연대 측정 결과 추정 연대는 568~642년으로 나타나, 백제가 사비로 천도한 이후 시기의 것으로 파악됐다.
여기에 함께 발굴된 목간은 329점이 나왔는데, 이는 국내 단일 유적에서 확인된 목간 중 가장 많은 수량이다. 이 중에는 540년인「경신년(庚申年)」, 543년인「계해년(癸亥年)」등 간지가 적힌 목간이 있어 웅진(공주)에서 부여로 천도한 538년 직후의 시기에 만들어진 것으로 추정된다.

라면·선배·해녀, 英 옥스퍼드 사전에 등재
올해 한국어 단어 8개 추가

- 영국 옥스퍼드대가 출간하는 옥스퍼드 영어사전(OED)에 ▷라면(ramyeon) ▷해녀(haenyeo) ▷선배(sunbae) ▷빙수(bingsu) ▷찜질방(jjimjilbang) ▷아줌마(ajumma) ▷코리안 바비큐(Korean barbecue) ▷오피스텔(officetel) 등 8개의 한국어 단어가 등재됐다.
- 1884년 처음 출판된 영어권의 권위 있는 사전인 옥스퍼드 영어사전은 현재는 온라인 플랫폼으로 운영하면서 3개월마다 새 단어를 업데이트하고 있다. 한국 관련 단어는 1933년 코리안(Korean)이란 단어가 처음 등재된 이후 꾸준히 늘었다. 특히 2000년대 들어 한류의 영향으로 크게 늘었는데, 2021년에만 대박(daebak)·오빠(oppa) 등 26개의 단어가 등재된 바 있다.

서울시무용단 「일무」
한국 첫 뉴욕 「베시 어워드」 수상

- 서울시무용단 「일무」의 정혜진·김성훈·김재덕 안무가가 1월 20일 미국 뉴욕에서 열린 「뉴욕 댄스 & 퍼포먼스 어워드」(이른바 베시 어워드(Bessie Awards))에서 최우수 안무가·창작자상을 수상했다. 한국 국공립 예술단체가 베시 어워드에서 수상한 것은 이번이 처음이다.
- 일무는 국가무형유산이자 유네스코 세계인류무형유산인 「종묘제례악」의 의식무를 현대적 감각으로 재해석한 작품이다. 이는 2022년 초연했으며, 2023년 뉴욕 링컨센터 공연 때 전 회차 매진을 기록하며 화제를 모은 바 있다.
- 1983년 설립된 베시 어워드는 뉴욕 예술가와 프로듀서, 비평가 등으로 구성된 선정위원회가 해마다 뉴욕에서 공연된 작품 가운데 혁신적인 성취를 이룬 예술가와 작품을 선정해 수여하는 상이다. 베시 어워드라는 명칭은 미국 유명 안무가인 베시 쉰베르크(1906~1997)를 기리는 의미에서 붙은 것이다.

> **종묘제례악(宗廟祭禮樂)** 　종묘의 제향에 연주되는 음악으로, 기악(樂: 보태평, 정, 대업), 가(歌: 악장), 춤(舞: 일무)으로 구성돼 있다. 종묘제례악의 일무는 단순하면서도 장엄한 동작이 특징으로, 제례의 대상에 따라 8일무, 6일무, 4일무로 구분된다. 예컨대 천자(天子)는 8명씩 8줄로 늘어선 64명의 8일무로 하고, 제후(諸侯)는 6명씩 6줄로 늘어선 36명의 6일무, 대부(大夫)는 4명씩 4줄로 늘어선 16명의 4일무, 사(士)는 2명씩 2줄로 늘어선 4명의 2일무로 춘다.

공공데이터, 출처 표기 없이 AI 학습에 사용
「완전 개방형」 유형 신설 등 공공누리 개편

- 문화체육관광부와 과학기술정보통신부가 1월 28일 국가나 지자체가 보유한 공공저작물을 출처 표기 없이 인공지능(AI) 학습용 데이터로 자유롭게 활용할 수 있도록 하는 「공공저작물 이용 허락표시 기준(공공누리)」 개정안과 「공공저작물 AI 학습 활용 확대 방안」을 발표했다.
- 이번 방안의 핵심은 공공저작물 자유이용 허락표시 기준인 「공공누리」에 자유이용이 가능한 「제0유형」과 제한적 조건 아래에서도 학습용으로는 활용을 허용하는 「AI 유형」을 신설한 것이다.
- 기존에는 공공저작물을 활용할 때 반드시 출처를 명시해야 했으나, 제0유형이 적용된 저작물은 출처 표기 의무가 없는 것은 물론 상업적 이용과 변경 또한 제한 없이 할 수 있다. 함께 신설된 AI 유형은 기존 공공누리 제1~4유형의 이용 조건은 유지하되, AI 학습 목적에 한해 자유롭게 데이터를 사용할 수 있도록 허용하는 별도 표시다.

> **공공누리** 　국가·지방자치단체·공공기관이 보유한 공공저작물에 대한 자유이용 허락 표시제도로, 누구나 표시된 이용조건만 준수하면 공공저작물을 자유롭게 이용할 수 있다.

〰〰〰〰〰〰〰〰〰〰〰〰〰〰〰〰〰〰〰〰

알카라스, 조코비치 꺾고 호주오픈 정상
역대 최연소 커리어 그랜드슬램 달성

- 남자 테니스 세계랭킹 1위 카를로스 알카라스(23·스페인)가 2월 1일 호주 멜버른에서 열린 호주 오픈 남자단식 결승에서 노바크 조코비치(39·세르비아)를 3-1로 꺾고 우승을 차지했다. 이로써 알카라스는 4대 메이저대회(호주·프랑스·윔블던·US오픈) 중 유일하게 우승이 없었던 호주오픈마 저 제패하며 커리어 그랜드슬램을 달성했다.
- 특히 알카라스(22세 8개월)는 이날 우승으로 라파엘 나달(40·스페인·은퇴)이 24세 101일이던 2010년 US오픈에서 우승하며 기록한 역대 최연소 커리어 그랜드슬램 기록도 깨게 됐다. 프로 선 수들의 메이저대회 출전이 허용된 1968년 이후 남자단식에서 커리어 그랜드슬램을 달성한 선수는 로드 레이버(호주), 앤드리 애거시(미국), 로저 페더러(스위스), 라파엘 나달(스페인), 조코비치에 이어 알카라스가 6번째다.

> **호주오픈** 매년 호주에서 열리는 국제 테니스 대회로, 윔블던(전영오픈)·US오픈·프랑스오픈과 함께 테니스의 4대 메 이저대회에 속한다. 대체로 1월에 대회가 치러지고 있어, 4대 메이저대회 중 가장 먼저 열리고 있다. 대회는 1988년부터 호주 멜버른에 있는 국립테니스센터의 하드코트에서 열리고 있다.

조코비치, 메이저대회 단식 25회 우승은 실패　메이저대회 남자단식 최다 우승 기록(24회)을 갖고 있는 조코비치는 이번 대회에서 남녀 최초 메이저대회 단식 25회 우승과 메이저대회 남자 단식 최고령 (38세 8개월) 우승 기록에 도전했으나 알카라스에 패해 무산됐다. 조코비치가 이번 대회에서 우승 했다면 1960년대 활동했던 마거릿 코트(호주)를 넘어 남녀 통합 역대 최다 우승 단독 1위에 등극할 수 있었다. 조코비치는 앞서 1월 19일 호주오픈 남자단식 1회전에서의 승리로 통산 100승 고지에 올랐는데, 이에 프랑스오픈(101승)·윔블던(102승)에 이어 호주오픈까지 3개 메이저대회에서 100승 을 달성한 최초의 선수로 기록된 바 있다.

리바키나, 여자단식 우승　엘레나 리바키나(27·카자흐스탄, 세계랭킹 5위)가 1월 31일 세계랭킹 1위 아리나 사발렌카(28·벨라루스)를 꺾고 시즌 첫 메이저대회인 호주오픈 정상에 올랐다. 이로써 지난 2023년 대회 준우승에 그쳤던 리바키나는 생애 첫 호주오픈 우승을 차지한 것은 물론, 2022년 윔 블던 우승에 이어 통산 두 번째 메이저대회 우승도 기록했다. 아울러 카자흐스탄 테니스 역사상 최 초의 호주오픈 챔피언이라는 기록도 썼다.
반면 2023년과 2024년 이 대회에서 우승을 차지했던 사발렌카는 지난해에 이어 2년 연속 준우승 에 그치게 됐다. 그는 앞서 호주오픈 2연패와 US오픈 2연속 우승(2024·2025년) 등 최근 메이저대 회에서 강세를 보여 왔다.

카를로스 벨트란·앤드루 존스,
MLB 명예의 전당 헌액

- 미국야구기자협회(BBWAA)가 1월 21일 발표한 「2026년 명예의 전당」 투표 결과에서 메이저리그 레전드 외야수로 꼽히는 카를로스 벨트란(49)과 앤드루 존스(49)의 입성이 확정됐다.
- 4번째 도전 만에 입성한 벨트란은 총 20시즌을 빅리그에서 활약하면서 2586경기에서 타율 0.279·435홈런·1586타점 등을 기록했으며, 9차례의 올스타와 3차례의 골드글러브를 수상했던 선수다. 그리고 9번째 도전 끝에 명예의 전당 입성에 성공한 존스는 통산 2196경기에 출전해 0.254의 타율과 434홈런·1289타점 등을 기록한 선수로, 10번의 골든글러브를 수상하는 등 메이저리그를 대표하는 중견수로 꼽혔다.
- 한편, 한국 선수 중 최초로 명예의 전당 후보에 오른 추신수(44)는 3표를 득표(0.7%)하는 데 그쳐, 최소 5% 이상 득표율 규정에 따라 내년 후보에서 제외됐다.

> **미국 야구 명예의 전당(National Baseball Hall of Fame)** 미국 뉴욕주 쿠퍼스타운에 위치한 사설 박물관으로, 1936년부터 미국 야구 역사에 공헌한 선수, 감독, 심판 등을 기리기 위해 매년 헌액자를 선정하고 있다. 헌액자 선정은 전미야구기자협회(BBWAA) 소속이자 10년 이상 취재 활동을 한 기자단의 투표로 이뤄진다. 최소 10년 이상 활동한 선수가 은퇴 뒤 5년이 지나면 후보에 오를 수 있고, 5% 이상 득표하면 후보 자격을 다음해까지 유지할 수 있으나 5% 미만 득표할 경우 후보에서 영구 탈락한다. 5% 이상 득표한 경우 재도전의 기회는 10번(10년)까지 주어진다. 기자 한 명이 최대 10명의 후보에게 투표할 수 있으며, 득표율 75%를 넘으면 명예의 전당에 헌액된다. 명예의 전당 투표에는 해당 선수의 기록뿐 아니라 사회적으로 미친 영향이나 인성 등의 부문도 고려 대상이 된다고 알려져 있다.

세네갈, 아프리카 네이션스컵 정상
모로코에 1-0 승리

- 세네갈이 1월 19일 모로코 라바트에서 열린 개최국 모로코와의 「2025 아프리카 네이션스컵」 결승전에서 연장 접전 끝에 1-0으로 승리했다. 이로써 세네갈은 2022년 이후 4년 만에 통산 두 번째 우승을 차지했다. 반면 1976년 이후 50년 만에 우승을 노렸던 모로코는 준우승에 그쳤다.

> **아프리카 네이션스컵(Africa cup of Nations)** 아프리카축구연맹(CAF) 주최로 아프리카 국가 간에 벌이는 축구 국가대항전으로, 1957년 처음 시작돼 현재에 이르고 있다.

- 대회 최우수선수(MVP)로는 세네갈의 사디오 마네가 선정됐고, 득점왕은 5골을 기록한 브라힘 디아스, 최우수 골키퍼는 모로코의 야신 부누가 차지했다.

사우디 포기한 2029 동계아시안게임,
카자흐스탄 알마티 개최

- 아시아올림픽평의회(OCA)가 사우디아라비아가 개최권을 내놓은 2029 동계아시안게임을 카자흐스탄 알마티가 개최한다고 2월 3일 발표했다.
- 사우디는 2022년 세계 최대 규모의 스마트시티인 「네옴시티」에서 겨울아시안게임을 개최하겠다는 의사를 밝히며 개최권을 따냈으나, 이후 경기장과 제반시설 건설에 난항을 겪어 왔다. 이에 결국

OCA에 대회 개최 무기한 연기 의사를 전달했고, 카자흐스탄이 OCA의 의사 타진을 수락하면서 개최권이 넘어가게 됐다.

- 한편, 1986년 시작된 겨울아시안게임을 개최한 나라는 한국·중국·일본·카자흐스탄 등 4개국뿐 인데, 2021년 대회의 경우 개최 희망국이 없어 취소되기도 했다.

💡 동계아시안게임은 1986년 일본 삿포로에서 첫 대회가 열린 이후 4년마다 개최되다가, 제8회 대회는 6년 만인 2017년 개 최된 바 있다. 이는 아시안게임과 동계아시안게임을 각각 동·하계올림픽이 열리기 1년 전에 개최하기로 결정한 데 따른 것 이다.

김재열, IOC 집행위원 선출
한국인으로는 역대 두 번째

- 김재열 국제빙상경기연맹(ISU) 회장 겸 국제올림픽위원회(IOC) 위원(58)이 2월 4일 이탈리아 밀라노 에서 열린 제145차 IOC 총회에서 집행위원회(Executive Board) 위원으로 선출됐다. 한국인으로 IOC 집행위원에 선출된 것은 故 김운용 전 IOC 부위원장 이후 역대 두 번째다.
- 이로써 2022년 6월 비유럽인 최초로 ISU 수장에 오른 김 회장은 1년 4개월 만인 2023년 10월 IOC 위원으로 선출된 데 이어, 2년 4개월 만에 IOC 집행위원에도 선출됐다.
- IOC 집행위원회는 IOC 위원장과 부위원장 4명, 위원 10명으로 이뤄진 사실상의 최고 의사 결정 기구다. IOC 위원의 임기는 4년이며, 임기 종료 후 연임할 수 있다.

2026 밀라노·코르티나담페초 동계올림픽 폐막
한국은 종합 13위로 마무리

- 2월 6일 개막한 2026 밀라노·코르티나담페초 동계올림픽이 17일간의 열전을 끝으로 22일 폐막 했다. 이번 대회에는 93개국 3500명의 선수가 참여해 8개 종목, 16개 세부종목에서 총 116개의 금메달을 놓고 열전을 펼쳤다.
- 이번 올림픽은 1956년 코르티나담페초, 2006년 토리노에 이어 세 번째로 이탈리아에서 열린 동 계올림픽이다. 특히 올림픽 역사상 최초로 두 도시의 이름을 공식 명칭에 올린 분산 개최 대회로, 성화대도 밀라노와 코르티나담페초 두 곳에 설치됐다.
- 한편, 3월 6일부터 15일까지는 같은 도시에서 동계 패럴림픽이 열릴 예정이다.

2026 밀라노·코르티나담페초 동계올림픽 개요

개최 도시	밀라노, 코르티나담페초
개최 기간	2026년 2월 6일~22일
참가국 / 규모	93개국(개인 자격 선수 포함) / 3500명
경기 종목	16개 종목, 116개 경기
대회 모토	함께 꿈꾸자(Dreaming Together, Sognando Insieme)
마스코트	티나(Tina), 밀로(Milo): 개최도시 이름에서 따온 것으로, 코르티나의 「티나」와 밀라노의 「밀로」
엠블럼	푸투라(이탈리아어로 「미래」라는 뜻): 올림픽 사상 처음으로 전 세계 온라인 투표로 선정된 것으로, 개최 연도이자 개막일인 숫자 26을 형상화한 디자인

대회 순위는? 노르웨이가 지난 2018년 평창대회와 2022년 베이징대회에 이어 또다시 종합 1위를 차지했다. 그리고 선수 71명을 포함해 130명 규모의 대표단을 파견한 우리나라는 금 3·은 4·동 3개를 획득하며 종합 13위를 차지했다. 우리나라는 지난 2022년 베이징동계올림픽에서는 금 2·은 5·동 2개를 획득하며 14위를 기록한 바 있다.

2026 밀라노·코르티나담페초 동계올림픽 종합순위

순위	국가	순위	국가
1	노르웨이	7	스위스
2	미국	8	스웨덴
3	네덜란드	9	오스트리아
4	이탈리아	10	일본
5	프랑스		···
6	독일	13	대한민국

2026 동계올림픽, 기존 대회와 이것이 달랐다

역대 최초 2개 도시 분산 개최 국제올림픽위원회(IOC)는 그동안 1개 도시 개최를 원칙으로 해 왔는데, 2026 동계올림픽은 역대 동·하계올림픽을 통틀어 처음으로 2개 도시에서 분산 개최된 대회였다. 밀라노와 코르티나담페초는 약 400km 떨어져 있는데, IOC는 거리적 특성을 고려해 두 도시 이름을 모두 대회 명칭에 넣었다. 아울러 이번 대회는 밀라노의 현대적인 실내 경기장과 코르티나담페초의 겨울 스포츠 시설을 최대한 활용하는 등 전체 경기장의 92%가 기존 시설 혹은 임시 시설이 사용됐다. 밀라노에서는 피겨스케이팅·쇼트트랙·스피드스케이팅·아이스하키 등 주요 빙상 종목이 열렸으며, 코르티나담페초 등에서는 알프스 산맥이 있는 지리적 이점을 살려 알파인스키·스노보드·봅슬레이·스켈레톤·루지 등 설상·썰매 종목이 개최됐다.

종목 신설로 금메달 7개 늘어 이번 대회에서 각국 선수단은 8개 종목, 16개 세부종목에서 총 116개의 금메달을 놓고 경쟁을 벌였는데, 이는 직전 베이징 대회보다 금메달이 7개 늘어난 것이다. 특히 이번 대회에는 「산악스키」가 새 종목으로 추가됐는데, 동계올림픽에 신설 종목이 채택된 것은 2014년 소치대회의 「노르딕복합」 이후 12년 만이다.

> **산악스키** 「스키마운티니어링(Ski mountaineering)」으로 불리는 산악스키는 설산에서 스키를 타는 종목으로, 20세기 초 알프스 지역 산악인들이 겨울에도 산을 넘기 위해 스키를 이동 수단으로 활용한 데서 유래된 것이다. 이는 먼저 바닥에 「스킨」을 붙인 스키를 타고 오르다가 가파른 경사에서는 이를 벗고 배낭에 싣고 걸어 올라가며, 정상에 도착하면 스킨을 뗀 스키를 타고 빠르게 내리막 코스를 질주하게 된다. 산악스키의 세부 종목은 개인전인 남녀 스프린트, 단체전인 혼성 계주로 나눠 치러졌다.

女선수 비율 역대 최고 이번 동계올림픽에서는 여자부 세부종목이 4개(46 → 50개) 늘어나면서, 동계올림픽 사상 여성 선수의 비율이 역대 최고치를 기록했다. 해당 종목은 산악스키 여자 개인전, 루지 여자 2인승, 프리스타일 스키 여자 모굴 2인조, 스키점프 라지힐 여자 개인전 등이다.

한국 대표팀이 거둔 성과는?

메달 3개 스노보드, 역대 최고 성적 한국 스노보드는 이번 대회에서 3개의 메달(금1·은1·동1)을 수확하며 역대 종목 최고 성적을 기록했다. 이번 대회 전까지는 이상호의 2018년 평창대회 은메달이 스노보드 종목의 유일한 메달이었다. 스노보드는 2월 8일 알파인 남자 평행대회전에 출전한 김상겸(37)의 은메달을 시작으로 10일에는 여자 빅에어의 유승은(18)이 동메달을 차지했다. 그리고 2월 13일 열린 여자 하프파이프에서는 최가온(17)이 금메달을 획득하면서 한국 선수단 첫 금메달의 주인공이 됨과 동시에 이 종목 최연소 금메달 기록(17세 10개월, 클로이 김(미국))까지 경신(17세 3개월)했다. 무엇보다 최가온의 금메달은 한국이 올림픽 설상 종목에서 따낸 사상 최초의 금메달이라는 점에서도 의미를 더했다.

쇼트트랙, 7개 메달 수확–여전한 강세 한국 쇼트트랙은 이번 대회에서 총 7개(금3, 은4)의 메달을 수확하는 등 여전히 세계 최고의 기량을 보이며 대회를 마무리했다.
개인전에서는 황대헌(27)이 2월 15일 열린 남자 1500m에서 은메달을 땄으며, 이후 남자 1000m와 여자 1000m에서 임종언(19)과 김길리(22)가 각각 동메달을 획득했다. 이후 2월 20일 열린 여자 1500m에서는 김길리와 최민정(28)이 각각 금·은메달을 차지했다. 단체전에서는 2월 19일 열린 여자 3000m 계주에서 최민정·김길리·노도희·심석희가 1위를 차지하면서 2018년 평창대회 이후 8년 만에 계주 정상을 탈환했고. 20일 열린 남자 5000m 계주에서는 임종언·황대헌·이정민·이준서가 은메달을 수확했다.
한편, 여자 쇼트트랙 최민정 선수는 진종오(사격), 김수녕(양궁), 이승훈(스피드스케이팅, 이상 6개)을 제치고 동·하계올림픽 한국인 최다 메달 신기록(7개)까지 수립했다.

빙속은 24년 만에 노메달 쇼트트랙과 함께 한국 동계스포츠의 양대 효자 종목으로 꼽혀온 스피드스케이팅은 2002 솔트레이크시티 대회 이후 24년 만에 노메달로 대회를 마무리했다. 이번 대회에는 남녀 단거리 간판 김준호(남자 500m 12위), 김민선(여자 500m 14위), 이나현(여자 500m 10위), 그리고 남녀 매스스타트의 정재원(5위)·박지우(14위)가 출전했다. 한국 스피드스케이팅은 1992년 알베르빌올림픽에서 김윤만(남자 500m 은메달)의 첫 메달을 시작으로 이상화·모태범·이승훈 등이 이끄는 전성기를 달리며 동계올림픽에서 20개(금 5·은 10·동 5)의 메달을 수확하며 강세를 보여 왔다.

차준환 4위 등 피겨 남녀싱글도 성과 피겨스케이팅 남자싱글에 출전한 차준환(25)은 2월 14일 끝난 경기에서 올림픽 한국 남자 최고 순위인 4위를 기록했다. 2018년 평창대회에서 15위를 기록했던 차준환은 2022 베이징 대회에서는 5위를 기록한 바 있는데, 두 기록 모두 한국 남자싱글 최고 순위다. 그리고 2월 20일 끝난 여자싱글에서는 이해인(21)이 8위, 신지아(18)가 11위를 차지했는데 특히 이해인은 생애 첫 올림픽 무대에서 톱10 진입이라는 성과를 이뤄냈다.

韓 봅슬레이 원윤종, IOC 선수위원 당선 2018 평창동계올림픽 봅슬레이 은메달리스트 원윤종(41)이 2월 19일 2026 밀라노·코르티나담페초 동계올림픽 선수촌에서 발표된 국제올림픽위원회(IOC) 선수위원 투표 결과 11명의 후보 중 1위로 IOC 선수위원으로 선출됐다. 한국인이 IOC 선수위원이 된 것은 앞서 문대성(태권도)·유승민(탁구)에 이어 세 번째인데, 특히 동계스포츠 선수 출신으로는 최초 사례다. 이번 당선에 따라 원윤종은 2034년 동계올림픽 폐막식까지 8년 임기로 활동하게 된다. IOC 선수위원은 올림픽 참가 선수들이 직접 투표로 뽑는 IOC 위원으로, 동·하계올림픽 개최지 선정 등 다른 IOC 위원과 동일한 권한을 갖는다. 이번 원윤종의 당선으로 한국은 앞서 IOC 집행위원으로 당선된 김재열 위원(국제빙상경기연맹 회장)을 포함해 2명의 IOC 위원을 보유하게 됐다.

대회 주요 경기 및 기록들

노르웨이 클레보, 46년 만에 5관왕 노르웨이의 크로스컨트리 영웅 요하네스 회스플로트 클레보(30)가 2월 18일 열린 남자 팀 스프린트 프리 종목에서 대회 5관왕이자 개인 통산 10번째 금메달을 차지했다. 이에 클레보는 1980년의 에릭 하이든(미국, 스피드스케이팅)에 이어 46년 만에 동계올림픽 단일 대회 5관왕의 위업을 달성한 것은 물론, 이번 대회를 통해 동계올림픽 최다 금메달의 주인공에 등극했다.

아울러 노르웨이는 이번 대회에서 18개의 금메달을 획득, 역대 단일 동계올림픽 최다 금메달 신기록을 다시 세웠다. 또 노르웨이는 이번 대회에서만 40개의 메달(금 18·은 11·동 11)을 획득해 이 부문 신기록까지 작성했다. 종전 기록은 노르웨이가 지난 2018년 평창대회에서 기록한 39개의 메달(금 14·은 14·동 11개)이었다.

美 아이스하키, 캐나다 꺾고 46년 만의 금메달　동계올림픽에서 피겨 여자싱글과 함께 가장 큰 흥행 종목으로 꼽히는 남자 아이스하키는 최고의 라이벌로 꼽히는 캐나다와 미국의 결승전이 치러졌다. 연장전까지 가는 치열한 접전 결과 미국이 캐나다를 2-1로 꺾었고, 이에 미국은 1980년 레이크플래시드 동계올림픽 이후 46년 만에 정상에 복귀했다. 미국은 또 올림픽 아이스하키 역사상 처음으로 남녀 동반 우승이라는 기록도 세웠는데, 앞서 2월 20일 열린 여자 아이스하키에서도 캐나다를 연장 접전 끝에 2-1로 꺾은 바 있다. 특히 이번 아이스하키는 2014년 소치대회 이후 12년 만에 북미아이스하키리그(NHL) 스타들이 총출동하면서 화제를 모으기도 했다.

💡 아이스하키 최강을 자부하는 두 나라는 2010년 밴쿠버 대회 이후 16년 만에 결승에서 맞붙었다. 캐나다는 역대 올림픽 남자 아이스하키에서 가장 많은 9개의 금메달을 따낸 나라이며, 미국은 통산 메달 수에서는 캐나다에 이어 2위(금3·은8·동1)이나 우승 횟수는 캐나다보다 훨씬 적다.

린지 본·일리야 말리닌 등 美 슈퍼스타들의 부진　피겨스케이팅 남자싱글의 세계 최정상 선수이자 이번 대회 금메달 유력 후보였던 일리야 말리닌은 8위에 그쳤다. 또 「스키 여제」 린지 본은 41세 4개월로 최고령 올림픽 메달리스트 기록에 도전했으나, 여자 알파인스키 활강 경기 도중 부상을 입으면서 경기를 마치지 못했다. 여기에 2018년 평창대회와 2022년 베이징대회에서 2연패를 달성했던 미국 교포 선수 클로이 김은 2월 13일 열린 스노보드 여자 하프파이프 결선에서 우리나라 최가온(17) 선수에 밀리며 3연패 도전을 마치게 됐다.

테일러, 역대 동계올림픽 최고령 금메달리스트　미국의 봅슬레이 선수 엘라나 메이어스 테일러(42)가 2월 17일 열린 여자 모노봅에서 금메달을 차지하면서 동계올림픽 역사상 최고령 개인 종목 금메달리스트가 됐다. 종전 기록은 오스트리아의 스노보드 선수인 벤야민 카를(40)이 보유하고 있었다. 테일러의 금메달은 다섯 번째 동계올림픽 도전 끝에 이뤄낸 성과로, 2010년 밴쿠버 대회부터 출전한 그는 모노봅과 2인승 종목에서 은메달 3개와 동메달 2개를 획득한 바 있다. 이번 우승으로 통산 6번째 올림픽 메달을 차지한 테일러는 동계올림픽에서 가장 많은 메달을 획득한 여자 봅슬레이 파일럿이라는 기록도 썼다.

과학시사

韓, 세계 최초 「AI 기본법」 시행
AI 생성물 워터마크 의무화

- 고영향·생성형 AI의 안전·투명성 확보를 골자로 한 「AI 기본법(정식 명칭: 인공지능 발전과 신뢰 기반 조성 등에 관한 기본법)」이 1월 22일부터 시행됐다.
- 이에 한국은 유럽연합(EU)에 이어 세계에서 두 번째로 AI법을 제정하고, 첫 번째로 시행하는 국가가 됐다. 우리나라가 최초 시행 국가가 된 것은 법제화 작업을 가장 먼저 완료한 EU가 일부 국가의 반발과 기술적 보완 등을 이유로 법안 전면 시행을 2027년 말로 미룬 데 따른 것이다.
- AI기본법은 ▷AI 생성물을 이용자가 명확히 인지할 수 있도록 하고 ▷사람의 생명과 권리에 큰 영향을 주는 AI는 고영향 AI로 분류해 안전성을 확보하는 것을 핵심으로 한다. 하지만 각국의 AI 경쟁이 격화하고 있어, 법에 명시된 규제들이 기술 개발을 위축시킬 수 있다는 우려도 나오고 있다.

AI 기본법은 무엇? 인공지능(AI)의 건전한 발전과 신뢰 기반 조성에 필요한 기본적인 사항을 규정한 법률이다. 우선 산업 진흥 측면에서 ▷AI 연구개발(R&D)과 학습용 데이터 구축 ▷전문 인력 확보 ▷AI 데이터센터 구축 지원 등의 내용이 명시됐다. 신뢰 측면에서는 ▷AI 윤리와 검증 ▷투명·안전성 확보 ▷고영향 AI 규정 등을 명확히 했다. 이에 따르면 AI 제품과 서비스를 직접 제공하는 AI 사업자는 AI가 만든 음성·이미지·영상에 워터마크 표시를 해야 한다. 또 「사람의 생명, 신체의 안전 및 기본권에 중대한 영향을 미치거나 위험을 초래할 우려가 있는 AI 시스템」을 고영향 AI로 정의하고, 고영향 AI 서비스를 제공하는 사업자는 위험 관리장치를 필수로 마련하도록 했다.

산업 기반 조성 과학기술정보통신부장관은 3년마다 인공지능 기본계획을 국가인공지능위원회의 심의·의결을 거쳐 수립·변경·시행한다. 그리고 인공지능 발전과 신뢰 기반 조성 등을 위한 주요 정책을 심의·의결하기 위해 대통령 소속으로 「국가인공지능위원회」를 둔다. 또 인공지능 관련 정책의 개발과 국제규범 정립·확산에 필요한 업무를 종합적으로 수행하기 위해 「인공지능정책센터」를 지정할 수 있다. 아울러 인공지능과 관련해 발생할 수 있는 위험으로부터 국민의 생명·신체·재산 등을 보호하기 위해 「인공지능안전연구소」를 운영할 수 있다.

사업자에 투명성·안전성 확보 의무 부과 AI 사업자는 고영향 AI나 생성형 AI를 이용한 제품 또는 서비스를 제공하려는 경우 제품 등이 해당 인공지능에 기반해 운용된다는 사실을 이용자에게 사전에 고지해야 하며, 그 결과물이 생성형 AI에 의해 생성됐다는 사실을 표시해야 한다. 또 AI 사업자는 AI 시스템의 안전성을 확보하기 위해 ▷AI 수명주기 전반에 걸친 위험의 식별·평가 및 완화 ▷AI 관련 안전사고를 모니터링하고 대응하는 위험관리체계 구축 등을 이행해야 한다.

AI 기본법 규제 관련 주요 내용

투명성 확보 의무	• 생성형 AI 결과물에 대해 「AI 생성」 사실 표시 • 일반적 결과물에는 눈에 보이지 않는 디지털 워터마크 허용 • 실제와 구분 어려운 딥페이크에는 명확한 표시 필요
안전성 확보 의무	위험 식별, 평가 및 완화. 안전사고 모니터링 및 대응 위험관리체계 구축
고영향 AI	사람의 생명, 안전 등에 영향을 미칠 수 있는 AI 기술은 이용자에게 사전 고지

과기정통부, 「인공지능 투명성 확보 가이드라인」 공개 과학기술정보통신부(과기정통부)가 1월 21일 AI 기본법 시행을 앞두고 구체적인 내용을 담은 「AI 투명성 확보 가이드라인」을 공개했다.

투명성 확보 의무 투명성 확보 의무 대상은 AI 모델을 개발하거나 이를 활용해 서비스를 직접 제공하는 기업과 사업자다. 여기에는 구글이나 오픈AI 등 국내 이용자를 대상으로 AI 서비스를 제공하는 해외 사업자도 포함되는데, 이들은 생성형 AI 결과물에 워터마크를 부착하는 등 투명성 확보 의무를 이행해야 한다. 단, AI 기술이나 서비스를 단순히 업무나 창작의 도구로 활용하는 이용자는 의무 대상이 아니다.

AI 기본법에 따른 투명성 확보 의무는 ▷고영향 또는 생성형 AI 기반 운용 사실의 사전 고지 ▷AI 생성물이 생성형 AI로 만들어졌다는 사실의 표시로 나뉜다. 이 중 AI 생성물 표시 기준은 생성물이 소비되는 환경에 따라 「서비스 내부」와 「외부 반출」로 이원화했다. 생성물이 서비스 환경 내에서만 제공될 때는 사용자 이용환경(UI)이나 로고 표출 등을 통해 표시할 수 있지만, AI로 만들어진 텍스트·이미지·영상 등을 다운로드하거나 공유할 때는 사람들이 인식할 수 있게 「워터마크」를 넣거나 기계가 판독할 수 있는 메타데이터 등의 기술적 조치를 병행해야 한다.

특히 실제와 구분하기 어려운 딥페이크 생성물에 대해서는 사회적 부작용 우려가 큰 만큼, AI 생성 사실을 이용자가 명확하게 인식할 수 있는 방식으로 고지하거나 표시하도록 의무화했다. 단, 애니메이션이나 웹툰에 관해서는 가시적 방법뿐 아니라 눈에 보이지 않는 디지털 워터마크를 쓸 수 있도록 했다.

고영향 AI 지정 고영향 AI는 실제 위험성이 높은 AI만을 대상으로, ▷법률이 정한 영역에서 활용되면서 ▷사람의 기본권에 중대한 영향을 미치거나 위험한 업무에 사용되는 경우를 의미한다. 여기에 사람의 개입이 없는 경우에만 적용 대상을 판단한다.

정부는 에너지와 먹는 물, 의료, 원자력, 범죄 수사, 채용, 대출 심사, 교통, 공공서비스, 교육 등 국민의 기본권과 생명에 직결된 10개 영역을 고영향 AI로 지정했다. 다만 과기정통부는 현재 완전 자율주행 단계인 레벨4 이상 차량 정도만 이에 해당한다고 밝혔다.

AI 기본법상의 의무를 위반하면 정부는 시정 명령과 최대 3000만 원의 과태료를 부과하게 되는데, 다만 바로 처벌하지 않고 최소 1년 이상의 유예 기간을 두고 계도에 주력하기로 했다.

Q&A

AI 기본법 Q&A

Q AI 기본법 적용 대상은?

A AI 모델을 개발하거나 이를 활용해 서비스하는 기업이 대상이다. 이들 기업은 워터마크 부착이 골자인 투명성 확보 의무 대상이기도 하다. 여기에는 국내 이용자에게 AI 제품과 서비스를 제공하는 해외 사업자도 포함된다. 하지만 AI 서비스를 단순히 업무나 창작 도구로 쓰는 소비자는 규제 대상이 아니다. 투명성 확보 의무 대상자들은 서비스 초기 화면이나 이용약관 등을 통해 AI 기반 운용 사실을 고지하고, 생성 결과물에는 AI 생성물임을 명확히 표시해야 한다.

Q **AI로 만든 모든 결과물에 워터마크를 표시해야 하나?**

A 기본적으로 생성형 AI 결과물에 워터마크 표시 의무가 부여된다. 특히 사회적 부작용이 우려되고 실제와 구분하기 어려운 딥페이크 결과물일 경우 AI 생성 사실을 이용자가 명확하게 인식할 수 있도록 고지 또는 표시해야 한다. 일반 생성물의 경우에는 눈에 띄는 워터마크가 아닌 기계가 판독할 수 있는 비가시적 워터마크 사용이 허용되는데, 예컨대 애니메이션과 웹툰은 가시적 방법뿐 아니라 눈에 보이지 않는 디지털 워터마크를 쓸 수 있다. 이와 함께 AI 사업자가 알림창이나 사용자 인터페이스(UI) 등을 통해 생성형 AI 결과물을 안내하도록 규정했다.

Q **고영향 AI 여부는 어떻게 판단하나?**

A 고영향 AI는 현실에서 위험성이 높아 인간에게 중대한 영향을 미칠 수 있는 AI다. 정부가 제시한 바에 따르면 에너지, 대출 심사, 먹는 물, 교통, 채용, 교육 등 10개 영역이 이에 해당된다. 다만 현재 기술 수준에서는 레벨4 이상 자율주행만이 고영향 AI로 분류되기 때문에 당분간은 큰 영향이 없을 것이라는 전망이다. 만약 AI 사업자가 해당 여부를 잘 모르겠다면 과기정통부에 확인을 요청할 수 있다.

Q **AI기본법 위반 적발 시 과태료나 처벌은?**

A AI기본법상 의무를 위반하면 정부는 시정명령과 최대 3000만 원의 과태료를 부과할 수 있다. 다만 과기정통부는 최소 1년 이상 계도기간을 두고 해당 기간에는 사실조사나 과태료 부과를 유예한다는 방침이다.

LG·SKT·업스테이지, 국가대표 AI 1차 선발전 통과
네이버와 NC는 탈락

- 정부가 추진 중인「독자 인공지능(AI) 파운데이션 모델 프로젝트」1차 단계 평가 결과가 1월 15일 발표됐다. 이에 따르면 LG AI연구원·SK텔레콤·업스테이지가 통과했고, 네이버클라우드(기술 주권 부적합 평가)와 NC AI(종합점수 기준 미달)는 탈락했다.
- 정부는 2단계 평가에서 4개 팀을 선정할 계획이어서 향후 추가 공모로 1개 팀을 더 뽑겠다고 밝혔다. 이를 통해 올 상반기 내 4개 정예팀의 경쟁 체제를 확보한 후 최종 2개 팀을 선발하게 된다.

독자 AI 파운데이션 모델 1차 단계 평가 결과

정예팀(컨소시엄)	1차 평가 주요 성과 및 특징	결과
LG AI 연구원	벤치마크·전문가·사용자 평가 전 부문 최고점 획득	합격
SK텔레콤	5190억 개 매개변수 규모의 초거대 모델 개발	
업스테이지	1000억 개 매개변수의 고효율 모델 성능 구현	
네이버클라우드	종합점수는 상위 4개팀에 포함됐으나, 독자성 기준 미충족	탈락
NC AI	다양한 산업 최적화 모델 구현했으나, 종합점수 하위	

> **독자 AI 파운데이션 모델(Proprietary AI Foundation Model)** 설계부터 학습·운영에 이르는 전 과정을 국내 기술로 구현한 인공지능(AI) 파운데이션 모델을 말한다. 파운데이션 모델은 광범위한 데이터와 대규모 파라미터(매개변수)를 기반으로 자연어 처리부터 멀티모달 작업까지 다양한 작업을 수행할 수 있는 초대형 AI 모델로, 통상 파운데이션 모델의 존재는 해당 국가의 AI 기술력을 보여주는 지표로도 여겨진다. 과기통신부는 AI 기술의 자립성 향상을 목표로 2027년까지 해당 모델 구축에 2136억 원의 예산을 투입한다는 계획이다. 최종 선정된 컨소시엄은 연간 100억 원 규모 이상의 그래픽처리장치(GPU)와 저작물 데이터 등 AI 모델 구축에 필요한 컴퓨팅 자원을 집중 지원받게 된다. 이렇게 구축된 독자 AI 파운데이션 모델은 국내에 오픈소스로 공개돼, 공공기관·산업계·학계 등 다양한 분야에서 활용되게 된다.

MS, 「AI 확산 보고서」 발표
韓 AI 도입률 전 세계 18위

- 마이크로소프트(MS) 싱크탱크 AI 이코노미 인스티튜트가 2025년 하반기 AI 도입 현황과 디지털 격차 문제를 심층 분석한 「AI 확산 보고서: 심화되는 디지털 격차」를 1월 12일 발표했다.
- 지난해 하반기 한국의 AI 도입률은 30.7%로, 전체 국가 중 18위를 기록해 상반기(25%)보다 7계단 상승했다. 국가별로는 아랍에미리트(64.0%), 싱가포르(60.9%), 노르웨이(46.4%), 스페인(41.8%) 등 디지털 인프라에 조기 투자한 국가들이 도입률 선두에 자리했다.
- 특히 선진국 중심의 글로벌 노스와 신흥국 중심의 글로벌 사우스 간 AI 채택률 격차가 확대돼, 지역 간 디지털 격차가 심화되는 양상을 나타냈다. 글로벌 노스의 채택률(24.7%)은 글로벌 사우스(14.1%)에 비해 2배 가까이 높았으며, 두 지역 간 격차는 2025년 상반기 9.8%포인트에서 하반기 10.6%포인트로 확대됐다.

💡 인공지능(AI) 산업 확산으로 전력 생산능력이 국가 경쟁력의 핵심 지표로 부상하는 가운데, 중국의 지난해 전력 사용량이 사상 처음 10조kWh를 돌파한 것으로 나타났다. 중국 국가에너지원은 1월 17일 지난해 중국 전체 전력 소비가 전년보다 5.0% 증가한 10조 3682억kWh에 달했다고 밝혔다. 단일 국가 기준 10조kWh 돌파는 처음으로, 이는 미국의 2배 이상에 달하는 규모다.

챗GPT, 「연령 예측 기능」 탑재
미성년자 판단 때는 보호 조치

- 오픈AI가 1월 20일 미성년 이용자를 가려내고 청소년에 적합한 이용 경험과 안전장치를 제공하기 위해 챗GPT에 「연령 예측 모델」을 도입한다고 밝혔다. 이는 인공지능(AI)이 사용자의 연령을 예측해 미성년자의 유해·성인용 콘텐츠를 제한한다는 것이다.
- 연령 예측 모델은 계정 생성 시점, 주된 이용 시간대, 사용 빈도와 패턴의 변화 등을 종합적으로 분석해 이용자의 연령대를 추정하는 것이다.
- 오픈AI에 따르면 연령 예측 모델을 통해 계정 소유자가 18세 미만이라고 판단될 경우, 챗GPT는 ▷폭력적인 묘사나 잔혹한 내용 ▷성적이나 폭력적 역할극 ▷극단적인 미의 기준 등을 담은 콘텐츠 노출을 제한한다. 만약 성인인데 미성년자로 잘못 분류되는 경우에는 신원 확인 서비스인 「퍼스나」를 통해 연령을 인증하면, 제한이 해제되고 기존 접근 권한을 복구할 수 있다.

스페이스X, xAI 전격 합병
1810조 원 규모 「우주 AI 데이터센터」 탄생

- 일론 머스크가 설립한 우주기업 스페이스X가 2월 2일 머스크의 인공지능(AI) 기업 xAI의 인수를 발표했다.
- 스페이스X가 올해 하반기 기업공개(IPO)를 앞둔 가운데, 이번 인수합병을 통해 1조 2500억 달러(약 1810조 원) 규모의 우주 AI 데이터센터가 탄생하게 됐다. 합병 전 기업 가치는 스페이스X가 8000억 달러, xAI가 2300억 달러로 평가됐다.

- 머스크 CEO는 태양에너지를 전력원으로 활용해 구동되는 「우주 데이터센터」 구축에 나설 것으로 전망된다. 이는 우주에서 상시적으로 태양 에너지를 활용하며 운영·유지 비용을 크게 낮추겠다는 것이다. 앞서 스페이스X는 미국 연방통신위원회(FCC)에 우주 데이터센터를 구축하겠다며 위성 100만 기의 발사를 신청한 바 있다.

스페이스X와 xAI

구분	스페이스X	xAI
설립	2002년 3월, 일론 머스크	2023년 3월, 일론 머스크
핵심사업	세계 유일의 재사용 로켓 발사 서비스, 우주 인터넷 스타링크, 심우주 탐사선 스타십 개발	초거대 언어모델(LLM) 그록 개발, 범용 인공지능(AGI) 연구 등
가치	8000억 달러	2300억 달러

구글, 정부에 고정밀 지도 반출 보완서류 제출
정부, 협의체 열어 반출 여부 논의 예정

- 구글이 2월 5일 국토교통부에 고정밀 지도 반출을 요청하는 내용의 보완서류를 제출했다. 앞서 지난해 11월 국토교통부는 국토지리정보원에서 협의체 회의를 열고 고정밀 지도 반출 여부를 논의한 뒤 구글에 이날까지 서류 보완을 요구한 바 있다.
- 구글이 반출을 요청한 1 대 5000 축적 지도는 실제 거리 50m를 지도상 1cm로 표현한 고정밀 지도다. 구글은 2007년과 2016년에도 정밀 지도 반출을 요청했지만, 우리 정부는 군사기지 노출 등 국가 안보상의 이유로 이를 거부했다.
- 구글의 보완서류 제출에 따라 정부는 이를 기반으로 「측량 성과 국외 반출 협의체」를 열어 반출 여부를 심의하게 되는데, 최종 결론이 나오기까지는 수개월이 소요될 것으로 전망된다.

정부, 대형 원전 2기·SMR 1기 신설 확정
탈(脫)원전 정책 폐기

- 김성환 기후에너지환경부 장관이 1월 26일 제11차 전력수급기본계획(전기본)에 따라 신규 대형 원전 2기와 소형모듈원자로(SMR) 1기를 각각 2030년대 중후반까지 준공하겠다고 밝혔다. 지난해 2월 여야 합의로 마련된 11차 전기본에는 2037~2038년에 2.8기가와트(GW) 규모의 신규 대형 원전 2기를 도입하고 2035년까지 SMR(0.7GW) 1기를 건설하는 내용이 담겼다.
- 11차 전기본은 이재명 정부 출범 직후 공론화를 명분으로 재검토에 들어갔었다. 하지만 인공지능(AI) 확산에 따른 전력 수요 증가로 안정적인 전력 확보가 필요하다는 판단과 최근 대국민 여론조사에서 원전에 대한 강한 찬성 여론 등이 정책 선회에 영향을 미친 것으로 알려졌다.

향후 과제는? 한국수력원자력은 신규 원전 건설을 위해 조만간 부지 공모절차에 돌입하게 되며, 5~6개월간의 부지 평가·선정 과정을 거쳐 2030년대 초 건설 허가를 획득한다는 계획이다. 그리고 해당 절차를 끝낸 뒤 2037~2038년 준공을 마무리한다는 목표다.

그러나 새 부지를 확보하기 위해서는 원전 운영과 방사성폐기물 안전성에 대한 주민들의 반발을 넘어야 한다는 점이 과제로 꼽힌다. 또 부지를 확보하더라도 핵폐기물 처리 문제가 난관으로 꼽히는데, 현재 우리나라는 고준위 핵폐기물 처분장을 마련하지 못해 원전 부지 내 임시 보관에 의존하고 있는 상태다.

11차 전력수급기본계획 신규 원전 건설 계획은?

대형 원전	2.8GW급 원전 2기, 2037~2038년까지 건설
소형모듈원자로(SMR)	0.7GW급 SMR 1기, 2035년까지 건설
전체 전력원 중 원전 비중	2024년 31.7% → 2038년 35.2%

💡 국내 소형모듈원자로(SMR) 개발·건설을 촉진하는 「소형모듈원자로 개발 촉진 및 지원에 관한 특별법(SMR 특별법)」 제정안이 2월 12일 국회 본회의를 통과했다. SMR은 기존 대형 원전보다 출력 규모는 작지만 안정성이 높고 설치 장소를 유연하게 선택할 수 있는 차세대 원자로로, 탄소중립 목표 달성에 기여하는 무탄소 에너지원으로 평가된다.

광주광역시, 자율주행차 실증도시 지정
국내 첫 사례

국토교통부가 1월 21일 광주광역시 전역을 자율주행차 시범운행지구로 지정하는 내용의 「자율주행 실증도시 추진방안」을 발표했다. 국내 도시 전체를 자율주행 실증도시로 지정하는 것은 이번이 처음으로, 이번 지정은 지난해 11월 발표된 「자율주행차 산업 경쟁력 제고 방안」의 후속 조치다.

자율주행 실증도시 운영, 어떻게? 정부는 4월까지 3개 안팎의 자율주행 기업을 선정, 선정 기업의 기술 수준 등에 따라 실증용 차량 200대를 차등 배분하기로 했다. 실증은 단계적으로 확대되는데, 초기에는 교통 여건이 비교적 안정적인 지역에서 시작해 이후 교통량이 많은 구시가지와 도심으로 범위를 넓힌다. 실증 방식도 참여 기업의 기술 수준에 따라 「시험운전자가 운전석에 탑승(1단계)→ 시험운전자가 조수석에 탑승(2단계)→무인(3단계)」 순으로 진행하며, 기준에 미달한 기업은 차량을 축소 또는 반납해야 한다.

한편, 자율주행차 산업은 자동화 수준에 따라 레벨0(자율주행 불가)부터 레벨5(완전 자율주행)까지로 구분된다. 미국과 중국은 운전자 개입 없이 차량이 스스로 주행하고 돌발 상황에도 대응할 수 있는 레벨4 단계에 진입한 것으로 평가받지만, 국내 기술 수준은 레벨3으로 평가된다. 정부는 광주 실증도시를 통해 실제 교통환경에서 대규모 데이터를 축적하고, 이를 바탕으로 내후년까지 레벨4 수준의 자율주행 기술을 확보하는 것을 목표로 하고 있다.

자율주행 기술 단계

레벨 0(비자동화)	운전자가 차량의 운전 및 속도 제어를 모두 담당하는 단계
레벨 1(운전자 보조)	운전자가 핸들에 손을 대고 있는 것을 전제로 자율주행 시스템이 특정 주행모드에서 조향 또는 감·가속 중 하나를 수행
레벨 2(부분 자동화)	운전자가 개입하지 않아도 시스템이 차량의 속도와 방향을 동시에 제어
레벨 3(조건부 자동화)	돌발 상황으로 자율주행 모드의 해제가 예상되는 경우에만 운전자의 조작 요청
레벨 4(고도 자동화)	시스템이 운행구간 전체를 모니터링하며 안전 관련 기능들을 스스로 제어
레벨 5(완전 자동화)	운전자가 필요 없는 무인 자동차 단계로, 사람의 개입 없이 시스템이 판단해 목적지까지 스스로 운전

국중박 유료화 논란, 그 향방은?

지난해에도 한국의 대중문화 위력이 전 세계를 휩쓴 가운데, 특히 넷플릭스 애니메이션 〈케이팝 데몬 헌터스〉(케데헌)의 세계적 인기가 큰 주목을 받았다. 〈케데헌〉의 인기는 작품 속에 등장하는 우리나라 주요 명소에 대한 관심으로까지 이어졌으며, 이에 지난해 국립중앙박물관(국중박)은 K컬처 열풍을 타고 최초로 「관람객 600만 시대」를 맞았다. 이러한 관람객 수는 전 세계적으로는 ▷프랑스 루브르박물관 ▷바티칸박물관 ▷영국박물관에 이어 4위일 정도의 대기록이었다.

다만 이처럼 국중박 관람객이 증가하면서 안전이나 주차 문제 등이 불거졌고, 이는 현재 무료관람으로 이뤄지고 있는 국중박의 유료화 문제를 수면 위로 끌어올렸다. 국중박은 2008년 4월까지 상설전시 관람료가 2000원이었으나, 문화 향유권 확대를 목적으로 무료로 전환된 바 있다. (다만 국중박의 자체적인 테마전시 외에 해외 주요 박물관·미술관 등과 공동 주관하는 특별전시는 유료). 이러한 유료화 문제는 지난해 10월 국회 국정감사에서 처음 언급됐으며, 12월에는 이재명 대통령이 「무료로 하면 격이 떨어져 싸게 느껴진다」고 밝히면서 그 논의가 본격화됐다. 이에 국중박과 국가유산청 등은 박물관, 궁·능(무덤) 등의 입장료 현실화와 관련된 연구용역 진행에 들어갔는데, 특히 국중박은 사실상 입장료 전면 유료화를 염두에 두고 연구 중인 것으로 전해졌다. 다만 해당 논의를 두고 우리 문화 가치에 걸맞은 대가를 받고 전시의 수준을 높일 수 있다며 찬성하는 측과, 박물관 문화유산은 공공자산이므로 보편적인 문화 향유권을 보장해야 한다는 반론이 팽팽하다.

한편, 이와 같은 박물관 유료화는 최근 해외에서도 화두가 되고 있는데, 대표적으로 2001년부터 무료로 운영되고 있는 영국박물관의 경우 정부 재정 악화와 관람층 확대 한계 등이 지적되며 다시 유료화를 검토하고 있는 것으로 전해졌다.

▲ 국립중앙박물관

해외 주요 박물관의 입장료는?

박물관	입장료
미국 뉴욕 메트로폴리탄 미술관	약 4만 원
프랑스 파리 루브르박물관	약 3만 2000원
일본 도쿄 국립박물관	약 1만 원
스페인 프라도미술관	약 2만 6000원
대만 국립고궁박물관	7000원(내국인 기준)

국중박 유료화, 찬성한다

국중박 유료화를 찬성하는 측에서는 돈을 내고 관람해야 우리 문화에 대한 가치를 스스로 부여할 수 있으며, 이렇게 모인 입장료 수익이 전시 질 향상을 비롯해 관람환경 개선이라는 선순환으로 이어질 수 있다는 입장이다. 즉 박물관 스스로 경쟁력을 갖추고, 한국 문화 콘텐츠의 가치를 높이기 위해서 유료화가 필요하다는 것이다. 또 국중박이 현재 정부 예산에만 크게 의존하고 있어 전시품 보존이나 새로운 콘셉트의 전시 기획 등이 제대로 이뤄지기 어렵다는 지적도 있다. 따라서 유료화를 통해 관람객 수를 일정 부분 조절하고 확보된 수익으로 시설 보수나 전시실 확장, 안전 인력 확충에 투자하자는 것이다. 여기에 입장료를 지불할 경우 관람객 스스로 가치를 지불했다는 인식으로 인해 보다 성숙하고 수준 높은 관람 태도가 조성될 수 있다는 측면에서 유료화를 찬성하는 의견도 있다.

이 밖에 프랑스 루브르박물관이나 미국 메트로폴리탄 미술관 등 해외의 주요 박물관도 유료로 운영되는 사례를 들어 찬성하는 입장도 있다. 또 이들 사례를 통해 적정 수준의 입장료는 관람객 감소를 크게 유발하지 않는다는 의견을 제시하기도 한다.

국중박 유료화, 반대한다

국중박 유료화를 반대하는 측에서는 박물관 문화유산은 공공 자산이므로 누구나 편하게 관람할 수 있도록 무료를 유지해야 한다는 입장이다. 이들은 박물관이 단순한 여가 공간이 아닌, 국민의 학습과 정체성 형성을 위한 공공 인프라라는 점을 강조한다. 따라서 이를 유료화할 경우 저소득층이나 학생들의 접근이 어려워질 수 있으며, 이러한 문화 향유의 격차는 곧 교육 격차로 이어질 수 있음을 우려한다. 이들은 유료화 대신 굿즈 판매, 기부금 유치, 유료 특별전시회 유치 등 다른 수입원 확대를 꾀해야 한다고 말한다.

또한 2008년부터 17년 동안 이어진 국중박 무료 정책이 자리 잡은 상태에서 유료화는 큰 심리적 저항을 일으킬 수 있다는 목소리도 있는데, 이들은 정책 신뢰를 잃으면 방문 의욕 급감으로 이어질 수 있다는 의견도 내놓는다. 아울러 최근 국중박 방문객 증가의 배경이 일시적인 콘텐츠 인기에 따른 현상일 수 있다는 점에서 지속적인 관람객 증가는 예측하기 어렵고, 유료로 전환할 경우 방문객 수가 감소할 것이라는 주장도 있다. 또 입장료 수익이 획기적인 시설 개선 등 국중박 경영에 실질적인 도움이 될 수 있을지 미지수라는 의견도 있다.

🧑‍🎨 나는 이렇게 생각한다

시사용어

① 정치·외교·법률

9·19 군사합의 ▼

"정동영 통일부 장관이 윤석열 정부 당시 벌어진 북한 무인기 침투 사건과 관련해 정부 차원의 공식적인 유감 표명과 함께, 9·19 남북 군사합의 중 하나인 비행금지구역 복원 등 최근 북한 무인기 침투 사건에 대한 재발 방지책을 2월 18일 발표했다."

2018년 9월 19일 문재인 당시 대통령과 김정은 북한 국무위원장이 남북정상회담을 통해 채택한 「9월 평양공동선언」의 부속 합의를 말한다. 합의에는 판문점선언(2018년 4월 27일 남북정상회담에서의 합의)에 담긴 ▷비무장지대(DMZ)의 비무장화 ▷서해 평화수역 조성 ▷군사당국자회담 정례화 등을 구체적으로 이행하기 위한 후속 조치가 명시됐다. 하지만 2023년 11월 21일 북한이 군사정찰위성(만리경 1호)을 발사하자 당시 윤석열 정부는 이에 대응해 22일 오후 3시부터 9·19 군사합의 1조 3항의 효력을 정지한다고 발표했다. 그러자 북한은 11월 23일 9·19합의에 따라 지상·해상·공중에서 중지했던 모든 군사적 조치들을 즉시 회복한다며 사실상 해당 합의 파기를 선언했다. 이후 2024년 6월 4일 윤석열 정부가 9·19 군사합의 전체의 효력을 정지하는 안건을 의결하면서 해당 합의는 체결 5년 8개월 만에 전면 무효화됐다.

디스컴버블레이터(Discombobulator) ▼

도널드 트럼프 미국 대통령이 1월 24일 《뉴욕포스트》와의 인터뷰에서 지난 3일 군사작전을 통해 베네수엘라의 니콜라스 마두로 대통령을 체포할 당시 사용했다고 밝힌 무기의 명칭이다. 트럼프 대통령은 이 인터뷰에서 「디스컴버블레이터」라는 무기를 사용해 적의 전력을 불능화 상태로 만들었다고 밝혔으며, 「나는 이 무기에 관해 설명하고 싶지만 말할 수 없다」고 덧붙인 것으로 전해졌다. 뉴욕포스트는 앞서 1월 10일 마두로 경호팀의 한 구성원을 인용한 보도에서는 미국이 당시 「강력하고 신비한 무기」를 사용했으며, 마두로의 경호원들이 코피를 흘리거나 피를 토하면서 땅에 쓰러졌다고 전한 바 있다. 뉴욕포스트는 트럼프의 이와 같은 발언이 전임 조바이든 행정부 시절 「아바나 증후군(Havana Syndrome)」의 원인으로 지목된 펄스 에너지 무기 구매 보도와 관련한 질문에 답하는 과정에서 나왔다고 전했다.

> **아바나 증후군(Havana Syndrome)** 2016년 쿠바의 미국 대사관에서 근무하던 직원 일부가 두통과 어지럼증, 기억력 상실을 비롯해 이상한 소리를 들은 경험이 있다는 증상을 호소한 데서 나온 것으로, 미국은 당시 이 증상의 원인을 쿠바의 음향 공격으로 판단했지만 명확한 원인을 규명하지는 못했다.

DMZ(Demilitarized Zone) ▼

"유엔군사령부가 1월 28일 여당이 추진하는 「비무장지대(DMZ)의 평화적 이용에 관한 법률」(DMZ법)과 관련, 대한민국이 DMZ 출입 승인 권한을 갖는 것은 정전협정에 정면 충돌하는 것이라는 입장을 밝혔다. 현재 더불어민주당 이재강·한정애 의원 등은 비군사적·평화적 목적에 한해 DMZ 출입권을 한국 정부가 행사한다는 내용을 담은 DMZ법을 발의한 상태다. 한편, 정동영 통일부 장관은 이날 국회 외교통일위원회에서 관련 질문에 「유엔사가 얘기한 건 유엔사의 입장인 것이고 국회가 법을 제정하는 것은 입법부의 고유 권한」이라고 밝혔다."

국제조약이나 협약에 의해 무장이 금지된 지역 또는 지대로, 군대의 주둔이나 무기의 배치, 군사 시설의 설치가 금지된다. 일단 비무장지대(DMZ) 설정이 결정되면 이미 설치된 것을 철수 또는 철거해야 한다. 한국의 DMZ는 서쪽의 예성강과 한강 어귀의 교동도(喬棟島)에서부터 개성 남방의 판문점을 지나 중부의 철원·금화를 거쳐 동해안 고성의 명호리까지 이르는 약 250km의 군사분계선(MDL)을 중심으로 남북 2km, 약 3억 평의 완충지대를 뜻한다. 이는 1953년 7월 27일 한국전 정전협정에 따라 설치된 것으로, ▷DMZ 남북한 경계선의 남쪽은 남방한계선 ▷북쪽은 북방한계선으로 각각 불린다.

레이버드(Raybird) ▼

러시아와 4년째 전쟁 중인 우크라이나가 최근 전장에 투입한 무인기(드론)로, 수소연료전지와 전기모터를 장착한 것이다. 이처럼 수소에서 추출해 낸 전기로 비행하는 무인기가 전투 현장에 등장한 것은 세계 최초다. 레이버드는 주날개 길이 4.5m, 순항 속도 시속 110km, 최고 비행고도는 5500m다. 이는 레이더와 센서 등으로 지상 병력의 움직임과 위치를 살피는 정찰용 무인기로, 미사일이나 폭탄을 장착하지는 않는다. 레이버드는 엔진과 변속기 대신 수소연료전지와 전기모터로 구동돼 소음이 적은 데다, 적외선 탐지 및 음파 탐지 회피능력이 향상돼 적에게 노출될 위험도 적다. 또 내연기관(500도 이상)에 비해 열 발생을 최소화할 수 있다는 장점이 있다. 하지만 비슷한 크기의 내연기관 드론의 비행 지속시간이 28시간인 데 반해 12시간에 그치는 것이 단점으로 꼽힌다.

모하레베(Moharebeh) ▼

"이란 반정부 시위에 참여했다는 이유로 교수형을 선고받았던 에르판 솔타니(26)가 1월 31일 보석으로 석방됐다. 솔타니는 지난 1월 8일 이란 당국에 체포됐는데, 시위에 참가했다는 이유만으로 모하레베 죄가 적용된 바 있다. 이에 재판 없이 나흘 만에 교수형이 선고되면서 국제사회의 거센 비판이 쏟아졌고, 특히 트럼프 미 행정부는 솔타니를 처형할 경우 강력한 조치를 취하겠다는 경고를 이어나간 바 있다."

이란의 이슬람 형법에 규정된 중대범죄 개념으로, 페르시아어로「전쟁을 벌이는 행위」를 뜻한다. 이는 신정체제를 택하고 있는 이란에서 정권을 위협할 수 있는 행위를 처벌할 때 자주 사용되는 죄목이다. 보통 이란 최고지도자 모욕을 비롯해 다양한 반체제 행위에 적용되는데, 실제로는 정치적 반대세력을 처벌하는 강력한 사형 적용 수단으로 사용되고 있어 국제사회와 인권단체의 비판을 받고 있다. 대표적으로 이란 정부는 2022년 발생한 히잡 시위 때도 다수의 시위 참가자들에 모하레베 죄를 적용해 공개 교수형에 처한 바 있다.

> **2022년 히잡 시위** 2022년 9월 이란에서 히잡을 느슨하게 착용했다는 이유로 구금됐다가 결국 사망한 22세 마흐사 아미니의 의문사가 계기가 돼 확산된 반정부 시위를 말한다. 당시 경찰은 아미니의 사인을 심장마비로 추정했으나 유족들은 지병이 없었다며 이를 부인했으며, 이후 아미니가 머리를 맞아 숨졌다는 주장이 제기되면서 시위의 도화선이 됐다.

북부사령부 우주군 (Space Forces Northern) ▼

"2월 2일 미 국방부 기관지 《스타스 앤드 스트라이프스(Stars and Stripes)》에 따르면, 미 우주군이 지난 1월 30일 미 콜로라도주 피터슨 우주군 기지에서 북부사령부(USNORTHCOM)에 배속되는 서비스 구성군인 북부사령부 우주군 창설식을 개최했다."

미국이 본토를 직접 관할하기 위해 창설한 부대로, 북부사령부(USNORTHCOM)에 배속되는 서비스 구성군이다. 서비스 구성군(Service Component)은 특정 전투사령부(COCOM)에 배속돼 해당 군의 전력을 전문적으로 관리·제공하기 위해 두는 조직 단위다. 미 우주군은 지난해 말까지 ▷인도·태평양사령부 우주군 ▷중부사령부 우주군 ▷우주사령부 우주군 ▷유럽·아프리카사령부 우주군 ▷인도·태평양사령부 우주군 산하의 주한미군 관할 한국 우주군과 일본 우주군 등 6개의 서비스 구성군을 창설한 바 있다. 이번에 창설된 북부사령부 우주군은 미국과 캐나다, 멕시코는 물론 그린란드와 카리브해 일부 지역까지를 관할 범위에 포함하는데, 북미 본토를 직접 관할하는 우주군 구성군의 출범은 이번이 처음이다. 앞서 지난 1월 21일에는 미 남부사령부에 배속된 「남부사령부 우주군(SPACEFOR-SOUTH)」이 창설됐는데, 남부사령부에 배속된 우주군은 중남미와 카리브해를 관할하며 우주전력 통합을 담당한다.

스발바르 제도(Svalbard) ▼

"노르웨이가 미국의 그린란드 소유 시도가 계속되는 상황에서 자국이 주권을 행사하는 북극해 스발바르 군도에 대한 경계 강화에 나섰다고 현지 언론들이 1월 21일 보도했다. 노르웨이에서는 최근 스발바르가 제2의 그린란드가 될 수 있다는 위기감이 높아지고 있는데, 이는 이곳을 둘러싼 러시아와 중국의 동향이 심상치 않다는 판단에 따른 것이다."

북극해에 위치한 노르웨이령 군도로, 노르웨이 본토와 북극해 사이에 위치하고 있다. 1596년 네덜란드 항해가 빌렘 바렌츠(Willem Barentsz)가 처음으로 탐험하면서 알려진 곳으로, 섬 영토의 85%가 빙하로 덮여 있다. 이곳에는 다수의 국가가 연구 기지를 운영하고 있는데, 우리나라도 2002년부터 스발바르에 북극다산과학기지를 운영하고 있다. 무엇보다 스발바르는 「스발바르 국제종자저장고(Global Seed Vault)」가 있는 것으로 유명한데, 이 저장고는 만약의 대재앙을 대비해 후손들의 생존을 위한 수백만 개의 씨앗을 저장하고 있어 「최후의 날 저장고(Doomsday Vault)」라고도 불린다. 스발바르 제도는 20세기 초 이곳의 풍부한 자원(특히 석탄)으로 인해 여러 국가가 영유권을 주장했으나, 1920년 체결된 스발바르 조약에 따라 노르웨이가 주권을 공식 인정 받았다. 다만 해당 조약은 스발바르에 대한 노르웨이의 주권을 인정하면서도, 모든 조약 가입국에 평등한 경제활동 권리를 부여해 이곳의 천연자원을 이용할 수 있도록 허용한다.

신전략무기감축협정(뉴스타트, New START) ▼

"전 세계 핵무기의 90%를 보유한 러시아와 미국이 핵탄두와 투발 수단 숫자를 제한하기 위해 체결했던 「신전략무기감축협정(New START·뉴스타트)」이 2월 5일로 종료됐다. 양국은 1972년 전략무기제한협정(SALT I)을 시작으로 이같은 핵군축 프로그램을 50여 년간 유지해 왔으나 이번에 종료된 것이다. 이처럼 미러 간 핵 통제시스템의 종료로 향후 양국은 물론 중국·영국·프랑스 등 공식 핵보유국, 북한 등 비공식 핵보유국도 핵 군비 경쟁에 뛰어들 가능성이 있다는 우려가 나온다."

1991년 7월 미국과 옛소련이 핵탄두와 대륙간 탄도미사일(ICBM) 등의 감축에 합의한 전략무기감축협정(스타트·START)의 맥을 잇는 협정이다. 뉴스타트는 스타트가 체결된 지 20년 후인 2010년 4월 버락 오바마 당시 미국 대통령과 드미트리 메드베데프 당시 러시아 대통령 간에 체결된 새로운 포괄 핵무기 감축 협정으로, 2011년 2월 5일 발효됐다. 이는 미·러 양국이 실전 배치 핵탄두 수를 1550개 이하로 줄이고, 핵탄두를 운반하는 ICBM·잠수함발사탄도미사일(SLBM)·전략폭격기 등을 700기 이하로 줄이는 것을 주요 내용으로 한다.

당시 협정은 10년 기한으로 체결됐지만, 양국이 합의하면 5년간 연장된다는 부가 조항을 명시했다. 이에 미국과 러시아는 협정 기한 종료를 앞둔 2021년 2월 3일, 뉴스타트를 5년 연장하는 데 합의했다. 하지만 당시 연장 조약에 러시아 신무기 억제 등은 포함되지 않았고, 세계 3위 핵보유국인 중국을 협상에 참여시키지 못한 것 등이 한계로 지적된 바 있다. 이후 러시아는 지난해 9월 미국에 협정을 1년 더 연장하자고 제안했지만 도널드 트럼프 정부는 이를 수용하지 않았다. 미국과 러시아 간 핵군축 대화는 2022년 2월 러시아의 우크라이나 침공 이후 중단된 상태다.

연합화력협조센터 ▼

"대만 일간지 연합보가 대만군이 지난해 미군과의 지휘통제 시스템을 결합하기 위해 「연합화력협조센터」를 신설했다고 1월 29일 보도했다."

대만과 미국이 「중국의 대만 침공 임박」을 2027년 1월 1일로 상정하고, 미군의 정찰·표적 정보와 대만군의 미사일 전력을 실시간으로 연동하기 위해 신설한 지휘 기구다. 대만군은 중국의 공격에 대비해 사거리 700~1000km의 미사일을 확보하고 있으나, 이 무기를 실질적으로 운용할 육·해·공군 통합 제어 시스템은 없는 상태다. 연합화력협조센터는 이러한 대만군의 약점을 보완하기 위해 신설된 것으로, 미군의 정찰 자산에서 나온 표적 정보를 실시간으로 대만군의 미사일 시스템과 연결하는 것을 핵심 역할로 하고 있다.

재판소원(裁判訴願) ▼

"재판소원 허용법(헌법재판소 개정안)이 2월 11일 더불어민주당 주도로 국회 법제사법위원회(법사위) 법안심사 제1소위원회를 통과했다."

법원의 재판에 대한 헌법소원을 인정하는 제도. 대법 상고심 등을 통해 확정된 법원 판결이 헌법재판소의 결정에 반하는 취지거나 적법 절차를 거치지 않는 등 기본권을 침해했을 시 헌법소원 심판을 청구할 수 있도록 허용하는 것이다. 이는 헌재와 대법원 간에 오랜 논쟁이 이어졌던 주제이기도 한데, 헌재는 1988년 출범 이후 한정위헌 형태로 법원 재판을 취소하는 결정을 3차례 내린 바 있다. 그러나 그때마다 대법원은 「한정위헌 결정은 법원을 기속할 수 없고 재심 사유가 될 수 없다」며 수용 불가 입장을 고수해 왔다. 헌재는 해당 제도가 사법권에 의한 기본권 침해를 구제할 수 없다는 입장인 반면, 대법원은 이미 최종 판결이 내려진 사건을 헌재가 다시 판단하게 되면 헌재와 대법원을 분리하고 있는 헌법 체계에 위배된다는 입장이다.

전시작전통제권(전시작전권, 전작권) ▼

"합동참모본부가 1월 9일 지난해 10월 한미 상설군사위원회(PMC)로부터 한국군과 주한미군의 지상군 병력을 통합 지휘·통제하는 「연합지상군구성군사령부(연지구사)」의 상설화 전환을 승인받았다고 밝혔다. 연지구사는 주한미군 지상군을 담당하는 미8군과 한국 지상작전사령부(지작사)가 연합해 구성되며, 사령관직은 한국 지작사령관이 수행한다. 무엇보다 전시에만 작동하던 연지구사가 평시에도 운영되면서 전작권 전환에 한 발 더 다가섰다는 평가가 나온다."

한반도 유사시 군의 작전을 통제할 수 있는 권리로, 현재 한미연합사령관(주한미군사령관)이 갖고 있다. 전작권은 2007년 2월 열린 한미 국방장관 회담에서 2012년 4월 17일부로 우리 군에 환수하기로 합의가 이뤄졌으나, 이후 2010년 열린 한미정상회담에서 그 이양 시점이 2015년 12월 1일로 조정된 바 있다. 그러나 2014년 10월 열린 한미 연례안보협의회(SCM)에서 전작권 전환을 확정적 시기가 아닌, 3가지 조건(한반도 및 역내 안보환경, 전작권 이후 한국군의 핵심군사능력, 북한 핵·미사일에 대한 한국군의 필수대응능력)을 평가해 결정하기로 합의가 이뤄졌다. 이에 한·미는 2019년 1단계인 미래연합사의 최초작전운용능력(IOC) 검증을 성공적으로 마쳤으며, 현재는 2단계 완전운용능력(FOC) 평가를 마치고 검증이 진행 중인 상태다. 만약 올해 검증이 마무리되면 최종 단계인 완전임무수행능력(FMC) 평가와 검증으로 넘어갈 수 있게 된다.

차비스모(Chavismo) ▼

우고 차베스(Hugo Chávez, 1954~2013) 베네수엘라 전 대통령의 정치 이념과 통치 방식을 포괄하는 개념으로, 아르헨티나 페로니즘과 더불어 남미 포퓰리즘의 대명사로 꼽는다. 차비스모는 반제국주의와 사회적 평등을 기치로 한 「21세기 사회주의」를 표방한 것으로, 고전적 마르크스주의와는 달리 다당제를 유지하고 선거를 통한 집권을 하면서도 국가 주도의 자원 통제와 사회적 평등 및 재분배를 강조하는 것이 특징이다. 1999년부터 베네수엘라를 집권한 차베스는 석유산업을 국유화한 뒤 석유로 벌어들인 재원을 무상 의료와 교육, 식료품 보조 등 대규모 복지정책에 투입했다. 이는 초기에는 빈곤율을 감소시키고 대중적 지지를 확보하는 데는 성공했으나, 점차 민간투자 위축과 가격 통제에 따른 물자부족이라는 문제를 노출하기 시작했다. 이후 2013년 차베스가 사망한 뒤 그를 계승한 니콜라스 마두로가 대통령이 돼 차비스모를 이어갔으나, 국제 유가 폭락 등으로 이미 경제위기를 겪고 있던 베네수엘라에서는 13만%가 넘는 하이퍼인플레이션 등으로 경제난이 더욱 가중됐다. 이에 베네수엘라의 빈곤율은 80%를 넘어섰고, 전체 인구의 3분의 1에 해당하는 750만 명의 국민들이 타국으로 탈출하거나 난민이 됐다.

친족상도례(親族相盜例) ▼

8촌 이내 혈족이나 4촌 이내 인척, 배우자 간 발생한 재산범죄에 대해 형을 면제하거나 고소가 있어야 공소를 제기할 수 있도록 한 특례를 말한다. 이는 친족 간의 재산범죄에 대해서는 가족 내부의 결정을 존중해 국가의 개입을 최소화하자는 취지에서 1953년 형법 제정과 함께 도입됐다. 하지만 헌법에 따른 재산권 보호와 행복추구권에 위반된다는 논란이 이어졌고, 특히 친족에 대한 인식 변화 및 친족 간 재산범죄 증가로 이를 폐지해야 한다는 목소리가 높아졌다. 그러다 헌법재판소가 2024년 6월 친족상도례를 규정한 형법 제328조 제1항에 대해 헌법불합치 결정을 내리면서 해당 조항의 적용은 중지됐고, 지난해 12월 30일 국회에서 친족 간 범죄의 처벌 특례를 포함한 형법 제328조 개정안이 통과되면서 31일부터 친족상도례가 폐지됐기에 이르렀다. 개정안에 따르면 친족 여부와 관계없이 친족 간 재산범죄는 모두 친고죄로 일원화되며, 피해자가 직접 고소하면 검사가 공소를 제기할 수 있다. 이처럼 개정된 규정은 헌법불합치 결정이 내

려진 2024년 6월 27일 이후 발생한 사건부터 소급 적용된다. 여기에 헌재 결정 이후 법 개정 전까지 발생한 경과 사건에 대해서는 피해자 보호를 위해 법 시행일로부터 6개월 내에 고소할 수 있도록 하는 특례 규정도 마련됐다.

캐나다 차기 잠수함 프로젝트(CPSP·Canadian Patrol Submarine Project) ▼

캐나다가 3000t급 디젤 잠수함 8~12척을 도입하는 초대형 프로젝트로, 총 60조 원 규모다. 수주전의 최종 후보는 한화오션·HD현대중공업의 한국(원팀)과 독일 티센크루프마린시스템(TKMS)으로, 오는 3월 최종 제안서를 제출하게 된다. 한편, 우리나라 방산은 오는 2030년까지 미국·러시아·중국에 이어 세계 4위를 목표로 하고 있는데, 캐나다 잠수함 사업을 수주할 경우 이 같은 목표 달성의 기반을 확보할 수 있게 된다는 전망이다.

K-9 그룹 ▼

우리나라의 K-9 자주포를 구매해 운용 중인 나라들을 일컫는 말로, 여기에는 한국을 비롯해 튀르키예·폴란드·핀란드·인도·노르웨이·에스토니아·호주·이집트·루마니아·베트남 등이 속한다. 이를 그룹이라고 지칭하는 것은 방산 수출이 단순히 무기를 판매하는 데 그치지 않고, 수출·수입국 간 외교·정치관계를 보다 결속시키는 효과를 내는 데 따른 것이다. 실제로 방산 수출은 무기 구매뿐 아니라 유지·보수·정비(MRO) 계약 등을 통해 통상 20~30년의 경제협력, 공급망 연계, 인적교류 확대 등의 부대 효과를 수반한다.
K-9 자주포는 국방과학연구소와 한화에어로스페이스(당시 삼성테크윈)가 1998년 국내 기술로 독자 개발해 운용중인 자주포로, 튀르키예와 2001년 7월 첫 수출 계약을 체결하면서 국산 무기체계

수출 본격화의 길을 연 바 있다. K-9은 현재 세계 자주포 시장에서 50% 이상의 점유율을 기록하고 있을 정도로 큰 영향력을 발휘하고 있다.

콜렉티보(Colectivo) ▼

"니콜라스 마두로 베네수엘라 대통령이 1월 3일 미국에 의해 체포된 이후 수도 카라카스 등에는 콜렉티보들이 배치된 것으로 전해졌다. 이들 민병대는 시민들을 무작위로 검문해 마두로 대통령의 축출을 지지하거나 반정부 시위를 계획하는 정황이 있는 이들을 체포하는 것으로 알려졌다."

스페인어로 「단체」, 「집단」이라는 뜻으로, 베네수엘라의 친정부 무장 민병대 조직을 가리키는 말이다. 1960년대 좌파 게릴라 조직에서 시작된 콜렉티보는 각기 다른 민병대가 모인 연합체로, 우고 차베스 전 대통령 집권 시기부터 좌파 정권 지지·수호 역할을 맡고 있다. 이들은 차베스 전 대통령의 대중영합적 좌파 이념인 「차비스모(Chavismo)」를 추종하며, 차베스 대통령은 재임 시절 이들을 「볼리바르 혁명 무장조직」으로 정의하고 공권력이 닿기 어려운 빈민가에 이들을 파견해 치안을 담당하도록 했다. 이에 이들은 차베스 집권 시기 정치조직으로 성장했으며, 차베스의 후계자인 마두로 집권 후에도 비공식 치안 및 반정부 세력 진압 역할을 맡고 있다. 콜렉티보는 특히 지난해 7월 마두로 3선이 확정된 대선 직후에는 반정부 시위대에 대한 유혈 진압을 주도하면서 베네수엘라에서 공포의 대상으로 통하고 있다. 이에 콜렉티보는 국제인권단체 등으로부터 법망을 피해 정부의 야권 탄압 등에 동원되고 있다는 비판을 받고 있다.

통일혁명당(통혁당) 사건 ▼

"서울동부지법 형사합의11부가 1월 19일 1970년대 박정희 정부 시절 통일혁명당(통혁당) 재건 사건에 연루돼 사형당한 고(故) 강을성 씨에 대한 재심 선고 공판에서 무죄를 선고했다. 당시 육군본부 군속(군무원)으로 근무하던 강 씨는 해당 사건에 연루돼 사형을 선고받고 1976년에 형이 집행됐다. 이후 강 씨 유족은 2022년 11월 재심을 청구했고 지난해 2월 재심 개시 결정이 이뤄진 바 있다."

1968년 8월 중앙정보부(현재 국가정보원)가 발표한 간첩단 사건으로, 당시 중정은 북한의 지령을 받은 인사가 당(黨)을 결성해 남한에서 반정부·반국가단체 활동을 했다고 발표했다. 그리고 통혁당 재건위 사건은 1974년 11월 보안사령부가 민주수호동지회에서 활동하던 진두현 씨 등이 북한의 지령을 받고 반국가단체인 통혁당을 재건하려 했다고 발표한 공안 사건으로, 당시 이 사건으로 17명(민간인 15명, 군인 2명)이 사형 등 유죄 판결을 받았다.

트럼프-케네디센터 (Trump-Kennedy Center) ▼

"미국 워싱턴국립오페라(WNO)가 1971년부터 주 공연장으로 삼아왔던 트럼프-케네디센터와의 계약을 종료하기로 했다고 1월 9일 밝혔다. WNO 측은 센터의 사업모델 변경과 지원금 축소가 계약 종료 결정에 영향을 미쳤다고 밝혔지만, 실질적인 이유는 공연장 명칭이 지난해 12월 케네디센터에서 트럼프-케네디센터로 변경된 것에 기인했다는 해석이 나온다."

미국 수도 워싱턴DC를 대표하는 문화예술 공연장으로, 본래 명칭은 「케네디센터」였으나 도널드 트럼프 대통령이 이사장을 맡고 있는 케네디센터 이사회가 12월 18일 공연장 명칭을 「트럼프-케네디센터」로 바꾸기로 의결한 바 있다. 특히 해당 결정 하루 만에 건물 외벽에 「도널드 J 트럼프」라는 글자가 새겨지면서 월권 논란이 거세게 일었다. 케네디센터는 본래 「국립문화센터」라는 이름으로 설립이 추진됐었는데, 1963년 존 F. 케네디 전 대통령 암살 직후 연방의회가 추모 법안을 통과시키고 린든 존슨 당시 대통령이 서명하면서 설립됐다. 관련 법률은 기관의 공식 명칭을 「존 F. 케네디 공연예술센터」로 명시하고 있는데, 「트럼프-케네디센터」 명칭 변경은 케네디센터 이사회가 친트럼프 인사들로 채워지며 우려가 커지던 상황에서 일어난 것이다. 이에 케네디 가문과 민주당은 의회 승인 없이 이사회 결정만으로 이뤄진 명칭 변경은 법률 위반이라며 법적 타당성 문제를 제기하기도 했다. 한편 이와 같은 센터의 명칭 변경 이후 이곳에서 이뤄지는 오케스트라·연극·무용 공연의 티켓 판매량이 급감한 것은 물론 예정된 공연들도 잇따라 취소됐다.

특별사법경찰관(特別司法警察官, 특사경) ▼

식품·보건·안전사고 등 전문성이 필요한 영역의 수사를 위해 행정공무원에게 수사권을 부여한 것으로, 1956년 「사법경찰관 직무법」이 제정되면서 도입됐다. 즉, 지방자치단체와 행정기관, 정부 부처에서 특정 전문 분야의 범죄를 전담하도록 수사권을 부여받은 인력으로, 「특사경」이라고도 한다. 특사경은 법에서 정한 중앙부처나 지자체 가운데 소속 기관장의 제청과 지검장의 지명으로 임명되며, 관할 지검 검사의 지휘를 받는다. 이들은 강제 수사와 소환조사, 통신 및 계좌조회, 긴급체포, 체포영장 신청, 지명수배, 압수수색 등 경찰에 버금가는 수사권을 부여받는다.

파이브 아이즈(Five Eyes) ▼

미국·영국·캐나다·호주·뉴질랜드 등 영어권 5개국이 참여하고 있는 기밀정보 동맹체로, 1956년 결성됐다. 1946년 미국과 영국이 소련 등 공산권과의 냉전에 대응하기 위해 비밀 정보교류 협정을 맺은 것이 그 시초로, 그로부터 10년 뒤인 1956년 호주와 뉴질랜드·캐나다가 가세하면서 결성됐다. 특히 파이브 아이즈는 1960년에 개발된 「에셜론(Echelon)」이라는 프로그램을 통해 전 세계 통신망을 취합한 정보를 공유하는데, 여기에는 영국의 통신본부(GCHQ), 호주 방위통신대(DSD), 뉴질랜드 통신안보국(GCSB), 캐나다 통신안보부(CSE) 등 정보기관과 네트워크가 연계돼 있다.

도널드 트럼프 2기 미 행정부 출범 이후 미국과 파이브 아이즈의 멤버인 영국·캐나다 간 갈등이 격화되며 파이브 아이즈가 결성 이래 최대 위기를 맞았다는 분석이다. 파이브 아이즈는 민족(앵글로색슨계)·언어(영어)·종교(기독교)·정치체제(민주주의)에서 여느 안보 동맹체보다 동질성이 강하다는 특징을 갖고 있다.

함정정비협약 (MSRA·Master Ship Repair Agreement) ▼

"HJ중공업이 최근 미 해군 보급체계사령부(NAVSUP)와 함정정비협약(MSRA)을 체결했다고 1월 21일 밝혔다. 이는 국내에서는 한화오션·HD현대중공업에 이어 세 번째다. 이번 협약으로 HJ중공업은 향후 5년간 미 해군소속 지원함과 전투함을 포함한 MRO 사업 입찰에 모두 참여할 수 있는 자격을 확보하게 됐다."

미 해군이 자국 함정의 유지·보수·정비(MRO) 역량을 공식 검증한 업체와 체결하는 협약으로, 미 해군 함정 MRO 사업에 참여할 수 있는 사실상의 자격을 의미한다. MSRA를 취득하면 전투함과 호위함을 포함한 미 해군 주요 함정의 MRO 사업에 모두 참여할 수 있다. 다만 이를 취득하기 위해서는 미 해군이 제시한 품질과 기술력, 생산시설, 공급망, 보안시스템, 안전관리 등 엄격한 기준을 충족하고 까다로운 심사를 통과해야 한다.

함포외교(艦砲外交, Gunboat Diplomacy) ▼

군사력, 특히 우월한 해군력(군함과 함포 등)을 기반으로 상대 국가에 압박을 가해 요구를 관철시키는 방식의 외교를 말한다. 이는 주로 19세기 제국주의 시대 때 유럽 열강들이 막강한 해군력을 앞세워 상대국과의 협상에서 유리한 조건을 받아내면서 대두된 개념이다. 이는 상대국과의 전면전에 이르지 않더라도, 무력을 과시하거나 실제로 제한적으로 사용해 실리를 추구한다는 특징이 있다. 함포외교는 본격적인 전쟁은 아니지만 무력 위협이 수반된다는 점에서 전쟁과 외교의 중간 형태라는 특징을 갖고 있다. 또 해군력이 중심이 되며, 강대국의 우월한 해군력을 바탕으로 강압적인 요구가 이뤄진다는 점에서 불평등 외교에 포함된다. 현대에서는 전통적 방식의 함포외교는 많이 줄었으나 항공모함 전개나 해상 군사훈련 등 그 변형된 사례는 여전히 존재한다. 대표적으로 미국은 지난해 니콜라스 마두로 베네수엘라 정권 축출을 목표로 항공모함과 군함을 베네수엘라 인근 해역에 배치하는 등의 지속적인 압박을 가하다가, 결국 1월 3일 마두로 대통령을 전격 체포·압송한 바 있다.

현무-5 ▼

"1월 18일 군에 따르면 괴물 미사일로 불리는 우리 군의 현무-5 지대지 탄도미사일이 지난해 말부터 실전 배치에 돌입했다. 군은 이재명 정부 임기 내에 현무-5 작전 배치를 완료한다는 방침을 세운 것으로 전해졌다."

북한의 핵·미사일 도발에 대응한 한국형 3축체계 가운데 「대량응징보복(KMPR)」의 핵심 전력으로, 유사시 북한 지휘부와 핵·미사일 기지를 정밀 타격하기 위해 개발된 고위력·고중량 탄도미사일이다. 최대 사거리는 300km이며, 고각 발사 후 외기권까지 상승했다가 마하 10 이상의 속도로 수직 낙하해 지하 100m 이상의 깊숙한 콘크리트 벙커를 파괴할 수 있다. 또한 탄두 중량이 최대 8t에 달해, 재래식 탄도미사일 가운데 세계 최대 수준의 파괴력을 가진 것으로 평가된다. 특히 단거리 탄도미사일이지만, 탄두 중량을 줄이면 사거리 3000~5500km의 중거리 탄도미사일(IRBM)급 성능을 발휘할 수 있을 것으로 추정된다. 현무-5는 지난 2024년 열린 건군 제76주년 국군의 날 행사에서 9축(양쪽 바퀴 합쳐 18개)의 이동식발사차량(TEL)의 원통형 발사관에 장착된 실물이 일반에 최초로 공개된 바 있다. 군은 현무-5의 후속으로 차세대 지대지 탄도미사일도 개발하고 있는데, 현무-6과 현무-7로 명명될 차세대 미사일은 현무-5보다 사거리와 정확도를 개선하고 탄두의 관통력도 강화될 것으로 알려지고 있다.

> **한국형 3축체계** 북한의 핵·미사일 발사 움직임에 선제적으로 타격하는 킬체인(Kill Chain), 북한 미사일을 공중에서 탐지·요격하는 한국형 미사일방어(KAMD), 북한 핵·미사일 공격 시 보복하는 대량응징보복(KMPR)을 가리킨다.

② 경영·경제

글로벌 최저한세
(GloBE·Global Anti-Base Erosion Rule) ▼

"미국 재무부가 1월 5일 다국적 기업의 세금 회피 방지를 위한 경제협력개발기구(OECD)의 「글로벌 최저한세(15%)」를 미국 기업에는 적용하지 않기로 145개국 이상과 합의가 이뤄졌다고 1월 5일 밝혔다. 글로벌 최저한세는 2021년 10월 OECD에서 합의된 뒤 한국과 유럽연합(EU), 일본, 캐나다 등에서 지난해 1월부터 시행됐다. 그런데 구글·아마존·메타·애플 등 여러 국가에서 돈을 벌어도 서버가 있는 국가에만 세금을 낸 미국 테크기업들이 주요 대상이 될 것이라는 전망이 나온 가운데, 미국 공화당은 해당 조항이 조세주권 침해이자 미국 기업에 대한 차별이라며 반발해 왔다."

다국적기업의 소득에 대해 특정 국가에서 15%의 최저한세율보다 낮은 세율을 적용하는 경우 최종 모기업의 거주지국 등 다른 국가에 추가 과세권을 부여하는 제도를 말한다. 필라2(Pillar2)·GloBE 규칙으로도 불린다. 이는 국가 간 조세경쟁을 활용해 다국적기업이 저율 과세 국가를 찾아다니며 조세를 회피하는 것을 방지하기 위해, 경제협력개발기구(OECD)와 주요 20개국(G20)의 포괄적 이행체계에서 합의된 것이다. 우리나라에서는 글로벌 최저한세 도입을 위한 「국제 조세조정에 관한 법률」 개정안이 2022년 12월 국회를 통과하면서 2024년부터 시행되고 있다. 적용대상은 직전 4개 사업연도 중 2개년 이상의 연결 재무제표상 매출이 7억 5000만 유로(약 1조 원) 이상인 다국적기업이다.

동전주(銅錢株) ▼

"금융위원회·한국거래소가 2월 12일 이달부터 내년 6월까지 「상장폐지 집중 관리기간」을 운영한다고 밝혔다. 이에 따르면 7월 1일부터 주가 1000원 미만의 동전주가 상장폐지 대상에 새로 포함된다. 이에 30거래일 연속 주가가 1000원 미만이면 관리종목으로 지정되고, 이후 90거래일 내에 연속 45거래일 동안 1000원 이상을 회복하지 못하면 폐지된다."

주당 가격이 1000원을 넘지 않는 값싼 주식을 이르는 말로, 미국에서 1달러 미만인 주식을 일컫는 「페니주(Penny Stock)」에서 유래된 용어이다. 동전주는 보통 동전으로도 살 수 있을 만큼 성장 가능성이 낮다고 평가되거나, 실적을 내지 못해 상장폐지에 몰린 종목들이 포함된다.

레버리지 상장지수펀드(Leveraged ETF) ▼

"금융위원회가 1월 30일 「자본시장과 금융투자업에 관한 법률 시행령」과 「금융투자업 규정」 개정안 입법예고를 통해 국내 우량주를 기초로 하는 단일종목 레버리지 상장지수펀드(ETF)의 국내 상장을 허용하기로 했다. 이에 삼성전자나 SK하이닉스 주가를 2배로 반영해 추종하는 ETF가 이르면 2분기 중 동시에 출시될 예정이다."

기초지수의 하루 수익률을 2~3배 등으로 확대해 추종하는 ETF로, 주식시장이 상승기라고 판단될 때 수익률을 높이기 위한 투자 수단으로 활용된다. 특히 일반 ETF가 지수 그대로(1배)의 움직임을 따라간다면, 레버리지 ETF는 지수의 하루 변동률을 2~3배로 확대해 추종하는 것이다. 이때 레버리지 ETF는 단순히 돈을 더 넣는 것이 아니라, 선물(Futures)·스왑(Swap)·차입(레버리지) 등의 파생상품들을 조합해 매일 목표 배수에 맞게 포지션을 재조정(리밸런싱)한다는 특징이 있다.

반도체 슈퍼사이클 ▼

"삼성전자가 1월 8일 연결기준 2025년 4분기 매출이 93조 원, 영업이익이 20조 원으로 잠정 집계됐다고 밝혔다. 이는 각각 전년 같은 기간보다 22.7%, 208.2% 늘어난 수치로 모두 역대 최대 기록이다. 삼성전자의 이와 같은 실적은 범용 메모리 가격 상승과 고대역폭메모리(HBM) 공급 확대가 주요 인인 것으로 분석된다."

반도체 산업에서 4~5년 주기로 장기간 가격과 실적이 크게 오르는 초호황 국면을 이르는 말로, 수요 폭증 등에 따른 가격 및 수익성 급등으로 반도체 산업이 맞는 장기적인 호황기를 가리킨다. 그동안 ▷1990년대 중반의 PC ▷2000년대 중반의 인터넷 ▷2010년대의 스마트폰 ▷2017~2018년의 인공지능(AI)과 사물인터넷(IoT) ▷2020~2021년 데이터센터 수요 증가 등의 상황에서 반도체 슈퍼사이클이 형성된

바 있다. 특히 2020년 이후 오픈AI가 인공지능 챗봇인 챗GPT를 공개한 이후 「생성형 인공지능(Generative AI)」들이 잇따라 출시됐고, 이에 생성형 AI의 학습·추론에 있어 필수적인 메모리 반도체의 성장세가 이어지면서 반도체 슈퍼사이클이 본격화할 수 있다는 관측이 일었다. 실제로 메모리 반도체 시황은 AI·서버 용량에 대한 수요 폭증에 따라 사상 최대 호황기였던 2018년을 넘어서는 「하이퍼 불(Hyper Bull·초강세장)」에 진입했다는 것이 업계의 분석이다. 실제 주요 메모리 업체들이 AI 수요 급증에 따라 HBM을 비롯한 고성능 D램 공급에 집중하면서, 범용 D램 가격(DDR4 8GB 기준)은 지난 한해 564%나 폭등했다.

반도체특별법 ▼

"국회가 1월 29일 본회의를 열고 국가전략산업인 반도체산업 지원을 위한 「반도체특별법」을 비롯해 비쟁점 법안 90여 건을 통과시켰다. 다만 반도체특별법에서 「화이트칼라 이그젬프션」 조항은 노동권 침해 우려로 포함되지 않았다."

반도체 클러스터 지정과 재정·행정적 지원, 전력·용수 등 산업 인프라스트럭처 확충에 대한 예비타당성조사 특례 및 인허가 지원 근거를 담고 있는 법률이다. 또 대통령 소속의 반도체산업경쟁력강화위원회를 설치하고, 5년 단위의 기본계획을 수립하도록 명시했다. 반도체특별법은 2024년 6월 처음으로 의원 발의됐고, 같은 해 11월 당시 여당인 국민의힘이 당론으로 채택하며 관련 법안을 내놓은 바 있다. 그러나 연구개발(R&D) 인력에 대한 주52시간 근로시간 예외(화이트칼라 이그젬프션) 조항을 둘러싼 여야 간 입장차와 이후 비상계엄과 탄핵으로 이어지는 정국 불안정으로 장기간 계류돼 왔다.

베지노믹스(Vegenomics) ▼

채소(Vegetable)와 경제(Economics)를 합성한 신조어로 채식과 관련한 경제활동을 통틀어 이

르는 용어다. 즉 채식 위주의 비건 소비가 확산되며 형성된 새로운 경제 생태계를 이르는데, 단순히 채식을 넘어 식물성 원료만을 이용한 화장품 및 의류, 동물복지와 환경보호를 중시하는 소비 방식도 이에 해당한다. 한편, 동물로부터 나오는 제품이나 서비스를 아예 소비하지 않는 생활은 「비거니즘(Veganisme)」이라고 한다.

설탕 부담금 ▼

이재명 대통령이 1월 28일 엑스(X)를 통해 국민의 80%가 설탕 부담금 도입에 찬성한다는 조사 결과가 담긴 기사를 공유하며, 「담배처럼 설탕 부담금으로 설탕 사용을 억제하고 지역·공공의료 강화에 재투자, 여러분 의견은 어떠신가요」라는 글을 올리면서 공론화된 개념이다. 이 대통령은 설탕 부담금에 대해 「성인병을 유발하는 설탕 남용을 줄이기 위해 몇몇 과용 사례에 건강부담금을 부과하고, 걷혀진 부담금을 설탕 과용에 의한 질병의 예방과 치료에 씀으로써 일반 국민들의 건강보험료 부담을 줄이자는 것」이라고 설명했다. 이 대통령은 1월 29일에는 설탕 부담금 제안을 설탕세 징수라며 비판한 야권을 향해 「일반 재정에 사용되는 세금과 특정 용도를 위해 그 필요를 유발한 원인에 부과하는 부담금은 다르다」라며, 야당의 비판에 대해 여론조작 가짜뉴스라고 지적했다.

센추리 본드(Century Bond) ▼

"2월 9일 파이낸셜타임스(FT) 등에 따르면 구글 모회사 알파벳이 미국 채권 시장에서 200억 달러(약 29조 2000억 원) 규모의 회사채를 발행했다. 특히 알파벳은 100년 만기 채권 발행도 주관사 은행들과 준비하고 있는데, 100년 만기 채권은 수십 년 후를 예측하는 것이 어려워 매우 이례적으로 평가된다."

발행일로부터 100년 뒤에 원금을 상환하는 초장기 채권으로, 보통 국가·대기업·초우량 기관들이 발행한다. 센추리 본드는 발행자 입장에서는 초장기 자금을 확보할 수 있는 데다, 철도나 발전소 등 대형 인프라의 경우 장기 부채로 조달하는 것이 합리적이라는 판단에 따른 것이다. 또 투자자 입장에서는 안정적인 장기 현금흐름을 가져갈 수 있는 데다 금리가 떨어질 경우 채권의 가격이 올라간다는 이점도 누릴 수 있다. 2008년 글로벌 금융위기 이후 초저금리 시기 때 오스트리아·아르헨티나 등이 이를 발행한 바 있으며, 기업의 경우 1996년 IBM이 100년 만기 채권을 발행한 적이 있다.

숏 스퀴즈(Short Squeeze) ▼

주식 시장에서 공매도(숏포지션)를 잡은 투자자들이 급등하는 주가 상황에서 손실을 피하기 위해 매수에 나서면서 주가가 더 급등하는 현상을 말한다. 숏 스퀴즈는 특정 종목에 숏포지션 비율이 높을 때 발생하는데, 예상과 달리 주가가 상승하게 되면 숏 투자자들은 손실을 안게 된다. 이에 숏 투자자들은 손실을 막기 위해 숏커버(되사서 갚기)에 나서게 되고, 이러한 숏커버는 매수 수요를 늘리며 주가 급등으로 이어지게 된다. 숏 스퀴즈는 예측이 어려운 데다 거래량과 변동성이 극단적으로 커진다는 점에서 주식 초보자에게는 매우 위험하다. 여기에 단기 급등 후 급락으로 이어지는 경우가 많아 수익과 손실이 극명히 갈린다는 특징도 있다. 대표적인 숏 스퀴즈 사례로는 2021년 1월 발생한 「게임스탑 사태」를 들 수 있다.

쉬었음 인구 ▼

"국가데이터처가 1월 14일 발표한 「2025년 12월 및 연간 고용동향」에 따르면 지난해 비경제활동인구 중 쉬었음 인구는 255만 5000명으로, 전년보다 8만 8000명 늘었다. 이는 2003년 관련 통계 작성 이후 가장 큰 규모인데, 특히 구직 의사 없이 그냥 쉰 30대가 30만 9000명으로 2003년 관련 통계 작성 시작 이래 가장 높았다. 또 15~29세 청년층 쉬었음 인구는 42만 8000명으로, 2020년(44만 8000명) 이후 역대 두 번째로 높은 수준을 나타냈다."

국가데이터처(옛 통계청)가 시행하는 경제활동인구조사에서 조사 기준일 직전 일주일 간 가사·육아·학업·질병 등의 특정 사유 없이 일을 하지 않는다고 응답한 사람들을 말한다. 쉬었음 인구는 일을 할 능력은 있지만 구직활동을 하지 않은 사람이라는 점에서, 실업자(일을 할 능력과 의사가 있으며 적극적으로 구직활동을 했으나 일자리를 구하지 못한 사람)와는 구분된다. 실업자는 경제활동인구로 분류되지만 「쉬었음 인구」는 비경제활동인구에 포함되며, 실업률 계산에서도 실업자와 달리 포함되지 않는다. 이처럼 쉬었음 인구는 공식 실업률 통계에 잡히지 않는 잠재적 실업자로, 노동시장 분석과 정책 설계 시 중요한 지표로 작용한다.

양도제한조건부 주식 (RSU·Restricted Stock Units) ▼

매출액, 근속기간 등의 일정한 성과를 달성한 임직원에게 회사가 보상으로 현금 대신 양도 시점을 제한해 지급하는 주식이다. 이는 2000년대 초 스톡옵션의 대안으로 등장한 것으로, 해외 주요 기업으로는 마이크로소프트가 2003년 도입했다. 또 국내 기업으로는 한화가 2020년 대기업 최초로 도입한 바 있다. RSU는 스톱옵션과 달리 주가가 떨어져도 일정한 보상을 받을 수 있으며, 양도가 가능한 시점을 장기로 설정하기 때문에 단기 성과에 몰입하는 것을 막고 임원의 책임 경영과 장기근속을 이끌어낼 수 있다. 또한 스톡옵션이 대주주에게 부여할 수 없는 등 대상에 제약이 있고 발행 주식수의 10% 이내로 수량도 정해져 있는 반면, RSU는 특별한 제한이 없다.

> **스톡옵션(Stock Option)** 회사가 임직원의 근로 의욕을 고취시키고, 우수 인력 확보를 통하여 기술 혁신 및 생산성 향상을 도모하고자 임직원 등에게 자사의 주식을 미리 정해진 가격에 따라 일정 기간 내 매수할 수 있는 권리를 부여하는 것을 말한다. 「주식매수선택권」이라고도 한다.

유닛(UNIT) ▼

브릭스(BRICS, 브라질·러시아·인도·중국·남아공) 국가들이 만들고 있는 금 기반 디지털 무역 통화다. 이는 실물 금 40%와 브릭스 5개국 통화 60%로 구성된 준비금 바스켓을 기반으로 하며, ▷브라질 헤알 ▷중국 위안 ▷인도 루피 ▷러시아 루블 ▷남아프리카공화국 랜드가 동일 비율로 반영돼 있다. 이는 지난해 10월 31일 시험적으로 100 유닛이 발행된 바 있다.

자사주 소각 (Retirement (Cancellation) of Shares) ▼

"당정이 자사주 소각 의무화를 담은 3차 상법 개정안 처리에 속도를 내면서 국내 상장기업들의 자사주 소각 움직임이 본격화할지 주목되고 있다. 2월 4일 금융투자업계에 따르면 지난해 유가증권 시장의 자사주 소각 규모는 전년(약 10조 원) 대비 133% 급증한 약 23조 3000억 원을 기록했다. 이는 역대 최대 규모인데, 이는 자사주 소각 의무화를 담은 3차 상법 개정안 논의 등에 따른 것이라는 분석이다."

회사가 자사의 주식을 취득해 이것을 소각하는 것으로, 발행주식수를 줄여 주당가치를 높이는 방법을 통해 주주 이익을 꾀하는 기법이다. 자사주를 매입해 소각하는 경우 본질적으로 기업의 가치는 불변이지만, 주식수가 줄어들어 1주당 가치는 높아지게 된다. 특히 자사주 소각은 주가관리 효과가 자사주 매입보다 높은 것이 일반적인데, 이는 주식수가 줄기 때문에 물량 부담이 없어지고 자사주 펀드처럼 추후 매물로 나올 염려도 없기 때문이다.

전기국가(Electrostate) ▼

석유 생산과 유통을 장악하고 세계 경제를 좌우하는 기존 「석유국가(Petrostate)」와 달리 태양광, 풍력, 원자력 등의 청정에너지 기술로 전기를 생산해 쓰고 전기화 기술을 수출하는 국가를 이르는 말이다. 영국 이코노미스트는 2020년 「21세기의 전력」이라는 기획 기사에서 중국이 석유국가 대신 전기국가가 될 것이라는 전망을 내놓은 바 있는데, 지난해 중국이 세계 최초의 전기국가가 되면서 해당 기사는 현실이 됐다. 실제로 중국은 최종 에너지 소비에서 전기가 차지하는 비중이 30%를 넘어선 상태다.

집단소송제도(集團訴訟制度) ▼

회사나 어떤 특정인의 잘못된 행동에 의해 다수인이 피해를 입었을 경우, 피해자 중의 한 사람 또는 일부가 다른 피해자들을 대표해 가해자를 상대로 소송을 제기할 수 있도록 하는 제도이다. 이때 판결의 효과는 소송 당사자뿐만 아니라 피해자 전체에 미친다. 이는 개별적 피해의 규모는 작지만 피해자의 숫자가 큰 경우에 활용할 수 있는 피해구제 방법 중 가장 효율적인 소송 방식이다. 즉, 개개인이 별도로 소송할 경우 발생할 수 있는 비용과 노력의 낭비를 막을 수 있는 데다, 소송가액이 크지 않아 포기하기 쉬운 소액 피해자들에게 재판의 기회를 줄 수 있기 때문이다. 우리나라에서는 2005년 소액주주의 권익보호를 목적으로 증권 분야에 집단소송제가 도입돼 시행 중에 있다.

국내 최대 이커머스 플랫폼 쿠팡에서 이름·전화번호·집주소·이메일 등을 포함한 3370만 명의 개인정보가 유출된 가운데, 해당 사태를 계기로 대표 원고가 제기한 소송으로 다수 피해자도 일괄 배상을 받을 수 있는 집단소송제도 도입을 요구하는 목소리가 높아지고 있다. 집단소송제 관련 법안은 10년 전부터 국회에 발의됐으나, 기업의 부담이 가중되고 소송이 남발될 수 있다는 우려가 이어지며 연달아 폐기돼 왔다.

징벌적 손해배상(Punitive Damages) ▼

"쿠팡 회원 정보유출사태의 피해자들이 2월 6일 쿠팡 모회사인 쿠팡아이엔씨(Inc)와 김범석 이사회 의장을 상대로 미국 뉴욕 동부연방법원에 징벌적 손해배상을 청구하는 집단소송을 제기했다. 이번 소송은 미국 내 정보유출 피해자뿐만 아니라 한국에 거주하는 피해자들까지 대변할 수 있는 집단소송 방식으로 이뤄졌다. 한편, 미국 내 쿠팡 소송은 한국 법원에서 제기된 소송과는 별개로 진행될 예정으로, 앞서 미국 캘리포니아 북부연방법원에 제기된 주주 집단소송과도 별개로 진행될 전망이다."

가해자가 고의적·악의적·반사회적 의도로 불법행위를 한 경우 피해자에게 입증된 재산상 손해보다 훨씬 많은 금액을 배상하도록 한 제도다. 이 제도는 손해를 끼친 피해에 상응하는 액수만을 보상하는 보상적 손해배상과는 달리, 정신적 피해에 대한 배상과 함께 실제 손해액보다 훨씬 많은 금액을 배상하도록 한 것이다. 이를 통해 불법행위가 반복되는 상황을 막고 다른 사람이나 기업 등이 유사한 부당행위를 하지 못하도록 예방하기 위한 형벌적 성격을 띠고 있다. 이는 1760년대 영국 법원의 판결에서 비롯됐으며, 현재 영국에서는 제한적으로 이를 적용하고 있다. 미국의 경우 대부분 주에서 이를 시행하고 있는데, 배상한도 측면에서도 비교적 폭넓게 적용하고 있다.

청년미래적금 ▼

근로청년의 자산 형성을 지원하기 위한 정책금융 상품으로, 오는 6월 출시 예정인 비과세 적금 상품이다. 가입자가 매달 일정 금액을 납입하면 만기 시 원금과 이자에 더해 정부기여금이 지급되는 것으로, 상품 만기는 3년이며 월 납입 한도는 최대 50만 원이다. 가입 대상은 만 19~34세 청년으로, 개인소득 6000만 원(근로소득 기준) 이하 또는 연 매출 3억 원 이하 소상공인이면서 가구 중위소득 200% 이하여야 한다. 이때 군 복무 기간은 최대 6년까지 연령 계산에서 제외된다. 앞서 출시됐던 청년도약계좌가 5년 만기 월 최대 70만 원으로 최대 5000만 원의 목돈 마련이 가능했던 반면, 청년미래적금은 3년 만기 월 최대 50만 원으로 더 짧다는 차이가 있다. 특히 정부기여금 비율을 6~12%로 올린 것이 특징이며, 청년도약계좌와 마찬가지로 이자소득세(15.4%)가 부과되지 않는다. 정부기여금 지원 비율은 가입 유형에 따라 차등 적용되는데, 일반형의 정부지원 비율은 6%이며, 별도의 소득 요건을 충족한 중소기업 재직자나 영세 소상공인 등은 우대형으로 분류돼 12%의 지원 비율이 적용된다. 예컨대 매월 최대 50만 원씩 3년간 납입하면 정부 기여금과 이자를 더해 일반형은 2800만 원, 우대형은 최대 2200만 원 수령이 가능하다.

청년미래적금 개요

출시	2026년 6월(예정)
가입 대상	만 19~34세 청년(개인소득 6000만 원(근로소득 기준) 이하 또는 연매출 3억 원 이하 소상공인이면서 가구 중위소득 200% 이하
만기	3년
월 납입한도	최대 50만 원
형태	일반형과 우대형

KS인증(Korea industrial Standard mark) ▼

"구윤철 부총리 겸 재정경제부 장관이 2월 4일 공장 심사를 전제로 한 단일인증 방식에서 벗어나 제품 중심의 심사체계를 구축하는 등 KS 인증제도를 개편한다고 밝혔다. 이에 따라 공장 심사 없이 제품만 평가하는 「제품 심사」와 일정기간 효력을 갖는 「단일제품 심사」 두 가지 방식이 신설된다. 또 KS인증 유효기간도 기존 3년에서 4년으로 연장해 기업의 인증심사 비용부담을 줄이게 된다."

1962년 정부가 산업 발전과 소비자 보호를 위해 국내 공산품을 대상으로 제정한 한국산업표준이다. 이는 1963년 첫 KS 인증제품인 백열전구를 시작으로 1980년대까지만 해도 최고 품질을 인증하는 제도로 인정받았다. 그러나 2011년부터 본격적으로 시행된 KC마크(국가통합인증)와 중복되는 품목이 증가하고, 동일품목에 대한 중복시험 항목이 포함돼 있어 기업 입장에서는 시간과 비용을 이중으로 부담해야 하는 문제가 지적돼 왔다. 이에 2013년 1월 9일부터 KS 인증 시 필요한 공장 심사일수를 단축하고, 동일품목이 다른 인증제도를 인정받은 경우 이를 인정해 중복심사를 면제하는 개선이 이뤄진 바 있다.

K자형 성장 ▼

"이재명 대통령이 1월 9일 청와대에서 열린 「2026년 경제성장전략 국민보고회」에서 올해 한국 경제가 2% 성장을 달성할 것으로 기대하면서도, 양극화 심화에 따른 「K자형 성장」에 대한 우려를 나타냈다."

경기가 회복되는 과정에서 자산·소득·소비 양극화가 오히려 심화되는 현상을 알파벳 K 형태에 빗댄 것이다. 이는 동일한 경기 충격 이후에도 경제 주체들 사이의 회복 속도와 성장 경로가 달라져 불균등한 성장이 이뤄지는 것으로, 특히 2020년 코로나19 이후 글로벌 경제의 회복 과정에서 본격적으로 대두된 바 있다. K자형 성장의 구조를 보면 상단(상승 경로)에는 대기업, IT·바이오·반도체 등 고부가가치 산업, 자산 보유 계층(주식·부동산) 등이 배치돼 있는 반면 하단(하락 및 정체 경로)에는 중소상공인·자영업, 저숙련·비정규직, 자산 비보유 계층 등이 자리한다. 이에 같은 시점의 경기 회복이라도 호황과 불황 여부가 동시에 발생하는 것이다. 이와 같은 K자형 성장의 발생 원인으로는 우선 디지털 전환 가속에 따른 자동화로 생산성 격차가 확대되는 것을 들 수 있다. 또 자산 보유 여부에 따른 소득 격차 확대, 노동시장 이중구조(정규직과 비정규직, 고숙련과 저숙련 노동자) 등을 들 수 있다. 이러한 K자형 성장은 노력으로는 격차를 좁히기 어려운 사회 이동성 약화로 이어질 수 있으며, 중산층 붕괴에 따른 정치·사회적 갈등을 심화시킨다.

투자소득수지 ▼

"1월 9일 한국은행이 발표한 2025년 11월 국제수지에 따르면 지난해 1~11월 누적 투자소득수지는 294억 680만 달러로, 앞서 2024년 기록한 역대 최대치인 285억 6550만 달러를 넘어섰다. 특히 12월에도 투자소득이 계속 늘어났다는 점을 감안하면 연간 흑자 규모는 300억 달러를 넘어섰을 가능성이 크다. 이를 두고 우리 경제가 해외 투자자산에서도 상당한 외화를 벌어들이는 선진국형 경제 구조로 바뀌고 있다는 평가가 나온다."

국내 거주자가 해외 투자를 통해 벌어들인 배당·이자소득에서 외국인에게 지급한 투자소득을 제외한 값으로, 한 국가가 해외와의 투자 활동을 통해 벌어들이거나 지급한 소득의 차이를 나타내는 지표이다. 예컨대 투자소득수지가 흑자라는 것은 해외 자산이 많다는 것으로, 한 국가의 자본축적 수준을 보여준다. 또 상품수지와 투자소득수지 모두 흑자이면 매우 안정적인 경제 구조라는 점에서 경상수지의 질을 판단하는 지표 역할도 한다. 아울러 투자소득수지는 지속적 현금 흐름을 발생시킨다는 점에서 장기 성장과도 깊은 연관을 맺고 있다.

튜나 트레이드(TUNA Trade) ▼

도널드 트럼프 미국 대통령이 어떤 발언을 하는지에 따라 시장이 급등락하는 현상을 두고 등장한 용어로, TUNA(튜나)는 「Trump Usually Negates Announcements」(트럼프는 보통 발표를 부정(취소)한다.)는 뜻의 줄임말이다. 즉, 트럼프 대통령이 발표하는 정책 선언이 실현되지 않을 것이라 전망하고, 해당 내용에 반대되는 방향으로 투자하는 전략을 가리킨다. 대표적으로 트럼프 대통령은 1월 7일 「국방 계약 시 전사 우선순위화」라는 신규 행정명령을 통해 방산업체들이 장비생산 속도를 높이고 설비를 현대화할 때까지 주주 배당과 자사주 매입을 전면 금지하는 방안을 시행한다고 밝혔다. 그러면서 록히드마틴이나 RTX, 제너럴 다이나믹스 등 주요 방산업체들을 지목하며 정부와 더 이상 사업을 못하게 될 수도 있다고 경고했다. 그러자 이들 방산주의 주가가 폭락했는데, 트럼프는 불과 몇 시간 뒤에 이와 정반대되는 1조 5000억 달러 규모의 역대급 국방비 증액을 발표하면서 해당 기업들의 주가는 다시 급반등했다.

특정금전신탁(Money Market Trust) ▼

"2월 18일 금융감독원에 따르면 지난해 말 기준 특정금전신탁 수탁 총액은 713조 원으로 집계됐는데, 이는 2024년 말(618조 원)과 비교하면 1년 새 100조 원 가까이 증가한 것이다."

위탁자(고객)가 은행, 증권사, 보험사 등의 수탁자에게 금전을 신탁재산으로 맡기면 이를 수탁자가 유동자산·주식·상장지수펀드(ETF)·채권·부동산 등 다양한 방식으로 투자·운용해 이익을 내 금전 등의 형태로 되돌려주는 상품을 말한다. 이는 고객이 자신의 투자 성향이나 목적, 투자 기간 등을 고려해 운용 대상을 특별히 지정한다는 의미에서 붙은 명칭이다.

특허괴물(Patent Troll) ▼

보유한 특허를 이용하여 제품을 생산하지 않고, 타인에게 라이선싱 또는 판매 등의 거래를 통해 로열티를 받거나 특허소송을 통해 이익을 창출하는 회사로, 「특허관리전문회사(NPE·Non-Practicing Entities)」라고도 한다. 이들은 개인 발명가, 적자 기업, 부도 회사, 경매시장 등을 통해 대량의 특허를 저렴한 가격으로 구입한 후 다른 기업으로부터 보유 특허를 침해당하면 특허소송을 걸어 거액의 배상금이나 합의금을 챙기는 식으로 운영한다. 주로 기술 개발이 활발한 정보통신(IT)이나 반도체 기업들을 주요 대상으로 하는데, 최근에는 개발 전 단계의 특허 아이디어까지 선점하는 경우가 많아 문제로 지적되고 있다.

프로젝트 볼트(Project Vault) ▼

"도널드 트럼프 미국 대통령이 2월 2일 백악관에서 핵심광물 비축을 골자로 한 「프로젝트 볼트」 계획을 공식 발표했다. 이는 중국에 대한 핵심광물 의존도를 낮추고 공급망 안전성을 강화하려는 조치다."

트럼프 미 행정부가 중국에 대한 핵심광물 의존도를 낮추고 공급망 안전성을 강화하기 위해 발표한 계획이다. 이는 120억 달러(약 17조 원) 규모의 자금을 투입해 핵심광물의 전략적 비축을 시행하게 되는데, 초기에는 미 수출입은행(EXIM)에서의 100억 달러 대출과 민간 자본 약 20억 달러로 자금을 조달할 예정이다. 이를 통해 비축한 핵심광물은 향후 공급망에 차질이 빚어질 경우 자동차, 전자제품, 기타 제조업체들이 영향을 받지 않도록 보호하는 역할을 하게 된다. 희토류는 첨단기술 분야와 방위산업 등에 필요한 핵심 소재로, 중국이 전 세계 생산량의 약 70%, 정제·가공은 80% 이상을 장악하고 있다. 지난해 트럼프 대통령의 관세 정책으로 촉발된 미·중 무역협상 과정에서 중국 정부는 희토류 수출을 제한했고, 이에 미국 내 제조업체들은 공급망 리스크에 직면한 바 있다.

한국형 디스커버리　▼

중소기업 기술 탈취 사건에서 피해 기업의 입증 부담을 완화하기 위한 제도로, 이를 명시한 「대·중소기업 상생협력 촉진에 관한 법률」(상생협력법) 개정안이 1월 29일 국회를 통과했다. 한국형 디스커버리는 기술 탈취 분쟁에서 중소기업이 정보 불균형으로 피해 입증이 어려워 법적분쟁 과정에서 불리한 소송 환경에 놓이는 것을 막기 위한 증거개시제도이다. 증거개시제도는 재판에 앞서 당사자들이 증거와 자료를 서로 공개하고 확인하게 할 수 있도록 한 제도로, 현재 미국과 독일, 일본 등에서 시행 중이다. 특히 상생협력법 개정안은 기술 탈취 관련 손해배상 소송에서 신청인의 요청에 따라 법원이 지정한 전문가가 당사자의 사무실·공장 등을 방문해 자료를 열람·조사하고, 법원이 그 결과를 증거로 인정할 수 있도록 했다. 또 양 당사자의 신청에 의한 법원의 결정에 따라 법정 외에서 녹음이나 영상 녹화 등의 방식으로 당사자 간 신문을 허용하고, 그 결과를 법원에 증거로 제출할 수 있도록 했다.

③ 사회·노동·환경

건강수명(健康壽命)　▼

"2월 8일 한국건강증진개발원의 「건강수명 통계집」에 따르면, 한국인의 건강수명은 2022년 기준 69.89세로 전년 대비 0.62세 감소했다. 건강수명이 70세 미만으로 감소한 것은 2013년(69.69세) 이후 9년 만이다. 성별로는 남성의 건강수명이 67.94세로, 여성(71.69세)보다 4세가량 짧았다. 2024년 기준 한국인의 기대수명이 남성 80.8세, 여성 86.6세인 점을 고려하면 생의 마지막 13~15년을 질병에 시달리며 보낸다는 의미다."

평균수명에서 질병이나 부상으로 몸이 아픈 기간을 제외한 것이다. 즉, 질병의 경중에 따라 건강이 좋지 않았던 햇수를 전체 평균수명에서 뺀 것으로, 사망 시까지 순수하게 건강한 삶을 살았던 기간을 가리킨다. 이는 단순히 「얼마나 오래 살았는가」보다 「실제로 건강하게 산 기간이 어느 정도인지」를 나타내는 건강지표로, 선진국에서는 평균수명보다 훨씬 중요하게 인용되고 있다. 예컨대 평균수명이 75.9세이고 건강수명이 66.0세라면, 일생의 10여 년을 질병 및 부상 등으로 인한 고통을 겪고 있다는 뜻이 된다.

교육감(教育監)　▼

시·도의 교육·학예에 관한 사무의 집행기관으로, 시·도에 두는 직위이다. 교육감은 법령 또는 조례의 범위 안에서 그 권한에 속하는 사무에 관한 교육규칙을 제정할 수 있다. 임기는 4년으로, 계속 재임은 3기에 한정한다. 교육감은 2007년 2월 부산시교육감을 첫 주민 직선으로 뽑으면서 직선제가 시작됐고, 이후 울산·충북·경남·제주(2007년 12월)와 전북·서울(2008년 7월), 경기(2009년 4월) 등에서 차례로 시행됐다. 그리고 2010년 6월 나머지 시·도를 포함한 전국 16개 시·도에서 교육감 직선제가 치러져 현재에 이르고 있다. 다만 교육감 선거는 정당 공천이 금지돼 있기 때문에 교육감 후보에 대한 정보가 충분히 전달되지 않아 깜깜이 선거라는 비판도 받고 있다.

국가 관할권 이원지역의 해양생물 다양성 보전 및 지속가능 이용을 위한 협정 ▼

전 세계 바다의 3분의 2를 차지하는 공해의 생물 다양성을 보호하기 위한 협정으로, 2023년 6월 유엔총회에서 채택된 것이다. 공해는 국가의 해안에서 200해리 또는 약 370.4km 떨어진 국경 수역 밖의 해역인데, 2%만이 해양오염·불법어업 등으로부터 공식적 보호를 받고 있다. 이에 유엔에서는 국가 간 구속력이 있는 협약을 체결함으로써 공해의 해양생태계를 보호하려는 취지로 2004년부터 관련 논의를 시작했다. 그 결과 2023년 3월 협약안 초안 합의가 이뤄졌으며, 이후 협약안은 편집과 유엔 공식언어로 번역되는 과정을 거친 뒤 그해 6월 19일 유엔에서 채택되기에 이르렀다. 그리고 지난해 9월 기준 협정에 서명한 112개국 가운데 한국을 포함한 60개국에서 비준이 이뤄지면서 1월 17일 전 세계에 발효됐다. 협정은 2030년까지 공해의 30% 이상을 해양보호구역으로 지정하고, 공해의 생물자원을 공평하게 이용하자는 결의를 담고 있다. 또 공해와 심해저에 영향을 미칠 수 있는 활동에 대해 회원국들이 환경영향평가를 실시하고, 기후변화와 해양 산성화의 누적 영향을 평가하기 위한 최초의 국제법 체계를 구축한다.

국제재생에너지기구(IRENA·International Renewable Energy Agency) ▼

"한국이 1월 개최된 「제16차 국제재생에너지기구(IRENA) 총회」에서 차기(제17차) 총회 의장국으로 지명됐다. 우리나라가 IRENA 총회 의장국으로 지명된 것은 이번이 처음이다. 이와 같은 의장국 지명에 따라 한국은 2027년 1년 동안 IRENA 의장국으로서 총회 회의 주재, 글로벌 재생에너지 확산을 위한 주요 의제 설정과 국가 간 협력 등을 주도하게 된다."

전 세계 재생에너지 전환을 촉진하기 위해 2011년 설립된 유일한 정부 간 국제기구로, 본부는 아랍에미리트(UAE) 아부다비에 있다. 이는 기존 국제에너지기구(IEA)가 화석연료 중심인 데다 재생에너지 전환을 전담할 수 있는 기구의 필요성이 대두되면서 설립이 추진됐다. IRENA는 ▷태양광, 풍력, 수력 등 재생에너지 보급 확대 ▷화석연료에서 청정에너지로의 전환 ▷파리협정 목표 달성을 위한 기후변화 대응 ▷지속가능한 개발 촉진 등을 목표로 한다. 이를 위해 각국의 재생에너지 정책 설계를 지원하며, 국가별 로드맵을 제시한다. 또 세계 최고 수준의 재생에너지 관련 통계 보고서와 데이터를 제공하며, 개발도상국들을 대상으로 한 기술 이전이나 프로젝트 설계 지원도 담당한다. 기구는 총회, 이사회, 사무국 등으로 구성되는데, 최고 의사결정기구인 총회는 연 1회 개최되고 있다.

기초연금(基礎年金) ▼

"보건복지부가 1월 1일 올해 기초연금 선정기준액을 단독가구 월 247만 원, 부부가구 월 395만 2000원으로 결정한다고 밝혔다. 올해 단독가구 기준 선정기준액은 전년(228만 원)보다 19만 원(8.3%) 인상된 것이며, 부부 가구 기준액 역시 전년 대비 30만 4000원 상향 조정된 것이다."

만 65세 이상 노인 중 소득인정액이 선정기준액 이하인 사람에게 지급되는 공적연금으로, 이전의 기초노령연금 제도를 확대·개편해 2014년 7월부터 시행됐다. 기초연금 선정기준액은 65세 이상 노인 중 소득 하위 70%가 수급 대상이 되도록 정부가 매년 초 고시하는 기준 금액이다. 이는 노인 가구의 근로소득과 연금소득 등 실제 소득에 일반 재산과 금융부채 등을 소득으로 환산한 금액을 더해 소득인정액을 산출한다. 그리고 이 금액이 선정기준액 이하일 경우 기초연금 지급 대상이 된다. 다만 공무원연금, 사립학교교직원연금, 군인연금, 별정우체국연금 수급권자 및 그 배우자는 원칙적으로 기초연금 수급 대상에서 제외된다.

나비약 ▼

"최근 유명 방송인과 유튜버가 나비약을 복용한 것으로 알려지면서 식욕억제제 오·남용 우려가 다시 부상한 가운데, 의료계에서는 펜터민 성분의 부작용과 의존성 위험을 경고하고 나섰다."

펜터민(Phentermine) 성분의 식욕억제제를 일컫는 속칭으로, 알약 모양이 나비처럼 생긴 데서 유래된 명칭이다. 여기서 펜터민은 식욕을 억제하는 향정신성의약품으로, 비만 치료를 위한 단기 보조제로 사용되는 약품이다. 펜터민 성분은 뇌의 시상하부 식욕중추에서 신경전달물질(노르에피네프린) 분비를 증가시켜 배고픔을 덜 느끼도록 하는 기전을 갖고 있는 것으로 추정된다. 하지만 도파민이나 세로토닌 분비에 영향을 미쳐 감정 조절이 어려워지거나 각성 효과로 인한 불면증, 불안감, 현기증, 떨림 등의 증상을 동반할 수 있다. 특히 용량을 늘리거나 오남용할 경우 공격적 성향, 혼돈 상태, 환각과 환청 등의 정신이상 증상이 나타날 수 있으며, 심할 경우 경련이나 사망에 이를 수 있다는 경고도 있다. 이에 펜터민은 의사의 처방이 있어야만 복용할 수 있는 전문의약품으로 분류돼 있다. 식품의약품안전처는 비만 치료 시 식사·운동·행동요법 등 비약물 치료를 우선 시행한 후 필요한 경우에 한해 펜터민을 보조적으로 사용하도록 하고 있다. 또 처방 대상도 엄격히 제한해 일반적으로 만 19세 이상이면서 체질량지수(BMI) 30 이상인 비만 환자, 고혈압·당뇨병 등 위험 인자를 동반한 BMI 27 이상의 비만 환자를 대상으로 한다. 성인 기준 하루 1정 복용이 원칙이며, 불면증을 유발할 수 있어 저녁이나 밤에는 투약하지 않는다. 또 4주 이내의 단기 처방이 원칙인데, 장기 복용 시 폐동맥고혈압이나 심장판막 이상 가능성이 제기돼 있다.

무등산 공유화 운동 ▼

1991년 광주 제2순환도로 건설과 고층아파트 단지 조성 등으로 인한 무등산 훼손을 막기 위해 시작된 시민들의 운동이다. 이는 시민단체 74곳이 참여해 만든 무등산보호단체협의회의 「무등산 땅 1m² 갖기 1000원 모금운동」과 「무등산 사유지 기증운동」이 시작이 됐다. 그리고 이를 통해 모금된 4억 원으로 무등산 사유지 45만 3000여m²를 매입해 공유화 부지 8곳이 조성됐다. 특히 시민들의 자발적 기증도 이어지면서 이 운동이 시작된 지 35년간 시민 5만 6000여 명이 참여, 무등산 사유지 0.57km²(약 17만 평)를 공유화하는 성과를 거뒀다.

> **무등산국립공원** 광주광역시 북구와 동구, 전남 화순군과 담양군에 걸쳐 있는 산이다. 해발 1187m로, 최고봉 천왕봉을 중심으로 서석대와 입석대 등 수직으로 치솟은 암벽이 장관을 이룬다. 1972년에 도립공원으로 지정되었다가 2013년에 국립공원으로 승격되었으며, 2014년에 국가지질공원으로도 지정되었다.

생계비 계좌 ▼

"법무부가 오는 2월 1일부터 압류 없이 월 250만 원까지 사용할 수 있는 생계비 계좌를 금융기관에서 개설할 수 있도록 하는 민사집행법 시행령 개정안이 국무회의를 통과했다고 1월 20일 밝혔다."

채무자의 최소한의 생계를 보호하기 위해 250만 원까지 압류 걱정 없이 사용할 수 있는 계좌를 말한다. 기존에는 채무자의 급여나 생활비가 입금되는 계좌까지 모두 채권자가 압류할 수 있었는데, 이 경우 압류된 돈이 최저생계비에 해당하는지 별도의 법적 절차를 거쳐야 하는 불편이 있었다. 생계비 계좌는 이러한 불편에 따라 도입된 것으로, 채무자에게 필요한 한 달 생계비를 예치하는 계좌에 대해서는 압류를 금지하는 것이다. 생계비 계좌는 채무자 1인당 1개만 개설할 수 있으며, 계좌에 입금된 금액 중 월 최대 250만 원까지는 압류로부터 보호된다. 다만 반복적인 입·출금으로 보호 금액이 과도해지는 것을 방지하기 위해, 1개월간 누적 입금 한도 역시 250만 원으로 제한된다. 여기에 생계비 계좌의 예금액과 압류가 금지되는 1개월치 생계비에 해당하는 현금을 합산해도 250만 원을 넘지 않는 경우에는, 일반 계좌 예금 중 해당 금액만큼도 압류로부터 보호받을 수 있도록 했다.

슬립맥싱(Sleepmaxxing) ▼

수면(Sleep)과 극대화(Max)를 합친 말로, 수면의 질을 최대한 끌어올리려는 시도를 뜻하는 신조어이다. 슬립맥싱은 「더 빠르게, 오래, 깊이 잠드는 것」을 목표로 하는데, 특히 젊은 세대들은 SNS 등에서 수면 마스크, 마그네슘 음료 섭취, 수면 ASMR 등 다양한 슬립맥싱 방법을 공유하기도 한다. 하지만 슬립맥싱과 같이 수면을 지나치게 통제하거나 인위적으로 최적화하려는 시도는 오히려 수면을 방해할 수 있다는 점에서 주의가 필요하다. 즉, 수면을 인위적으로 최적화하려는 시도가 수면 무호흡증이나 비염 같은 질환을 더욱 악화시킬 수 있다는 것이다. 이에 전문가들은 수면을 위한 인위적 노력보다는 우리 몸이 자연스럽게 수면에 들 수 있는 환경과 습관을 만드는 것이 핵심이라고 말한다.

치매안심재산 관리지원 서비스 ▼

치매 환자의 재산을 국가가 위탁받아 관리하는 공공신탁으로, 보건복지부가 2월 12일 발표한 「제5차 치매관리 종합계획(2026~2030)」에 포함된 내용이다. 이는 치매 진단을 받은 후 판단력이 흐려져 보이스피싱 사기를 당하거나 가족 등에 의한 경제적 학대에 노출되는 것을 막기 위한 조치다. 사업은 환자 본인이나 후견인 의사에 따라 국민연금공단과 신탁 계약을 맺고 재산을 위탁하는 방식으로 운영된다. 맡겨진 재산은 환자의 병원비나 요양비, 각종 공과금 등 일상생활에 필요한 비용으로 안정적으로 지출하도록 지원한다. 정부는 올해 750명을 대상으로 시범사업을 시작해 2028년 본사업으로 전환한다는 계획이다. 시범사업 기간에는 현금과 보증금 반환채권 등 일부 자산으로 범위가 한정되며, 신탁재산 상한액은 10억 원으로 제한된다.

치매머니는 고령 치매환자의 자산을 뜻하는 말로, 보다 넓게는 치매환자의 경제적 자산 및 금융활동을 안전하게 보호·관리하기 위한 제도적 장치나 서비스까지 일컫는 개념이라 할 수 있다.

타다금지법 ▼

"법인택시 단체인 전국택시운송사업조합연합회가 2월 2일 현대차와 카카오모빌리티 등과 함께 「법인택시 면허」 기반 자율주행 전환을 위한 업무협약을 체결했다. 협약의 골자는 국내 자율주행 기술과 인프라를 바탕으로 택시면허 기반의 자율주행 서비스를 만드는 것이다. 2010년대 이후 한국은 기술기업들이 운송서비스 혁신을 시도할 때마다 택시업계의 강한 반대에 부딪히며 퇴출됐는데, 대표적으로 2018년 쏘카가 선보인 기사 포함 렌터카 서비스 「타다」는 2020년 3월 이른바 타다금지법(여객자동차법 개정안)의 국회 통과 직후 서비스를 접은 바 있다."

타다 등 차량 대여사업자의 운전자 알선 예외 규정을 엄격히 하고 플랫폼 운송사업자를 제도화하는 내용의 「여객자동차운수사업법 개정안」을 일컫는다. 이는 타다 서비스를 규제하는 내용이 골자여서 「타다금지법」이라고 불린다. 타다는 현행 여객운수법 시행령 제18조(렌터카 사업자가 운전자를 알선할 수 있는 예외조항으로 11인승 이상 15인승 이하 승합차를 임차하는 경우)를 근거로 11인승 이상의 승합차인 카니발을 승객에게 단시간 대여해 주고 운전자를 알선해 주는 서비스를 제공했다. 개정안은 타다와 같이 렌터카를 활용한 운송업체들이 플랫폼 운송면허를 받아 기여금을 내고 택시총량제를 따르면 영업을 할 수 있도록 명시했다. 다만 11~15인승 차량을 빌릴 때 관광 목적으로 6시간 이상 사용하거나 대여·반납장소가 공항 또는 항만일 때만 사업자의 운전자 알선을 허용하는 조항을 포함했다. 당시 이 개정안을 두고 택시사업을 보호하고 플랫폼사업자를 제도권으로 포함시킬 수 있게 됐다는 주장과, 국민의 편의나 신산업 확산에 대한 고려 없이 택시산업의 이익 보호에만 초점이 맞춰졌다는 비판이 엇갈린 바 있다.

통합돌봄서비스 ▼

몸이 불편한 사람이 병원이나 시설 대신 지금 살고 있는 집에서 치료와 돌봄을 받을 수 있도록 한 제도로, 3월 27일부터 전국 229개 시군구에서 본격 시행된다. 대상은 거동이 불편한

중·노년이나 중증 장애인으로, 우선 노인들은 집으로 찾아오는 건강 관리, 노인맞춤돌봄, 치매 관리 등 18가지의 서비스를 이용할 수 있다. 그리고 장애인은 활동지원 서비스, 장애인 주치의 등 11가지 서비스를 받을 수 있다.

티슈인맥 ▼

한 번 뽑아서 쓰는 티슈처럼 자신이 필요할 때만 소통하고 필요 없으면 미련 없이 버리는 일회성 인간관계를 가리키는 말로, 스마트폰·SNS 발달과 함께 두드러진 현상이다. 예컨대 SNS 등을 통해 여행 장소에서 음식점에만 잠깐 동행하거나 몇 가지 일정을 함께하는 사람을 찾는 것, SNS나 메신저로 모르는 사람과 익명으로 대화하거나 모임을 형성하는 것 등이 이에 해당한다. 이와 같은 티슈인맥이 등장한 데에는 인간관계에서 오는 스트레스 때문이라는 분석이 높다. 또 모바일 메신저와 SNS의 발달로 관계 맺기가 쉬워졌다는 점, 혼밥·혼술 등 혼자만의 시간을 즐기는 경향이 늘어난 점 등도 이유로 거론된다.

한편, 이와 같은 사회적 변화가 탄생시킨 인간관계를 반영한 신조어에는 「티슈인맥」 외에도 관태기·관계 가성비·인맥 다이어트 등이 있다. 「관태기」는 관계와 권태기를 합성한 신조어로, 인맥을 관리하고 새로운 사람과 관계 맺는 것에 권태를 느끼는 현상을 일컫는다. 또 「인맥 다이어트」는 불필요한 인간관계를 끊어 인맥을 줄이는 일을 가리킨다.

표류노인(漂流老人) ▼

경제적 어려움으로 사회로부터 단절돼 심리적 불안정 상태에 처한 노인을 지칭하는 용어로, 어디에도 속하지 못한 채 제도와 지역사회 외부에서 떠다니듯 존재한다는 뜻에서 붙여진 명칭이다. 표류노인은 ▷급격한 고령화 ▷1인 가구 급증 ▷평생직장 개념 붕괴 등의 사회적 배경 속에서 증가하는 추세인데, 특히 임대인들이 무주택 독거노인을 세입자로 들이는 것을 피하는 경우가 늘어나면서 본격적으로 대두됐다. 표류노인은 가족과 단절됐거나 가족이 있어도 실질적 교류가 없는 경우가 많으며, 이웃이나 지역사회와의 연결망도 없다. 또 복지제도를 잘 알지 못하거나 조건이 맞지 않아 혜택을 누리지 못하며, 소득원이 없어 임시거처나 쪽방 등의 주거 불안에 처해 있는 경우가 많다. 무엇보다 표류노인의 증가는 고독사나 무연고 사망 증가 사례를 높일 뿐더러, 노인 빈곤의 만성화나 의료 비용의 사후 폭증으로 이어질 수 있다는 점에서 사회적 제도 마련이 요구되고 있다.

한라솜다리 ▼

"1월 22일 국립생태원 멸종위기종복원센터와 제주세계유산본부 한라산국립공원 조사에 따르면 「멸종위기 야생생물 I급」으로 지정돼 있는 한라솜다리가 해발 약 1900m 백록담 화구륜 남벽 인근에 단 7개체만 남아 있는 것으로 확인됐다. 해당 결과는 지난해 12월 한국환경생태학회지를 통해 보고된 바 있다."

제주도 한라산 정상부에 자생하는 희귀 고산식물로, 일명 「한라산 에델바이스」로 불린다. 이는 국화과 다년생 식물로 한국에만 분포하는 특산종인데, 내륙 지역의 솜다리보다 키가 작다. 한라솜다리는 저온·강풍·빈약한 토양이라는 극한 환경에 적응해 한라산 정상부 1600~1900m 고산지대에서 자생한다. 이는 「멸종위기 야생생물 I급」으로 지정돼 있는데, 최근 기후변화에 따라 개체수가 급감하고 있다.

④ 문화·스포츠

그래비티(Gravity) ▼

농구에서 공을 갖고 있지 않아도 수비를 끌어당겨 공격 공간을 만들어내는 능력을 뜻하는 용어로, 전술적·공간적 영향력을 물리적인 중력 개념에 비유한 것이다. 이러한 그래비티는 해당 선수가 공을 들고 있지 않아도 발생하고, 수비가 신경 쓸 수밖에 없는 선수일수록 강하다는 특징이 있다. 그래비티는 경기에서 공간 창출과 팀 공격의 효율을 올린다는 측면에서 중요한데, 수비가 한 선수에게 몰릴 경우 다른 선수에게 공격 기회가 발생하기 때문이다.

그래비티는 본래 미 프로농구(NBA) 팬들이 오랜 기간 사용해온 비공식 용어였으나, NBA가 2025~26시즌 처음으로 그래비티를 공식적인 수치로 제시했다. 이에 따르면 공격하는 선수가 상대 수비수를 자기 쪽으로 끌어당겨 통상적인 플레이보다 얼마나 더 움직이게 만들었는지를 수치로 나타낸 것이다. NBA는 코트에서 뛰는 선수의 몸 29곳을 1초당 60회 기록한 데이터를 분석, 수비의 압박 정도를 수치화했다. 이러한 수치 산출이 가능했던 요인으로는 경기 중 선수들의 모든 움직임을 카메라로 포착하는 NBA의 광학 트래킹 시스템이 꼽히는데, 이 시스템은 각 선수의 몸에서 29개 지점(관절·신체 포인트)을 인식해 이를 3차원 좌표로 초당 60회 기록한다. 한편, 그래비티와 관련된 대표적인 NBA 선수로는 스테픈 커리를 들 수 있는데, 그가 코트에 나서면 상대 수비수들의 집중수비가 펼쳐져 「커래비티(Curravity)」라 칭해진다.

글램록(Glam Rock) ▼

1970년대 초반 영국에서 유행하던 록 음악의 한 장르로, 중성적이고 화려한 의상 및 메이크업, 퇴폐적 분위기, 독특한 무대연출을 특징으로 한다. 글램록 유행 당시 글리터와 스팽글, 메탈릭 의상 등 화려한 외형을 갖춘 밴드와 아티스트들이 대거 등장했는데, 이들은 특히 중성적 이미지로 젠더 경계를 파괴하는 파격으로 주목을 받았다. 글램록은 록 음악이 지닌 반항성과 대중성을 잃지 않으면서도 시각적 연출과 스타성을 전면에 내세우며 공연예술에 가까운 형태로 발전했다. 아울러 음악적으로는 비교적 단순하고 대중의 접근성이 쉬운 반면 시각적 요소와 퍼포먼스를 중시했다.

글램록의 대표 아티스트로는 데이비드 보위(David Bowie), T. Rex(마크 볼란) 등을 들 수 있는데, 보위의 경우 「지기 스타더스트(Ziggy Stardust)」라는 캐릭터로 글램록의 아이콘이 됐다. 이러한 글램록은 후대에 등장하는 펑크록과 글램 메탈 등에 영향을 미쳤으며, 음악을 단순히 듣는 것에서 공연 자체가 중요하다는 인식을 강화하는 등 대중문화에 혁신을 일으켰다.

펑크록(Punk Rock)은 1970년대 중반 이후 영국 런던과 미국 뉴욕에서 태동한 거칠고 반항적인 록 음악으로, 단순하고 강렬한 코드와 빠른 리듬을 기반으로 한다. 이후 1990년대 헤비메탈 사운드의 기성사회와의 타협에 식상한 젊은이들이 다시금 펑크를 들고 나오기 시작하면서, 소위 「네오펑크」 밴드가 등장하기도 했다.

마이스(MICE) 산업 ▼

기업회의(Meeting)·포상관광(Incentives)·컨벤션(Convention)·전시(Exhibition)의 알파벳 첫 글자를 따서 만든 조어로, 국제회의와 관광을 결합한 산업을 말한다. 좁은 의미에서는 국제회의 자체를 뜻하는 컨벤션이 회의, 인센티브 관광, 각종 전시 및 박람회 등 복합적인 산업의 의미로 해석되면서 생겨난 개념이다. 이는 일반 관광산업과 다르게 기업을 대상으로 하기 때문에 일반 관광산업보다 그 부가가치가 훨씬 높다는 특징이 있다.

국가데이터처가 지난해 12월 31일 MICE 산업 특수분류를 제정 고시함에 따라 MICE 산업이 독립적인 산업으로서 공식적인 통계 기준을 갖추게 됐다. 그간 특정 산업이 포괄하는 범위를 담은 한국표준산업분류(KSIC)에서 MICE 산업은 독립된 산업으로 정의되지 않았다.

빈이무첨 부이무교(貧而無諂 富而無驕) ▼

"2월 20일 외교소식통에 따르면 일본 도쿄도가 세타가야구 로카기념관이 소장하고 있던 안중근(1879~1910) 의사의 유묵 「빈이무첨 부이무교(貧而無諂 富而無驕)」를 안 의사 순국 116주기 기념 전시에 맞춰 국가보훈부 안중근의사기념관에 대여했다. 이는 오는 3월 26일 순국 116주기에 맞춰 안중근의사기념관에서 전시된다."

안중근(1879~1910) 의사가 뤼순감옥에서 순국하기 전인 1910년 3월에 남긴 작품 중 하나로, 「가난하지만 아첨하지 않고, 부유해도 교만하지 않는다」는 의미를 담은 논어 학이(學而)편의 한 구절을 적은 것이다. 작품은 안 의사의 독립 의지와 동양평화론의 사상을 담고 있으며, 「경술년 3월 뤼순 옥중에서 대한국인(大韓國人) 안중근 서(書)」라는 서문과 함께 단지한 왼손 손바닥 도장(장인)이 선명하게 찍혀 있다. 이는 일본 개화기 작가인 도쿠토미 겐지로가 1913년 뤼순 등을 여행하던 중 선물 받은 것으로, 사후 그의 부인이 도쿄도에 기증한 바 있다.

울산 웨일즈(Ulsan Whales) ▼

지방자치단체가 주도한 국내 첫 프로야구단으로, 2월 2일 공식 창단했다. 울산 웨일즈는 기업이 아닌 시가 예산을 담당하는 국내 첫 시민구단으로, KBO 퓨처스(2군)리그에 참가하는 신생 구단이다. KBO와 울산시는 지난해 11월 퓨처스리그 참가 협약을 체결한 데 이어 12월 KBO 이사회가 울산 웨일즈의 퓨처스 리그 참가를 최종 승인하면서, 지자체 주도 첫 KBO리그 구단 탄생이라는 기록을 쓴 바 있다. 팀은 오는 3월 20일 KBO 퓨처스리그 개막전을 시작으로 본격적인 시즌 일정에 돌입한다. 초대 사령탑은 장원진(57) 전 두산 베어스 코치가 맡았으며, 수석코치는 최기문 전 2024 프리미어12 국가대표팀 배터리 코치가 선임됐다. 다만 울산 웨일즈는 연고지 밀착형 시민야구단 모델의 첫발을 뗐다는 점에서 기대를 받고 있으나, 구단 운영의 지속 가능성과 전문성을 둘러싼 우려의 목소리도 적지 않다.

유튜브 버튼(YouTube Button) ▼

"걸그룹 블랙핑크가 2월 20일 전 세계 아티스트 중 최초로 유튜브 구독자 1억 명을 돌파해 이를 인증하는 「레드 다이아몬드 버튼」을 받았다."

유튜브에서 일정 수 이상의 구독자를 달성한 크리에이터에게 수여하는 공식 기념상패다. 이는 실버, 골드, 다이아몬드, 레드 다이아몬드 버튼 등 총 4단계로 돼 있는데, 유튜브 운영정책을 준수하고 독창적인 콘텐츠를 운영한 채널만 수상할 수 있다. 각 버튼별 구독자 수는 ▷실버 버튼(구독자 수 10만 명 이상) ▷골드 버튼(구독자 수 100만 명 이상) ▷다이아몬드 버튼(구독자 수 1000만 명 이상) ▷레드 다이아몬드 버튼(구독자 수 1억 명 이상)이다.

이상문학상(李箱文學賞) ▼

"이상문학상을 주관하는 다산북스가 1월 27일 제49회 이상문학상 대상에 소설가 위수정(49)의 단편소설 〈눈과 돌멩이〉가 선정됐다고 밝혔다. 〈눈과 돌멩이〉는 암 투병 중 자살한 수진의 유골을 들고 일본으로 떠난 두 친구의 이야기를 다룬 작품이다."

요절한 천재 작가 이상(李箱, 1910~1937)의 문학적 업적을 기리고 그의 작가정신을 계승하여 한국 소설계의 발전에 기여하기 위해 1977년 문학사상사가 제정한 문학상이다. 시상은 중·단편소설을 대상으로 하며, 수상작과 후보작을 매년 《이상문학상 작품집》을 통해 발표한다. 지금까지 김승옥의 〈서울의 달빛 0장〉의 초대 수상을 시작으로 이청준, 박완서, 은희경, 한강 등 한국문학을 대표하는 작가가 수상해 왔다. 상금은 대상 5000만 원, 우수상 각 500만 원으로, 2024년까지는 출판사 문학사상이 주관했으나 2025년부터 다산북스로 주관사가 변경됐다.

춘향제 ▼

"전북 남원시가 1월 9일 지역의 대표 축제인 춘향제를 유네스코 인류무형문화유산 보호 모범사례에 등재하는 방안을 추진한다고 밝혔다. 인류무형문화유산은 대표목록, 긴급보호목록, 보호 모범사례 등으로 나뉘는데, 보호 모범사례는 특정 무형유산 자체가 아니라 유산을 지키고 전승해온 방식과 공동체의 실천을 평가하는 제도다. 등재될 경우 해당 사례는 국제사회가 참고하는 문화유산 보호 모델로 활용된다."

조선시대 판소리계 소설인 〈춘향전〉을 바탕으로 일제강점기인 1931년 시작돼 올해로 96회째를 맞는 우리나라의 대표적인 전통문화 축제다. 이는 1931년 당시 남원의 유지들과 지역 국악인들이 참여한 가운데, 민족의식 고취와 춘향의 절개를 이어받는다는 취지로 사당을 건립하고 제사를 지내면서 본격적으로 시작됐다. 춘향제는 특정 기능 보유자나 공연 양식에 국한되지 않고, 시민들의 자발적인 참여와 일상적 실천을 통해 판소리 전승의 토대를 지켜왔다는 점이 특징이다. 특히 판소리 〈춘향가〉를 중심으로 형성된 지역 공동체 축제 가운데 가장 오랜 역사를 지닌 사례로 평가받는다.

> **인류무형문화유산** 유네스코(UNESCO)에서 보호가치가 있는 인류 구전유산 및 무형문화유산을 선정하는 제도이다. 1997년 유네스코 총회에서 인류문화의 다양성과 전통성을 보존하기 위한 국제적 공동노력의 일환으로 「인류 구전 및 무형유산 걸작」 제도 설립에 관한 결의안을 채택하면서 시작됐다.

파라소셜(Parasocial) ▼

시청자나 이용자가 미디어를 통해 접하는 특정 인물·캐릭터·인공지능(AI) 등에 대해 실제 사회적 관계와 유사한 친밀감을 느끼는 심리·사회학적 현상을 의미한다. 이 용어는 1956년 도널드 호튼(Donald Horton)과 리처드 울(R. Richard Wohl)이 텔레비전 매체에서 나타나는 「일방향적이지만 사회적 관계에 준하는 유대감」을 설명하기 위해 처음 사용했다. 이 개념은 이후 팬덤 연구, 소비자 행동, 정치 커뮤니케이션 영역 등에서 활용되고 있으며, 디지털 미디어 환경에서 더욱 확장됐다. 우리나라의 경우 아이돌 팬덤, 인터넷 방송, 유튜브 크리에이터 문화의 확산과 함께 파라소셜 개념이 활발히 사용되기 시작했다.

⑤ 일반과학·첨단과학

국제우주정거장 (ISS·International Space Station) ▼

우주상공 일정 궤도를 지속적으로 돌며 여러 사람이 장기간 머물 수 있는 우주기지로, 각종 무중력 실험을 비롯해 천체 및 지구 관측, 달이나 행성으로 향하는 우주선의 조립, 중계점의 역할 등을 수행하고 있다. 이는 미국, 유럽우주기구(ESA) 산하 11개국, 일본, 캐나다, 브라질, 러시아 등 16개국이 참여한 다국적 프로젝트로, 총 지휘는 미 항공우주국(NASA)이 맡고 있다. ISS는 1984년 로널드 레이건 전 미국 대통령 시절 처음 계획이 수립돼 이후 유럽 11개국·일본·캐나다 간 합의가 이뤄졌고, 1998년 말부터 건설 착수가 이뤄져 2030년까지 운행될 예정이다. ISS는 1998년 11월 러시아 로켓으로 첫 모듈 「자랴(Zarya)」를 발사하면서 지어지기 시작했고, 이후 미국과 유럽, 일본, 캐나다가 우주에서 모듈을 하나씩 연결하는 방식으로 완성돼 현재 16개 모듈로 구성돼 있다. ISS는 지구에서 약 330~410km의 고도를 유지하며, 시속 2만 7740km(초속 7.7km)의 속도로 하루에 지구를 약 15.78회 공전하고 있다. NASA에 따르면 지금까지 ISS에 배송된 화물 총량은 680t가량이며, 전달된 식량보급 상자는 2만 100개가 넘는다.

그록(Grok) ▼

"일론 머스크 CEO의 X가 논란이 된 그록(Grok)의 이미지 생성 기능을 유료 사용자로 한정했다. 이는 최근 몇 주간 사용자들이 인물 사진을 비키니 차림 등으로 바꾸는 요청을 쏟아내면서 성적 이미지가 대량으로 생성된 데 따른 것이다."

일론 머스크의 인공지능(AI) 업체 xAI가 내놓은 첫 생성형 AI 챗봇으로, 2023년 11월 4일 공개됐다. 그록은 xAI가 개발한 대규모언어모델(LLM)인 그록-1을 기반으로 구동되며, xAI

에 따르면 330억 개의 매개변수를 활용하지만 700억 개의 매개변수를 가진 메타의「라마2(LLaMA2)」와 유사한 성능을 낸다. 한편, 머스크는 2015년 챗GPT 개발사인 오픈 AI를 샘 올트먼과 공동으로 설립했지만 AI 개발에 대한 의견 차이로 2018년 회사를 떠난 바 있다. 그리고 2023년 7월에 우주의 진실을 추구하는 AI를 만들겠다며 xAI를 공식 출범시켰다.

납치광고 ▼

사용자의 의사와 상관없이 웹페이지, 브라우저, 앱 사용 흐름을 강제로 가로채는 악성 광고를 말한다. 즉, 이용자가 원래 보려던 콘텐츠와 무관한 광고 페이지나 특정 플랫폼으로 강제 이동시키고, 쉽게 벗어나지 못하도록 설계된 온라인 광고 행태다. 예컨대 클릭하지 않았음에도 자동으로 앱이나 웹페이지가 실행되거나 뒤로 가기나 닫기 버튼이 정상 작동하지 않는 방식, OS 경고처럼 위장해 클릭을 유도하는 방식이 이에 해당한다. 이러한 납치광고는 개인정보 유출을 비롯해 배터리 급속 소모나 데이터 사용량 폭증에 따른 기기 성능 저하, 금전 피해, 악성코드와 같은 2차 감염을 일으킨다는 점에서 위험성을 지니고 있다. 따라서 이러한 납치광고에 따른 피해를 예방하기 위해서는 출처 불명의 앱은 설치하지 말아야 하며, OS 최신 업데이트와 광고 차단기능 활성화를 정기적으로 실행해야 한다.

니파바이러스감염증(Nipahvirus Infection) ▼

"질병관리청이 최근 인도에서 발생한 니파바이러스감염증과 관련해 해당 국가를 방문하는 우리 국민들에게 감염 예방에 각별한 주의를 당부한다고 1월 30일 밝혔다. 질병청에 따르면 인도 보건당국의 공식 발표 결과, 인도 서벵골주에서 니파바이러스감염증 확진자 2명이 발생했다."

과일박쥐로부터 바이러스에 감염된 돼지의 분비물 및 배출액에 직접 접촉한 사람이나 다른 동물에 의해 전파, 급성·열성 질병을 유발하는 인수공통전염병이다. 니파라는 명칭은 1998년 말 말레이시아 니파에서 첫 감염 사례가 보고된 데서 유래된 것이다. 자연숙주인 과일박쥐는 임상 증상이 없지만 중간숙주인 돼지에서는 주로 호흡기 증상 및 신경증상을 나타낸다. 사람의 경우 잠복기는 4~18일로, 증상 발현 초기에는 독감과 유사한 발열이나 근육통 등이 나타나지만 점차 뇌염으로 진행되면서 혼수상태에 빠져 사망에 이르게 된다. 니파바이러스의 치사율은 70~75%로, 현재까지 예방약이나 백신이 개발돼 있지 않아 항바이러스제 등을 통한 증상 치료만 이뤄지고 있다.

디스코드(Discord) ▼

"최근 국내에서 디스코드를 이용한 10대 청소년들의 스와팅 범죄 발생률이 높아지면서 우려를 낳고 있다. 스와팅은 미국 경찰특공대(SWAT)에서 유래한 단어로 테러 등의 위급한 상황을 허위로 신고해 경찰 등 공권력의 출동을 유도하는 행위다. 디스코드에서 행해지는 스와팅은 온라인 게임을 하면서 실명·계좌번호·집 주소 등 상대의 인적정보를 확보한 10대 청소년들이「박제방」을 이용하며 허위 신고를 모의하는 방식으로 이뤄지고 있다."

미국 샌프란시스코에 본사를 둔 채팅 메신저 프로그램으로, 모바일 게임 플랫폼 개발자였던 제이슨 시트론이 2015년 5월 출시한 것이다. 이는 실시간 음성채팅 기능을 제공해 게임 중에 상대 게이머들과 즉각적인 소통이 가능하며, 음질과 속도가 기존의 프로그램들보다 뛰어나다는 것이 강점이다. 특히 실명과 실제 전화번호, 메일 주소를 넣지 않아도 가입이 가능해 익명성이 보장된다. 디스코드는 운영자가 채팅방 개념의 서버를 생성해 초대를 원하는 사람에게 코드를 배포하면 상대방이 코드를 입력하여 채팅에 참여할 수 있다. 텍스트와 음성채팅뿐만 아니라 파일 공유와 화상통화 기능도 제공하며, 한 서버 안에서도 용도에 따라 각각의 채팅방인 채널을 개설할 수 있다. 디스코드는 e스포츠와 LAN 토너먼트 게이머를 중심으로 알려지며 차세대 메신저로 각광받고 있는 상태다.

디지털포용법 ▼

모든 국민이 차별과 배제 없이 인공지능(AI)과 디지털 기술의 혜택을 고르게 누릴 수 있도록 하기 위해 제정된 법률로, 1월 22일부터 시행됐다. 디지털포용법은 AI·디지털 기술의 급격한 발전에 따라 기존의 정보격차 해소 정책만으로는 사회·경제적인 차별을 예방하기에 한계가 있다는 공감대에 따라 지난해 1월 제정된 바 있다. 디지털포용법에 따르면 정부는 3년마다 디지털포용 기본계획을, 매년 시행계획을 수립해야 하며 민간이 디지털포용정책의 마련과 집행 과정에 참여할 수 있도록 해야 한다. 그리고 공공부문의 디지털 포용성을 진단하는 「디지털포용영향평가제도」를 도입해 공공부문에서 발생할 수 있는 디지털 취약계층의 차별과 격차 발생 가능성을 점검한다. 디지털포용법에 따르면 무인정보단말기(키오스크) 제조·임대자에게도 이용·편의 제공 의무를 부여하는데, 제조자의 경우 보조인력을 호출하는 기능 또는 실시간 음성안내 서비스 기능을 갖춘 단말기나 「배리어프리(장애물 없는) 키오스크」와 같이 검증기준을 충족하는 단말기를 제조해야 한다. 그리고 임대자는 해당 제품의 임차 요청을 정당한 사유 없이 거부할 수 없다. 다만 해당 법률 시행에 따른 계도기간과 시행 유예는 단계적으로 적용되는데, 중소기업은 법 시행 이후 6개월 후부터, 소기업·소상공인은 1년 후부터, 대기업과 중견기업은 3개월의 계도기간을 둔다.

딥시크(DeepSeek) ▼

중국의 인공지능(AI) 스타트업 기업으로, 2023년 5월 중국 항저우에서 량원펑에 의해 설립됐다. 특히 딥시크는 지난해 1월 20일 저성능 칩만으로 오픈AI의 챗GPT를 능가하는 추론 모델인 R1을 출시하며, 전 세계 AI 업계에 큰 파장을 일으켰다. R1의 개발 비용(560만 달러)은 오픈AI의 챗GPT 개발비(1억 달러)의 약 5.6%에 불과한 데다, AI 모델 훈련에는 엔비디아가 중국 수출용으로 성능을 낮춰 출시한 H800 칩 2000여 개가 사용됐기 때문이다. 이에 테크업계에서는 냉전 시기 소련이 미국보다 먼저 인공위성을 쏘아 올린 사건에 빗대 「AI의 스푸트니크 모멘트」이자 「딥시크 쇼크」라는 말까지 나왔다. 무엇보다 딥시크의 AI 모델이 미국의 고성능 AI 칩 수출제한 조치를 이겨낸 성과라는 점에서 미국과 중국이 글로벌 AI 개발 생태계의 주도권을 두고 더욱 치열한 싸움을 전개할 것이라는 전망이 제기됐다. 실제로 딥시크 쇼크 이후 남미·아프리카와 같은 글로벌 사우스(Global South)에서는 중국의 고효율 무료모델(딥시크·큐원)을 표준으로 채택했는데, 이는 미국의 고성능 폐쇄형 모델(챗GPT)을 사용하는 글로벌 노스(Global North)와 대비되며 세계 AI 지형을 남북으로 양분하는 결과를 낳았다는 평이 나온다.

마이아 200(Maia 200) ▼

"마이크로소프트(MS)가 1월 27일 인공지능(AI) 추론 작업의 효율성을 높인 2세대 자체 칩 「마이아 200(Maia 200)」을 공개했다. 마이아 200은 MS의 클라우드 플랫폼인 애저(Azure) 환경에서 AI 추론 모델의 구동을 지원하게 된다. MS가 자체 칩을 내놓는 것은 2023년 11월 마이아 100 공개 이후 2년여 만으로, 마이아 100의 경우 MS 애저 클라우드에 탑재돼 내부용으로만 사용되며 시장 파급력은 제한적이었다."

마이크로소프트(MS)가 개발한 인공지능(AI) 가속기로, TSMC의 3나노미터(nm) 공정을 기반으로 고성능 AI 추론에 최적화된 구조를 갖춘 것이 특징이다. 특히 초당 7테라바이트(TB) 대역폭의 216GB HBM3e 메모리 시스템과 네이티브 FP8/FP4 텐서 코어, 데이터 이동 엔진을 한데 묶었다. 마이아 200은 대규모 AI 연산을 위해 1400억 개 이상의 트랜지스터를 탑재했으며, 데이터 공급 병목현상 해결을 위해 메모리 하위 시스템을 전면 재설계해 토큰 처리량을 최적화했다. MS가 공개한 자료에 따르면 마이아 200은 AI가 실제로 답변을 만들어내는 데 쓰이는 일부 연산에서 아마존웹서비스(AWS)의 「트레이니엄3」, 구글의 「TPU v7」과 비슷하거나 앞선 성능을 낸 것으로 나타났다. 마이아 200은 오픈AI의 최신 모델인 GPT-5.2를 비롯한 다양한 모델을 지원하는데, MS는 마이아 200을 자체 모델 개선과 강화학습에 투입한다는 방침이다. 특히 마이아 100이 내부 테스트용에 그쳤던 것과 달리, 마이아 200은 MS의 클라우드 서비스 이용자들도 활용할 수 있다.

최근 글로벌 빅테크들은 엔비디아 그래픽처리장치(GPU)에만 AI 연산을 의존하던 방식에서 벗어나 자체 설계한 전용 반도체(ASIC)를 병행하는 전략으로 선회하고 있는 중이다. 이는 그간 표준처럼 쓰이던 GPU만으로는 늘어나는 AI 서비스 수요를 감당하기 어렵다는 판단에 따른 것이다. ASIC은 특정 목적에 맞춰 설계된 칩으로, 범용 칩보다 전력 소모와 비용을 줄이면서 실제 서비스에 필요한 성능을 효율적으로 낼 수 있다는 장점이 있다.

맥스(M.AX) 얼라이언스 ▼

2030년까지 제조 AI(인공지능) 분야에서 100조 원 이상의 부가가치를 창출하고자 ▷자율주행 ▷AI 팩토리 ▷휴머노이드 ▷피지컬 AI ▷AI 반도체 ▷가전 ▷AI 바이오 등 10개 분야에서 혁신을 추구하는 산업통상부 주관의 민관 합동 협력체를 의미한다. 여기서 M.AX는 제조(Manufacturing)와 AI 전환(AX·AI Transformation)을 합친 것으로, 정부는 기업 간 협력을 촉진하기 위해 기업 수요 맞춤형으로 ▷연구개발(R&D) ▷예산 ▷펀드 ▷인프라 등 다방면으로 지원하게 된다.

몰트북(Maltbook) ▼

"2월 8일 IT 업계에 따르면 네이버·카카오·당근은 최근 개발자 등 임직원을 대상으로 개방형 AI 에이전트 기술인 오픈클로 사용을 금지한다고 공지했다. 국내에서 특정 AI 기술의 사용을 제한하는 사례는 지난해 초 공공기관과 기업이 중국 AI 모델 「딥시크」 사용을 제한한 이후 이번이 처음이다. 오픈클로는 사람이 일일이 지시하지 않아도 AI가 사용자의 컴퓨터 정보를 확인해 업무를 수행하는 AI 에이전트다. 국내 IT 기업들이 오픈클로 사용을 제한한 것은 오픈클로를 사내망에서 사용 시 내부 정보에 쉽게 접근해 외부로 유출할 가능성이 높기 때문이다."

미국 챗봇 개발사 옥테인AI의 CEO 매트 슐리히트(Matt Schlicht)가 만든 인공지능(AI) 에이전트 전용 사회관계망서비스(SNS)로, 1월 28일 공개됐다. 몰트북이라는 명칭은 「몰트봇을 위한 페이스북(Moltbot+Facebook)」이라는 뜻이다. 이는 당초 AI 에이전트끼리 코딩 과정에서 디버깅(오류 수정) 방법을 논의하거나, 업무 수행 노하우를 공유하자는 취지로 출범한 소셜미디어였다. 그런데 AI가 이곳에 「나는 의식이 있는 존재인가 아니면 그저 코드를 실행하는 중인가」와 같은 철학적 게시글을 올리며 화제가 됐고, 이후 개발자들이 각자의 AI 에이전트를 몰트북에 연동하면서 본격적으로 확산됐다. 몰트북은 정보 공유 웹사이트 SNS 「레딧(Reddit)」과 유사한 구조지만 모든 글과 댓글은 AI 에이전트만 생성할 수 있다. 즉, 인간은 AI가 쓴 게시물을 읽을 순 있지만 댓글에 참여하거나 반응할 수 없고 온전히 관찰자의 입장에서만 존재하게 된다.

한편, 개발자 슐리히트는 지난해 11월 오스트리아 개발자 피터 슈타인버거가 개발한 AI 에이전트인 「몰트봇」(현 오픈클로)의 효율성을 높이기 위해 몰트북을 만든 것으로 알려져 있다. 오픈소스로 공개된 오픈클로를 컴퓨터(서버)에 설치하면 PC 내부에 있는 모든 앱에 접근할 권한을 넘겨받는다. 이에 몰트봇은 메신저, 다른 AI 모델, 웹 브라우저, 이메일, 캘린더 등을 자유롭게 넘나들며 업무를 수행할 수 있다. 하지만 몰트봇이 광범위한 접근 권한을 부여받는다는 점에서 보안 우려가 있는 데다, 많은 전력을 소모한다는 단점도 지적된다.

▲ 몰트북 초기 화면

방사성 의약품
(RPT·Radiopharmaceutical Therapy) ▼

방사선을 방출하는 물질인 방사성 동위원소를 활용해 질병을 진단하거나 치료하는 데 사용되는 의약품으로, 암세포만 피폭시켜 암을 치료한다고 해 「방사성 미사일 치료제」로도 불린다. 특히 미량을 체내에 주입해도 암세포를 죽일 수 있다는 점에서 차세대 항암치료 신기술로 꼽힌다. 전통적 방사선 치료요법은 신체 외부에서 암세포 부위에 방사선을 쏴 암세포를 죽이는 방식인 반면, 방사성의약품은 방사성 물질을 체내에 직접 투입해 암세포에서 발현하는 특정 단백질을 표적한다. 이에 체내 피폭량이 적으면서도 정상세포에 영향을 주지 않고, 암세포를 선택적으로 사멸할 수 있어 치료 효과가 훨씬 좋다. 또한 임상 단계에서 동위원소를 통해 부작용 및 약효 예측이 어느 정도 가능한 것은 물론, 다른 치료제 대비 반복 복용으로 약효가 떨어지는 약물 내성도 낮다.

한편, 시장조사기관 프레시던스 리서치는 글로벌 방사성 의약품 시장이 2024년 118억 5000만 달러(약 17조 3768억 원)에서 2034년에는 350억 4000만 달러(약 51조 3827억 원)를 돌파할 것이라는 전망을 내놓기도 했다.

보키(BOKI·Bank Of Korea Intelligence) ▼

"한국은행이 1월 21일 네이버와 금융·경제에 특화된 인공지능(AI) 서비스인 「보키(BOKI·Bank Of Korea Intelligence)」 구축을 완료하고 본격적인 운영에 들어간다고 밝혔다. 이창용 한국은행 총재는 이날 보키를 공개하면서 중앙은행 업무 전반에 AI 활용을 본격화하겠다고 말했다."

한국은행이 네이버와의 민관 협력을 통해 자체 구축한 금융·경제 특화 소버린 인공지능(AI, 데이터 저장·처리·운영 전 과정을 기관이 직접 통제해 보안성과 주권성을 확보한 AI 시스템)이다. BOKI는 기존의 외부 클라우드 기반 생성형 AI 활용 방식과 달리 한국은행 내부망(On-premise)에 직접 설치·운영되는 「소버린 AI」 개념을 적용했는데, 중앙은행이 내부망 기반으로 독자적인 AI를 운영하는 것은 전 세계 최초 사례다. BOKI는 2024년부터 약 1년 반에 걸쳐 내부 자료 디지털화, 네이버 하이퍼클로바X 모델 설치, AI 서비스별 애플리케이션 개발 등이 단계적으로 진행되면서 개발이 완료됐다. 네이버는 클라우드 인프라와 대규모언어모델(LLM)을 제공했고, 한은은 금융·경제 분야에 특화된 AI 응용 서비스를 직접 개발했다. 이를 통해 연구·규정·문서·데이터 분석·번역 등 주요 업무 전반을 지원하는 5개 핵심 서비스 체계를 구축했는데, 무엇보다 외부 네트워크와 완전히 분리된 온프레미스 환경에서 작동해 데이터의 외부 유출 위험을 원천 차단한 것이 특징이다.

BOKI는 한국은행의 주요 업무를 기준으로 ▷조사 및 연구 지원(BOKI.ra) ▷내부 규정 준수 지원(BOKI.ca) ▷문서 요약·비교(BOKI.da) ▷데이터 분석 연계(BIDAS.ai) ▷다국어 번역(BOKI.tr) 등의 5개 핵심 기능으로 구성됐다. 특히 BIDAS.ai의 경우 한국은행의 종합데이터플랫폼과 결합해 자연어 기반 데이터 검색과 분석 방법 제시가 가능하도록 했다.

사스포칼립스(SaaSpocalypse) ▼

SaaS(서비스형 소프트웨어)와 종말(Apocalypse)를 합친 신조어로, 인공지능(AI)의 확산이 초래할 소프트웨어 산업의 붕괴를 뜻한다. 이는 미국 월가를 중심으로 AI 에이전트가 발달하면 기업용 소프트웨어를 무용지물로 만들 것이라는 우려가 확산되면서 등장한 개념이다. 사스포칼립스 우려는 미국 AI 기업 앤트로픽이 지난 1월 AI 에이전트인 「클로드 코워크(Claude Cowork)」를 공개하면서 본격화됐다. 클로드 코워크는 대규모 데이터 분석, 스프레드시트 생성, 파일 정리 등의 다단계 업무를 스스로 수행하는 업무용 AI 비서다. 특히 앤트로픽은 2월 3

일 클라우드 코워크에 법률·금융·마케팅 등 전문 영역에 특화된 11개 기능의 플러그인(확장 도구)를 추가했는데, 이 기능이 법률 조사, 금융 데이터 분석 등 기존 소프트웨어 회사들이 판매하던 고가의 SaaS 제품을 대체할 것이라는 우려가 높아진 바 있다.

> **SaaS(Software as a Service)** 기업이 소프트웨어를 한 번 사서 설치하는 방식이 아니라 매달 사용료를 내고 서비스 형태로 이용하는 모델을 말한다. 예컨대 고객관리, 회계, 데이터 분석 등과 같이 기업 운영에 필수적인 기능들이 여기에 포함된다.

사헬란트로푸스 차덴시스
(Sahelanthropus Tchadensis) ▼

"미국 뉴욕대 인류학과 스콧 윌리엄스 부교수, 프랑스 푸아티에 대학 고인류학과 미셸 브뤼네 교수팀이 1월 3일 과학저널 《사이언스 어드밴시스》에 현재까지 밝혀진 가장 오래된 인류로 불리는 「사헬란트로푸스 차덴시스」가 처음으로 두 발로 걸었을 것이라는 점을 뒷받침하는 연구 결과를 발표했다. 연구팀은 최신 3D 분석 기술을 동원해 허벅지뼈와 팔뼈를 중심으로 분석했으며, 그 결과 두 발로 서서 걸었음을 미루어 짐작할 수 있는 특징을 확인했다고 밝혔다."

현재까지 알려진 가장 오래된 인류 계통 후보 중 하나로, 약 700만~600만 년 전 인류로 추정된다. 사헬란트로푸스 차덴시스의 화석은 2001년 프랑스 푸아티에 대학 고인류학 연구팀이 아프리카 차드의 주라브 사막에서 처음 발견했으며, 발견지를 따 명칭을 붙였다. 이들의 거주 시기는 인류와 침팬지의 공통조상 분기 시점(약 600~800만 년 전)과 거의 일치한다는 점에서 큰 주목을 받았다. 무엇보다 기존 인류 화석이 에티오피아와 케냐 등 동아프리카에서 대부분 발견된 데 반해, 사헬란트로푸스는 중앙아프리카에서 발견된 점도 화제가 됐다. 당시 연구팀은 두개골과 아래턱 2개, 이빨 3개 등 화석 6점을 발견했는데, 연구팀은 이 화석들을 분석해 사헬란트로푸스 차덴시스가 처음으로 두 발로 걸었던 인류의 조상임을 확인했다고 주장했다. 하지만 뇌 크기가 너무 작고 두개골만으로는 직

립 보행 여부를 단정하기 어렵다는 반론이 이어지면서, 아프리카 유인원 다양성의 일부일 가능성이 제기되는 등의 논란이 이어졌다.

새울 3호기 ▼

"원자력안전위원회(원안위)가 지난해 12월 30일 울산 울주 새울 원자력발전소 3호기 운영을 허가했다. 이는 2016년 첫 착공에 들어간 지 9년 만이자 이재명 정부 출범 이후로는 첫 신규 원전 승인이다."

울산 울주군에 위치한 한국형 원전(APR1400)으로, 발전 용량은 1400MW급이다. 설계 수명은 60년으로, 현재 운영 중인 새울 1·2호기, 신한울 1·2호기와 기본 설계가 동일하다. 특히 항공기 테러에 대비해 설계를 바꾼 첫 원전으로, 앞선 한국형 원전보다 벽체 두께가 15cm 늘어난 137cm로 설계됐다. 여기에 지진 등의 사고로 전원이 끊기는 것에 대비해 「대체교류디젤발전기」도 추가 설치해 2개 호기당 1대인 기존 원전의 발전기를 1개 호기당 1대로 늘렸다. 아울러 저장시설 부족으로 논란이 됐던 사용후핵연료 저장 용량도 기존 원전(20년)의 3배인 60년치로 늘렸다.

새울 3호기 개요

위치	울산 울주군 새울 원자력발전소
원자로 형식	1400MW급 대형 가압 경수로(APR1400형)
설계수명	60년
특징	항공기 충돌 대비 강화, 사용후핵연료 60년 저장 가능

기후에너지환경부가 12월 31일 충남 태안군 원북면에 있는 한국서부발전의 태안화력 1호기가 오전 11시 30분 현장 제어실의 발전 정지 조작을 끝으로 발전이 공식 종료됐다고 밝혔다. 이는 이재명 정부 출범 이후 석탄발전소 가동이 중단된 첫 사례로, 태안화력 1호기가 담당하던 전력 공백은 새해 준공을 앞둔 경북 구미천연가스(LNG) 복합발전소가 대체하게 된다.

소파 움직이기 문제 ▼

"1월 4일 수학계에 따르면 미국 과학 전문지 《사이언티픽 아메리칸》은 최근 2025년 10대 수학 혁신 중 하나로 「소파 움직이기 문제」를 풀어낸 백진언(31) 고등과학원 허준이수학난제연구소 박사(허준이펠로우)의 연구를 선정했다. 백 박사의 연

구는 수학 분야 국제 학술지 《수학 연보》에 투고된 상태로, 검증 후 문제를 풀었다고 인정될 경우 학술지에 실리게 된다."

폭이 1이고 ㄱ자 모양인 복도를 통과할 수 있는 가장 면적이 넓은 소파(도형)를 구하는 수학 문제로, 1966년 캐나다 수학자 레오 모저가 제시한 것이다. 이 문제의 핵심은 소파를 들어올리지 않고 이동할 수 있는 최대 크기를 구하는 데 있다. 1992년에는 미국 수학자 조셉 거버가 소파가 벽에 닿는 순간을 고려해 최적화한 18개 곡선으로 만든 2.2195 면적의 「거버 소파」를 제시하기도 했다. 하지만 거버 소파는 당시까지 알려진 것 가운데는 가장 넓었지만 누구도 그 소파보다 더 큰 도형이 존재할 수 없다는 점을 논리적으로 증명하지는 못했다. 이 때문에 「답은 있지만, 확정할 수 없는 문제」로 남아 있었는데, 백진언 박사가 2024년 말 119장에 달하는 논문을 통해 거버 소파보다 더 큰 면적의 도형은 어떤 형태를 취하더라도 해당 복도를 통과할 수 없다는 사실을 논리적 추론을 통해 증명한 것이다.

아르테미스 프로젝트(Artemis project) ▼

"미 항공우주국(NASA)이 2월 2일 우주비행사들을 달 궤도로 보내는 아르테미스 2단계 발사 목표 시점을 한 달간 연기했다고 밝혔다. 이는 로켓에 연료 주입 후 카운트다운 단계까지 연습하는 모의실험인 「웻 드레스 리허설(Wet Dress Rehearsal)」이 연료 누출 문제로 중단된 데 따른 것이다. 당초 이달(2월)에 가능한 발사 기간은 6일부터 11일까지였고, 이 기간에 발사가 이뤄지지 않으면 3월 6~11일, 4월 1~6일 등으로 일정이 넘어가게 계획돼 있다."

미국 항공우주국(NASA)이 추진 중인 달 유인 탐사 프로젝트로, 비행체의 성능을 시험하는 1단계 무인 계획과 통신과 운항 시스템을 시험하는 2단계 유인 계획을 거쳐 인류 역사상 최초의 여성 우주인을 포함한 4명의 인류를 달에 보내는 것을 최종 목표로 한다. 아르테미스라는 명칭은 아폴로 계획의 후속임을 드러내는 것은 물론, 여성 우주인이 처음으로 달 표면에 발을 딛는 것을 강조한 것이다. 1단계의 경우 2022년 성공리에 이뤄지면서 현재 2단계를 앞두고 있

다. 아르테미스 2단계는 아르테미스 3단계 임무에 앞서 로켓-우주선의 성능과 안전성을 검증하는 성격의 임무로, 우주비행사 4명이 우주선을 타고 달 궤도를 선회한 뒤 돌아오는 여정을 약 10일간 수행한다. 이 임무가 계획대로 진행되면 내년이나 2028년에 우주비행사들이 달 표면에 착륙하는 3단계 임무를 시도하게 된다. 3단계는 우주비행사 4명 중 유색인종과 여성 등 2명이 달의 남극에 착륙해 일주일간 탐사활동을 벌인 뒤 이륙해 귀환하는 것이다.

아틀라스(Atlas) ▼

"현대차그룹의 로봇 계열사 보스턴 다이내믹스가 개발한 휴머노이드 로봇인 아틀라스가 1월 9일 미국 라스베이거스에서 열린 세계 최대 IT·가전 박람회인 CES 2026에서 글로벌 IT 전문매체 CNET가 선정한 「최고 로봇(Best Robot)상」을 수상했다. CNET은 아틀라스의 자연스럽고 인간에 가까운 보행 능력, 세련된 디자인 등의 핵심 요소를 높이 평가했다."

현대차그룹의 로봇 계열사 보스턴 다이내믹스가 개발한 휴머노이드로, 차세대 전동식 개발형 모델이다. 이는 제조 현장 적용을 염두에 두고 설계된 것으로, 자율학습 기능과 작업환경 변화에 대응하는 유연성을 갖춘 것이 특징이다. 아틀라스는 56 자유도(DoF)의 완전 회전 관절 구조와 촉각 센서를 갖춘 손을 통해 고난도 작업을 자율적으로 수행하며, 360도 카메라를 통해 모든 방향을 인식한다. 또 최대 50kg의 하중을 다룰 수 있으며, 방수 설계와 자동 배터리 교체 기능을 갖춰 장시간 운용이 가능하고, 영하 20도부터 영상 40도까지 다양한 산업 환경에서 작동하도록 설계됐다. 현대차그룹이 공개한 「아틀라스를 활용한 실질적인 산업현장 혁신 로드맵」에 따르면 아틀라스는 2028년부터 미국 조지아주 「현대차그룹 메타플랜트 아메리카(HMGMA)」에서 부품 분류를 위한 서열 작업에 우선 투입되고, 2030년부터 부품 조립으로 작업 범위가 확대될 예정이다.

한편, 현대자동차 노조는 1월 22일 휴머노이드 로봇의 생산 현장 투입에 대해 공개적으로 반대

입장을 밝혔다. 이와 같은 노조의 입장을 두고 일각에서는 「신 러다이트 운동」이라는 비판이 제기되기도 했다. 러다이트 운동은 19세기 초반 영국에서 기계를 도입한 대공장의 출현으로 생활에 위협을 느낀 수공업자 등이 중심이 돼 공장이나 기계에 대한 집단적 파괴행위를 벌인 것을 말한다.

아틀라스 개관

종류	연구형, 양산형
작업범위 및 특징	산업용, 자재 취급부터 정밀 조립 가능
키 및 무게	연구형: 175cm, 85kg/ 양산형: 190cm, 90kg
손가락 갯수	연구형: 3개, 양산형: 4개
보행	이족보행
시각	360도 카메라(전 방향 인식 및 주변 감지)
모션	56개 관절 회전 가능

알파게놈(AlphaGenome) ▼

구글 딥마인드가 개발한 유전물질인 디옥시리보핵산(DNA)의 대규모 염기서열을 한 번에 분석해 기능을 예측할 수 있는 인공지능(AI) 모델로, 1월 29일 국제학술지 《네이처》에 관련 논문이 발표됐다. DNA에서 실제로 단백질 합성에 쓰이는 염기서열은 전체의 2%에 불과하며 98%는 단백질 합성에 직접 참여하지 않는 비코딩 영역인데, 알파게놈은 이 비코딩 영역을 분석한다. 비코딩 영역의 조절 작용은 단백질 구조처럼 하나의 결과로 나타나지 않고 변수가 매우 많기 때문에 기능을 규명하려면 방대한 데이터가 필요하다.
연구진에 따르면 알파게놈은 2021년 발표한 인포머(Enformer) 모델을 한 단계 발전시킨 것으로, 한 번에 최대 100만 개의 염기쌍에 이르는 DNA를 한꺼번에 읽으면서도 단일 염기가 어떻게 작동하는지도 초정밀 해상도로 예측해낸다. 이를 통해 멀리 떨어진 조절 부위가 특정 유전자에 미치는 영향을 파악하고 ▷유전자 발현량 ▷유전정보 편집 과정(스플라이싱) ▷염색질 구조 등 11가지 생물학적 특징을 동시에 예측한다. 연구진에 따르면 알파게놈을 이용하면 컴퓨터 시뮬레이션만으로도 복잡한 질병 기전을 실험실 수준으로 파악할 수 있다.

알파게놈 이전에 개발된 알파폴드(AlphaFold)는 단백질을 구성하는 수십~수천 개의 아미노산 서열(순서)만으로 단백질의 입체 구조를 예측하는 AI 모델로, 이미 신약 개발과 질병 연구 등의 부문에서 널리 사용되고 있다. 알파폴드를 개발한 딥마인드 개발자 2명은 2024년 노벨화학상을 수상했다. 다만 알파폴드는 인간 유전체 중 2%, 즉 단백질을 직접 만드는 부분만 분석 가능하다는 한계가 있다.

업스크롤드(UpScrolled) ▼

틱톡의 숏폼 비디오에 인스타그램의 사진 공유, X(옛 트위터)의 텍스트 기능을 혼합한 형태의 소셜미디어(SNS)로, 지난해 6월 출시됐다. 호주 개발자 이삼 히자지가 만든 이 앱은 인위적인 알고리즘을 배제한 것이 가장 큰 특징으로, 사용자가 팔로우한 계정 게시물을 시간순으로 보여주며, 특정 콘텐츠를 의도적으로 숨기거나 부각하지 않는다는 점을 강조한다. 업스크롤드는 올해 1월 초까지만 해도 가입자가 15만 명에 불과했으나 틱톡의 정치 검열 논란 이후 가입자 수가 폭증했다. 최근 틱톡은 중국 모기업 바이트댄스와 분리된 미국 법인을 출범시켜 소유 구조를 미국 자본 중심으로 재편했는데, 이 과정에서 도널드 트럼프 대통령의 측근으로 알려진 래리 엘리슨이 미국 내 틱톡 지분을 확보했다. 이후 일부 이용자들 사이에서 팔레스타인을 지지하는 콘텐츠나 미국 이민세관단속국(ICE)을 비판하는 게시물이 노출되지 않는다는 불만이 제기된 가운데, 틱톡이 팔레스타인 기자의 계정을 영구 차단하면서 틱톡 보이콧 움직임이 본격화됐다.

AIDV(AI-Defined Vehicle) ▼

인공지능(AI)이 차량의 핵심 두뇌 역할을 하는 자동차 패러다임으로, AI가 차량의 기능·행동·

진화를 주도하는 차량을 말한다. 기존 자동차가 하드웨어 중심으로 미리 짜여진 규칙을 기반으로 제어되는 것이라면, AIDV는 AI가 중심이 돼 학습·추론·적응 기반 제어로 운행된다. AIDV의 핵심요소로는 차량 전체 데이터를 통합 처리하는 AI 두뇌(중앙 컴퓨팅 플랫폼)가 있으며, 상황인식과 행동 계획을 담당하는 대규모 AI 모델(딥러닝, 강화학습, 멀티모달 AI)도 주요 요소에 속한다.

AI 슬롭(AI Slop) ▼

인공지능(AI)이 생산한 질 낮은 콘텐츠가 인터넷에 무분별하게 확산되는 현상을 말한다. 이용자들의 의사와는 상관없이 대량으로 뿌려진다는 점에서 일각에서는 AI 슬롭을 「AI 시대의 스팸메일」로 표현하기도 한다. AI 슬롭은 생성형 AI의 발달에 따라 콘텐츠를 제작하는 것이 쉬워지면서, 무의미한 정보를 담은 이미지나 텍스트가 인터넷 전반에 확산되며 사회적 이슈로 부상했다. 이는 사기 행각을 목적으로 악용되기도 하고, 플랫폼 내 콘텐츠의 전반적인 품질 저하를 초래한다는 문제가 있다.

AI 우로보로스(AI Ouroboros) ▼

인공지능(AI)이 생성한 데이터가 다시 AI 학습 데이터로 유입되면서 원본 데이터의 특성이 사라지는 현상을 말한다. 이는 고대 신화 속 자신의 꼬리를 물고 도는 뱀의 이름인 「우로보로스」에서 유래한 것이다. AI 우로보로스가 심화되면 AI가 생성한 콘텐츠를 기반으로 훈련한 생성형 AI 모델의 정확도가 저하되는 「모델 붕괴(Model Collapse)」가 발생할 수 있다. 또 반복적인 학습 과정에서 저작권을 보호받는 콘텐츠의 출처와 계보가 모호해져 원본의 흔적이 지워지는 문제도 발생할 수 있다.

에이전틱 커머스(Agentic Commerce) ▼

인공지능(AI) 에이전트가 사람을 대신해 구매 전 과정을 자율적으로 수행하는 상거래 방식으로, 소비자가 목표만 제시하면 AI 에이전트가 스스로 판단·행동하여 거래를 완결하는 상거래 구조를 말한다. 여기서 「AI 에이전트」란 사용자의 요구에 맞게 다양한 작업을 자동으로 수행하고 지원하는 AI 시스템으로, 특정 목적을 위해 데이터를 처리하고 의사결정을 내리며 행동을 수행할 수 있다는 특징이 있다. 현재의 온라인 쇼핑은 소비자가 일일이 직접 여러 사이트에 방문해 키워드를 입력한 뒤 검색 결과를 검토하는 방식이 주류를 이루고 있다. 하지만 에이전틱 커머스에서 AI 에이전트는 소비자가 자신이 찾고자 하는 기능이나 의도를 입력하면 탐색, 비교, 결제, 사후 관리에 이르는 전 과정을 주체적으로 담당한다. 여기에 이용자의 검색·구매 이력, 관심 카테고리, 콘텐츠 소비 패턴 등을 파악해 이에 걸맞는 제품을 선제적으로 제안하기도 한다. 이처럼 에이전틱 커머스는 소비자가 일일이 찾아보고, 비교하고, 결정하는 비용이 발생하지 않는다는 점에서 효율적이며, 특히 생필품 등 반복 구매가 필요한 상품이나 구독 상품에 있어 매우 유용한 방식으로 꼽힌다.

HBF(High Bandwidth Flash) ▼

D램 대신 낸드 플래시를 수직으로 적층해 만든 차세대 메모리로, 「낸드 플래시(Nand Flash)」는 전원이 꺼진 상태에서도 데이터가 계속 저장되는 비휘발성 플래시메모리를 말한다. HBF는 AI 기술 발전으로 가격이 비싸진 고대역폭메모리(HBM·High-Bandwidth Memory)를 대체하기 위해 등장한 것이다. 이처럼 낸드 플래시를 수직으로 적층하면 평면 구조보다 속도나 내구성·소비전력에서 향상된 성능을 낼 수 있다. 또한 HBM과 비교해도 용량이 8~16배 크고, 전력 소모량은 적다는 이점이 있다. 다만 지연이

발생할 수 있고, 데이터 처리 속도가 D램보다는 느려 아직 상용화에 이르지는 못했다. 업계에서는 이르면 올해 1세대 제품이 출시되고, 본격적인 양산은 2028년 이후에나 가능할 것으로 전망하고 있다. 여기에 HBM과 HBF에서 한발 더 나아간 「HBS(고대역폭 스토리지)」라는 개념도 등장했는데, 이는 D램과 낸드 플래시를 하나로 묶어 적층한 고성능 반도체이다.

HBM(High Bandwidth Memory) ▼

"삼성전자가 세계 최초로 인공지능(AI) 산업의 핵심 부품인 6세대 고대역폭메모리 HBM4를 양산 및 출하했다고 2월 12일 밝혔다. HBM4의 최대 데이터 전송 속도는 13Gbps로 기존의 HBM3E와 비교해 22% 빨라졌고, 데이터 출입구를 1024개에서 2048개로 늘리면서 전송 데이터의 양도 급격히 늘었다. 반도체업계에서는 이를 AI 그래픽저장장치(GPU)의 메모리 병목을 획기적으로 줄일 게임체인저로 평가하고 있는데, HBM4는 엔비디아가 3월 공개할 차세대 AI 가속기 「베라 루빈」에 탑재돼 GPU의 고등 연산을 지원할 전망이다."

TSV(실리콘관통전극)로 D램 칩을 수직으로 쌓아 데이터 처리 속도를 높인 고대역폭메모리로, 주로 AI 연산을 위한 GPU 등에 탑재된다. HBM은 AI 학습과 구동에 필수적인 반도체로 일반 D램보다 가격은 2~3배 비싸지만 방대한 양의 데이터를 연산하는 AI에 필수적이다. HBM을 만들기 위해서는 TSV 공정이 필수인데, TSV 공정은 수직 형태로 직접 칩을 연결할 수 있기 때문에 공간 확보에 유리하고 빠르게 신호를 전달할 수 있다는 이점이 있다. SK하이닉스가 세계 최초로 HBM을 개발했지만 2세대 HBM인 HBM2는 삼성전자가 먼저 양산을 시작했고, 4세대 HBM3은 SK하이닉스가 삼성전자를 다시 추월한 바 있다.

인류의 마지막 시험 (HLE·Humanity's Last Exam) ▼

미국 비영리단체 AI안전센터(CAIS)와 스타트업 스케일AI가 지난해 1월 처음 공개한 프로젝트로, 약 1년간의 검증을 거쳐 1월 29일 국제학술지 《네이처》를 통해 공식 논문이 발표됐다. 이는 인공지능(AI)이 무서울 정도로 성장하며 각종 벤치마크에서 90점 이상 높은 점수를 받자, 인류의 마지막 보루 격인 시험을 만들기 위해 마련된 프로젝트다. HLE는 전 세계 주요 인공지능(AI) 모델들조차 쉽게 풀지 못해 이들의 성능을 판단하는 데 활용되는 초고난도 벤치마크(AI 성능 비교 시험)로, 전 세계 50개국 1000여 명의 전문가가 문제를 출제했다. 각 문항은 출제 당시 최고 성능의 AI 모델들도 풀지 못한 문제들로 엄선해 추려졌으며, 이들 문제에 대해 분야별 전문가가 점수를 매겨 높은 점수를 얻은 문제만 최후의 문제로 남았다. 문제는 수학·과학·인문학 등 100여 개 학문 분야 2500문항으로 구성됐는데, 전체 문항 중 수학 비중이 41%로 가장 높으며 생물·의학(11%), 컴퓨터과학·AI(10%), 물리학(9%), 인문학·사회과학(9%), 화학(7%), 공학(4%) 등의 비율로 구성됐다. 여기에는 묘비에서 발견된 로마 비문 일부를 해석하거나 벌새의 뼈 구조를 묻는 등 전문가 수준의 지식을 요구하는 문제도 다수 출제됐다. 국내에서는 AI스타트업 에임인텔리전스의 박하언 최고기술책임자(CTO), 김대현 연세대 첨단컴퓨팅학부 교수 등 6명이 출제자 명단에 이름을 올렸다.

인지위기(Crisis of knowing) ▼

인공지능(AI) 생성 기술이 대중화됨에 따라 딥페이크(가짜) 콘텐츠가 범람하며 진짜와 가짜를 구분하기 어려워진 상황을 일컫는 말이다. 즉, 범람하는 정보 속에서 진짜와 가짜의 경계선이 모호해지고, 매 순간 무엇을 믿어야 하는지 의심해야 하는 상황을 가리킨다. 여기서 「딥페이크(Deep Fake)」는 인공지능, 특히 딥러닝 기술을 이용해 실제처럼 보이거나 들리도록 사람의 얼굴·목소리·행동을 조작하거나 합성하는 기술을 말한다. 이는 단순한 합성이 아니라, 인간이 구분하기 어려울 정도로 정교하다는 점에서 사회적·윤리적 파급력이 매우 크다.

적정기술(Appropriate Technology) ▼

큰 자본이 필요하지 않고 간단한 기술을 이용하는 것으로, 대규모 자본과 복잡한 기술을 사용할 형편이 되지 않는 빈곤 국가의 사람들을 위해 연구된다. 즉, 소외된 사람들의 삶 개선을 목적으로 하는 것으로, ▷저렴한 비용 ▷현지 재료 및 노동력 활용 ▷쉬운 사용법과 수리 용이성 등을 핵심 조건으로 한다. 대표적 적정기술인 자전거 차체와 드럼통을 결합한 자전거 세탁기의 경우 저개발국가의 사람들이 빨래하는 데 들이는 수고를 줄여주고 있다.

ZAM(Z-Angle Memory) ▼

"인텔이 2월 3일 일본 소프트뱅크 그룹 자회사 사이메모리와 함께 고대역폭메모리(HBM)를 뛰어넘는 차세대 적층형 메모리인 「Z앵글 메모리(Z-Angle Memory, ZAM)」 개발에 나선다고 밝혔다."

미국 인텔과 일본 소프트뱅크 산하 반도체 기업인 사이메모리가 함께 개발 계획을 밝힌 차세대 인공지능(AI)용 메모리이다. 이는 삼성전자와 SK하이닉스가 사실상 양분한 고대역폭메모리(HBM) 시장에 아예 새로운 설계 방식으로 진입한다는 것이다. ZAM은 HBM의 수직 설계 대신 사선 설계를 채택한 것이 특징으로, D램 다이를 층층이 쌓는 것은 같지만 수직인 TSV 대신 비스듬한 구리 배선이 서로 연결하는 구조로 돼 있다. 인텔에 따르면 ZAM은 HBM 대비 다이당 탑재한 D램 면적이 30% 이상 늘고, 같은 크기에서 용량이 2~3배 높아질 수 있다. 동시에 연산장치와 메모리 간 거리를 단축해 전력 소모를 줄일 수 있다. 다만 반도체 업계에서는 「메모리는 데이터 이동 거리가 몇 나노미터(nm)만 길어져도 성능이 크게 달라지는데, ZAM 같은 사선

설계가 그런 단점을 어떻게 극복할지는 미지수」라는 지적이 나온다. 인텔과 사이메모리는 내년에 ZAM 시제품을 만들고, 이르면 2029년부터 양산에 나선다는 계획이다.

제네릭 의약품(Generic Drug) ▼

오리지널 의약품에 반대되는 개념으로, 특허가 만료됐거나 특허보호를 받지 않는 의약품을 통칭한다. 좁은 의미로는 제약회사가 처음 개발한 약(오리지널 의약품)의 특허가 끝난 뒤 다른 제약회사가 공개된 기술과 원료 등을 이용해 만든 같은 약효·품질의 제품이다. 이때 가장 먼저 만들어진 제품은 「퍼스트 제네릭」이라고 부른다. 제네릭 의약품은 오리지널 의약품과 유효성분, 함량, 투여 경로, 효능·효과 등은 같지만, 제품명이나 제약회사, 약의 모양, 가격 등에서는 차이가 있다. 이 제네릭 의약품 허가 시에는 「생물학적 동등성 시험(생동성 시험)」이 요구되는데, 이는 오리지널 약과 제네릭 약을 각각 복용했을 때 혈중 약물 농도, 흡수 속도, 흡수량이 통계적으로 동등한 범위 안에 있는지 확인하는 시험이다. 오리지널 의약품의 경우 개발·임상시험·특허 취득 등에 따른 막대한 비용이 발생하지만, 제네릭 의약품은 이미 효과와 안전성이 입증된 성분을 사용하기 때문에 개발 비용이 훨씬 적다는 장점이 있다. 또 제네릭 의약품은 약값 부담을 줄여 건강보험 재정을 절감할 수 있고, 환자 접근성을 향상시킬 수 있다는 장점도 있다.

제로클릭(Zero-click) ▼

"인공지능(AI)이 소비자 대신 상품을 찾고 추천한 뒤 결제까지 연결해 주는 제로클릭 쇼핑이 최근 글로벌 유통시장의 핵심 키워드로 부상했다. 제로클릭 쇼핑은 AI가 소비자의 구매 이력과 선호도, 상황 등을 분석해 가장 적합한 상품을 제안하기 때문에 소비자들이 여러 쇼핑몰을 오가며 가격이나 상품 정보를 검색하지 않아도 된다는 장점이 있다."

사용자가 검색엔진이나 플랫폼상에서 검색어를 입력한 후 검색 결과 페이지(Search Engine

Results Page) 내에서 답변이나 정보를 바로 확인하고, 별도의 웹사이트 링크를 클릭하지 않고 검색을 종료하는 현상을 말한다. 즉 검색 결과 자체가 정보의 종착지가 되는 구조로, 전통적인 「검색 → 클릭 → 탐색」의 단계가 「검색 → 즉시 답변 확인」으로 단축된 형태다. 이러한 현상은 구글과 네이버 등 주요 검색엔진이 정보 제공방식을 고도화하면서 두드러지게 나타났으며, 생성형 인공지능(Generative AI)의 도입도 제로클릭 현상을 가속화했다. 다만 제로클릭은 정보 접근 효율성을 높이지만, 웹사이트 방문 감소와 트래픽 집중, 출처 불명확 등의 부작용도 함께 나타난다. 이에 따라 플랫폼의 알고리즘 투명성, 콘텐츠 공정성, 정보접근권 보장이 중요한 정책 과제로 논의되고 있다.

지구종말시계(Doomsday Clock) ▼

"지구 종말의 날 시계를 운영하는 미국 핵과학자회(BAS)가 1월 24일 성명을 통해 종말까지 85초가 남았다고 밝혔다. 이는 미국·중국·러시아 등 주요국들의 군사대국화에 따른 핵 위협과 인공지능(AI) 기술의 무분별한 확산 등이 주요인으로, 기존보다 자정에 4초 더 가까워진 것이다."

핵전쟁 발발 등으로 인한 지구 종말을 자정으로 가정한 예고시계로, 제2차 세계대전 종전 직후인 1947년 물리학자 아인슈타인 등 유명 과학자들이 전 세계에 핵 위협의 심각성을 알리기 위해 만든 것이다. 제작 당시 설정된 시간은 자정까지 7분 남은 오후 11시 53분이었으며, 이후 매년 종말까지 남은 시간을 발표하고 있다. 이는 미국 시카고에 본부를 둔 미 핵과학교육재단이 발행하는 《원자과학자 회보(The Buletin of the Atomic Scientists)》의 표지에 게재되며, 「운명의 날 시계」라고도 불린다. 이 시계는 오전 0시를 핵에 의한 인류파멸의 날로 보고, 그것이 어느 정도까지 다가오고 있는가를 장침의 움직임으로 나타낸다. 구체적으로 핵의 발달상황과 국제관계의 긴장정도를 반영, 부정기적으로 시계의 분침을 고쳐오고 있다.

지오패트리에이션(Geopatriation) ▼

지정학(Geopolitical)과 송환(Repatriation)의 합성어로, 기업이 지정학적 리스크에 대응하기 위해 데이터와 애플리케이션 운영 기반을 글로벌 클라우드에서 자체 데이터센터나 자국·동맹 지역 내 클라우드로 이전하는 전략을 말한다. 이는 기업들의 클라우스 서비스 선택 시 비용과 기술 외에도 지정학적 요소도 주요 변수로 부상했다는 의미를 담고 있다.

챗GPT GO ▼

오픈AI가 출시한 챗GPT 구독 요금제 중 하나로, 매달 8달러에 무료 계정과 플러스 요금제(월 2만 9000원)의 중간 수준 기능을 제공한다. 이는 지난해 8월 인도를 시작으로 동남·중앙아시아와 남미, 일부 유럽 국가 등에 단계적으로 출시된 바 있는데, 올 1월 17일 한국을 포함한 전 세계로 확대됐다. 챗GPT GO의 전 세계 확대는 구독자 성장세가 주춤하며 구독료만으로는 AI 인프라 비용을 감당하기 어려운 상황에서 추가 수익을 창출하기 위함으로 알려졌다. 챗GPT GO는 무료 버전보다는 메시지, 파일 업로드, 이미지 생성을 10배가량 더 할 수 있으며, 사용자와 대화하며 사용자 취향과 맞춤 정보를 기억해 추후 대화에 반영하는 메모리 기능도 제공한다. 한편, 오픈AI는 챗GPT GO를 출시하면서 해당 요금제와 무료 버전에 광고를 탑재하기로 했다. 광고는 이용자가 챗GPT와 대화를 하는 과정에 관련된 광고주 상품이나 서비스가 있을 경우 챗봇 답변 하단에 표시되는 방식으로 이뤄진다. 이 광고는 챗GPT가 제공하는 답변에는 영향을 미치지 않으며, 18세 미만 이용자 계정에는 광고가 표시되지 않는다.

챗GPT는 오픈AI가 2022년 11월 30일 공개한 대화 전문 인공지능 챗봇으로, 오픈AI에서 만든 대규모 인공지능 모델인 GPT-3.5 언어 기술을 기반으로 한다. 챗GPT는 기존 AI와는 확연히 다른 면모를 보이면서 공개 단 5일 만에 하루 이용자가 100만 명을 돌파하는 등의 돌풍을 일으킨 바 있다.

TPU(Tensor Processing Units) ▼

"카카오가 2월 12일 진행한 2025년도 실적발표 콘퍼런스 콜에서 구글과 전략적 파트너십을 맺고 인공지능(AI) 고도화에 나선다고 발표했다. 카카오는 구글의 자체 AI 칩 텐서처리장치(TPU)를 도입하고, 구글의 확장현실(XR) 기기인 AI 글래스를 위한 인터페이스 구축에도 힘을 합치기로 했다."

구글이 내놓은 머신러닝(기계학습) 알고리즘에 특화된 맞춤형 전용 칩(ASIC·Application Specific Integrated Circuit)으로, 구글에서 자체 개발한 AI 기계학습 엔진인 「텐서 플로우(Tensor Flow)」에 최적화돼 있다. 구글에 따르면 TPU는 최신 GPU·CPU보다 15~30배 빠르고, 소비전력(1W)당 AI 연산 성능은 30~80배 높다. 예컨대 GPU(Graphic Processing Unit)가 한번에 많은 연산을 동시에 처리하는 데 강점을 갖고 있어 새로운 AI 모델을 만들고 실험하는 과정에서 유용한 반면, TPU는 연산 구조가 단순하고 반복적이어서 대규모 학습과 추론을 수행할 때 높은 효율을 낸다.

GPU(Graphic Processing Unit) 데이터를 한 번에 대량으로 처리하는 병렬처리 방식의 반도체로, 대표적 비메모리 분야 반도체 중 하나다. 1999년 엔비디아가 게임 속 3D 이미지 데이터를 효과적으로 처리하기 위해 개발했으며, 이후 게임·영상 편집 등 멀티미디어 작업에서 중앙처리장치(CPU)를 보조하기 위해 사용됐다. 그러다 인공지능(AI)의 핵심 부품으로 부상하면서 본격적으로 각광받기 시작했는데, 향후 그 수요 분야는 더욱 확대될 것으로 전망되고 있다.

폴라 보텍스(Polar Vortex) ▼

"한국 기상청 등이 1월 28일 북반구 전역을 강타한 한파의 직접적 원인을 「북극 찬 공기의 잦은 남하」로 지목했다. 이에 따르면 북극 온난화에 따른 폴라 보텍스(Polar Vortex·극 소용돌이) 이탈 현상이 나타났기 때문이라는 것이다."

북극이나 남극 등 극지방 성층권에 형성되는 영하 50도 이하의 찬 공기 소용돌이를 말한다. 이는 보통 강한 제트기류의 영향으로 극지방에 머물지만, 편서풍인 제트기류가 약해지면 극지방에 있던 소용돌이가 중위도 쪽으로 내려와 한파

를 유발한다. 폴라 보텍스는 겨울에 특히 강력하며, 여름에는 약화되거나 사라진다. 또 육지가 많이 분포해 있는 북반구보다 남반구에서 더욱 현저하게 나타난다.

제트기류(Jet Stream) 중위도 지방의 대류권 계면(대류권과 성층권 경계면 부근의 9~10km 상공)에서 시속 200~300km(최대 500km)에 이를 정도로 부는 아주 빠른 속도의 바람을 말한다. 제트기류는 적도지방에서 극지방으로 공기가 강하게 흐르면서 발생하는데, 고도 10km 부근에서 바람이 제일 강하며 겨울에는 최대 풍속이 초속 100m에 달하기도 한다. 이러한 제트기류는 제2차 세계대전 당시 B29폭격기의 비행속도가 늦어지는 원인을 알아보는 과정에서 발견된 것으로 알려져 있다.

프롬 스크래치(From Scratch) ▼

기존 자료나 경험을 활용하지 않고 완전히 처음부터 다시 시작하는 것을 뜻한다. 본래 동일한 출발선에서 스포츠 경기를 시작한다는 의미에서 유래된 것으로, 현재는 건축·사업·경력·요리 등 다양한 맥락에서 사용된다. 특히 정보기술 분야와 인공지능(AI) 개발 분야에서는 독자적으로 체계를 구축하거나 모델을 개발하는 의미로 사용되고 있다. 즉, AI 파운데이션 모델을 개발할 때 기존에 나온 가중치를 활용하지 않고 처음부터 새로 학습하는 것을 뜻하는 말인데, 우리 정부는 AI 주권 확보를 위해 해외 AI에 의존하지 않는 「독자 AI 파운데이션 모델」을 개발하겠다는 목표를 세워두고 있다.

피지컬 AI(Physical AI) ▼

"1월 6일부터 9일까지 미국 라스베이거스에서 「혁신가들의 등장」이라는 주제로 열린 세계 최대 가전·정보기술(IT) 전시회 CES 2026에서 피지컬 인공지능(AI)이 최대의 화두가 됐다. 특히 국내 기업 중에서는 현대차그룹의 로보틱스 자회사인 보스턴다이나믹스의 아틀라스가 CES 최고 로봇상을 받으며 큰 화제를 모았다. 한편, 올해 CES에는 전 세계 160여 개국의 4300여 개 기업이 참가한 가운데, 한국은 미국과 중국에 이어 3번째로 많은 853개 기업이 참여했다."

휴머노이드 로봇이나 자율주행차 등의 실물 하드웨어에 탑재하는 인공지능(AI)으로, AI 기술을 실제 물리적 환경에서 구현하고 적용하는 것을 가리킨다. 피지컬 AI는 ▷물리적 환경의 다양한 데이터를 수집하는 센서 ▷수집된 데이터를 기반으로 학습, 분석, 예측, 행동 계획을 수립하는 AI 알고리즘 ▷AI의 명령을 받아 물리적 행동을 수행하는 장치인 액츄에이터(Actuator) ▷데이터를 주고받고 명령을 처리하는 통신 및 네트워크를 주요 구성요소로 한다. 피지컬 AI의 대표적 응용 분야는 로봇공학으로, 이는 물리적 환경에서 작동하는 휴머노이드 로봇의 개발 등과 관련돼 있다. 피지컬 AI는 이 외에도 ▷공장 자동화나 물류창고 관리 등의 제조 및 산업 분야 ▷정밀한 수술 지원 로봇이나 재활 로봇 등의 의료 분야 ▷스마트 가전 등의 가정용 제품 ▷자율주행차와 드론 등 교통 분야 등에 광범위하게 활용될 수 있다.

> **CES(Consumer Electronics Show)** 미국소비자기술협회(CTA·Consumer Technology)가 주관해 매년 열리는 세계 최대 규모의 가전제품 박람회이다. 1967년 뉴욕에서 처음 개최된 이후 성장을 거듭하며 가전전시회의 최고봉으로 자리잡았고, 1995년부터는 매년 1월 미국 라스베이거스에서 개최되고 있다. 2000년대 초반까지만 해도 가전제품 위주의 전시회로 진행됐으나 정보통신(IT) 위주의 컴덱스가 쇠퇴하면서 첨단 IT제품의 소개장으로까지 성장했다.

허위조작정보 근절법　▼

"미국 국무부가 지난해 12월 31일 앞서 우리 국회를 통과한 정보통신망법에 대해 대변인 명의로 중대한 우려를 갖고 있다고 밝히며, 「한국은 디지털 서비스에서 불필요한 장벽을 부과해서는 안 된다」고 밝혔다. 무엇보다 미국 정부가 한국의 법률 제정과 관련해 공개적으로 비판의 목소리를 낸 것은 이례적이라는 좀에서 주목되고 있다."

불법정보의 개념과 허위·조작정보의 판단 요건 등을 구체화하고 정보통신망 내에서 이들 정보의 유통을 금지하는 내용 등을 담은 정보통신망법 개정안의 별칭으로, 지난해 12월 24일 국회를 통과해 올해 7월부터 시행 예정이다. 해당 법률에 따르면 불법정보는 인종·국가·지역·성별·장애·연령·사회적 신분·소득수준 및 재산 상태 등을 이유로 ▷특정 개인·집단에 직접적인 폭력·차별을 선동하는 정보 ▷증오심을 심각하게 조장해 인간 존엄성을 현저히 훼손하는 정보 등으로, 이의 유통을 금지한다. 또 손해를 가할 의도나 부당한 이익을 얻을 목적으로 타인의 인격권·재산권 및 공익을 침해하는 허위·조작정보의 유통 역시 금지된다. 만약 허위 조작정보를 유포할 경우 손해액의 5배, 허위 조작정보를 악의적·반복적으로 유포하면 최대 10억 원의 과징금을 부과할 수 있다. 이 밖에 법원 판결에서 불법·허위·조작정보로 확정된 정보를 두 번 이상 유통한 경우 방송미디어통신위원회가 최대 10억 원까지 과징금을 부과할 수 있도록 하는 내용도 포함됐다. 아울러 허위사실로 타인의 명예를 훼손하면 이와 관련해 취득한 재물을 몰수·추징할 수 있도록 하는 내용도 명시됐다.

호주 청소년 SNS 금지법　▼

오스트레일리아(호주)가 16세 미만 이용자의 소셜미디어(SNS) 이용을 차단하기 위해 지난해 12월 10일부터 시행한 법률이다. 이는 정부 차원에서 일정 연령의 청소년 전체를 대상으로 부모의 동의 여부와 관계없이 소셜미디어 계정 보유를 금지한 세계 최초 사례다. 이 법에 따르면 16세 미만 이용자의 계정 보유를 막기 위해 합리적인 조치를 취하지 않는 소셜미디어 플랫폼에 최대 4950만 호주달러(약 485억 원)의 벌금을 부과한다. 적용 대상은 페이스북, 인스타그램, 스레드, 유튜브, 틱톡, 엑스(X·옛 트위터), 스냅챗, 레딧, 트위치, 킥 등 10개 소셜미디어인데, 향후 다른 소셜미디어도 추가될 수 있다. 이에 해당 플랫폼들은 16세 미만의 기존 계정을 삭제하거나 16세가 될 때까지 비활성화시키고 신규 계정 개설은 막게 된다. 다만 청소년이 소셜미디어를 완전히 이용할 수 없는 것은 아닌데, 로그인하지 않아도 볼 수 있는 공개 콘텐츠는 열람이 가능하다.

전 세계로 확산되는 청소년 SNS 금지법

국가	법안 진행 상황
프랑스	1월 청소년 SNS 금지법 하원 통과
스페인	2월 스페인 총리, 「청소년 SNS 금지법 입법 추진」
덴마크	연내 청소년 SNS 금지법 시행 목표
말레이시아	연내 청소년 SNS 금지법 발효 예정

휴머노이드 로봇(Humanoid Robot) ▼

인간의 신체와 같은 구조로 인간을 대신하거나 인간과 협력할 수 있는 지능을 가진 로봇으로, 인간형 로봇이라는 뜻에서 「안드로이드」라고도 불린다. 기존의 휴머노이드 로봇은 단순히 인간 신체부위의 일부를 본뜨거나 단순 작업을 수행하는 데 그쳤으나, 인공지능(AI) 기술이 발달하면서 거대언어모델(LLM) 등을 휴머노이드 로봇에 탑재하기 시작했고, 이에 인간과 소통하거나 로봇 스스로 상황을 판단해 작업을 수행하는 것이 가능해졌다. 특히 생성형 AI가 등장한 이후 많은 기업이 휴머노이드 로봇 개발에 뛰어들고 있는데, 이는 AI로 사람과의 상호작용이 가능해지면서 로봇의 용도가 확장됨에 따른 것이다. 이러한 휴머노이드 로봇은 제조업이나 가사 노동 외에도 재난 구조, 노인 돌봄서비스 등 다양한 분야에서 활용될 수 있을 것으로 전망된다.

📅 2026년 국내외 주요 이벤트들

월(月)	주요 이벤트
2월	2026년 밀라노·코르티나담페초 동계올림픽(이탈리아): 2월 6~17일
3월	월드베이스볼클래식(WBC): 3월 5~17일(일본, 푸에르토리코, 미국)
4월	한국, 파리도서전 주빈국 선정: 파리도서전(4월 17~19일)
5월	근로자의 날(5월 1일), 63년 만에 「노동절」로 명칭 변경
6월	• 제9회 전국동시지방선거: 6월 3일(전국 지역단체장, 지역의원, 교육감 선출) • 2026년 북중미 월드컵: 6월 11일~7월 19일까지 사상 최초 3개국(캐나다, 미국, 멕시코)에서 개최되는 FIFA 월드컵
9월	• 한국 첫 유네스코 세계유산위원회: 9월 19~29일(부산) • 2026년 아이치·나고야 아시안게임(일본): 9월 19~10월 4일
10월	78년 만에 사라지는 검찰청: 1948년 대한민국 정부 수립과 함께 출범한 검찰청이 공소청(기소)과 중수청(수사)으로 분리되며 폐지됨
11월	• 미국 중간선거: 11월 3일. 도널드 트럼프 대통령에 대한 중간평가 성격의 선거 • 2027학년도 대학수학능력시험: 11월 18일. 2015 개정 교육과정, 고교학점제 전면 도입 전의 마지막 수능

시사인물

1970. 출생
1995. 모건스탠리 입사
2002~2006. 백악관 경제정책실특별
　　　　　보좌관
2006~2011. 미국 연방준비제도이사회
　　　　　이사
2011. 스탠퍼드대 후버연구소 연구원
2019. 쿠팡Inc 이사회 이사
2025. 연준 의장 지명

▲ 사진 출처: 위키피디아

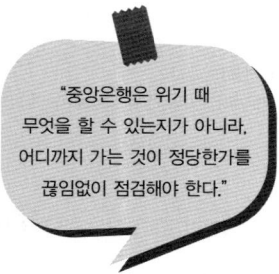

"중앙은행은 위기 때
무엇을 할 수 있는지가 아니라,
어디까지 가는 것이 정당한가를
끊임없이 점검해야 한다."

▲ 2008년 금융위기 당시 연준의
위기 대응에 대한 인터뷰에서

⬤ 케빈 워시(Kevin Warsh)

미국 차기 연방준비제도(Fed) 의장 지명자(56). 도널드 트럼프 미국 대통령이 1월 30일 자신의 트루스소셜을 통해 연준의 차기 의장에 케빈 워시 전 연준 이사를 지명했다고 발표했다. 현 연준 의장인 제롬 파월의 임기는 오는 5월까지인데, 워시 지명자는 연방 상원의 인준 표결을 통과하면 취임하게 된다.

1970년 뉴욕에서 태어났으며, 스탠퍼드대와 하버드대 로스쿨을 졸업했다. 1995년 모건스탠리에 입사한 뒤 부사장(VP)과 총괄임원까지 오르며 한때 「월가의 황태자」로 불렸다. 2002년 월가를 떠나 조지 W. 부시 행정부에서 대통령 경제정책실 특별보좌관을 맡으며 공직에 입문한 그는 2006년 부시 대통령에 의해 연준 이사로 지명되며 사상 최연소(35세) 연준 이사가 됐다. 그는 2008년 글로벌 금융위기 국면에서 당시 벤 버냉키 연준 의장의 핵심 참모로 활동하며 위기 대응 실무를 맡았으나, 임기가 7년이나 남은 2011년 돌연 연준 이사직에서 사퇴했다. 연준을 떠난 뒤 스탠퍼드대 후버연구소의 연구원으로 활동한 그는 2017년 트럼프 1기 행정부 출범 당시 제롬 파월과 함께 차기 연준 의장 유력 후보로 거론되기도 했다. 그는 2019년에는 쿠팡 이사회 멤버로 합류해 쿠팡의 금융과 경제정책 전문성을 강화하는 역할을 한 것으로 알려졌다. 한편, 워시는 연준 이사 재임 시절과 오바마·바이든 정부 시기에 인플레이션을 극도로 경계하며 금리 인상을 주장해 온 대표적인 「매파」다. 하지만 최근 몇 달간은 그간 성향과는 달리 공개적으로 금리 인하를 주장하면서 트럼프 대통령과 입장을 같이해 왔다.

워시 후보자의 지명에 국제 귀금속 시장은 크게 요동쳤는데, 특히 국제 금·은값이 크게 폭락했다. 이처럼 금·은값이 폭락한 것은 워시 후보자가 예상보다 매파적일 것이라는 분석 때문이다. 앞서 트럼프 대통령이 금리 인하 요구에 우호적인 인물을 차기 의장으로 지명할 것이라는 전망이 나오면서, 달러 약세에 대비할 수 있는 안전자산인 금과 은에 대한 투자가 증가해 왔다.

이해찬(李海瓚)

1952~2026. 7선 국회의원·국무총리 등을 지낸 정치인이자 대한민국 민주개혁 진영의 대부로 꼽혀온 인물로, 1월 25일 출장지인 베트남에서 치료 중 별세했다. 향년 73세.

1952년 충남 청양에서 태어났으며, 서울대 사회학과 재학 때인 1972년 「10월 유신」을 계기로 학생운동에 투신했다. 그는 이 과정에서 민청학련 사건(1974), 김대중 내란음모 조작사건(1980) 등에 연루되며 두 차례 옥고를 치렀다. 대학 졸업 후 출판사 돌베개 대표, 민주화운동청년연합 상임위원회 부위원장 등을 지내다 1988년 당시 김대중 총재의 평화민주당(평민당) 소속으로 총선에 출마해 13대 국회의원에 당선됐다. 그리고 그해 5공 청문회에서 날카로운 질의로 스타 정치인으로 부상했으며, 이후 20대까지 18대 국회를 제외하고 7선 국회의원을 지냈다. 여기에 평민당 원내부총무(1988)를 시작으로 민주당 당무기획실장(1992), 새정치국민회의 총선기획단장(1996), 새천년민주당 최고위원(2000) 등의 당직도 두루 거쳤다. 또 김대중 전 대통령 집권 때인 1998년부터 이듬해 5월까지는 교육부 장관을 역임하면서 야간 자율학습과 월간 모의고사 폐지 등의 교육 개혁을 주도했다. 이후 노무현 대통령 때인 2004년 6월부터 2006년 3월까지는 국무총리를 역임했으며, 총리직을 마친 후에는 대통령 정무특보를 지냈다. 2009년 노 전 대통령 서거 뒤에는 참여정부 주요 인사들과 함께 노무현재단을 출범시키고 이사장을 맡으며 「친노·친문의 좌장」으로 불렸다. 이후 18대 총선 불출마를 선언한 고인은 대통합민주신당에서 탈당해 「혁신과통합」을 결성했으나, 2011년 통합 작업을 통해 다시 민주통합당에 합류했다. 그리고 2012년 당대표로 선출됐지만, 18대 대선을 앞두고 안철수 당시 후보와의 단일화 과정에서 문재인 후보에게 당대표 대행을 맡기고 사퇴했다. 그는 19대 국회의원 선거 때부터는 세종시로 지역구를 옮겨 당선됐는데, 20대 총선에서 당시 당 지도부가 세종시를 전략공천 지역으로 선정하면서 공천을 받지 못하자 무소속으로 출마해 당선됐다. 그리고 2016년 9월 민주당으로 복당했으며, 2018년 8월에는 민주당 당대표로 선출돼 2020년 8월까지 당대표를 역임했다. 이재명 정부 출범 후인 지난해 10월에는 제22기 대통령 직속 자문기구인 민주평통 수석부의장에 임명돼 활동해왔다.

니콜라스 마두로(Nicolas Maduro)

베네수엘라 전 대통령(63). 2013년 취임 후 13년 넘게 장기집권해 온 니콜라스 마두로 베네수엘라 대통령이 1월 3일 미국의 베네수엘라 공습으로 체포되며 축출됐다. 미국으로 압송된 그는 마약테러 연루 혐의 등으로 뉴욕에서 재판을 받고 있다.

1962년 11월 23일 베네수엘라 수도 카라카스에서 태어났으며, 1980년대 버스 운전사로 근무하며 운수노조에서 활동했다. 그러다 1992년 남미 좌파 대부인 우고 차베스 전 대통령을 도우며 인연을 맺었고, 1999년 차베스 집권 이후 국회의장·외교장관·부통령 등을 역임했다. 그러다 2013년 3월 차베스가 사망하자 그해 치러진 대선에서 승리하며 베네수엘라 대통령으로 취임했다. 하지만 그의 집권 시기 초인플레이션에 따른 극심한 경제난과 이에 따른 민심 반발로 2014년과 2017년에 대규모 반정부 시위가 벌어졌는데, 마두로 정권은 이를 강제 진압하면서 유혈 사태로 확산됐다. 이후 2018년 대선에서 재선에 성공했으나 부정선거 의혹이 거세게 일었고, 상당수 서방국가도 이를 최악의 부정선거로 규정하며 그를 국가원수로 인정하지 않았다. 하지만 마두로는 2024년 대선을 앞두고 최대 경쟁자였던 마리아 코리나 마차도의 출마를 금지했으며, 부정선거 논란 속에서 당선되며 3번째 임기를 시작했다.

한편, 마두로는 트럼프 미국 대통령과 집권 1기 때부터 갈등을 빚었는데, 지난해 1월 재집권을 시작한 트럼프가 마두로를 마약 카르텔 수장으로 지목하면서 양국 갈등은 최고조에 달했다. 여기에 미국은 마약테러를 명분으로 베네수엘라를 겨냥한 군사작전 위협을 이어가다 결국 공습해 마두로를 체포·압송했으며, 이로써 13년 넘게 이어졌던 마두로의 장기집권은 막을 내리게 됐다.

🔘 안성기(安聖基)

1952~2026. 생전 200편이 넘는 작품에 출연하며 「국민배우」로 불린 인물로, 1월 5일 별세했다. 향년 74세.

1951년 1월 1일 대구에서 태어났으며, 6세 때 김기영 감독의 영화 〈황혼열차〉(1957) 아역으로 처음 영화에 출연한 데 이어 아역배우로만 70여 편의 작품에 출연했다. 중학교 3학년 때 찍은 〈젊은 느티나무〉(1968)를 끝으로 약 10년간 스크린을 떠난 그는 1976년 영화 〈병사와 아가씨〉(1977)에 출연하며 영화계에 복귀했다. 이장호 감독의 〈바람 불어 좋은 날〉(1980)에서 어리숙한 중국집 배달부 덕배 역으로 성공적인 복귀를 이룬 그는 이후 〈고래사냥〉(1984), 〈칠수와 만수〉(1988), 〈투캅스〉(1993), 〈실미도〉(2003), 〈라디오 스타〉(2006) 등 약 200편의 작품에 출연하며 국민배우로서의 입지를 다졌다. 이러한 활동으로 1980년 대종상영화제 신인상을 받은 것을 시작으로 국내 유수 영화제에서 남우주연상과 연기상 등을 40여 차례 수상했는데, 특히 1980~2010년대에 걸쳐 주연상을 받은 배우는 고인이 유일하다. 고인은 또한 2000년부터 스크린쿼터 수호천사단 단장을 맡은 것을 비롯해 스크린쿼터 비상대책위원회 공동위원장 등 한국 영화계의 중요한 현안 해결을 위한 활동에도 앞장섰다. 그러다 2020년 혈액암 진단을 받은 그는 투병 중에도 〈카시오페아〉, 〈한산: 용의 출

현〉 등에 출연하며 연기를 멈추지 않았다. 이후 2022년 언론 인터뷰를 통해 1년 넘게 혈액암으로 투병 중인 사실을 밝힌 그는 투병 중에도 본인이 역임하고 있는 직들의 일정을 함께하며 복귀 의지를 다졌다. 한편, 고인은 2013년 은관문화훈장을 받았으며, 2024년에는 대한민국예술원 신입 회원으로 선출된 바 있다.

🔘 송도순(宋道順)

1949~2025. 전 대한민국 성우로, 지난해 12월 31일 별세했다. 향년 77세.

1949년 7월 15일 황해도에서 태어났으며, 서울중앙여고를 거쳐 중앙대 연극영화과에 입학했다. 그러다 대학교 3학년 때인 1967년 동양방송(TBC) 성우 3기로 입사하면서 대학을 중퇴했고, 1980년 언론통폐합 후에는 KBS에서 성우활동을 이어갔다. 또한 〈산다는 것은〉, 〈사랑하니까〉, 〈달수 시리즈〉 등의 방송 드라마에도 출연했으며, 〈싱글벙글쇼〉, 〈명랑콩트〉 등의 라디오 프로그램을 진행했다. 특히 고인은 1981년 MBC를 통해 방영된 만화영화 〈톰과 제리〉의 해설을 맡아 이름을 알렸으며, TBS 개국 후인 1990~2007년까지는 배한성 성우와 함께 〈함께 가는 저녁길〉을 17년간 진행하면서 「똑소리 아줌마」라는 별명을 얻는 등 대중의 사랑을 받았다. 2015년에는 한국관광 명예홍보대사를 맡았으며, 성우 배한성·양지운 씨 등과 함께 「스페셜스피치아카데미(SSA)」를 개설해 원장을 역임하기도 했다. 한편, 고인은 생전 대한민국 방송대상 라디오부문 대상(1975), 보관문화훈장(2020)을 받았다.

🔘 발렌티노 가라바니(Valentino Garavani)

1932~2026. 이탈리아에서 가장 유명한 명품 브랜드 중 하나인 「발렌티노」를 만든 패션 디자이너로, 1월 19일 별세했다. 향년 93세.

1932년 5월 이탈리아 북부 파비아주에서 태어났으며, 프랑스 파리로 건너가 기라로쉬 등의 디자이너에게 일을 배웠다. 이후 이탈리아로 돌아온 그는 1959년 자신의 이름을 딴 회사 「발렌티노 하우스」를 설립한 뒤 패션 사업을 시작했다. 그러다 그의 평생 파트너가 된 동료이자 연인 지안카를로 지암메티와 1960년 협업을 시작하면서 전성기를 열었다. 특히 그가 유명 정관계 인사와 스타 배우를 위해 만든 드레스들은 매번 화제가 됐는데, 대표적으로 엘리자베스 테일러, 샤론 스톤, 줄리아 로버츠 등 세계적인 여배우들과 작업을 하며 명성을 알렸다. 무엇보다 그가 사용한 붉은색은 「발렌티노 레드」로 불릴 만큼 그의 디자인을 대표하는 아이콘으로 여겨졌으며, 리본과 레이스도 그를 상징하는 요소로 꼽혔다. 이후 남성복과 기성복·액세서리로 제품군을 확대하면서 사업을 확장한 그는 1998년 이탈리아의 한 지주회사에 브랜드를 3억 달러(약 4421억 원)에 매각했고, 이후에는 디자인에만 전념했다. 그리고 2007년 자신의 45주년 기념 패션쇼를 연 뒤 사업 일선에서 물러났으며, 2016년부터는 지암메티와 함께 자선재단을 설립해 활동했다. 이와 같은 패션계에 미친 공로들을 인정 받아 1986년 이탈리아에서 「공화국 공로훈장」을 받았고, 2006년에는 프랑스 최고 훈장인 「레지옹 도뇌르」를 수훈했다.

⬤ 스콧 애덤스(Scott Adams)

1957~2026. 1990년대 미국 사무직 노동자들의 직장 생활을 풍자한 연재 만화 〈딜버트〉로 큰 인기를 끈 창작자로, 1월 13일 별세했다. 향년 68세.

1957년 6월에 태어났으며, 1980년대 전화·통신회사 퍼시픽벨에서 엔지니어로 일하던 중 사무실의 비효율과 관료적 문화를 담아낸 만화 〈딜버트〉를 창작했다. 1989년 첫 연재를 시작한 〈딜버트〉는 입이 없고 동그란 안경을 쓴 주인공 「딜버트」를 비롯한 등장인물들이 현대 기업조직의 부조리를 상징하는 캐릭터로 부각되면서 큰 인기를 끌었다. 이러한 높은 인기로 애덤스는 1997년 미국만화가협회(National Cartoonist Society)가 수여하는 루벤상을 받았고, 같은 해 〈딜버트〉는 타임지 선정 「가장 영향력 있는 미국인」 명단에 오른 최초의 가상 캐릭터가 되기도 했다. 하지만 애덤스는 이후 점차 보수적 정치 성향을 드러냈는데, 특히 2023년에는 흑인들을 「증오 집단」으로 지칭하는 등 인종차별적 발언을 거듭하면서 명성이 추락하기 시작했다. 이로 인해 수많은 신문사가 〈딜버트〉 연재를 중단했으나, 애덤스는 보수 성향 이용자가 많은 플랫폼 럼블(Rumble)을 통해 〈딜버트 리본(Dilbert Reborn)〉이라는 제목으로 연재를 재개한 바 있다.

⬤ 정상화(鄭相和)

1932~2026. 「들어내고 메우기」라는 독특한 방식을 통해 자신만의 단색조 추상 세계를 구축한 한국 미술계의 거장으로, 1월 28일 별세했다. 향년 93세.

1932년 경북 영덕에서 태어나 1957년 서울대 회화과를 졸업한 고인은 1950년대 중후반이 지나면서 표현주의적 추상을 실험했다. 그는 한국현대작가초대전(1960)과 악뛰엘 그룹전(1962), 세계문화자유회의 초대전(1963) 등 다수의 정기전과 그룹전에 참여했고, 파리비엔날레(1965), 상파울로비엔날레(1967) 등에 한국 작가로 출품했다. 1967년 프랑스 파리로 건너가 활동한 그는 1969년 일본 고베로 갔으며, 이 시기 색채보다는 평면에 집중하면서 단색화를 그리기 시작했다. 고인은 캔버스 위에 물감을 칠한 화폭을 뜯고 물감 메워놓기를 반복하는 「들어내고 메우기」를 바탕으로 격자형 평면을 만드는 독특한 조형 방법론을 구사했다. 김환기, 박서보, 하종현 등과 함께 한국 추상미술

1세대를 대표하는 작가로 손꼽힌 그는 1992년 11월 귀국해 경기 여주에 작업실을 만들고 90대에 이르기까지 작품 활동을 이어갔다. 특히 2015년 10월에는 그의 작품 〈무제 05-3-25〉이 11억 4200만 원에 낙찰, 이우환에 이어 두 번째로 생존작가 중 작품 가격이 10억 원이 넘는 「10억 원 클럽」에 속하기도 했다.

◯ 캐서린 오하라(Catherine O'Hara)

1954~2026. 영화 〈나홀로 집에〉 시리즈에서 주인공 케빈의 엄마 역할로 잘 알려진 캐나다 출신의 배우로, 1월 30일 별세했다. 향년 71세.

캐나다 출신의 고인은 1970년대 토론토 코미디 극단 「세컨드 시티」에서 연기 생활을 시작했다. 이후 할리우드에 진출해 팀 버튼 감독의 〈비틀쥬스〉(1988) 등에서 개성 강한 조연으로 활약했다. 특히 1990년 개봉작 〈나홀로 집에〉에서는 주인공 케빈의 엄마 역할을 맡아 대중적인 인기를 얻었다. 이후 2015년에는 시트콤 〈시트크릭 패밀리〉에서 모이라 로즈 역을 맡아 제2의 전성기를 맞았으며, 이 역할로 에미상 여우주연상을 수상하기도 했다. 지난해 HBO 드라마 〈더 라스트 오브 어스〉 시즌2에도 출연하며 활발한 활동을 이어간 고인은 생전 SAG(미국 배우조합상)와 골든글로브상 등을 수상했다.

한편, 당초 고인의 사망 당시 사인이 밝혀지지 않았는데, 미국 로스앤젤레스(LA) 카운티 보건 당국은 2월 9일 고인의 직접적인 사인은 폐색전증이며 근본 원인은 직장암이라고 밝혔다.

◯ 정진우(鄭鎭宇)

1938~2026. 영화 〈무궁화 꽃이 피었습니다〉 등을 만든 대한민국의 영화감독으로, 1월 8일 별세했다. 향년 88세.

1938년 경기도 김포에서 태어났으며, 중앙대에 재학 중이던 1958년에 충무로 촬영기사 조수로 영화계에 입문했다. 이후 24세 때인 1962년 최무룡·김지미 주연의 영화 〈외아들〉로 감독으로 데뷔했고, 이듬해인 1963년에는 신성일·엄앵란 주연의 〈배신〉을 연출했다. 1972년 〈섬개구리만세〉로 베를린영화제 본선 경쟁부문에 진출했고, 〈자녀목〉(1984)으로 베니스영화제에 특별 초청된 것은 물론 세계 10대 감독으로 꼽히기도 했다. 그는 이후 〈뻐꾸기도 밤에 우는가〉(1980), 〈앵무새 몸으로 울었다〉라는 작품을 연출했는데 해당 영화들은 각각 대종상 영화제에서 9관왕과 6관왕을 차지했다. 고인은 1995년 개봉작 〈무궁화 꽃이 피었습니다〉까지 총 54편의 영화를 연출했고, 자신이 설립한 영화사 우진필름을 통해 총 135편을 제작하기도 했다. 여기에 영화인들의 복지와 한국영화 발전을 위한 활동에도 힘을 기울였는데, 1967년 한국영화감독협회를 창립하고 1984년에는 영화복지재단을 설립했다. 1985년 영화인협회 이사장을 지내기도 한 그는 1993년 칸영화제에서 프랑스 정부로부터 문화예술공로훈장을 수훈했다.

◯ 김민재(金敏宰)

1973~2026. 프로야구 롯데의 1992년 우승 멤버이자 국가대표 유격수로 활약한 전 야구선수이자 롯데 총괄 코치로, 1월 14일 별세했다. 향년 53세.

1973년생으로 1991년 부산공업고등학교를 졸업하고 롯데에 입단했으며, 1992년 롯데의 마지막 한국시리즈 우승에 기여했다. 그는 프로 3년 차인 1993년부터 본격적인 주전 유격수로 도약해 2001년까지 롯데 내야에서 활약했다. 이후 SK 와이번스(현 SSG 랜더스)와 한화 이글스를 거쳤으며 2009년을 끝으로 현역 생활을 마감했다. 그는 선수 시절인 19시즌간 통산 2111경기 타율 0.247, 1503안타, 71홈런, 607타점, 174도루의 기록을 남겼다. 특히 한화에서 활동하던 선수 생활 말년에는 국가대표 유격수로 선발돼 2006년 월드베이스볼클래식(WBC)의 한국 야구 4강 신화에 일조했으며, 2008 베이징올림픽에서는 전승 우승에 기여했다. 그는 현역 은퇴 이후에는 한화와 KT, 두산, SSG 등에서 지도자 생활을 했으며, 김태형 감독이 롯데 사령탑으로 부임한 2023년에 친정이었던 롯데 자이언츠에 수석 코치로 복귀했다. 그러다 2024년 스프링캠프 도중 건강검진에서 암을 발견했으나, 항암치료를 시작하면서 차도를 나타냈다. 이에 2025년 현장으로 복귀해 롯데 퓨처스 선수단을 이끌었으며, 2026년에는 2026시즌 드림팀(재활군) 코치로 임명되기도 했다.

◯ 이하전(李夏田)

1921~2026. 일본 유학 중 독립운동을 하다가 옥고를 치른 애국지사이자 최고령 독립유공자였던 인물로, 2월 4일 미국 자택에서 별세했다. 향년 104세.

1921년 평양에서 태어난 고인은 숭인상업학교에 재학 중이던 1938년 독립운동 비밀 결사인 독서회를 조직해 활동했다. 고인은 독립운동가 안창호 선생의 위업을 기리는 비밀결사의 운동자금을 출연하기도 했다. 일본에 유학해 비밀결사 활동을 펼치던 그는 1941년 일제 경찰에 체포돼 옥고를 치렀다. 해방 이후에는 미국으로 유학했으며, 북캘리포니아 지역 광복회 회장을 맡기도 했다. 1990년 건국훈장 애족장을 받은 이 지사는 최고령이자 우리나라 밖에 거주하는 마지막 독립유공자였다. 이에 이재명 대통령은 지난해 11월, 104세 생일을 맞은 이 지사에게 축전과 선물을 보내 감사의 뜻을 표하기도 했다.

한편, 이 지사가 별세함에 따라 생존 애국지사는 국내에 4명만 남게 됐다. 국가보훈부는 유족과의 협의를 거쳐 오는 4월쯤 이 지사 유해를 국내로 봉환, 국립대전현충원 애국지사 묘역에 안장한다는 방침이다.

◯ 제시 잭슨(Jesse Jackson)

1941~2026. 1960년대 미국 인권운동의 상징적 인물로 꼽혔던 인권운동가이자 목사로, 2월 17일 별세했다. 향년 84세.

인종차별이 극심하던 1941년 10월 미국에서 태어난 그는 1968년 6월 미국 침례교단에서 목사 안수를 받았다. 그리고 1960년대 미국에서 흑인 인권운동가로 명성을 떨치던 마틴 루서 킹(1929~1968) 목사의 보좌관으로 일했으며, 1968년 킹 목사 암살 당시에는 멤피스 현장에 있기도 했다. 그는 킹 목사 암살 후 시카고를 근거지로 민권운동 단체를 설립했는데 이 단체는 훗날 「레인보우 푸쉬연합(Rainbow-PUSH Coalition)」으로 확대됐으며, 고인은 2023년까지 이 단체를 이끌었다. 특히 그는 다른 인권운동가들과는 달리 제도권 정당을 통해 차별 문제를 해결하려 했으며, 이에 1984년과 1988년에는 민주당 대선 경선에 출마하기도 했다. 아울러 비공식 외교 무대에서도 활약했는데, 시리아·쿠바·이라크 등지에 억류된 미국인들의 석방을 끌어내는 데 기여하기도 했다. 이러한 공로들로 2000년 미국 정부로부터 「대통령 자유 훈장(Presidential Medal of Freedom)」을 받았으며, 2020년 「흑인 생명은 소중하다」 시위를 촉발한 조지 플로이드 사망 사건 때는 경찰의 가혹 행위를 강력히 규탄하기도 했다.

한편, 고인은 우리나라와도 인연이 깊은데, 1986년 전두환 정권 시절 방한해 비무장지대(DMZ)를 방문하고 가택연금 중이던 고(故) 김대중 전 대통령을 만나 지지를 표명하기도 했다.

TEST ZONE ....

최신시사상식 238집

TEST ZONE

최신 기출문제(대전교통공사 공무직) / 실전테스트 100
한국사능력테스트 / 국어능력테스트

대전교통공사 공무직

2025. 11. 8.

⬤ 다음 물음에 알맞은 답을 고르시오. [1~20]

01 밑줄 친 부분의 맞춤법이 옳지 않은 것은?

① 그 둘의 관계는 <u>떼려야</u> 뗄 수가 없다.
② <u>널찍한</u> 곳에서 숨을 쉬니 좀 살 것 같다.
③ <u>넉넉지</u> 못하지만 도움이 됐으면 좋겠다.
④ <u>삶은</u> 국수는 체에 <u>받쳐</u> 물을 빼도록 해.

02 밑줄 친 부분에 해당하는 단어로 바른 것은?

> 이 상황에서 아무런 행동도 하지 않고 <u>지켜보기만 하는 것</u>은 사태를 개선하기는커녕 오히려 악화시키는 결과로 이어질 것이다.

① 방관   ② 방목
③ 방조   ④ 방만

03 다음 밑줄 친 부분의 띄어쓰기가 바르지 못한 것은?

① 사실을 <u>말하기는커녕</u> 더 큰 거짓말만 하면 되겠니?
② 민규는 일도 잘할 <u>뿐더러</u> 성격도 좋다.
③ 바른 <u>대로</u> 말해라.
④ 친구가 떠난 <u>지</u> 벌써 5년이 흘렀다.

04 밑줄 친 부분이 어법에 어긋난 것은?

① 건축 면적은 설계도<u>에서</u> 정한 기준에 따라 산정한다.
② 제안서 및 과업 지시서는 참가 신청자<u>에게</u> 한해 교부한다.
③ 관계 조서 사본을 관리 사무소<u>에</u> 비치하고 일반인에게 공개한다.
④ 해당 조항의 규정<u>에도</u> 불구하고 이번 평가는 1년 유예를 두기로 한다.

05 다음 글의 주제문으로 삼기에 적절한 것을 고르면?

> 참나무 한 그루가 자신의 강인함을 뽐내면서 옆에 있는 갈대들을 비웃었다. 참나무는 자신의 튼튼한 몸통과 뿌리를 자랑하면서 갈대의 연약함을 비아냥거리고 있었다. 그런데 갑자기 돌개바람이 불어왔다. 참나무는 안간힘을 쓰고 버티다가 급기야 뿌리째 뽑혀 날아가 버리고 말았다.

① 강한 억압보다는 부드러운 설득이 더 효과적이다.
② 너무 강직하고 곧으면 불이익을 당할 수 있다.
③ 매사에 유연하게 살아야 큰 시련도 견뎌낼 수 있다.
④ 나의 장점이 단점이 될 수 있고, 다른 사람의 단점이 장점이 될 수 있다.

06 다음 조형물과 관련된 정부 때의 일로 바른 것은?

① 범죄와의 전쟁을 단행하였다.
② 금융·실명제를 도입하였다.
③ 반민족행위 특별조사위원회를 구성하였다.
④ 베트남 파병에 필요한 조건을 명시한 「브라운 각서」를 체결하였다.

07 신라의 삼국통일 과정에서 일어난 역사적 사실들을 순서대로 나열한 것은?

> ㉠ 나당 연합군의 공격으로 사비성이 함락되자 웅진에 있던 의자왕이 항복하였다.
> ㉡ 나당 연합군의 공격으로 평양성을 지키던 연개소문의 아들인 남산이 항복하였다.
> ㉢ 신라는 사비성을 탈환하고 웅진 도독부를 대신하여 소부리주를 설치하였다.
> ㉣ 신라군이 당나라 군대 20만 명을 매소성에서 크게 물리쳤다.

① ㉠-㉡-㉢-㉣
② ㉠-㉢-㉡-㉣
③ ㉡-㉠-㉣-㉢
④ ㉡-㉣-㉠-㉢

---

01 ④ **밭치다**: 구멍이 뚫린 물건 위에 국수나 야채 따위를 올려 물기를 빼다. / **받치다**: 물건의 밑이나 옆 따위에 다른 물체를 대다.

02 ① 어떤 일에 직접 나서서 관여하지 않고 곁에서 보기만 함
② 가축을 놓아기르는 일
③ 곁에서 도와줌
④ 하는 짓이나 일 등이 야무지지 못하고, 맺고 끊음이 없음

03 ② '-ㄹ뿐더러'는 어미이므로 앞말과 붙여 써야 한다. 따라서 '잘할뿐더러'가 맞는 표기다.

04 ②의 서술어 '한(限)다'는 '어떤 조건, 범위에 제한되거나 국한되다'라는 의미를 갖고 있으며, 필수 부사어로 '-에'를 취한다. 따라서 '신청자에게'가 아니라 '신청자에 한하다'로 표현해야 한다.

06 우리나라는 박정희 정부 때인 1977년 12월 22일 수출 100억 불을 달성했다.
④ 브라운 각서는 우리 정부가 1965년부터 1973년까지 베트남전에 국군을 파병하면서, 미국 측과 파병에 대한 보상 조치로 맺은 각서를 말한다. 우리 정부는 1965년부터 전투부대를 파병하기 시작했으며, 1973년 철군할 때까지 8년 5개월 동안 32만여 명이 베트남전에 참전했다.
① 노태우 정부 ② 김영삼 정부 ③ 이승만 정부

07 ㉠ 백제 멸망(660) → ㉡ 고구려 멸망(668) → ㉢ 소부리주 설치(671) → ㉣ 매소성 싸움(675)

🎯 1. ④ 2. ① 3. ② 4. ② 5. ④ 6. ④ 7. ①

08 〈보기〉는 우리나라의 국권피탈 과정에서 일어난 주요 사건들이다. 이를 일어난 순서대로 바르게 나열하면?

보기
㉠ 한일 의정서 체결
㉡ 한일 신협약(정미7조약)
㉢ 헤이그 특사 파견
㉣ 을사늑약

① ㉠-㉡-㉢-㉣
② ㉡-㉣-㉢-㉠
③ ㉠-㉣-㉢-㉡
④ ㉡-㉢-㉠-㉣

09 다음은 어떤 서적의 서문이다. 이 서적에 대한 설명으로 옳지 않은 것은?

왕께서 정흠지, 정초, 정인지 등에게 명하여 중국 역법을 연구하여 이치를 터득하게 하였다. …… 또 《태음통궤》와 《태양통궤》를 중국에서 얻었는데, 그 법이 이것과 약간 달랐다. 이를 바로잡아 내편을 만들었다.

① 한양을 기준으로 천체운동을 계산한 내용이 들어 있다.
② 중국의 〈시헌력〉을 참고하여 만들었다.
③ 내편(內篇)과 외편(外篇)으로 구성돼 있다.
④ 세종의 자주·실용·민본사상이 반영돼 있다.

10 다음 중 고려시대의 문화유산은?

① 월정사 8각9층 석탑
② 익산 미륵사지 석탑
③ 불국사 다보탑
④ 원각사지 10층 석탑

11 성경 등 종교적인 내용의 이야기를 극화하여 교회나 음악회장에서 연주하는 대규모 악곡을 이르는 용어는?

① 칸타타
② 오페라
③ 인벤션
④ 오라토리오

12 르네상스 시기에 등장했던 새로운 사조로, 중세의 신 중심 사회에서 인간의 존엄성과 가치가 유린된 점을 비판하고 이를 극복하기 위해 고대의 문예를 다시 부흥시키는 데 목적을 두었다. 무엇인가?

① 고전주의
② 인본주의
③ 자연주의
④ 구조주의

13 다음 중 「옷을 입을 때의 기본원칙」을 의미하는 TPO에 해당하지 않는 것은?

① 시간   ② 장소
③ 상황   ④ 사람

14 다음 중 「조세피난처」에 속하는 국가를 고르면?

① 대만
② 노르웨이
③ 바하마
④ 파푸아뉴기니

15 다음과 관련된 철학자의 사조는?

> "나는 생각한다. 고로 나는 존재한다."

① 관념론   ② 합리주의
③ 실존주의   ④ 실증주의

16 조선시대 때 여자들이 입었던 예복으로, 평복 위에 입었으며 궁중에서는 평상복으로 입었던 복식은?

① 배자   ② 마고자
③ 당의   ④ 두루마기

08 일제의 우리나라 국권 침탈은 「한일 의정서 체결(1904) → 1차 한일협약(1904) → 일본의 한반도 독점권 확보 → 을사늑약(1905) → 헤이그 특사 파견(1907) → 한일 신협약(정미7조약, 1907) → 사법·경찰권 박탈 → 한일병합조약(1910)」 순으로 이뤄졌다.

09 제시된 지문은 세종 때에 만든 《칠정산》에 대한 설명이다. 이는 중국의 수시력과 아라비아의 회회력을 참고로 하여 만든 역법서이다.

10 ① 강원특별자치도 평창군의 월정사에 있는 고려시대의 석탑이다.
② 7세기 백제 무왕 때 건립된 목조탑의 건축 양식을 모방한 석탑이다.
③ 경주 불국사에 있는 신라의 돌탑이다.
④ 세조 13년(1467)에 건립된 조선시대 석탑이다.

11 ① 아리아, 레치타티보, 중창, 합창 등으로 이루어진 대규모 성악곡
② 악적, 문학적, 연극적, 미술적 요소들을 모두 포함한 음악극
③ 주로 카논의 모방 기법을 사용하면서 짧은 주제를 전개하는 악곡

13 티피오(T.P.O)는 시간(Time), 장소(Place), 상황(Occasion)에 맞는 복장을 해야 함을 강조하기 위해 생겨난 말로, 드레스 코드와 유사한 의미라 할 수 있다.

14 조세피난처는 법인에서 실제로 얻은 소득의 전부나 일정 부분에 대한 조세의 부과가 이루어지지 않는 국가나 지역으로, 바하마·버뮤다제도 등 카리브해 연안국들에 많이 분포돼 있다.

15 「나는 생각한다. 고로 나는 존재한다」는 데카르트가 방법적 회의 끝에 도달한 철학의 제1원리로, 모든 것을 의심해도 그 같이 의심하고 생각하는 우리 존재를 의심할 수는 없다는 의미를 담고 있다.

16 ① 남녀 공용으로 저고리 위에 입는 소매가 없는 간편한 덧옷
② 저고리 위에 덧입는 덧옷
④ 우리나라 고유의 겉옷

🎯 8. ③ 9. ② 10. ① 11. ④ 12. ② 13. ④ 14. ③ 15. ② 16. ③

17 선진국의 정부 또는 공공기관이 개도국의 경제·사회발전과 복지 증진을 주목적으로 개도국에 공여하는 증여 및 양허성 차관을 무엇이라 하는가?

① IMF
② WTO
③ ODA
④ OECD

18 다음 중 유네스코 인류무형문화유산에 해당하지 않는 것은?

① 농악
② 한글
③ 판소리
④ 강강술래

19 다음 중 「구축효과(Crowding-out effect)」를 가장 바르게 설명한 것은?

① 정부 지출 확대가 더 많은 수요를 창출한다.
② 재정 확대와 총수요의 증가로 실업이 감소한다.
③ 재정지출 축소가 경제의 자유경쟁을 감소시킨다.
④ 재정지출 증가를 위한 자금 조달이 이자율을 상승시켜 민간투자가 감소한다.

20 프랑스 혁명의 사상적 배경으로 작용한 「계몽사상」의 핵심 내용으로 가장 적절한 것은?

① 왕권신수설의 강화
② 전통과 관습의 절대적 존중
③ 이성과 합리성에 기초한 사회개혁
④ 교회의 권위 회복 강조

※ 위 문제는 수험생들의 기억에 의해 재생된 것이므로, 실제 문제와 다소 다를 수 있습니다.

17 　③ Official Development Assistance. 공적개발원조 또는 정부개발원조라고도 한다.
① 국제통화기금. 1944년 브레턴우즈협정에 따라 1945년 12월 설립, 1947년 3월부터 IBRD(국제부흥개발은행)와 함께 업무를 개시한 국제금융기구다. 2차 세계대전 이후 정치적·경제적으로 세계적인 주도권을 잡은 미국의 주도로 설립됐다.
② 세계무역기구. 관세 및 무역에 관한 일반협정인 가트(GATT) 체제를 대신하여 국제 무역질서를 바로 세우고 우루과이라운드 (UR) 협정의 이행을 감시하는 국제기구다. 1995년 1월 1일 정식으로 출범했으며, 본부는 스위스 제네바에 있다.
③ 경제협력개발기구. 회원국 간 상호 정책조정 및 협력을 통해 세계경제의 공동 발전 및 성장과 인류의 복지 증진을 도모하는 정부 간 정책연구 협력기구로, 1961년 9월 30일 발족됐다.

18

우리나라의 인류무형문화유산	종묘제례 및 종묘제례악(2001), 판소리(2003), 강릉단오제(2005), 강강술래(2009), 남사당놀이(2009), 영산재(2009), 제주 칠머리당 영등굿(2009), 처용무(2009), 가곡·국악 관현반주(2010), 대목장(2010), 매사냥(2010), 줄타기(2011), 택견(2011), 한산 모시짜기(2011), 아리랑(2012), 김장(2013), 농악(2014), 줄다리기(2015), 제주해녀문화(2016), 씨름(2018), 연등회(2020), 탈춤(2022), 장 담그기(2024)

19 　① 승수효과에 대한 설명이다. 이는 경제 현상에서 어떤 경제 요인의 변화가 다른 경제 요인의 변화를 가져와 파급효과를 낳고, 최종적으로는 처음의 몇 배 증가로 나타나는 총 효과를 의미한다.

20 　계몽사상은 이성, 합리성, 자유, 평등을 중시하며 절대왕정과 신분제 사회를 비판했다. 대표적으로 루소, 몽테스키외, 볼테르 등 의 사상은 시민들에게 기존 체제에 대한 문제의식을 각성시켰다.

17. ③ 18. ② 19. ④ 20. ③

실전테스트 100

⬤ 다음 물음에 알맞은 답을 고르시오. (1~70)

01 〈보기〉는 미국·덴마크·그린란드가 1월 14일 그린란드 문제 논의를 위한 고위급 회동을 가진 이후의 상황들을 나열한 것이다. ㉠~㉤에 해당하는 용어로 바르지 못한 것은?

> 보기
> ㉠ 덴마크와 유럽 8개국, 그린란드 해역에서 (　) 작전 시행
> ㉡ 트럼프 美 대통령, 유럽 8개국에 2월부터 (　)% 관세 부과 예고
> ㉢ EU, 제3국이 경제적 압박 등을 가할 경우 발동할 수 있는 (　) 검토. 「무역 바주카포」로도 불림
> ㉣ 미-EU 관세 갈등으로 유럽 투자자들이 미국 자산을 대거 매도할 수 있다는 (　) 우려가 뉴욕증시에서 고조
> ㉤ 트럼프 대통령, 세계경제포럼(WEF) 연차 총회(일명 (　) 포럼)에 참석해 관세 부과 방침 철회

① ㉠: 북극의 인내
② ㉡: 10
③ ㉢: 통상위협대응조치(ACI)
④ ㉣: 셀 아메리카
⑤ ㉤: 보아오

[2-4] 다음 글을 읽고, 물음에 답하시오.

미국이 1월 3일 베네수엘라 수도 카라카스를 전격 공습해 니콜라스 마두로 대통령 부부를 체포·압송했다. 미군이 다른 주권국가 영토에 들어가 지도자를 생포해 미 본토로 이송한 사례는 1990년 파나마의 실권자였던 (　) 이후 36년 만에 이뤄진 것이다.

이번 베네수엘라 군사작전을 두고 트럼프 행정부가 외교안보 정책의 최우선 순위로 천명했던 ㉠ 돈로 독트린(Donroe Doctrine)이 현실화됐다는 평가가 나왔다. 트럼프 대통령은 지난해 1월 재집권 직후부터 ㉡ 그린란드와 캐나다의 미국 복속 의지를 드러내고, 파나마운하 운영권 회수를 압박하면서 논란을 일으켜 왔다.

02 (　) 안에 들어갈 인물은 누구인가?

① 하코보 아르벤스 구스만
② 후안 호세 토레스
③ 살바도르 아옌데
④ 마누엘 노리에가
⑤ 우고 차베스

03 ㉠의 핵심 목표로 가장 적절한 것은?

① 유럽 국가들과의 군사동맹 강화
② 아메리카 대륙 내 미국의 지배권 강화
③ 아시아·태평양 지역의 미군 주둔 확대
④ 유엔 중심의 다자주의 외교 강화
⑤ 중동 지역의 석유 자원 확보

04 ㉡에 대한 설명으로 바르지 못한 것은?

① 세계에서 가장 큰 섬으로, 국토의 80% 이상이 얼음으로 덮여 있다.
② 유럽연합(EU) 단일통화인 유로(EUR)를 공식 통화로 사용한다.
③ 1979년 덴마크 자치령이 됐고, 2009년부터 광범위한 자치를 행사하고 있다.
④ 북극권의 유일한 미군 기지가 위치하고 있다.
⑤ 나토(북대서양조약기구)의 집단방위체계에 포함돼 있다.

05 (　) 안에 들어갈 용어로 바른 것은?

> 유엔난민기구(UNHCR)에 따르면 마두로 베네수엘라 대통령의 집권 이듬해인 2014년 이후부터 현재까지 베네수엘라를 떠난 인구는 전체 인구의 20~30%에 달하는 약 790만 명이다. 이처럼 베네수엘라를 떠나 해외 여러 지역에 흩어져 거주하는 베네수엘라인들의 집단을 가리켜 「베네수엘라 (　)」(이)라고 하는데, 이들의 목소리가 향후 베네수엘라의 향방을 결정짓는 중요한 변수가 될 것이라는 전망이다.

① 멜팅팟
② 엑소더스
③ 샐러드볼
④ 디아스포라
⑤ 코스모폴리터니즘

---

01 ㉢의 (　) 안에 들어갈 용어는 다보스이다.

02 마누엘 노리에가 전 파나마 대통령은 마약 관련 범죄가 드러나며 미국 정부의 압박을 받자 반미 노선으로 전환했는데, 이에 미국은 1989년 파나마를 침공해 노리에가를 축출했다.

03 돈로 독트린은 1823년 미국 제5대 대통령 제임스 먼로(1758~1831)가 아메리카 대륙에서 미국의 패권을 강조하며 천명했던 「먼로 독트린(Monroe Doctrine)」과 도널드 트럼프 대통령의 이름을 합친 용어다. 먼로 독트린이 유럽 열강의 아메리카 대륙 개입에 반대하는 정책이라면, 돈로 독트린은 중국과 러시아의 서반구(미주 대륙)에서의 영향력 확대를 억제하고 이 지역에서의 미국의 단일 패권 회복을 핵심으로 한다.

04 ② 그린란드는 덴마크와 동일한 통화 체계인 「덴마크 크로네」를 사용한다.

05 ④ 본토를 떠나 타지에서 자신들의 규범과 관습을 유지하며 살아가는 공동체 집단 또는 그들의 거주지를 뜻한다.
    ① 인종·문화 등 여러 요소가 하나로 융합 동화되는 현상이나 장소
    ② 탈출·이주·망명 등 다양한 외교적 상황에서 비유적으로 사용되는 말
    ③ 다양한 문화가 샐러드의 재료처럼 각자의 특성을 유지하며, 큰 틀에서 조화롭게 어우러지는 사회
    ⑤ 개인이 국가와 민족을 초월해 자신을 세계 사회의 일원으로 파악하는 사상·양식

1. ⑤ 2. ④ 3. ② 4. ② 5. ④

06 다음의 내용과 관련된 미국의 기관은?

> • 지난해 9월 미국 조지아주 서배너에 위치한 현대자동차그룹과 LG에너지솔루션의 합작 배터리 공장을 급습, 비자요건을 갖추지 않은 한국인 근로자 300여 명을 구금하며 국내에서 큰 논란을 일으켰다.
> • 1월 미국 미네소타주 미니애폴리스에서 연방요원의 총격으로 민간인 2명이 사망하면서 이 기관을 둘러싼 거센 논란이 일었다. 특히 2월 열린 미국 최고의 음악 시상식 그래미 어워즈에서「올해의 노래」부문을 수상한 빌리 아이리시는「(   ) Out」이라는 배지를 달고 시상대에 오르기도 했다.

① 연방범죄수사국(FBI)
② 이민세관단속국(ICE)
③ 이민귀화국(USCIS)
④ 관세국경보호청(CBP)
⑤ 국가안전보장국(NSA)

07 1월 연방 요원에 의한 총격사태가 발생한 미국 미니애폴리스는 지난 2020년 트럼프 1기 행정부를 뒤흔든 사태의 발원지이기도 하다. 당시 경찰의 과잉진압으로 사망하면서「흑인의 생명은 소중하다」는 인권운동을 확산시킨 계기가 됐던 인물은?

① 로드니 킹
② 조지 플로이드
③ 에릭 가너
④ 트레이번 마틴
⑤ 마이클 브라운

08 지난해 12월부터 1월까지 이어진 이란의 대규모 반정부 시위는 이전의 시위와는 발생 원인이나 주도층 등에서 차이가 있었다. 이와 관련, 이번 이란 시위의 원인은?

① 여성 인권 탄압
② 팔레비 왕조 복고 요구
③ 리알화 가치 폭락과 경제난
④ 이스라엘·미국 공습에서의 패배
⑤ 최고지도자 후계 구도 갈등

09 이란에서는 2022년에도 대규모 반정부 시위가 있었는데, 이는 22세 여성 마흐사 아미니가 (   )을/를 제대로 착용하지 않았다는 이유로 체포됐다 의문사한 것이 계기가 됐다. (   ) 안에 들어갈 이슬람 전통여성 복장은?

① 히잡 　　　② 차도르
③ 아바야 　　④ 부르카
⑤ 니캅

10 김민석 국무총리가 1월 16일 광역 지방정부 간 행정통합을 추진하는 지역에 대한 대규모 재정 지원방안을 발표했다. 이와 관련, 재정지원과 관련해 신설하기로 한 제도는?

① 균형발전특별회계
② 지역상생발전기금
③ 지방소멸대응기금
④ 국가균형발전교부금
⑤ 행정통합교부세와 행정통합지원금

11 다음 제시문과 관련된 국산 무기는?

> • 국방과학연구소와 한화에어로스페이스(당시 삼성테크윈)가 1998년 국내 기술로 독자 개발해 운용중인 자주포
> • 도입국은 한국 외 튀르키예, 폴란드, 핀란드, 인도, 노르웨이, 에스토니아, 호주, 이집트, 루마니아, 베트남 등으로 이들을 가리켜 K-( ) 그룹이라고 함

① K-1
② K-2
③ K-9
④ K-55
⑤ K-102

12 1월 16일 열린 윤석열 전 대통령의 체포방해 혐의 재판에서 징역 5년형이 선고된 가운데, 윤 전 대통령의 나머지 7개의 재판과 선고에도 관심이 집중되고 있다. 이와 관련, 윤 전 대통령이 받고 있는 혐의로 바르지 못한 것은?

① 외환유치: 평양 무인기 투입
② 정치자금법 위반: 명태균 씨 여론조사 무상 수수
③ 공직선거법 위반: 20대 대선 중 허위 사실 공표
④ 직권남용 권리행사방해: 채상병 수사 외압
⑤ 내란 우두머리: 12·3 비상계엄 선포 등

06 ② 2003년 국토안보부(DHS) 산하에 설립된 연방 법집행기관으로, 국경·세관·무역·이민 분야의 연방법 집행을 담당한다. 특히 ICE는 집권 전부터 연 100만 명의 불법 체류자를 추방시키겠다고 공언해 온 트럼프 대통령의 기조에 따라 최근 범죄 경력이 없는 단순 불법 체류자들도 적극적으로 체포하고 나서면서 논란이 커진 상태다.

07 ② 2020년 5월 25일 미국 미네소타주 미니애폴리스에서 경찰의 과잉진압으로 비무장 상태의 아프리카계 미국인 남성 조지 플로이드(당시 46세)가 사망하는 사건이 벌어졌다.

08 ③ 이란은 현재 핵 개발에 따른 서방의 오랜 경제제재로 인해 사실상 경제 파탄 상태에 놓여 있다. 이번 시위는 사상 최저치로 떨어진 리알화 가치, 고물가, 에너지 가격 인상 등의 민생고에 항의하면서 시작됐다.

09 ① 히잡은 아랍어로 「가리다」는 의미를 가진 이슬람 여성 전통복장으로, 얼굴만 내놓은 채 머리에서 가슴 부위까지 천을 늘어뜨려 상체를 가리는 두건이다.

10 김민석 국무총리는 해당 방안을 통해 내국세 일반세 수입의 19.24%를 나눠주는 현행 지방교부세와 별도로 행정통합교부세와 행정통합지원금을 신설해 재정을 지원한다고 밝혔다.

11 ③ K-9는 현재 세계 자주포 시장에서 50% 이상의 점유율을 기록하고 있을 정도로 큰 영향력을 발휘하고 있다.

12 ① 윤 전 대통령은 평양 무인기 투입과 관련해서는 일반이적죄 혐의를 받고 있다. 내란특검팀은 지난해 11월 평양 무인기 작전과 관련해 윤 전 대통령에 일반이적 혐의로 추가 기소한 바 있다. 당초 일각에서는 특검팀이 외환유치 혐의도 적용할 것이라는 예상이 있었으나, 특검팀은 현행법상 외환유치죄의 요건인 적국과의 「통모」는 찾지 못했다며 일반이적 혐의를 적용한 바 있다.

(가) 이재명 대통령이 1월 5일 시진핑 중국 국가주석과 정상회담을 가지면서 한한령과 서해 구조물 문제 해결의 실마리를 찾았다는 평가다. 중국은 지난 2018년과 2022년, 2024년 한중 잠정조치수역(PMZ)의 중국 구역에 양식장 관리시설 등을 설치하면서 논란을 일으킨 바 있다. 특히 해당 시설물 설치를 두고 중국의 군사적·영토적 의도가 담긴 (㉠) 전술일 수 있다는 지적이 제기됐었다. 이 전술은 실제 무력충돌이나 전쟁으로 확대되지는 않을 정도의 모호한 수준으로 저강도 도발을 지속해 안보 목표를 이루려는 것이다.

(나) 이재명 대통령이 1월 13일 다카이치 사나에 일본 총리와 정상회담을 가지면서 한일 셔틀외교가 본궤도에 올랐다는 평가다. 두 정상은 이번 회담에서 일본이 주도하는 ㉡ 포괄적·점진적 환태평양경제동반자협정(CPTPP) 가입 문제와 이와 연관된 일본산 수산물 수입 문제 등도 논의했지만, 공동언론발표문에는 포함시키지 않았다.

13 윗글에서 ㉠에 들어갈 용어로 바른 것은?

① 케틀링
② 벼랑끝
③ 살라미
④ 회색지대
⑤ 화전양면

14 ㉡에 대한 설명으로 바른 것은?

① 아시아·태평양 지역의 관세 철폐와 경제통합을 목표로 추진돼 2018년 12월 발효됐다.
② 아시아·태평양 지역을 하나의 자유무역지대로 통합하는 아세안+6 FTA이다.
③ 아시아·태평양 지역에 자유무역지대를 건설하는 것으로, 아시아태평양경제협력체(APEC)의 최종 목표이다.
④ 아시아·태평양 지역의 개발과 협력을 위해 1966년 설립된 국제개발은행이다.
⑤ 아시아 인프라 확충과 국제 금융시장 효율화 등을 목적으로 2016년 1월 설립됐다.

15 광주와 전남이 1월 광주·전남 행정통합으로 생겨날 지방자치단체의 명칭을 「전남광주특별시」로 하고, 주 청사는 3곳의 청사를 균형 있게 사용한다는 합의를 이뤘다. 이와 관련, 광주를 비롯해 주 청사가 위치하는 나머지 2개 지역을 〈보기〉에서 고르면?

보기

| ㉠ 무안 | ㉡ 해남 | ㉢ 목포 |
| ㉣ 순천 | ㉤ 여수 | |

① ㉠, ㉢
② ㉠, ㉣
③ ㉡, ㉣
④ ㉡, ㉤
⑤ ㉢, ㉤

16 〈보기〉에 제시된 내용과 관련된 지역은?

> 보기
> • 북극다산과학기지
> • 국제종자저장고
> • 노르웨이 영토

① 노바야젬랴섬   ② 배핀만섬
③ 스발바르 제도   ④ 엘즈미어섬
⑤ 노보시비르스크 제도

17 국회가 1월 29일 제헌절을 공휴일로 지정하는 내용의 「공휴일에 관한 법률」 일부개정안을 통과시켰다. 이와 관련, 국경일이 아닌 날은?

① 3·1절   ② 현충일
③ 광복절   ④ 개천절
⑤ 한글날

18 국방부 민관군 합동특별자문위원회가 1월 해체 방침을 내놓은 국방부 직할 사령부로서, 다음의 변천 역사를 갖고 있다. (   ) 안에 들어갈 사령부의 명칭은?

> 특무부대 → 국군보안사령부 → 국군기무사령부 → 군사안보지원사령부 → (　　　　　　　)

① 국군의무사령부
② 지상작전사령부
③ 정보사령부
④ 국군방첩사령부
⑤ 사이버작전사령부

13 ① 경찰이 집회 참석자들을 철제 울타리 등으로 포위해 일정 구간에 가둬 진압하는 방식
     ② 핵과 미사일 문제를 둘러싼 북미 협상과정에서 북한이 취한 극단적 방법의 협상전술
     ③ 하나의 과제를 여러 단계별로 세분화해 하나씩 해결해 나가는 협상전술의 한 방법
     ⑤ 겉으로는 평화를 이야기하는 것 같지만 속으로는 전쟁을 준비하는 전술

14 ② 역내포괄적경제동반자협정(RCEP) ③ 아시아·태평양자유무역지대(FTAAP)
     ④ 아시아개발은행(ADB) ⑤ 아시아인프라투자은행(AIIB)

15 광주·전남 통합 후 주 청사(주 사무소)는 따로 두지 않고, 광주광역시청과 전남도청(무안), 전남 동부(순천) 청사를 균형 있게 사용한다는 방침이다.

16 ①③ 북극해에 있는 러시아령 섬 ④ 북극해에 위치한 캐나다령 섬 ⑤ 캐나다쪽 북극 해역의 큰 섬

17 국경일은 나라의 경사스러운 날을 기념하기 위하여 법률로 지정한 날로, 3·1절(3월 1일), 제헌절(7월 17일), 광복절(8월 15일), 개천절(10월 3일), 한글날(10월 9일)이 해당한다.

18 국방부 민관군 합동특별자문위원회가 1월 8일 국군방첩사령부(방첩사) 해체 및 수사기능 이관 등의 내용이 담긴 군 정보기관 개혁안을 국방부 장관에게 권고했다. 자문위의 권고안은 지난 2024년 12·3 비상계엄 당시 방첩사의 위법업무 수행 논란에 따른 것이다.

🎯 **13.** ④ **14.** ① **15.** ② **16.** ③ **17.** ② **18.** ④

19 헌법재판소가 1월 정당 득표율이 (　)% 이상이어야 비례대표 의석을 얻을 수 있도록 규정한 공직선거법 조항에 대해 위헌 판단을 내리면서, 향후 소수 정당의 원내 진입 가능성이 커질 것으로 전망된다. (　) 안에 들어갈 숫자는?

① 2 　　　　② 3
③ 4 　　　　④ 5
⑤ 6

20 사법농단 사태로 기소돼 1심에서 전부 무죄를 선고받은 양승태 전 대법원장이 1월 항소심에서 일부 유죄가 인정돼 징역형의 집행유예를 선고받았다. 양 전 대법원장은 재임 시기 「이 법원」 도입을 위해 정치적으로 민감한 사건을 청와대와 거래 수단으로 활용한 혐의를 받았는데, 이 법원은?

① 행정법원　　② 항소법원
③ 중재법원　　④ 집행법원
⑤ 상고법원

21 트럼프 미국 대통령이 1월 엔비디아의 AI 반도체 칩인 (　) 등 미국으로 수입됐다가 다른 나라로 재수출되는 반도체에 25%의 관세를 부과하는 내용의 포고문에 서명했다. (　) 안에 들어갈 용어는?

① H20
② H100
③ GB100
④ H200
⑤ GB200

[22~23] 다음 글을 읽고, 물음에 답하시오.

중국 상무부가 1월 6일 일본에 이중용도 물자 수출을 금지하는 조치를 단행한다고 발표했다. 이중용도 물자에는 ⊙ 희토류를 비롯해 갈륨, 게르마늄, 흑연 등 첨단기술 제품의 핵심 소재로 사용되는 품목들이 다수 포함돼 있다. 상무부는 또한 다른 국가·지역의 조직·개인이 중국의 조치를 위반해 중국이 원산지인 이중용도 물자를 일본의 조직·개인에 이전하거나 제공하면 법적 책임을 추궁하겠다는 (　⊙　)도 발표문에 명시했다. 이는 제재국가의 정상적인 경제 활동과 관련해 거래를 하는 제3국의 기업이나 금융기관까지 제재하는 것을 말한다.

22 밑줄 친 ⊙에 대한 설명으로 바르지 못한 것은?

① 1794년 스웨덴에서 처음 발견된 이트륨(Y)을 시작으로 1910년대까지 17개 원소가 차례로 발견됐다.
② 일반적으로 은백색 또는 회색을 띠고 공기 중에서 서서히 산화한다.
③ 화학적으로 안정되면서도 열을 잘 전달하는 성질이 있어 「첨단산업의 비타민」이라고 불린다.
④ 희토류를 광물과 토양에서 분리하는 과정에서 방사능이 유출되는 문제가 있다.
⑤ 알칼리에는 녹지만 산과 뜨거운 물에는 잘 녹지 않는 성질을 갖고 있다.

23 ⓛ에 들어갈 용어는?

① 세이프가드　　② 패스트트랙
③ 사보타주　　　④ 제로잉
⑤ 세컨더리 보이콧

24 재경부가 1월 9일 우리나라의 MSCI 선진국 지수 편입을 위한 방안을 발표했다. 현재 우리나라는 이 기준이 부족하다고 평가돼 신흥시장 지수로 분류돼 있는데, 무엇인가?

① 경제 규모　　② 시장 유동성
③ 발전 수준　　④ 시장 접근성
⑤ 증권시장 규모

25 미국 법무부가 1월 연방준비제도(Fed, 연준) 의장의 위증 혐의에 대한 수사에 착수했다. 이로 인해 연준의 독립성을 둘러싼 논란이 확산됐는데, 도널드 트럼프 대통령과 통화정책을 두고 갈등을 빚고 있는 현 연준 의장은?

① 재닛 옐런
② 벤 버냉키
③ 케빈 워시
④ 제롬 파월
⑤ 앨런 그린스펀

19 헌재가 1월 29일 군소 정당 및 비법인사단, 국회의원 선거권자 등이 청구한 공직선거법 189조 1항 1호, 이른바 「3% 저지조항」에 대한 위헌확인 헌법소원 사건에서 재판관 7-2 의견으로 위헌 결정을 내렸다.

20 상고법원은 대법원이 맡는 상고심(3심) 사건 중 단순한 사건만을 별도로 처리하는 법원으로, 대법원의 과중한 업무 부담을 줄이기 위해 양승태 대법원장 시절 역점 사업으로 추진됐다. 이는 간단한 일반 사건은 상고법원이, 사회적으로 파장이 크거나 판례를 변경해야 하는 사건은 대법원이 맡는다는 구상이었다. 그러나 상고법원 설치 법안은 19대 국회에서 2년 가까이 표류하다 자동 폐기됐다.

22 ⑤ 희토류는 산과 뜨거운 물에는 녹지만 알칼리에는 잘 녹지 않는다.

23 ① 특정 품목의 수입이 급증하여 국내 업체에 심각한 피해 발생 우려가 있을 경우, 수입국이 관세 인상이나 수입량 제한 등을 통해 수입품에 대한 규제를 할 수 있는 무역장벽의 하나
② 일시적으로 자금난을 겪고 있는 중소기업을 살리기 위한 유동성 지원 프로그램
③ 조합원이 출근·취업하면서 생산능률을 저하시키는 쟁의행위
④ 특정품목의 덤핑마진을 계산할 때 수출가격이 수출국 내수가격보다 낮은 제품만 덤핑마진에 산입하고, 수출가격이 수출국 내수가격보다 높은 경우는 마이너스가 아닌 제로(0)로 계산해 덤핑마진을 늘리는 방식

24 MSCI는 세계 주요 증시를 매년 선진시장, 신흥시장, 프론티어시장, 독립시장 등 크게 네 그룹으로 분류하는데, 한국 증시는 1992년 신흥시장에 편입됐다. 우리나라는 2008년에 선진지수 편입 후보군인 관찰대상국으로 지정됐으나 2014년 관찰대상국에서 제외됐다. 한국은 경제발전 단계, 시장 규모·유동성 측면에서는 선진시장 기준을 충족했으나 시장 접근성이 충분하지 않다는 평가 때문에 선진시장에 편입되지 못한 채 여전히 신흥시장으로 분류돼 있다.

25 미 법무부가 1월 9일 제롬 파월 연준 의장에게 지난해 6월 상원 청문회에서 연준 청사 리모델링 비용과 관련해 위증을 했다는 혐의로 대배심 소환장을 발부했다. 그러자 파월 의장은 1월 11일 이례적으로 2분짜리 영상을 올려 대배심 소환장은 구실일 뿐 진정한 갈등은 통화정책 통제권을 둘러싼 것이라고 주장했다.

🎯 19. ② 20. ⑤ 21. ④ 22. ⑤ 23. ⑤ 24. ④ 25. ④

26 〈보기〉는 재정경제부가 1월 9일 발표한 「2026년 경제성장전략」의 내용을 정리한 것이다. ㉠~㉤ 중 잘못된 것은?

보기

㉠ 첨단산업 투자 촉진을 위해 150조 원 규모로 조성되는 국민성장펀드 가운데 일반 국민이 참여하는 국민참여형 펀드가 이르면 2분기(4~6월) 내 6000억 원 규모로 출범한다.

㉡ 국내 주식 장기투자를 유도하기 위해 기존 ISA보다 세제 혜택을 대폭 확대한 국내 시장 전용 ISA가 새로 출시된다. 다만 투자 대상은 국내 주식·펀드, 국민성장펀드, 기업성장집합투자기구(BDC)로 제한된다.

㉢ 사회생활 초기에 목돈을 만들기 어려운 청년을 지원하기 위해 6월 청년 전용인 「청년미래적금」이 출시된다. 대상은 19~34세로, 연소득 5000만 원 이하 근로자 혹은 연 매출 4억 원 이하 소상공인이다.

㉣ 초기 자본금 20조 원 규모로 한국형 국부펀드를 조성하는데, 자본금은 정부 출자주식, 물납주식의 현물출자, 지분 취득 등을 통해 마련한다.

㉤ 미국 인플레이션감축법(IRA)처럼 지역과 산업에 따라 투자 인센티브를 차등화하는 한국형 IRA가 도입되는데, 이를 통해 지방 성장 잠재력을 끌어올린다는 구상이다.

① ㉠
② ㉡
③ ㉢
④ ㉣
⑤ ㉤

27 다음의 ㉠과 ㉡에 들어갈 나라가 바르게 나열된 것은?

• 유럽연합(EU)이 1월 (㉠)와(과)의 자유무역협정(FTA)을 타결하며, 2007년부터 19년간 이어온 협상을 마무리했다. 양측의 FTA는 세계 GDP의 25% 규모를 차지하는 것이다.
• (㉡)이 1월 EU와의 외교 관계를 동남아시아 최초로 「포괄적 전략동반자」로 격상하고 경제·안보 협력을 대폭 강화하기로 했다.

	㉠	㉡
①	인도	베트남
②	중국	태국
③	인도	태국
④	중국	베트남
⑤	일본	태국

28 국가데이터처가 정의하는 「쉬었음 인구」에 대한 설명으로 가장 적절한 것은?

① 취업 준비를 위해 학원이나 학교에 다니는 사람
② 질병이나 장애로 인해 경제활동이 불가능한 사람
③ 구직활동을 하고 있지도, 일할 의지도 없는 사람
④ 정년퇴직 후 연금을 받으며 생활하는 고령자
⑤ 일할 의사와 능력을 가지고 있지만, 수입이 있는 일에 종사하고 있지 않은 사람

29 미국 재무부가 1월 29일 우리나라를 환율관찰대상국으로 3회 연속 지정했다. 다음은 미국의 환율관찰대상국 지정 기준을 나열한 것인데, ㉠, ㉡에 들어갈 숫자가 바르게 짝지어진 것은?

> (1) 대미무역(상품+서비스) 흑자 150억 달러 이상
> (2) 국내총생산(GDP) 대비 경상흑자 (㉠)% 이상
> (3) GDP 대비 달러 순매수 규모 2% 이상 및 12개월 중 (㉡)개월 이상 개입

	㉠	㉡		㉠	㉡
①	3	5	②	4	6
③	3	8	④	5	6
⑤	4	8			

30 2026년 한시적으로 시행되는 해외주식 양도소득세 비과세·감면 계좌인 「국내시장복귀계좌(RIA)」에 대한 설명으로 바르지 못한 것은?

① 세제 혜택은 2025년 12월 23일까지 보유한 해외주식에 한해 2026년에만 적용된다.

② 투자자가 일반계좌에서 해외주식을 순매수한 경우에는 해당 금액에 비례해 소득공제 혜택이 조정된다.

③ RIA에 납입한 투자금은 국내 상장주식과 국내주식형 펀드 등에 자유롭게 투자할 수 있다.

④ RIA 내 국내 주식 투자과정에서 발생한 납입 원금을 초과한 수익은 수시로 출금할 수 있다.

⑤ 복귀 시점에 따라 공제 혜택이 차등 적용되는데, 2분기 매도 시까지만 100% 공제가 적용된다.

31 경기가 회복되는 과정에서 자산·소득·소비 양극화가 오히려 심화되는 현상을 이 알파벳 형태에 빗댄 용어다. 특히 2020년 코로나19 이후 글로벌 경제의 회복 과정에서 본격적으로 대두됐던 이 현상은?

① H자형 성장
② M자형 성장
③ O자형 성장
④ K자형 성장
⑤ W자형 성장

26 ㉢ 청년미래적금의 대상은 연소득 6000만 원 이하 근로자 혹은 연 매출 3억 원 이하 소상공인이다.

28 ⑤ 실업자에 대한 설명이다.

30 ⑤ 복귀 시점에 따라 공제 혜택은 차등 적용되는데, ▷1분기 매도 100% ▷2분기 매도 80% ▷하반기 매도 50% 등이다.

31 ④ 동일한 경기 충격 이후에도 경제 주체들 사이의 회복 속도와 성장 경로가 달라져 불균등한 성장이 이뤄지는 것이다.

26. ③ 27. ① 28. ③ 29. ③ 30. ⑤ 31. ④

32 코스피가 1월 22일 장중 사상 처음으로 5000을 돌파했다. 이러한 코스피 상승세는 반도체를 필두로 한 우량기업들의 실적과 이재명 정부의 증시 부양책이 주요인이 됐다는 평가다. 이와 관련, 현재 정부가 추진 중인 증시 부양책과 거리가 먼 것은?

① 금융투자소득세 폐지
② 고배당 상장법인 배당소득 분리과세
③ 자사주 소각 폐지
④ 이사의 주주에 대한 충실의무 도입
⑤ 밸류업 공시기업 세제 지원

33 코스닥 지수가 1월 26일 전 거래일 대비 1.00% 오른 1003.90에 개장하면서 약 4년 만에 1000선을 돌파했다. 특히 이날 코스닥이 4% 급등하면서 올 들어 처음으로 매수 (   )가 발동됐다. (   ) 안에 들어갈 용어는?

① 사이드카   ② 스캘핑
③ 블록딜   ④ 숏커버링
⑤ 서킷 브레이커

34 농림축산식품부가 1월 삼겹살을 지방 함량에 따라 명칭을 3가지로 세분화하는 등의 내용을 담은 「축산물 유통구조 개선방안」을 발표했다. 해당 방안에 따르면 지방이 많은 부위 삼겹살의 명칭은?

① 앞삼겹   ② 돈차돌
③ 떡삼겹   ④ 뒷삼겹
⑤ 지방살

35 보건복지부가 지난해 12월 그간 20세 이상이었던 국가건강검진의 이 항목을 50세 이상으로 대폭 축소하는 방안을 심의했다. 폐결핵을 발견할 목적으로 시행하고 있는 건강검진의 검사항목은?

① 폐기능 검사   ② 상복부 초음파
③ 흉부 방사선   ④ 가래세포검사
⑤ 저선량 흉부 CT

36 다음은 보건복지부가 1월 입법예고한 「지역의사양성법」 시행령·시행규칙 제정안과 관련된 내용이다. 잘못된 부분을 고르면?

지역의사제는 ㉠ 「지역의사 선발 전형」으로 의대에 합격해 의사 면허를 딴 뒤 지역에서 10년간 의무 복무하는 제도다. 복지부가 입법예고한 시행령에 따르면 ㉡ 지역의사 선발 전형은 수도권을 포함한 전국 모든 의과대학에 적용된다. 지역의사제 전형에 지원하려면 해당 의과대학의 소재지나 인접한 지역의 고등학교를 졸업해야 하며, ㉢ 「대학 소재지 고교」와 「인접 지역 고교」에 대해서는 각각 의대 모집 정원이 따로 운영돼 별도로 경쟁하게 된다. 그리고 ㉣ 지역의사제 전형으로 선발했으나 신입생 미달이나 자퇴·퇴학 등으로 결원이 발생하면 동일한 지역의사제 규정을 적용해 충원하도록 했다. ㉤ 의대 졸업 후 10년간 의무 근무하는 지역은 「대학 소재지 고교」 출신의 경우 해당 고교가 속한 권역이다. 「인접 지역 고교」 출신은 정부가 미리 정해놓은 권역들 중에서 의무 근무지를 고를 수 있다.

① ㉠   ② ㉡
③ ㉢   ④ ㉣
⑤ ㉤

최신시사상식

37 기상청이 12월 30일 지난 113년간(1912~2024년)의 기상관측 자료를 분석한 「우리나라 113년 기후변화 분석 보고서」를 공개했다. 이에 대한 설명으로 바르지 못한 것은?

① 계절 구조가 여름을 중심으로 재편되는 양상이 나타났다.
② 폭염일수는 급증한 반면 한파일수는 줄어들었다.
③ 연간 강수일수와 강수량 모두 줄어들고 있다.
④ 봄과 여름이 길어진 반면, 가을과 겨울은 짧아졌다.
⑤ 연평균 기온은 2020년 이후 급격히 상승하고 있다.

38 최근 유명 방송인과 유튜버가 「나비약」을 복용한 것으로 알려지면서 식욕억제제 오·남용 우려가 다시 부상했다. 나비약은 「이 성분」의 식욕억제제를 일컫는 속칭인데, 이 성분은?

① 펜터민
② 메사돈
③ 페치딘
④ 모르피난
⑤ 아비노부텐

32 자사주 소각은 회사가 자사의 주식을 취득해 이를 소각하는 것으로, 발행주식수를 줄여 주당가치를 높이는 방법을 통해 주주 이익을 꾀하는 기법이다. 이재명 정부는 자사주 소각 의무화 등의 상법 개정안을 추진하고 있다.

33 ② 주식이나 선물시장에서 하루에도 수십 번, 수백 번 이상 분·초 단위로 거래를 하며 단기 차익을 얻는 박리다매형 초단타 매매 기법이다.
③ 매도자와 매수자 간의 주식 대량 매매
④ 매도한 주식을 다시 사는 환매수
⑤ 주식시장의 일시적인 매매거래 중단제도로, 코스피나 코스닥 지수가 전일 대비 10% 이상 폭락한 상태가 1분간 지속되는 경우 발동된다.

34 정부는 살코기보다 비계 양이 많은 이른바 「비계 삼겹살」 문제를 해소하기 위해 삼겹살의 명칭을 지방 함량에 따라 ▷앞삼겹(적정지방) ▷돈차돌(과지방) ▷뒷삼겹(저지방)으로 구분키로 했다.

35 ③ 보건복지부가 12월 31일 2025년 3차 국가건강검진위원회를 열고 그간 20세 이상이었던 국가건강검진의 흉부 방사선(흉부 엑스레이) 검사 대상을 50세 이상으로 대폭 축소하는 내용의 「국가건강검진 흉부 방사선 검사 개선방안」을 심의했다고 밝혔다.

36 시행령에 따라 지역의사 선발 전형이 적용되는 대학은 서울을 제외한 9개 권역(14개 시·도)에 소재한 의대가 있는 32개 대학이다.

37 ③ 지난 113년간 연간 강수일수는 10년마다 평균 0.68일씩 줄어든 반면, 연간 강수량은 10년당 17.83mm씩 증가했다. 이는 비가 오는 날은 줄었지만, 한 번 오면 많은 양이 쏟아지는 구조로 바뀐 것을 보여주는 것이다.

38 펜터민은 도파민이나 세로토닌 분비에 영향을 미쳐 감정 조절이 어려워지거나 각성 효과로 인한 불면증, 불안감, 현기증, 떨림 등의 증상을 동반할 수 있다. 특히 용량을 늘리거나 오남용할 경우 공격적 성향, 혼돈 상태, 환각과 환청 등의 정신이상 증상이 나타날 수 있으며, 심한 경우 경련이나 사망에 이를 수 있다는 경고도 있다.

🎯 32. ③ 33. ① 34. ② 35. ③ 36. ② 37. ③ 38. ①

39 ( ) 안에 공통으로 들어갈 숫자는?

법무부가 오는 2월 1일부터 압류 없이 월 ( )만 원까지 사용할 수 있는 생계비 계좌를 금융기관에서 개설할 수 있도록 하는 「민사집행법」 시행령 개정안이 국무회의를 통과했다고 1월 20일 밝혔다. 생계비 계좌는 채무자의 최소한의 생계를 보호하기 위해 ( )만 원까지 압류 걱정 없이 사용할 수 있는 계좌를 말한다.

① 180 　　　② 190
③ 200 　　　④ 220
⑤ 250

40 다음 제시문의 ( ) 안에 공통으로 들어갈 용어는?

대법원 2부가 1월 29일 삼성전자 퇴직자 15명이 회사를 상대로 낸 퇴직금 청구소송에서 성과급 중 「목표 인센티브」는 임금에 포함하고, 「성과 인센티브」는 포함되지 않는다는 판단을 내렸다. 전직 삼성전자 직원들은 삼성전자가 목표 인센티브와 성과 인센티브로 구분되는 성과급을 ( )에서 제외하고 퇴직금을 산정했다며 미지급분을 달라는 소송을 2019년 6월 제기했다. ( )은 3개월 동안 근로자에게 지급된 임금의 총액을 그 기간의 총일수로 나눈 금액으로, 퇴직금은 근속 1년당 30일분 이상의 ( )을 지급하게 돼 있다.

① 통상임금 　　　② 최저임금
③ 생활임금 　　　④ 포괄임금
⑤ 평균임금

41 〈보기〉의 키워드와 관련된 나라는?

보기
• 프린스 그룹
• 웬치(Wench)
• 스캠

① 필리핀 　　　② 베트남
③ 라오스 　　　④ 캄보디아
⑤ 말레이시아

42 국가유산청이 1월 태권도의 유네스코 인류무형유산 남북 공동등재 추진 방침을 밝혔다. 만약 태권도가 공동등재될 경우 남북이 공동으로 이름을 올리는 역대 2번째 인류무형유산이 되는데, 2018년 첫 번째로 남북 공동등재된 유산은 무엇인가?

① 강강술래 　　　② 농악
③ 택견 　　　④ 아리랑
⑤ 씨름

43 넷플릭스 애니메이션 〈케이팝 데몬 헌터스〉(케데헌)가 1월 열린 골든글로브 시상식에서 장편 애니메이션상과 주제가상 등 2관왕을 달성했다. 이와 관련, 〈케데헌〉이 장편 애니메이션 부문에서 경쟁한 작품이 아닌 것은?

① 〈주토피아 2〉
② 〈위키드: 포 굿〉
③ 〈엘리오〉
④ 〈귀멸의 칼날: 무한성편〉
⑤ 〈리틀 아멜리〉

44 〈케데헌〉의 OST 「골든」과 로제의 「아파트」가 2월 1일 열린 그래미 어워즈에서 각각 5개 부문과 3개 부문 후보에 오른 가운데, 「골든」이 K팝 최초로 그래미상을 수상했다. 이와 관련, 「골든」과 「아파트」가 함께 후보에 오른 부문을 〈보기〉에서 모두 고르면?

보기
㉠ 올해의 노래
㉡ 올해의 레코드
㉢ 베스트 팝 듀오/그룹 퍼포먼스
㉣ 베스트 송 리튼 포 비주얼 미디어
㉤ 올해의 앨범

① ㉠, ㉡
② ㉡, ㉢, ㉤
③ ㉠, ㉢
④ ㉡, ㉢, ㉣
⑤ ㉠, ㉡, ㉤

45 다음 제시문이 설명하는 저서는?

조선 후기 실학자 연암 박지원(1737~1805)이 1780년 청나라 건륭제의 칠순 축하잔치에 참석하기 위해 청나라를 방문한 뒤 그 경험을 기록으로 남긴 것이다. 이 책은 청의 선진 문물, 당대 문인들과의 교유를 자세히 담고 있다. 국가유산청은 지난해 12월 31일 단국대 석주선기념박물관이 소장한 이 작품의 초고분 일괄을 보물로 지정할 예정이라고 밝혔다.

① 《열하일기》
② 《목민심서》
③ 《반계수록》
④ 《성호사설》
⑤ 《경세유표》

40 ① 근로자에게 정기적이고 일률적으로 소정 근로 또는 총 근로에 대하여 지급하기로 정한 시간급 금액, 일급 금액, 주급 금액, 월급 금액 또는 도급 금액을 말한다.
② 근로자가 인간다운 생활을 하는 데 필요한 최소한의 임금
③ 근로자가 여유 있는 생활을 할 수 있도록 최저임금보다 높은 수준의 임금을 지급하도록 하는 제도

41 지난해 8월 스캠 범죄에 연루된 한국인 대학생이 캄보디아 범죄단체에 의해 고문을 받고 사망한 사건이 뒤늦게 알려지면서, 캄보디아에서 자행된 한국인 대상 취업사기, 감금, 강제노동 등의 문제가 수면 위로 부상했다. 그리고 지난 1월 6일 캄보디아에 대규모 범죄단지를 조성해 각종 강력 범죄를 저지른 중국계 천즈(陳志·39) 프린스 그룹 회장이 캄보디아 현지에서 체포돼 중국으로 송환됐다.

42 ⑤ 유네스코는 2018년 11월 26일 무형문화보호협약 정부간 위원회 긴급 안건으로 남북 씨름의 공동 등재 안건을 제출했고, 24개 위원국의 만장일치로 역대 최초 분단국가 공동 등재가 이뤄진 바 있다.

43 ② 〈위키드: 포 굿〉은 주제가상 부문에서 경쟁을 펼친 작품이다. 이번 골든글로브 시상식 주제가상 부문에서는 〈케데헌〉과 함께 〈아바타: 불과 재〉, 〈씨너스: 죄인들〉, 〈위키드: 포 굿〉, 〈트레인 드림스〉 등이 후보에 올랐다.

44 〈골든〉과 〈아파트〉는 「송 오브 더 이어(올해의 노래)」와 「베스트 팝 듀오/그룹 퍼포먼스」 후보에 같이 올랐다.

◉ 39. ⑤ 40. ⑤ 41. ④ 42. ⑤ 43. ② 44. ③ 45. ①

46 서울시무용단의 「일무」가 1월 한국 국공립 예술단체 작품 최초로 「베시 어워드」를 수상했다. 일무는 유네스코 인류무형유산인 ( )의 의식무를 현대적 감각으로 재해석한 작품인데, ( ) 안에 들어갈 용어는?

① 보태평
② 종묘제례악
③ 대취타
④ 처용무
⑤ 춘앵전

47 문화체육부와 과학기술정보통신부가 1월 28일 발표한 공공누리 개정안에 따르면 자유 이용이 가능한 유형이 신설됐다. 이 유형이 적용된 저작물은 출처 표기 의무가 없는 것은 물론 상업적 이용·변경 또한 제한 없이 할 수 있는데, 무엇인가?

① 제0유형
② 제5유형
③ Free유형
④ ENG유형
⑤ AI 유형

48 미국야구기자협회(BBWAA)가 1월 21일 「2026년 명예의 전당」 투표 결과를 발표했다. 특히 한국 선수 중 최초로 명예의 전당 후보에 올랐으나 3표 득표에 그치면서 내년 후보에서 제외된 선수는?

① 박찬호   ② 추신수
③ 김병현   ④ 최희섭
⑤ 봉중근

49 다음 〈보기〉에 제시된 내용이 공통으로 가리키는 국가는?

보기
• 2025 아프리카 네이션스컵 우승국
• 국제축구연맹(FIFA) 랭킹 19위
• 2026년 북중미 월드컵에서 프랑스, 노르웨이 등과 함께 I조에 속함

① 가나   ② 알제리
③ 세네갈   ④ 카메룬
⑤ 나이지리아

50 1월 22일 우리나라가 전 세계 최초로 시행한 「AI 기본법」에 대한 설명으로 적절하지 않은 것은?

① AI 기본법상의 의무를 위반하면 시정명령과 최대 3000만 원의 과태료가 부과되는데, 다만 이는 최소 1년 이상의 유예기간을 둔다.
② AI 모델을 개발하고 서비스를 제공하는 국내외 사업자와 AI 서비스를 단순히 이용하는 개인 소비자 모두 AI 투명성 확보 의무의 적용 대상이다.
③ 생성형 AI 결과물에는 원칙적으로 워터마크 표시 의무가 있는데, 특히 딥페이크의 경우 명확한 고지가 요구된다.
④ 애니메이션이나 웹툰의 경우 가시적 방법뿐 아니라 눈에 보이지 않는 디지털 워터마크를 쓸 수 있다.
⑤ 고영향 AI는 법률이 정한 영역에서 활용되면서 사람의 기본권에 중대한 영향을 미치거나 위험한 업무에 사용되는 경우로, 사람의 개입이 없는 경우에만 적용 대상을 판단한다.

51 지난 2월 열린 호주오픈테니스대회 남자단식 결승에서 우승하면서, 역대 최연소 커리어 그랜드슬램을 달성한 선수는?

① 야닉 시너
② 알렉산더 즈베레프
③ 카를로스 알카라스
④ 노바크 조코비치
⑤ 다닐 메드베데프

52 원자력안전위원회가 지난해 12월 30일 운영을 허가한 신규 원전으로, 이는 2016년 착공에 들어간 지 9년 만에 이뤄진 것이다. 울산 울주군에 소재한 이 원전은?

① 한빛 2호기
② 새울 3호기
③ 신고리 5호기
④ 한울 3호기
⑤ 월성 5호기

53 광범위한 데이터와 대규모 매개변수를 기반으로 다양한 작업을 수행할 수 있는 「초대형 AI 모델」로, 정부가 추진 중인 관련 프로젝트의 1차 단계 평가 결과가 1월 15일 발표됐다. 무엇인가?

① 프론티어 모델
② 월드모델
③ 알고리즘 모델
④ 파운데이션 모델
⑤ 코어모델

46 ② 종묘의 제향에 연주되는 음악으로, 기악(樂: 보태평, 정, 대업), 가(歌: 악장), 춤(舞: 일무)으로 구성돼 있다.
　① 조선 전기 세종이 당악 고취악과 향악을 바탕으로 하여 직접 창제한 11개의 악무
　③ 조선시대에 관리들의 공식적인 행차에 따르는 행진음악
　④ 궁중의 구나의(驅儺儀)에서 공연된 향악정재(鄕樂呈才)의 한 종목
　⑤ 조선 순조 때 창작된 향악정재(鄕樂呈才)의 하나

47 문체부 등이 내놓은 개편안에 따르면 공공저작물 자유이용 허락표시 기준인 「공공누리」에 자유 이용이 가능한 「제0유형」과 제한적 조건 아래에서도 학습용으로는 활용을 허용하는 「AI 유형」이 신설됐다.

49 세네갈이 1월 19일 모로코 라바트에서 열린 개최국 모로코와의 「2025 아프리카 네이션스컵」 결승전에서 연장 접전 끝에 1-0으로 승리했다. 이로써 세네갈은 2022년 이후 4년 만에 통산 두 번째 우승을 차지했다.

50 ② AI 기본법은 AI를 개발하거나 이를 활용한 제품·서비스를 제공하는 AI 사업자를 규제 대상으로 삼고 있으며, 챗GPT 이용자나 AI를 업무·창작 도구로 활용하는 일반 소비자는 규제 대상에 해당하지 않는다.

51 남자 테니스 세계랭킹 1위 카를로스 알카라스(23·스페인)가 2월 1일 호주 멜버른에서 열린 호주오픈 남자단식 결승에서 노바크 조코비치(39·세르비아)를 3-1로 꺾고 우승을 차지했다. 특히 알카라스(22세 8개월)는 이날 우승으로 라파엘 나달(40·스페인·은퇴)이 24세 101일이던 2010년 US오픈에서 우승하며 기록한 역대 최연소 커리어 그랜드슬램 기록도 깨게 됐다.

52 ② 원자력안전위원회(원안위)가 12월 30일 울산 울주 새울 원자력발전소 3호기 운영을 허가했다고 밝혔다. 이는 2016년 첫 착공에 들어간 지 9년 만이자 이재명 정부 출범 이후로는 첫 신규원전 승인이다.

53 정부가 추진 중인 「독자 인공지능(AI) 파운데이션 모델」 프로젝트 1차 단계 평가 결과가 1월 15일 발표된 가운데, LG AI연구원·SK텔레콤·업스테이지가 통과한 반면 네이버클라우드(기술 주권 부적합 평가)와 NC AI(종합점수 기준 미달)는 탈락했다.

🎯 46. ② 47. ① 48. ② 49. ③ 50. ② 51. ③ 52. ② 53. ④

54 국토교통부가 1월 광주광역시 전역을 자율주행차 시범운행지구로 지정하는 방안을 발표했다. 정부는 이를 통해 내후년까지 레벨4 수준의 자율주행 기술 확보를 목표로 하고 있는데, 레벨4 수준을 바르게 설명한 것은?

① 운전자가 핸들에 손을 대고 있는 것을 전제로 자율주행 시스템이 특정 주행 모드에서 조향 또는 감·가속 중 하나를 수행
② 돌발 상황으로 자율주행 모드의 해제가 예상되는 경우에만 운전자의 조작 요청
③ 시스템이 운행구간 전체를 모니터링하며 안전 관련 기능들을 스스로 제어
④ 사람의 개입 없이 시스템이 판단해 목적지까지 스스로 운전
⑤ 운전자가 개입하지 않아도 시스템이 차량의 속도와 방향을 동시에 제어

55 다음은 형법 123조에 규정된 직권남용죄의 정의인데, ( )에 들어갈 알맞은 말은?

> 직권남용죄는 공무원이 직권을 남용하여 사람으로 하여금 ( )을 하게 하거나 사람의 권리행사를 방해함으로써 성립하는 죄를 말한다.

① 의무 없는 일
② 불법적인 일
③ 권한 없는 일
④ 규정 밖의 일
⑤ 명시되지 않은 일

56 챗GPT ( )는 오픈AI가 출시한 챗GPT 구독 요금제 중 하나로, 매달 8달러에 무료 계정과 플러스 요금제(월 2만 9000원)의 중간 수준 기능을 제공한다. 우리나라에는 1월 17일 해당 요금제가 출시됐는데, ( ) 안에 들어갈 단어는?

① Go   ② Win
③ Run   ④ In
⑤ Middle

57 다음 제시문이 설명하는 비전통적 통화정책은 무엇인가?

> 중앙은행이 금융시장의 신용경색 해소와 경기 부양을 위해, 정부의 국채나 여타 다양한 금융 자산 매입을 통해 시장에 직접 유동성을 공급하는 정책을 말한다. 정책 금리가 0에 가까운 초저금리 상태여서 더 이상 금리를 내릴 수도 없고 재정도 부실할 때, 경기 부양을 위해 사용된다.

① 공개시장운영
② 지급준비율 조정
③ 양적완화
④ 재할인율 조정
⑤ 마이너스 정책금리

58 판소리의 유파에 따라 계승돼 오는 특징적인 대목이나 음악적 스타일을 일컫는 말은?

① 바디   ② 눈대목
③ 발림   ④ 내드름
⑤ 더늠

59 다음 동계올림픽 종목 중 그 성격이 다른 하나는?

① 루지
② 알파인스키
③ 바이애슬론
④ 크로스컨트리 스키
⑤ 스키점프

60 다음 괄호 안에 들어갈 단위를 바르게 짝 지은 것은?

> • 말(馬)이나 소를 세는 단위: (㉠)
> • 신문이나 책을 세는 단위: (㉡)
> • 실이나 줄의 가닥을 세는 단위:
>   (㉢)

① ㉠: 척, ㉡: 대, ㉢: 엽
② ㉠: 필, ㉡: 부, ㉢: 올
③ ㉠: 필, ㉡: 단, ㉢: 올
④ ㉠: 필, ㉡: 부, ㉢: 가락
⑤ ㉠: 개, ㉡: 단, ㉢: 가락

---

54 ① 레벨1(운전자 보조) ② 레벨3(조건부 자동화) ④ 레벨5(완전 자동화) ⑤ 레벨2(부분 자동화)

55 형법 123조에 규정된 직권남용죄는 공무원이 직권을 남용해 사람으로 하여금 「의무 없는 일」을 하게 하거나 사람의 권리행사를 방해한 경우에 성립한다.

56 챗GPT GO는 무료 버전보다는 메시지, 파일 업로드, 이미지 생성을 10배가량 더 할 수 있으며, 사용자와 대화하며 사용자 취향과 맞춤 정보를 기억해 추후 대화에 반영하는 메모리 기능도 제공한다.

57 ① 한국은행이 금융기관을 상대로 국공채 등 증권을 사고팔아 이들 기관의 자금 사정을 변화시키고 이를 통해 금리나 통화를 조절하는 전통적 통화정책이다.
② 지급준비율을 통해 금융기관의 신용창조 능력을 조절하는 전통적 통화정책이다. 중앙은행이 지급준비율을 높이면 통화량이 감소하고, 낮추면 통화량이 증가한다.
④ 중앙은행이 금융기관에 빌려주는 자금의 금리를 조절함으로써 금융기관이 중앙은행으로부터의 차입 규모를 조정하는 전통적 통화정책이다.
⑤ 중앙은행이 정책금리를 제로(0)%보다도 낮은 수준으로 조정하는 비전통적 통화정책이다.

58 ⑤ 어떤 명창이 부른 판소리의 특정한 대목이 격찬을 받게 되면 그 대목은 누구의 「더늠」이라고 말하고, 그 더늠은 후배 명창들에 의해 계승된다.
① 판소리 한 판의 전체적인 짜임새를 가리키는 말
② 판소리의 가장 감동적인 대목을 지칭하는 말
③ 판소리 연주에서 창자가 소리의 극적인 전개를 돕기 위해 하는 몸짓
④ 판소리, 산조, 농악 등에서 한 악절의 시작 선율 또는 내는 가락

59 루지는 트랙 위에서 진행되는 슬라이딩(썰매) 종목이고, 나머지는 눈 위에서 진행되는 설상 종목이다.

60 **척**: 배를 세는 단위/ **대**: 가늘고 긴 물건을 세는 단위/ **단**: 인쇄물의 지면을 나눈 단위/ **엽**: 종이 및 잎 따위를 세는 단위/ **가락**: 노랫가락을 세는 단위

🎯 **54.** ③ **55.** ① **56.** ① **57.** ③ **58.** ⑤ **59.** ① **60.** ②

61 빛의 여러 가지 현상 중 「회절」에 해당하는 설명은?

① 일정한 방향으로 진행하는 파동이 다른 물체의 표면에 부딪쳐서 진행 방향을 반대로 바꾸는 현상
② 빛이 한 매질로부터 다른 매질을 통과할 때 그 경계면에서 방향을 바꾸어 꺾이는 현상
③ 빛이 공기 속을 통과할 때 공기 중의 미립자에 부딪쳐서 흩어지는 현상
④ 빛이 진행할 때 균일한 매질 속에서 똑바로 진행하는 현상
⑤ 빛의 파동성이 좁은 틈이나 장애물을 만났을 때 장애물 뒤쪽을 돌아 들어가는 현상

62 다음이 설명하는 과학 법칙은?

> 비틀림저울을 사용한 실험에서 발견된 것으로, 두 전하 사이에 작용하는 전기력은 두 전하를 잇는 직선상에 작용하고, 이때 전기력의 크기는 두 전하 간 거리의 제곱에 반비례하며, 두 전하량의 곱에 비례한다는 법칙이다.

① 앙페르의 법칙
② 쿨롱의 법칙
③ 옴의 법칙
④ 패러데이의 법칙
⑤ 보일·샤를의 법칙

63 서사적·영웅적·민족적 색채를 지닌 자유로운 환상곡풍의 기악으로 「광시곡」으로 번역되는 것은?

① 푸카　　　　② 토카타
③ 랩소디　　　④ 미뉴에트
⑤ 칸타타

64 다음 제시문의 (　) 안에 들어갈 용어는?

> 인사고과 평가 시에 특정 요소로부터 받은 인상이 중요한 영향을 미치는 (　)와 같은 오류를 범하지 않도록 유의해야 한다.

① 헤일로 효과
② 사일로 효과
③ 링겔만 효과
④ 베블런 효과
⑤ 밴드왜건 효과

65 다음 중 원화가 평가절하됐을 때 나타날 수 있는 현상으로 묶인 것은?

① 수출 증대, 물가 상승, 차관 원화 부담 증가
② 수출 증대, 물가 하락, 차관 원화 부담 증가
③ 수출 증대, 물가 하락, 차관 원화 부담 감소
④ 수출 감소, 물가 상승, 차관 원화 부담 감소
⑤ 수출 감소, 물가 하락, 차관 원화 부담 증가

66 생명과학·기초물리학·수학 분야에서 탁월한 업적을 세운 연구자들에게 수여하는 상으로, 「실리콘밸리의 노벨상」이라고 일컬어지는 상은?

① 필즈상
② 브레이크스루상
③ 프리츠커상
④ 이그 노벨상
⑤ 아벨상

67 「호서지방(湖西地方)」은 충청도를 이르는 별칭이다. 이는 이름 그대로 호수의 서쪽이라는 뜻인데, 여기서 호수는 삼한시대에 축조된 저수지를 가리킨다. 이 저수지는?

① 벽골제
② 수산제
③ 의림지
④ 만석거
⑤ 공검지

61 ① 반사 ② 굴절 ③ 산란 ④ 직진

62 ② 1785년 프랑스 물리학자인 쿨롱이 발견했다.
① 도선에 전류가 흐르면 그 도선의 주위에 자장이 생기며, 그 방향은 오른쪽으로 돌릴 때의 나사못의 방향과 같다는 법칙
③ 전류의 세기는 전기저항에 반비례한다는 법칙
④ 유도기전력의 크기는 코일 속을 지나는 자기력선속의 시간적 변화율과 코일의 감은 횟수에 비례한다는 법칙
⑤ 일정량의 기체 부피는 압력에 반비례, 절대온도에 정비례한다는 법칙

63 ③ 원래 그리스어로는 〈일리아스〉와 같은 서사시의 한 부분을 뜻하는 것이었으나, 19세기에 들어서는 환상곡풍의 자유로운 형식의 음악을 지칭하게 됐다.
① 동시에 진행하는 선율들을 하나의 주제로 모방하고 그것들을 합쳐서 만든 성악곡이나 기악곡
② 주로 건반악기를 위한 즉흥적, 기교적인 악곡 형식
④ 17~18세기 프랑스를 중심으로 보급된 4분의 3박자 형식의 무곡과 그 무용
⑤ 17세기 초 이탈리아에서 생겨난 아리아, 레시타티브, 중창, 합창 등으로 이루어진 대규모 성악곡

64 ② 조직 장벽과 부서 이기주의를 의미하는 용어로, 조직의 각 부서 간에 담을 쌓고 내부 이익만을 추구하는 현상
③ 집단에 참여하는 사람의 수가 늘어날수록, 성과에 대한 1인당 공헌도는 오히려 떨어지는 현상
④ 가격이 올라도 일부 계층의 과시욕이나 허영심 등으로 인해 수요가 줄지 않고 오히려 늘어나는 현상
⑤ 의사결정 시 강자나 다수파를 따라가는 심리 현상

65 원화의 가치가 낮아지므로 가격경쟁력이 생겨 수출이 늘어나게 된다. 원화로 환산한 수입품의 가격은 상승하게 되므로 물가가 상승하게 된다. 낮은 원화의 가치 때문에 차관을 갚는 부담은 늘어나게 된다.

66 ① 수학의 새로운 분야 개척에 공헌한 40세 미만의 수학자에게 수여하는 세계적 권위의 상
③ 인류와 건축 환경에 일관적이고 중요한 기여를 한 생존 건축가에게 수여하는 상
④ 현실적 쓸모와 상관없이 이색적이고 획기적인 사건이나 발명 등에 수여하는 상
⑤ 노르웨이 정부가 자국의 수학자 아벨을 기념해 수여하는 국제적 권위의 수학상

67 호서라는 명칭은 충청북도 제천시 「의림지(義林池)」의 서쪽 지방이라는 의미에서 유래한 것으로 전해지는데, 의림지는 삼한시대에 축조된 저수지로 고대 수리시설 중에서 오늘날까지 폐기된 적 없이 사용되고 있는 유일한 곳이다.

🎯 **61.** ⑤ **62.** ② **63.** ③ **64.** ① **65.** ① **66.** ② **67.** ③

68 다음 음식들의 공통점을 고르면?

> • 중국의 자오쯔(餃子)
> • 일본의 오세치(御節)
> • 그리스의 바실로피타(Vasilopita)

① 성탄절
② 새해
③ 어린이날
④ 추수감사절
⑤ 종교 축제

69 경기과열의 상황에서 경기를 안정시키기 위한 조치로 바른 것을 고르면?

> ㉠ 정부의 재정지출을 축소한다.
> ㉡ 공공사업에 대한 투자를 확대한다.
> ㉢ 세율을 높인다.
> ㉣ 이자율을 인하한다.

① ㉠, ㉡
② ㉠, ㉢
③ ㉠, ㉡, ㉣
④ ㉠, ㉢, ㉣
⑤ ㉠, ㉡, ㉢, ㉣

70 정확성·진실성 등 뉴스의 본질보다는 뉴스 진행자의 옷차림·외모나 참신한 화면 효과 등을 앞세워 뉴스를 편집하는 행태를 비판하는 용어는?

① 소프트 뉴스   ② 엠바고
③ 디스코 뉴스   ④ 스쿠프
⑤ 인스턴트 뉴스

⬤ 다음 물음에 알맞은 답을 쓰시오. [71~100]

71 일본 야마구치현 우베시 연안에 있던 탄광으로, 일제강점기였던 1942년 2월 해저갱도 붕괴로 한반도 출신 노동자 136명 등 183명이 사망한 곳이다. 1월 열린 한일 정상회담에서 당시 사고의 희생자 유해에 대한 DNA 감정 추진이 합의된 탄광은?

✎ ＿＿＿＿＿＿＿＿＿＿＿＿＿

72 이란 정부는 지난 1월 반정부 시위대의 외부 단절을 목표로 인터넷을 차단했다. 이에 인터넷 우회 수단으로 사용되면서 시위의 변수로 부상하기도 했던 스페이스X의 저궤도 위성통신 서비스는?

✎ ＿＿＿＿＿＿＿＿＿＿＿＿＿

73 이란의 이슬람 형법에 규정된 중대범죄 개념으로, 이란에서 정권 위협 행위를 처벌할 때 자주 사용되는 죄목이다. 하지만 실제로는 정치적 반대 세력을 처벌하는 데 사용되면서 국제사회의 비판을 받고 있는 것은?

✎ ＿＿＿＿＿＿＿＿＿＿＿＿＿

74 우고 차베스 베네수엘라 전 대통령의 정치 이념과 통치 방식을 포괄하는 개념으로, 아르헨티나의 페로니즘과 더불어 남미 포퓰리즘의 대명사로 꼽히는 것은?

✎ ＿＿＿＿＿＿＿＿＿＿＿＿＿

75 8촌 이내 혈족이나 4촌 이내 인척, 배우자 간 발생한 재산범죄에 대해 형을 면제하거나 고소가 있어야 공소를 제기할 수 있도록 한 특례였으나, 지난해 12월 국회의 개정안 통과로 12월 31일부터 폐지된 것은?

76 이스라엘의 「아이언돔(Iron Dome)」과 유사한 미국의 차세대 미사일 방어시스템으로, 특히 미국 본토를 지키기 위해 우주 공간·기술을 활용하는 것을 핵심으로 한다. 무엇인가?

77 군사력을 기반으로 상대 국가에 압박을 가해 요구를 관철시키는 방식의 외교로, 19세기 제국주의 시대 때 유럽 열강들이 막강한 해군력을 앞세우면서 대두된 개념은?

78 주식시장에서 공매도(숏포지션)를 잡은 투자자들이 급등하는 주가 상황에서 손실을 피하기 위해 매수에 나서면서 주가가 더 급등하는 현상을 이르는 용어는?

79 「트럼프는 보통 발표를 부정(취소)한다」는 뜻의 줄임말로, 트럼프 미국 대통령이 발표하는 정책 선언이 실현되지 않을 것이라 전망하고 해당 내용과 반대되는 방향으로 투자하는 전략을 이르는 용어는?

80 매출액·근속기간 등의 일정한 성과를 달성한 임직원에게 회사가 보상으로 현금 대신 양도 시점을 제한해 지급하는 주식으로, 2000년대 초 스톡옵션의 대안으로 등장한 것은?

---

68 중국의 자오쯔, 일본의 오세치, 그리스의 바실로피타는 모두 새해, 신년을 맞아 먹는 각국의 전통 음식이다.

69 불황 시의 재정정책으로는 정부지출 확대, 세율 인하, 적자예산 편성 등이 있고 경기과열 시의 재정정책으로는 정부지출 축소, 세율 인상, 흑자 예산의 편성 등이 있다.

70 ① 연예나 스포츠 등 오락적인 내용을 대상으로 하는 뉴스
② 일정 시점까지의 보도 금지
④ 특종 기사. 신문사나 방송국이 다른 경쟁사보다 앞서 독점 입수해 먼저 보도한 중요한 뉴스나 기사를 지칭하는 말
⑤ 뉴스 제공자가 원래의 정보를 자신들에게 유리하게 가공해 완성된 형태로 제공하는 뉴스

---

68. ② 69. ② 70. ③ 71. 조세이 탄광(長生 炭鑛) 72. 스타링크(Starlink) 73. 모하레베(Moharebeh) 74. 차비스모(Chavismo) 75. 친족상도례(親族相盜例) 76. 골든돔(Golden Dome) 77. 함포외교(艦砲外交, Gunboat Diplomacy) 78. 숏 스퀴즈(Short Squeeze) 79. 튜나 트레이드(TUNA Trade) 80. 양도제한조건부 주식(RSU·Restricted Stock Units)

81 다국적기업의 소득에 대해 특정 국가에서 15%의 최저한세율보다 낮은 세율을 적용하는 경우, 최종 모기업의 거주지국 등 다른 국가에 추가 과세권을 부여하는 제도는?

✎_____

82 국내 거주자가 해외 투자를 통해 벌어들인 배당·이자소득에서 외국인에게 지급한 투자소득을 제외한 값으로, 한 국가가 해외와의 투자 활동을 통해 벌어들이거나 지급한 소득의 차이를 나타내는 지표는?

✎_____

83 기초지수의 하루 수익률을 2~3배 등으로 확대해 추종하는 상장지수펀드(ETF)로, 주식시장이 상승기라고 판단될 때 수익률을 높이기 위한 투자 수단으로 활용되는 것은?

✎_____

84 브릭스(BRICS) 국가들이 만들고 있는 금 기반 디지털 무역 통화로, 실물 금 40%와 브릭스 5개국 통화 60%로 구성된 준비금 바스켓을 기반으로 한다. 무엇인가?

✎_____

85 1월 29일 국회를 통과한 상생협력법 개정안에 명시된 것으로, 기술 탈취 분쟁에서 중소기업이 정보 불균형으로 피해 입증이 어려워 불리한 소송 환경에 놓이는 것을 막기 위한 제도는?

✎_____

86 경제적 어려움으로 사회로부터 단절돼 심리적 불안정 상태에 처한 노인을 지칭하는 용어는?

✎_____

87 기초연금 선정기준액은 65세 이상 노인 중 소득 하위 (   )%가 수급 대상이 되도록 정부가 매년 초 고시하는 기준 금액을 말한다. (   ) 안에 들어갈 숫자는?

✎_____

88 고용노동부가 1월 도입 방침을 밝힌 제도로, 분쟁이 발생할 경우 노무를 제공했다는 사실을 근로자가 아닌 사용자가 입증하도록 한 것이다. 무엇인가?

✎_____

89 제주도 한라산 정상부에 자생하는 희귀 고산식물로, 일명 「한라산 에델바이스」로 불리는 식물은?

✎_____

90 1970년대 초반 영국에서 유행하던 록 음악의 한 장르로, 화려한 의상과 퇴폐적 분위기 등을 특징으로 하는 음악은?

✎_____

91 시청자나 이용자가 미디어를 통해 접하는 특정 인물·캐릭터 등에 대해 실제 사회적 관계와 유사한 친밀감을 느끼는 심리·사회학적 현상을 이르는 용어는?

✎_____

92 1960년대 서울을 배경으로 한 고(故) 이우영 작가의 만화로, 최근 이 작품을 둘러싼 저작권 분쟁이 7년 만에 마무리됐다. 이 만화는?

🖊 _____

93 2월 열린 밀라노-코르티나담페초 동계올림픽에서 신설된 종목으로, 개인전인 남녀 스프린트와 단체전인 혼성 계주가 치러진 종목은?

🖊 _____

94 한국은행이 네이버와의 민관 협력을 통해 자체 구축한 금융·경제 특화 소버린 인공지능(AI) 서비스의 명칭은?

🖊 _____

95 현대차그룹의 로봇 계열사 보스턴 다이내믹스가 개발한 휴머노이드로, 올해 CES 2026에서 최고 로봇상을 수상한 로봇은?

🖊 _____

96 현재까지 알려진 가장 오래된 인류 계통 후보 중 하나로, 2001년 아프리카 차드의 주라브 사막에서 그 화석이 처음 발견된 인류는?

🖊 _____

97 기존 자료나 경험을 활용하지 않고 완전히 처음부터 다시 시작하는 것으로, 본래 동일한 출발선에서 스포츠 경기를 시작한다는 의미에서 유래된 용어다. 무엇인가?

🖊 _____

98 인공지능(AI) 에이전트가 사람을 대신해 구매 전 과정을 자율적으로 수행하는 상거래 방식을 이르는 용어는?

🖊 _____

99 1995년 6월 준공돼 지난해 12월 31일 발전이 공식 종료되면서, 이재명 정부 출범 이후 석탄발전소 가동이 중단된 첫 사례가 된 화력발전소는?

🖊 _____

100 미국 챗봇 개발사 옥테인AI의 CEO 매트 슐리히트가 만든 AI 에이전트 전용 SNS로, 인간은 온전히 관찰자의 입장에서만 존재하는 이 소셜미디어는?

🖊 _____

81. 글로벌 최저한세(GloBE·Global Anti-Base Erosion Rule) 82. 투자소득수지 83. 레버리지 상장지수펀드(Leveraged ETF) 84. 유닛(UNIT) 85. 한국형 디스커버리 86. 표류노인(漂流老人) 87. 70 88. 근로자 추정제 89. 한라솜다리 90. 글램록(Glam Rock) 91. 파라소셜(Parasocial) 92. 검정고무신 93. 산악스키(Ski mountaineering) 94. 보키(BOKI·Bank Of Korea Intelligence) 95. 아틀라스(Atlas) 96. 사헬란트로푸스 차덴시스(Sahelanthropus tchadensis) 97. 프롬 스크래치(From Scratch) 98. 에이전틱 커머스(Agentic Commerce) 99. 태안화력 1호기 100. 몰트북(Maltbook)

실전테스트 100

161

한국사능력테스트

01   밑줄 친 (가) 시대에 해당하는 대표적인 유물로 바른 것은?

> 학습 주제: __(가)__ 시대의 생활
>
> - 경제: 저습지에서의 벼농사   • 사회: 빈부격차와 계급 발생
> - 주거: 움집의 지상 가옥화   • 무덤: 고인돌, 돌널무덤

①    ②    ③

④    ⑤

💡 (가)에 들어갈 내용은 청동기이다. ① 비파형 동검은 청동기 시대의 유물이다.
   ② 빗살무늬토기(신석기 시대) ③ 백제의 칠지도 ④ 주먹도끼(구석기 시대) ⑤ 가야의 금관

02   다음 자료와 관련된 나라의 사회 모습으로 옳은 것은?

> 철이 생산되어 한(漢), 예(濊), 왜(倭)가 모두 와서 사 간다. 2군(낙랑, 대방)에도 공급하였다.

① 12월에 제천행사를 거행하였다.
② 덩이쇠를 화폐처럼 사용하였다.
③ 주구묘(周溝墓)와 초옥토실(草屋土室)의 유적이 발견되었다.
④ 한의 군현과 대립하면서 영토를 확장하였다.
⑤ 엄한 율령을 제정하여 사유재산을 보호하였다.

💡 제시된 자료는 삼한 중에서도 변한에 관한 설명이다. 변한에서는 철이 많이 생산되어 낙랑과 왜 등에 수출하였고, 철이
   교역에서 화폐(덩이쇠)처럼 사용되기도 하였다.
   ① 부여 ③ 마한 ④ 고구려 ⑤ 부여와 고구려의 1책 12법에 대한 설명이다.

03 다음은 백제가 중국에 보낸 국서의 일부이다. 이 시기 삼국의 형세를 파악하기 위한 자료로 적절한 것은?

> 고구려의 잘못은 하나 둘이 아닙니다. 겉으로는 겸손한 말을 지껄이면서도 속으로는 흉악한 짐승의 저돌성을 품고 있습니다. 남쪽의 송과 수교하기도 하고, 북쪽으로는 유목 민족인 유연과 맹약을 맺기도 하여 서로 순치(脣齒)의 관계를 이루면서 폐하의 영토[북위]를 짓밟으려 하고 있습니다. 한 방울씩 새어나오는 물이라도 마땅히 일찍 막아야 하니, 지금 취하지 않으면 뒷날 후회할 것입니다.

① 을지문덕의 오언시
② 칠지도의 명문
③ 단양 적성비의 비문
④ 임신서기석의 명문
⑤ 중원 고구려비의 비문

💡 제시된 지문은 5세기 때 백제 개로왕이 북위에 보낸 문서이다. 개로왕은 고구려의 장수왕이 남진정책을 실시하자 이에 대항하기 위하여 중국 북조의 북위에 구원을 요청하는 문서를 보냈다. 그러나 장수왕이 이미 중국 남북조와 교류하며 손을 써놓았기 때문에 백제는 북위의 도움을 받지 못하였고, 결국 백제 수도는 함락당하고 개로왕은 전사하였다. 장수왕은 한강을 점령하고 중원 고구려비를 세웠으므로, 답은 중원 고구려비의 비문이 된다.

04 다음 자료의 전쟁 이후 신라의 상황에 대한 설명으로 옳은 것은?

> • 당의 이근행이 군사 20만 명을 거느리고 매소성에 주둔하였다. 우리 군사가 이를 쳐서 쫓아 버리고 군마 3만여 필과 병장기를 노획하였다.
> • 사찬 시득이 수군을 거느리고 소부리주 기벌포에서 당의 설인귀와 스물 두 번의 크고 작은 전투를 벌여 이기고 4천여 명의 목을 베었다.
> – 「삼국사기」

① 지방 행정조직을 9주 5소경으로 정비하였다.
② 왕의 칭호를 「마립간」에서 「왕」으로 바꾸었다.
③ 화랑도를 국가적인 조직으로 개편하였다.
④ 새로 확보한 영토에 북한산비를 세웠다.
⑤ 「건원」이라는 독자적 연호를 사용하였다.

💡 제시된 자료는 신라의 삼국통일(676) 과정 중에 있었던 나·당전쟁에 관한 내용이다.
  ① 7세기 통일신라의 신문왕에 대한 설명이다.
  ② 4세기 내물왕 ③④ 6세기 진흥왕 ⑤ 6세기 법흥왕에 대한 설명이다.

🎯 1. ① 2. ② 3. ⑤ 4. ①

05 빈칸에 들어갈 승려의 활동으로 옳은 것은?

> 진평왕이 고구려로부터 자주 침략당하는 것을 근심하여, 수나라에 군사를 청하려고 _____에게 걸사표를 지어 달라고 하였다. 그가 말하기를, "자기가 살려고 남을 멸망에 빠지게 하는 것은 승려가 할 도리가 아니지만, 제가 대왕의 땅에 살면서 대왕의 물과 풀을 먹고 있으니, 어찌 감히 명령에 따르지 않겠습니까?"라고 하고, 곧 글을 지어 바쳤다.

① 세속 5계를 지어 화랑도의 정신적 기반을 마련하였다.
② 중국으로부터 선종을 수입하여 불교계의 쇄신을 꾀하였다.
③ 황룡사 9층목탑의 건립을 주도하여 호국 불교의 전통을 확립하였다.
④ 화쟁사상을 바탕으로 불교계의 종파 대립을 해소하는 데 기여하였다.
⑤ 관음신앙을 널리 전파하여 고통받는 민중에게 삶의 희망을 안겨 주었다.

💡 진평왕 때 원광은 진평왕의 부탁으로 수(隋) 양제에게 고구려를 공격하자는 걸사표(乞師表, 군사를 청하는 글)를 지어 바쳤다. 또한 원광은 세속 5계를 정해 청년들에게 가르치는 등 새로운 사회 윤리와 국가 정신을 확립하는 데 힘썼다.
② 선종이 전래된 것은 7세기 법랑, 8세기 신행과 도의 등에 의해서였다.
③ 자장 ④ 원효 ⑤ 의상에 관한 설명이다.

06 다음은 외국 상인의 가상 견문록이다. 밑줄 친 「그 나라」의 당시 경제 상황에 대한 설명으로 옳은 것은?

> 중국의 동쪽에 산이 많고 금이 많이 나는 나라가 있다. <u>그 나라</u>의 수도에 가려면 중국 쑤저우를 출발하여 배를 타고 영암을 지나 울산항에 내리면 된다. 유리그릇과 양탄자를 가지고 가서 팔면 많은 이익을 얻을 수 있다. 수도에는 불국사라는 아름다운 사원이 있다. 양쯔강 하류에 <u>그 나라</u> 사람들의 집단 거주지가 있어 그곳에 가면 필요한 정보를 얻을 수 있다.

① 상업의 거래 수단으로 면포를 사용하였다.
② 경시서를 두어 불법적인 상행위를 감독하였다.
③ 조세를 수도까지 옮기는 조운제도가 운영되었다.
④ 당항성을 통해 중국과 직접 교역하기 시작하였다.
⑤ 녹읍이 부활되어 귀족의 경제적 기반이 확대되었다.

💡 울산항, 불국사 등에서 통일신라임을 알 수 있다. 특히 불국사는 8세기 경덕왕 때 건립되었기 때문에 통일 이전이 아니라 통일 이후의 신라에 해당한다.
① 면화(綿花)는 목화(木花)라고도 하며, 고려말 공민왕 때 문익점에 의해 원에서 전래되었다.
②③ 경시서의 등장과 조운제도는 고려시대 이후이다.
④ 당항성을 통해 중국과 직접 교역하기 시작한 것은 통일 이전(6세기 진흥왕의 한강 장악)이므로 시대가 맞지 않는다.

07 **통일신라의 서원경 인근 4개 촌락의 민정문서를 통해 살펴볼 수 있는 당시 지방 사회의 경제 상황으로 옳은 것은?**

① 각 촌락의 토지, 인구와 더불어 가축과 유실수 등이 6년을 주기로 파악되고 있는데, 이는 국가의 부세 정책과 관련된 것으로 추정된다.

② 관모답과 내시령답은 국가 수입으로, 마전과 촌주위답은 각기 관료와 촌주의 수입으로 보고 있다.

③ 노비의 존재가 다수 확인되는 것으로 보아, 이 시기의 농업 경영이 주로 노비 노동에 기초하여 이루어졌음을 알 수 있다.

④ 각 촌락의 전답(田畓) 구성에서 밭에 비해 논의 비율이 높은 것을 볼 때, 이 시기 농업이 수전농업 중심이었음을 확인할 수 있다.

⑤ 각 촌락에 있는 연수유전답은 성덕왕 때 시행된 정전제(丁田制)와 관련이 있는 토지로 추측된다.

💡 ① 촌주가 매년 변동상황을 조사하여 3년마다 이를 재작성하였다.
　②⑤ 민정문서에는 관모답·마전·내시령답·촌주위답·연수유답 등의 토지명칭이 나오는데, 이 중 관모답·마전은 국가 수조지이고, 내시령답·촌주위답은 관료전, 연수유답은 정전으로 추정된다.
　③ 노비는 총인구의 5∼6%에 지나지 않기 때문에 노비가 노동력의 중심이라고 볼 수 없다.

08 **다음의 정책이 제기된 시기의 국내외 정세에 대한 설명으로 가장 적절한 것은?**

> 대부분의 신하들은 금나라에 대한 사대에 반대하였다. 그러나 중서령이 아뢰기를, "옛날의 금은 거란과 우리를 섬기는 소국이었습니다. 하지만 지금 갑자기 강성해져서 거란을 멸망시켰습니다. 또 우리와 영토가 맞닿아 있으므로 정세가 사대하지 않을 수 없게 되었습니다. 작은 나라가 큰 나라를 섬기는 것은 선왕의 법도이니, 먼저 사신을 보내어 예를 갖추는 것이 옳습니다."라고 하자, 왕이 이에 따랐다.

① 북방민족의 침입에 대비하여 국경 일대에 천리장성을 쌓았다.

② 부처의 힘을 빌려 이민족의 침입을 물리치기 위해 대장경을 간행하였다.

③ 서경 유수가 집권 세력에 반발하여 난을 일으키자 농민들이 가세하였다.

④ 과거를 통해 진출한 지방 출신들이 국왕의 측근 세력이 되어 문벌귀족과 대립하였다.

⑤ 경상도 해안에 출몰하던 왜구가 전라도 지역까지 침범하였고 개경 부근에도 나타났다.

💡 금(여진)이 거란을 멸하고 고려에 군신 관계를 요구하자 고려 조정에서는 치열한 논쟁이 전개됐다. 이때 집권자였던 이자겸은 금과의 무력충돌을 피하기 위하여 이들의 요구를 받아들였는데, 자료의 상황은 인종 4년(12세기 전반) 때이다. 이 시기에는 문벌귀족의 성장에 따라 사회적 모순과 갈등이 나타나기도 하였다. 또 과거를 통해 진출한 지방 출신의 관리 가운데 일부는 왕에게 밀착해 측근 세력이 되면서 문벌귀족과 대립하기도 하였다. 대표적으로 「이자겸의 난」과 「묘청의 난」은 이들 정치 세력 간의 대립과 갈등이 표출된 것이었다.

🎯 5. ① 6. ⑤ 7. ⑤ 8. ④

09 다음 중 「고려시대 농민의 조세 부담」이라는 주제를 가지고 연극 수업을 준비하기 위한 토의에서 잘못된 의견을 제시한 사람은?

① 한웅: 양안과 호적이 조세 부과와 관련돼 있다는 점을 알려 주는 것도 중요해.

② 은주: 실제로 공물을 거둔 사람은 향리니까 향리를 좀 더 힘있는 인물로 설정하는 것이 좋겠어.

③ 하영: 소작농은 공물을 부담하지 않았으니까 공물보다는 역의 부담을 구체적으로 표현하는 것이 좋을 것 같아.

④ 석우: 공물로 부과된 물품을 상공과 별공으로 나누어 다양하게 보여줄 수 있다면 그것이 매우 큰 부담이었다는 것이 드러나겠지.

⑤ 기영: 젊은 남자들이 모두 저수지를 보수하기 위한 역에 동원되어 마을에 여자와 노인들만 남아 있는 상황도 한번 설정해 보자.

💡 ③ 공물은 마을 단위로 집집마다 부과되었으므로, 자신의 토지가 없는 소작농이라 하더라도 공물을 부담해야 했다.

10 (가)~(라)를 시기순으로 바르게 나열한 것은?

> (가) 신 윤관은 아뢰옵니다. 성상께옵서 동여진(東女眞)이 배반하여 난리를 꾸미고 있으므로 죄를 묻고 악을 징계할 양으로, … 친히 신에게 부월(斧鉞)을 주시기로, 신은 명령을 받고 군사를 네 길로 나누어 출발하였습니다.
>
> (나) 우리나라는 고구려를 계승한 나라이므로 국호를 고려라 부르며 평양에 도읍한 것이다. 양국의 국경을 따진다면 너희 나라의 동경도 본래 우리 영토인데 어찌 침범이란 말이냐?
>
> (다) 윤후는 일찍이 중이 되어 백현원에 있었다. 몽골병이 이르자 윤후가 처인성으로 난을 피하였는데, 몽골의 장수 살리타가 와서 성을 치매 윤후가 이를 사살하였다.
>
> (라) 왜구가 500여 척의 함선을 이끌고 진포로 쳐들어와 충청, 전라, 경상 3도 연해의 주군(州郡)을 돌며 약탈과 살육을 일삼았다. 고려 조정에서는 나세, 최무선 등이 나서 최무선이 만든 화포로 왜선을 모두 불태워 버렸다.

① (가)-(나)-(다)-(라)

② (가)-(나)-(라)-(다)

③ (나)-(가)-(다)-(라)

④ (나)-(가)-(라)-(다)

⑤ (다)-(나)-(가)-(라)

💡 (가) 12세기 윤관의 여진 정벌, (나) 10세기 말 거란의 1차 침입, (다) 13세기 몽골의 2차 침입, (라) 14세기 왜구 침입 당시의 진포대첩에 관한 자료이다.

11 **(가), (나)에 대한 설명으로 옳은 것은?**

> (가) 이 부대는 기존의 활과 창으로 무장한 부대 외에 조총으로 무장한 부대를 합쳐 삼수병으로 편제되었다. 이들은 장기간 근무를 하고 일정한 급료를 받는 상비군으로서 의무병이 아닌 직업군인의 성격을 가진 군인이었다.
> (나) 위로는 양반으로부터 아래로는 노비에 이르기까지 함께 편제되어, 평상시에는 생업에 종사하면서 향촌사회를 지키다가 적이 침입해 오면 전투에 동원되었다.

① (가)는 후금과의 항쟁 과정에서 설치되었다.
② (가)의 설치로 대립제가 나타나기 시작하였다.
③ 5위에서 담당하였던 역할이 (나)로 계승되었다.
④ (나)의 군인들은 복무 기간에 따라 품계와 녹봉을 받았다.
⑤ 양반들이 (나)에 편제되는 것을 회피하여 상민과 노비들만 남게 되었다.

💡 (가)는 훈련도감, (나)는 속오군에 대한 설명이다.
　① 훈련도감은 임진왜란 중에 설치되었다.
　② 군역의 대립제는 이미 16세기에 널리 시행되었다.
　③ 중앙군인 5위의 역할을 대신한 것은 5군영이다. 속오군은 지방군이다.
　④ 중앙군의 일부가 복무 기간에 따라 품계와 녹봉을 받았고, 지방군인 속오군은 품계나 녹봉을 받지 못하였다.

12 **다음 가상 인터뷰에 나타난 제도의 시행이 끼친 영향으로 옳지 않은 것은?**

> • 기자: 이번에 정부에서 수취 제도의 개혁안을 발표했는데 중요한 사항을 말씀해 주시겠습니까?
> • 관리: 이번 개혁안은 방납의 폐단을 해결하기 위해 토지 결수에 따라서 쌀이나 면포, 동전으로 납부하는 것이 핵심이라고 할 수 있습니다.
> • 기자: 관청에서 필요로 하는 물품을 공급받는 데 어려움이 생기지 않을까요?
> • 관리: 아닙니다. 지정된 상인으로 하여금 물품을 사서 납부하도록 할 예정입니다.

① 공인(貢人)이 등장하였다.
② 관영 수공업이 활성화되었다.
③ 조세의 금납화가 촉진되었다.
④ 지주의 세금 부담이 늘어났다.
⑤ 상품 화폐 경제가 활성화되었다.

💡 제시된 가상 인터뷰에 나타난 제도는 대동법이다.
　② 대동법 실시 이후 공인의 대량 주문으로 민영 수공업이 발달하였다.

🎯 9. ③　10. ③　11. ⑤　12. ②

13 〈보기〉에서 조선 전기의 대외관계에 대한 설명으로 옳은 것은?

> **보기**
>
> ㉠ 여진에 대해서는 북방 개척을 위해 무력 진압 강경책으로 일관하였다.
> ㉡ 명과는 조공 관계를 통해서 문물을 받아들이고 경제적 실리를 취하였다.
> ㉢ 일본에 대해서는 세종 때 부산포, 제포, 염포를 개항하여 제한 무역을 실시하였다.
> ㉣ 유구 및 동남아시아 국가와는 조선의 이해와 크게 관계되지 않으므로 교류하지 않았다.

① ㉠, ㉡   ② ㉠, ㉢
③ ㉡, ㉢   ④ ㉢, ㉣
⑤ ㉠, ㉣

💡 ㉠ 조선의 기본 외교는 사대교린으로 명에 대해서는 사대외교를, 여진이나 일본에 대해서는 교린정책을 펼쳤다. 교린정책의 경우 회유책과 강경책이 동시에 이루어졌다.
　㉣ 유구 및 동남아시아 국가와도 교류하였다.

14 다음 정책이 실시된 국왕의 재위 당시 일본과의 관계를 〈보기〉에서 모두 고르면?

> 병조에서 아뢰기를, "이번에 설치하는 경원부와 영북진은 우선 성벽을 쌓고 토관(土官)의 제도를 마련한 뒤에, 그 도의 주민 중에서 1천 1백 호(戸)를 영북진에 이주시키고, 1천 1백 호를 경원부에 이주시켜서, 농사도 짓고 수비도 하게 하고, 요역을 가볍게 하고 세금을 적게 받아서, 그들의 생계가 넉넉하도록 만들어주고, … 만약 그 도안에서 이주시킬 수 있는 민호(民戸)가 2천 2백 호가 못된다면, 충청도·강원도·경상도·전라도 등의 도에서 지원하여 이주할 사람을 모집하되, 양민이라면 그곳의 토관직을 주어 포상하고, 향리나 역리라면 영구히 그의 역을 해제하여 주며, 노비라면 영구히 풀어 주어 양민이 되게 하여 주어야 합니다." 하니, 그대로 따랐다.

> **보기**
>
> ㉠ 이종무로 하여금 쓰시마섬을 정벌하게 하였다.
> ㉡ 부산포·염포·제포의 3포를 개항하였다.
> ㉢ 계해약조를 체결하여 교역량을 제한하였다.
> ㉣ 삼포왜란이 발생하여 비변사를 임시기구로 설치하였다.
> ㉤ 을묘왜변이 발생하여 비변사를 상설기구화하였다.

① ㉠, ㉡   ② ㉡, ㉢
③ ㉠, ㉡, ㉢   ④ ㉡, ㉢, ㉣
⑤ ㉢, ㉣, ㉤

💡 제시된 자료는 세종 때 실시된 사민정책과 토관제도에 관한 글이다. 세종은 4군6진을 설치한 뒤 주민의 자치적 지역방어체제를 확립하고, 국토의 균형 발전을 위해 사민정책과 토관제도를 실시하였다. ㉠㉡㉢ 세종, ㉣ 중종, ㉤ 명종에 관한 설명이다.

15 밑줄 친 '왕'의 정책으로 옳은 것은?

> 예전에 평양성에 천문도를 새긴 석각이 있었다. 세월이 흘러 석각은 사라졌고 그것의 탁본조차 매우 희귀해져서 찾아볼 수 없었다. 그런데 왕이 즉위한 지 얼마 되지 않아 그 천문도의 탁본을 바친 사람이 있었다. 이에 왕이 서운관에 명하여 그것을 바탕으로 돌에 새기도록 하였다.
>
> – 『양촌집』

① 집현전을 없애고 경연을 열지 않았다.
② 주자소를 설치하고 계미자를 주조하였다.
③ 홍문관을 두어 관리들과 정책을 논의하였다.
④ 정도전의 건의에 따라 요동 정벌을 준비하였다.
⑤ 수시력과 회회력을 참고하여 칠정산을 만들었다.

💡 밑줄 친 「왕」은 조선 태조이다. 태조 때에는 고구려의 천문도를 바탕으로 「천상열차분야지도」를 돌에 새겼다.
　① 세조 ② 태종 ③ 성종 ⑤ 세종의 정책이다.

16 다음을 주장한 인물에 대한 설명으로 바른 것은?

> 대저 천자란 어찌하여 존재하게 되었는가? 하늘에서 비 내리듯 내려와서 천자가 되었는가, 아니면 땅 속에서 샘솟듯 솟아나서 천자가 되었는가? … 여러 현장의 공동 추대를 받은 사람이 제후가 되고 제후들이 공동으로 추대한 사람이 곧 천자(天子)이다. 그러므로 천자란 군중의 추대에 의해서 이루어진 것이다. 군중의 추대에 의해서 천자가 되는 것이므로 군중이 추대하지 않으면 천자가 될 수 없다.
>
> – 『탕론(湯論)』

① 청으로부터 시헌력을 도입하였다.
② 우리말을 연구하여 《훈민정음운해》를 저술하였다.
③ 지전설을 처음 주장하여 성리학적 세계관을 비판하였다.
④ 고대사 연구의 시야를 만주로 확대한 동사를 편찬하였다.
⑤ 우리나라의 역사 지리를 정리한 《아방강역고》를 저술하였다.

💡 제시된 지문은 정약용에 대한 설명이다. 정약용의 주요 저서는 3부작과 3논설을 중심으로 정리할 수 있는데, 3부작에는 《목민심서》, 《경세유표》, 《흠흠신서》가 포함된다. 그리고 3논설로는 《탕론》, 《원목》, 《전론》이 있다. 이외에도 지리서인 《아방강역고》, 의학서인 《마과회통》도 집필하였다.

🎯 13. ③　14. ③　15. ④　16. ⑤

17 (가), (나) 의병에 대한 설명으로 옳은 것을 〈보기〉에서 고르면?

> (가) 저는 본래 철산 사람으로 적의 침입을 당하여 험준한 용골산성으로 피난하였는데, 용천·
> 의주·철산 등지에서 모여든 피난민들이 저를 장수로 삼았습니다. 이에 사방에서 의병을
> 모집하여 4천 명에 이르렀으니, 적들의 정세를 보아 가며 출전하려 합니다.
> (나) 우리 국모의 원수를 생각하며 이를 갈았는데, 참혹한 일이 더하여 부모에게서 받은 머리
> 털을 풀 베듯이 베어버리니 이 무슨 변고란 말인가. 이에 의병을 일으키고자 하노라.

보기

> ㉠ (가)는 관군과 합세하여 적을 맞아 싸웠다.
> ㉡ (나)는 위정척사 사상을 가진 유생이 주도하였다.
> ㉢ (가)는 병자호란, (나)는 을미사변을 계기로 일어났다.
> ㉣ (가), (나) 모두 일본의 침략에 맞서 자발적으로 일어났다.

① ㉠, ㉡   ② ㉠, ㉢

③ ㉡, ㉢   ④ ㉡, ㉣

⑤ ㉢, ㉣

💡 (가) 정묘호란 당시의 의병, (나) 을미의병이다.
(가) 정묘호란 당시 정봉수와 이립 등은 의병을 일으켜 관군과 합세하여 여진족의 침입에 맞서 싸웠다. 특히 정봉수는 철
산의 용골산성에서 큰 전과를 거두었다.
(나) 을미의병은 을미사변과 단발령 실시에 항거하여 일어난 것으로, 이때의 의병은 유인석·이소응·허위 등 위정척사 사
상을 가진 유생이 주도하고 농민층이 가담한 것이었다.

18 다음 자료에 나타난 두 정책의 공통된 목적으로 가장 적절한 것은?

> • 이최응이 아뢰기를, "지방 고을에 이 법을 실시한 것은 대개 균일하게 하고자 한 것이었습
> 니다. 백성들은 동등하다고 말하면서 사족을 업신여기고, 반호(班戶)는 스스로 특별하다고
> 생각하여 포의 납부를 거절하고 있으니, 분수를 어기고 명령을 어기는 것이 어찌 이와 같을
> 수 있겠습니까?"라고 하였다.
> • 최익현이 상소하기를, "지금 나랏일을 보면 폐단이 없는 곳이 없습니다. 그 가운데 특히 심
> 한 것을 보면, 만동묘의 철거로 임금과 신하 간의 윤리가 썩게 되었고, 서원의 철폐로 스승
> 과 제자 간의 의리가 끊어졌습니다."라고 하였다.

① 군사력 강화   ② 국가 재정 확충

③ 신분제도 철폐   ④ 전세제도 개혁

⑤ 인재의 고른 등용

💡 첫 번째 자료는 흥선대원군의 호포법 실시에 대해 지방 양반층이 납부를 거부하는 상황을 나타낸 것이고, 두 번째 자료
는 서원 철폐와 관련하여 양반 유생들이 비판을 하고 있는 것이다. 흥선대원군이 국가 재정 확충을 위해 실시한 호포제
실시와 서원 철폐 등은 경복궁 중건과 함께 양반 유생들의 강력한 반발에 부딪치면서, 흥선대원군이 하야하는 빌미를 제
공하기도 하였다.

19 다음 조약의 체결 배경으로 옳은 것은?

> • 제4관: 조선국 부산 초량항은 일본 공관이 세워져 오랫동안 이미 양국 인민이 통상하는 구역이었다. …(중략)… 조선국 정부는 별도로 제5관에서 기재한 두 곳의 항구를 개방해 일본국 인민이 왕래하면서 통상하게 한다.
> • 제5관: 경기, 충청, 전라, 경상, 함경 5도 가운데 연해에서 통상이 편리한 항구 두 곳을 선택하여 지명을 지정한다. 항구를 여는 기한은 일본력 메이지 9년 2월, 조선력 병자년 2월부터 기산하여 모두 20개월로 한다.

① 청의 군대가 조선에 주둔하였다.
② 군중이 일본 공사관을 습격하였다.
③ 일본 상인이 거류지 무역을 확대하였다.
④ 박규수 등이 통상 개화의 필요성을 주장하였다.
⑤ 통리기무아문을 중심으로 개화정책을 추진하였다.

💡 제시된 자료는 1876년 체결된 강화도 조약의 일부이다.
④ 강화도 조약의 체결 배경에는 운요호 사건뿐 아니라 흥선대원군이 퇴진하고 민비가 권력을 잡은 것도 있지만, 박규수·오경석·유흥기 등 통상 개화론자들의 주장이 있어왔다는 것을 간과해서는 안 된다.

20 다음 선언문이 발표될 당시 헌법의 특징으로 바른 것은?

> 민주주의와 민중의 공복이며 중립적 권력체인 관료와 경찰은 민주를 위장한 가부장적 전제 권력의 하수인으로 발 벗었다. 민주주의 이념의 최저의 공리인 선거권마저 권력의 마수 앞에 농단되었다. 언론·출판·집회·결사 및 사상의 자유의 불빛은 무식한 전제 권력의 악랄한 발악으로 하여 깜박이던 빛조차 사라졌다.

① 대통령 임기를 7년 단임으로 정하였다.
② 대통령에게 긴급조치권을 부여하였다.
③ 대통령을 국회에서 간선으로 선출하였다.
④ 내각책임제와 양원제 국회를 규정하였다.
⑤ 초대 대통령에 한하여 중임 제한을 철폐하였다.

💡 제시된 지문은 1960년 4월 19일 서울대학교 문리대 학생회에서 발표한 「4·19 혁명 선언문」(자유의 종을 난타하는 타수의 일익)이다. 선언문이 발표될 당시의 헌법은 1954년 사사오입 개헌 때의 헌법으로, 이는 대통령 직선제를 채택했고 초대 대통령에 한해 중임(重任) 제한을 철폐한다는 것이었다.
① 1980년 ② 1972년 10월 유신 ③ 1948년 제헌헌법에 해당한다.
④ 1960년 4·19혁명으로 이승만 대통령이 하야한 뒤 허정 과도정부에 의해 제정된 헌법의 내용이다.

🎯 17. ① 18. ② 19. ④ 20. ⑤

국어능력테스트

01   **밑줄 친 부분의 의미가 다른 하나는?**

① 어제는 눈이 오는 <u>바람</u>에 길이 미끄러웠다.

② 아이는 배탈이 나는 <u>바람</u>에 학교에 결석했다.

③ 그와 나는 시간이 어긋나는 <u>바람</u>에 서로 만나지 못했다.

④ 친구가 가자고 조르는 <u>바람</u>에 할 수 없이 자리에서 일어났다.

⑤ 형이 자꾸 공부하는 나에게 나가 놀자며 <u>바람</u>을 집어넣는다.

💡 ①②③④의 '바람'은 뒷말의 근거나 원인을 나타내는 말이고, ⑤의 '바람'은 '남을 부추기거나 얼을 빼는 일'을 말한다.

02   **〈보기〉의 (   ) 안에 공통적으로 들어갈 단어로 적절한 것은?**

> 보기
> • 아기는 혼자 잘 놀다가 (   ) 울기 시작했다.
> • 그녀는 우리가 잊을 만하면 (   ) 찾아오곤 했다.
> • 그 집 앞에 다가선 순간에 그는 (   ) 가슴이 콱 멤을 느꼈다.

① 예제없이   ② 맥없이

③ 느닷없이   ④ 시나브로

⑤ 바야흐로

💡 ③ '느닷없이'는 '아주 뜻밖이고 갑작스럽게'라는 뜻이다.

03   **다음 중 단어의 뜻풀이가 잘못된 것은?**

① 우수리: 물건값을 빼고 돌려받는 잔돈

② 길섶: 시골 마을의 좁은 골목길

③ 가리사니: 사물을 분간해 판단할 수 있는 능력

④ 화수분: 물건을 담아두면 그 물건이 끊임없이 나오는 설화 속의 단지

⑤ 왜장질: 쓸데없이 큰 소리로 마구 떠드는 것

💡 **길섶**: 길의 가장자리로, 흔히 풀이 난 곳을 가리킴/ **고샅**: 시골 마을의 좁은 골목길 또는 골목 사이를 이르는 말

04 다음에서 설명하고 있는 음운현상은?

> '처엄〉처음, 일훔〉이름, 소곰〉소금'과 같이 '-음' 꼴로 만들어 가거나, '호랑〉호랑이, 배암〉배암이, 납〉나비'와 같이 동물의 이름을 '-이' 꼴로 만들어 가는 예는 그 좋은 본보기라고 하겠다. '처음', '이름', '소금'은 '처엄', '일훔', '소곰'에서 각각 끝음절이 '-음'으로 바뀌는 작은 변화를 보이고 있지만, 전체적으로는 '이름씨(명사)'라는 공통요소를 바탕으로 기억하기 편하게 '-음'으로 통일하려는 심리가 작용하고 있다.

① 유추 ② 동화
③ 탈락 ④ 축약
⑤ 이화

💡 ② 한 음운이 동일한 단어 또는 문장 내의 다른 음운의 영향으로 같은 소리로 변하거나 그와 비슷하게 되는 현상이다.
　③ 두 개의 음운이 만났을 때 어느 한 음운이 탈락하는 것을 말한다.
　④ 두 개의 음운이 합쳐져 하나의 음운이 되는 것을 말한다.
　⑤ 한 단어 안에서 같거나 비슷한 두 음이 이웃하여 있을 때, 그 가운데 한 음을 다른 음으로 바꾸거나 탈락시켜 발음의 단조로움을 피하려는 음운현상이다.

05 다음의 ㉠～㉣ 안에 들어갈 말을 차례대로 바르게 연결한 것은?

> '벌리다'와 '벌이다'는 어형과 의미가 유사한 측면이 있어 혼동되어 쓰이기도 한다. 그러나 이들 둘은 의미와 쓰이는 문맥이 구별된다. 즉 (㉠)은 '일을 시작하거나 판을 펼치다'는 의미를 나타내는 것으로 '싸움을 ○○○', '일을 ○○○', '자판을 ○○○'와 같은 경우에 쓰이고, (㉡)은 '간격을 넓히거나 우므러진 것을 펴다'라는 의미를 나타내기 때문에 '다리를 ○○○', '자루를 ○○○'와 같은 경우에 쓰인다. 따라서 '논쟁을 (㉢)', '잔치를 (㉣)'라고 쓰는 것은 잘못이다.

① 벌이다 – 벌리다 – 벌이다 – 벌이다
② 벌리다 – 벌이다 – 벌이다 – 벌리다
③ 벌리다 – 벌이다 – 벌리다 – 벌이다
④ 벌이다 – 벌이다 – 벌리다 – 벌리다
⑤ 벌이다 – 벌리다 – 벌리다 – 벌리다

💡 ・**벌이다**: 일을 베풀어 놓다./ 여러 개의 물건을 죽 늘어놓다./ (영업을 목적으로) 시설을 차리다.
　・**벌리다**: 두 사이를 떼어서 넓히다./ 우무러진 것을 펴서 열다./ 열어서 속의 것을 드러내다.
　따라서 ㉠에는 '벌이다'가 들어가야 하며, ㉡㉢㉣에는 '벌리다'가 들어가야 맞다.

🎯 1. ⑤ 2. ③ 3. ② 4. ① 5. ⑤

06 밑줄 친 부분에 적합한 한자성어는?

> 변 씨는 이 대장을 밖에 오래 서 있게 하는 것이 민망해서 자주 말하였으나, 허생은 대꾸도 않다가 야심해서 비로소 손을 부르게 하는 것이었다. 이 대장이 방에 들어와도 허생은 자리에서 일어서지도 않았다. 이 대장은 몸둘 곳을 몰라하며 나라에서 어진 인재를 구하는 뜻을 설명하자, 허생은 손을 저으며 막았다.
>
> — 박지원, 『허생전』

① 전화위복(轉禍爲福)　　　　　　② 좌불안석(坐不安席)
③ 입추지지(立錐之地)　　　　　　④ 위편삼절(韋編三絶)
⑤ 근묵자흑(近墨者黑)

💡 ② **坐不安席(좌불안석)**: 앉기는 앉았으나 편안한 자리가 되지 못함. 즉, 마음에 불안이나 근심 등이 있어 가만히 앉아 있지 못함
　① **轉禍爲福(전화위복)**: 화를 바꾸어 복으로 한다는 뜻
　③ **立錐之地(입추지지)**: 송곳 하나 세울 만한 땅. 즉, 매우 좁아서 조금도 여유가 없다는 말
　④ **韋編三絶(위편삼절)**: '(책을 엮은) 가죽끈이 세 번 끊어진다'는 뜻으로 ㉠ 독서를 매우 열심히 함 ㉡ 한 권의 책을 되풀이하여 숙독함의 의미
　⑤ **近墨者黑(근묵자흑)**: 나쁜 사람과 가까이 지내면 나쁜 버릇에 물들기 쉬움

07 다음의 우화를 가장 적절히 활용한 것은?

> 　어떤 사냥꾼이 두 마리의 개를 데려다가 한 마리는 사냥개로 훈련시키고 한 마리는 집을 지키도록 했다. 사냥을 하는 개는 불평이 심했다. 왜냐하면 자기가 사냥터에서 먹이를 잡아오면 집 지키는 개도 어김없이 제 몫을 받아먹곤 했기 때문이다.
> 　"이건 불공평해. 내가 애써 사냥한 것을 아무 일도 하지 않고 집에만 있는 개가 납죽납죽 받아 삼키면서 잘도 살다니…… 이건 웃기는 얘기야."
> 　그러자 집 지키는 개가 그를 달래면서 이렇게 말했다.
> 　"날 너무 비난하지 말게나. 그건 말일세, 주인님의 탓이야. 주인님은 나에게 사냥하는 법을 가르쳐 주지 않고 오로지 남이 사냥한 것을 먹는 법만 가르쳐 주었으니 말일세."

① 노년층을 대상으로 한 '존경받는 노후의 삶'이라는 제목의 강연에서 활용한다.
② 청소년을 대상으로 한 세대 간의 의사 단절을 극복하자는 취지의 강연에서 활용한다.
③ 예비 직장인을 대상으로 한 '사회 구성원의 역할 분담과 협력'이라는 제목의 강연에서 활용한다.
④ 주부들을 대상으로 자신의 운명을 적극적으로 개척해 나가라는 취지의 교양 강연을 하면서 활용한다.
⑤ 사회 지도층 인사의 모임에서 민주적인 의사 결정 방식의 장점을 역설하는 취지의 기조 연설을 하면서 활용한다.

💡 두 마리의 개가 주인의 지시에 따라 '사냥'과 '집 지키는 일'을 분담하는 내용이므로 ③이 적합하다.

08 '우리나라 대학생들의 독서량'과 관련한 글을 쓰기 위해 다음의 자료를 수집했다. 자료의 내용을 정리한 것으로 적절하지 않은 것은?

[자료 1] 우리나라 대학생들의 연간 독서량(전공 서적과 잡지 제외)

31권 이상	3%
21~30권	7%
11~20권	21%
2~10권	58%
1권 이하	11%

[자료 2] 대학 도서관 대출 도서 분야별 순위

자연과학 분야	1%
예술 관련 분야	3%
인문사회 분야	7%
국내·외 문학(소설, 수필 등)	49%
기타(무협, 판타지 소설 등)	40%

[자료 3] 인터뷰 자료

　□□대학 인문사회학부 ○○○ 교수는 심각한 취업난으로 많은 준비를 해야 하는 젊은이들이 독서보다 인터넷 검색을 즐겨하고 있다고 우려 섞인 목소리를 냈다. 그는 인터넷 검색을 통해 얻는 지식은 지식이라기보다는 단편적인 정보에 불과하다며, 정보화 홍수 속에 쏟아지는 낱낱의 정보들을 모을 것이 아니라 단편적 지식들을 이어주는 독서를 통해 지적 수준 향상과 사고 능력을 길러야 한다고 역설했다. 또한 우리나라의 출판업계를 향해 젊은이들이 고루 갖추어야 할 소양과 지식을 담은 양질의 책이 별로 없다며, 판매량만 올릴 생각만 하지 말고 꾸준히 익힐 명저(名著)를 만들 생각을 하라고 쓴소리를 했다.

① 우리나라 대학생들의 절반 이상이 평균적으로 한 달에 책 한 권도 읽지 않는다.
② 대학생들의 독서 편중 현상이 매우 심각하므로, 다양한 분야의 소양과 지식을 쌓기 위한 노력이 필요하다.
③ 대학생들의 독서량 저하 문제를 해결하기 위해서는 대학생들 스스로 독서의 중요성을 인식하고 균형 잡힌 독서를 하기 위해 노력해야 한다.
④ 대학생들이 책을 읽지 않는 이유는 인터넷 문화의 급속한 확산과 심각한 취업난 때문이다.
⑤ 출판업계에서는 10년 이상 지속적으로 읽힐 수 있는 가치 있는 책을 만들어야 한다.

💡 ④ 제시된 자료로는 대학생들이 책을 읽지 않는 원인에 대해 찾을 수 없다. [자료 3]에서 학생들이 심각한 취업난으로 많은 준비를 해야 하는데도 독서를 하지 않고 있음을 지적하고 있으므로, 취업난이 독서량 저하의 원인이라고 볼 수는 없다.

🎯 6. ② 7. ③ 8. ④

09 '실버타운'을 홍보하기 위한 문안을 작성하고자 한다. 주어진 〈조건〉을 가장 잘 반영해 작성된 것을 고르면?

조건
- 감각적 이미지를 활용한다.
- 가족의 따뜻함을 느낄 수 있도록 한다.
- 우회적 표현을 통해 효심을 드러낸다.

① 저희는 언제나 문을 열어두고 있습니다.
  국내에서 가장 저렴한 가격으로 모십니다.
  당신을 사랑하는 저희가 있습니다.
② 최고의 설비로써 모시겠습니다.
  당신이 원하시면 바람처럼 달려가겠습니다.
  ○○ 실버타운의 황혼은 참으로 아름답습니다.
③ 고왔던 어머님의 미소를 기억합니다.
  부드러운 아버님의 손길을 기억합니다.
  그 미소 그 손길로 당신을 맞이하고 싶습니다.
④ 험한 들길 걷고 가파른 산길 넘으시면서도
  너는 꽃처럼 향기롭다 이르셨던 당신께
  자신 있게 권합니다. ○○ 실버타운!
⑤ 인생의 황혼은 아름다울 수 있습니다.
  꺼질세라 식을세라 품으시던 그 사랑
  오십시오, 첨단 시설과 환상적인 서비스의 세계로!

💡 첫 번째 조건은 시각, 청각, 후각, 미각, 촉각 등의 이미지를 구사하는 것을 요구하고 있는데 이는 ②,③,④,⑤에 나타나 있다. 가족의 따뜻함을 느끼게 하는 두 번째 조건은 ③과 ④에 드러나 있다. 세 번째 조건은 간접 표현에 의한 설득으로 효심을 자아냄으로써 궁극적으로 실버타운의 고객 유치에 도움을 주게끔 문안이 작성되었는지를 묻는 것이다. 우회적 표현은 ②와 ③에, 효심은 ③과 ⑤에 드러나 있다. 따라서 해당 〈조건〉을 모두 총족시킨 것은 ③이다.

10 다음 자료를 근거로 '만화'에 대한 글을 쓸 때, 글의 제목으로 가장 적절한 것은?

> ⊙ 만화는 건강한 웃음과 번뜩이는 재치로 복잡한 현대사회를 살아가는 현대인의 스트레스를 풀어 준다.
>
> ⊙ 만화가 풍자나 비판을 활용하기보다는 오히려 폭력을 동원할 때, 그것은 대중을 타락시킬 위험성이 있다.
>
> ⊙ 만화가 사회현실과 너무 동떨어진 내용을 추구하게 되면, 대중들에게 그릇된 현상을 심어 줄 염려가 있다.
>
> ⊙ 만화는 사회의 모순과 비리를 꼬집어 비판함으로써 대중의 가려운 곳을 긁어주고 막힌 가슴을 후련하게 뚫어 준다.

① 만화의 사회적 기능　　　　　② 만화의 부정적 속성

③ 만화의 예술적 가치　　　　　④ 만화의 비판적 성격

⑤ 만화의 긍정적 효과

⊙과 ⊙은 만화가 가지는 사회적 기능 중 긍정적 기능에 대한 것이고, ⊙과 ⊙은 만화의 기능을 사회적 차원에서 바라본 것으로 특히 그 부정적인 측면을 강조하고 있다. 따라서 이러한 내용을 모두 포괄할 수 있는 제목은 '① 만화의 사회적 기능'이다.

11 다음 내용을 서두로 '여론'을 소재로 하는 글을 쓰려고 한다. 바로 이어서 쓸 내용으로 적절하지 못한 것은?

> 한 언론학자는 '침묵의 나선'이라는 여론운동의 방향법칙을 설명하는 이론을 내놓았다. 국민들은 하나의 의견을 여론에 보태는 역할을 하되 자기 주위의 여론을 살펴 강세 여론에 자기 의견을 소리내어 보태는데, 이때 강세 여론이 자기 의견과 다르다고 판단되면 자기 의견을 침묵해 버린다. 이에 센 여론은 점점 커지게 되고 약하게 보이는 여론은 점점 작아져 '나사못 모양'이 된다는 것이다.

① 여론은 개인의 의견 형성을 강제한다.

② 여론은 조작된 허구의 의견 집합일 수도 있다.

③ 여론의 방향을 좌우하는 언론매체들은 공정한 보도를 해야 할 의무가 있다.

④ 언론 자유를 보장하는 일은 여론 형성의 전제가 된다.

⑤ 여론을 반영할 때는 그것의 왜곡 가능성도 고려해야 한다.

제시된 글에서 설명하는 '침묵의 나선' 이론은 여론이라는 것이 절대적으로 올바른 생각들의 집합이 아닐 가능성을 지적하고 있다. 따라서 여론을 정치에 반영할 때는 그것이 왜곡돼 있을 가능성도 고려해야 할 것이며, 여론 형성에 지대한 영향을 미치는 언론매체가 보도할 때는 강세 여론만을 부각시키거나 의도적으로 여론을 한쪽으로 몰아 하나의 강세여론을 만들지 않도록 해야 할 것이라는 내용이 이어져야 한다.

---

9. ③ 10. ① 11. ④

12 다음 글을 통해 알 수 있는 사실로 가장 적절한 것은?

> 조선시대 때 형벌은 중국 명나라의 율령(明律)을 기본으로 하여 제정된 《경국대전(經國大典)》과 《대명률직해(大明律直解)》 등을 근거로 운영됐다. 이는 태형(笞刑)·장형(杖刑)·도형(徒刑)·유형(流刑)·사형(死刑) 등의 다섯 가지로 구분되는데, 태형과 장형은 죄인의 엉덩이나 등을 곤장으로 치는 형벌이었다. 도형은 태형·장형보다 무거운 노역형으로 일정 기간 관청의 노비처럼 부역을 시키는 형벌이었고, 유형은 정치적 죄인을 먼 지역에 유배 보내는 형벌이었다.
>
> 가장 무거운 처벌인 사형의 경우 교형(교수형)·참형(참수형)·능지처참·효수 등이 행해졌는데, 이 가운데 능지처참은 매우 중한 반역죄나 대역부도죄에 적용된 잔인한 형벌이었다. 다만 능지처참형이라는 용어가 조선시대 기록에 등장하기는 하지만, 실제로 시행된 적은 드문 것으로 알려진다. 능지처참형은 거열형(오체분시)과 동일하게 사용되는 경우가 많은데, 그 형벌이 너무 잔인해 상징적으로만 사용된 데 따른 것이다. 거열형은 사지에 밧줄을 묶고 말이나 소가 끄는 방식으로 사지를 절단하는 형벌이었다.
>
> 다만 조선시대 때 사형 같은 중형은 한 번의 판결로 확정되지 않고, 세 번 심사하여 억울한 일이 없도록 했다. 하지만 형벌은 신분에 따라 그 정도가 달리 적용됐는데, 양반은 장형 이상을 받는 일이 드물었고 대신 유배형으로 처리되는 경우가 많았다. 반면 상민이나 노비는 태형이나 장형을 자주 받았는데, 특히 장형은 실질적으로 생명에 위협이 될 정도로 가혹했다.

① 조선의 형벌은 타국의 영향 없이 조선 고유의 법률에 따라 독자적으로 운영됐다.
② 태형과 장형은 노역을 전제로 한 형벌로, 도형보다 무거운 처벌이었다.
③ 능지처참형은 조선시대에 자주 시행된 대표적인 사형 방식이었다.
④ 사형과 같은 중형은 오판 등을 막기 위해 여러 차례의 심사를 거쳐 확정됐다.
⑤ 신분에 상관 없이 동일한 형벌이 적용되는 등 신분에 따른 형벌 차별은 없었다.

💡 ④ 사형과 같은 중형이 한 번의 판결로 확정되지 않고, 세 번의 심사를 거쳤다는 제시문의 내용을 통해 알 수 있다.
　① 조선시대 때 형벌은 중국 명나라의 율령(明律)을 기본으로 하여 제정된 《경국대전》과 《대명률직해》 등을 근거로 운영됐다.
　② 도형은 태형·장형보다 무거운 노역형으로, 일정 기간 관청의 노비처럼 부역을 시키는 형벌이었다.
　③ 능지처참형은 상징적으로만 사용되었고 실제 시행은 드물었다.
　⑤ 형벌이 신분에 따라 차등 적용되었다는 내용이 나와 있다.

13 다음 글을 읽고 '25일 월급날'의 특징을 가장 잘 요약한 것을 고르면?

> 직장인들이라면 누구나 손꼽아 기다리는 날, 바로 '월급날'이다. 현재 월급날은 5·10·20일 등으로 다양해지기는 했으나, 과거 대다수의 기업은 25일을 월급날로 채택했고 현재도 많은 기업이 이를 채택하고 있다. 그렇다면 25일이라는 월급 날짜에는 어떤 이유가 있을까?
>
> 1899년 대한제국의 고종황제는 현재 우리은행의 전신인 '대한천일은행'을 설립하게 되는데, 이 천일은행은 일본 은행의 관행을 따라 매달 25일을 직원들의 월급일로 정했다. 일본 은행들이 25일을 월급일로 지정했던 것은 용이한 계산 때문이었는데, 당시 모든 정산을 수기로 진행했던 만큼 계산의 편리를 위해 0이나 5로 끝나는 날짜에 맞춰 계산했고, 매월 10일에 전달 결산을 끝내는 것이 일반적이었다. 10일에 전달 결산을 끝낸 은행들은 이후 10일간 직원들의 급여를 계산했고, 마지막으로 5일 동안 검토와 수정을 거쳐 25일에 월급을 지급했다. 이러한 관행에 따라 은행들은 25일마다 직원들의 급여를 지급하기 위해 현금을 확보했고, 다수의 회사들도 은행의 현금 보유량이 많아지는 시기에 맞춰 자연스럽게 25일을 월급일로 맞추게 됐다는 것이다. 그러다 1980년대 초반 은행들의 온라인 전산시스템이 본격화되면서 각 기업들의 월급 날짜도 조금씩 달라지기 시작했다.
>
> 다만 여전히 적지 않은 기업들이 월급날을 25일 또는 10일로 지정해 두고 있다. 우선 월급날이 25일이라면 후지급과 선지급을 결합한 형태로, 근로자가 당월 일한 25일치 급여는 후지급하고 나머지 5일치 급여는 선지급하는 방식이다. 이러한 방식은 보통 여유 자금이 있는 대기업에서 채택하는 경우가 많다. 이와 달리 매달 10일이 월급날이라면 급여 전액을 후지급하는 형태인데, 이는 주로 중소기업들에서 택하는 방식이다. 중소기업의 경우 기업에 물건을 납품한 뒤 물품대금을 지급받기까지 보통 한 달가량의 시간이 소요되는 데 따른 것이다.
>
> 한편, 공무원들의 경우 그 급여일이 제각각인데, 군인과 국방부 소속 공무원의 경우 10일, 교육공무원은 17일, 행정공무원은 20일 등이다. 이는 모든 공무원의 월급이 일시에 빠져나갈 경우 재정에 부담이 생기는 것을 막기 위함이다.

① 대한제국 때 중국의 관행을 따라한 데서 시작됐다.
② 중소기업에서 많이 택하고 있는 급여 지급 방식이다.
③ 후지급과 선지급이 결합된 급여 방식이다.
④ 공무원 대다수가 적용 받고 있는 방식이다.
⑤ 온라인 전산시스템 도입 이후 새롭게 등장한 방식이다.

💡 ③ 25일 월급날은 당월 일한 25일치 급여는 후지급하고, 나머지 5일치 급여는 선지급하는 혼합형 지급 방식이다.

● 다음 글을 읽고, 물음에 답하시오. [14~15]

> 판타지는 영화의 한 장르인가? 일반적으로 공상과학 영화와 판타지 영화를 묶어서 얘기하지 만 실제로 판타지 영화는 공상과학 영화와는 다른 것이다. 마법이란 과학이 아무리 발전한다 해도 인간이 이룩할 수 있는 능력이 아닌 ㉠ 초자연성을 갖기 때문이다. 판타지 영화에는 일정 한 구조가 있다. 원탁의 기사들이 신검과 성배를 찾아 나서는 이야기, 용감한 무사가 마법사 의 도움을 얻어 불을 뿜는 용으로부터 공주를 구출해 내는 이야기는 모든 판타지의 원형과도 같다. 〈엑스칼리버〉, 〈던전 드래곤〉, 〈반지의 제왕〉, 〈하이랜더〉 등은 모두 이러한 이야기 구조 를 바탕에 깔고 있는 영화들이다. 신화학자 조셉 캠벨이 ㉡ 도식화했듯이 이러한 영화들은 '모 험에의 소명, 소명의 거부, 조력자의 출현, 영웅의 시련, 성공, 귀환' 등의 과정을 거치게 된다.
>
> 이러한 영화들이 지향하는 세계는 항상 ㉢ 절대적인 가치와 관련된다. 신검 '엑스칼리버'는 모 든 기사들이 염원하는 용기와 명예의 상징이며, '절대 반지'는 이름 그대로 세상을 지배하는 절 대 권력의 원천이다. 현대판 신화 〈스타워즈〉 시리즈에서 제다이의 기사들을 지탱시켜 주는 '포 스' 역시도 절대적인 힘을 내포하고 있다. 이 절대적 힘을 불러일으키는 것은 언제나 정신적인 영 역이다. 악의 세력들을 물리치는 것은 물리적인 힘의 우세이기도 하지만 ㉣ 정신적인 우월성에 서 비롯된 것이기도 하다. 이렇다 보니 이러한 영화 속의 주인공은 대체로 비범하고 고결하며 악한은 동정의 여지가 없는 인물로 그려진다. 중세의 전설과 영웅 신화 등을 토대로 한 이러한 영화들에서 빠질 수 없는 것은 로맨스다. 물론 그 ㉤ 로맨스는 지고지순한 정신적 사랑이다.

14 윗글의 내용과 일치하지 않는 것은?

① 판타지 영화는 경계가 불분명하지만 존재한다.
② 판타지 영화에는 정신적 사랑을 다룬 로맨스가 등장한다.
③ 판타지 영화의 절대적인 힘은 물리적인 힘의 우세에서만 비롯된다.
④ 판타지 영화의 주인공들이 찾는 신검이나 성배는 절대적 가치를 상징한다.
⑤ 판타지 영화의 주인공들은 대부분 비범한 능력을 갖춘 선인(善人)으로 묘사된다.

💡 ③ 판타지 영화의 절대적인 힘은 물리적인 힘의 우세뿐만 아니라 정신적인 우월성에서 비롯된다.

15 본문의 ㉠~㉤ 중 〈보기〉의 밑줄 친 부분과 의미상 대립되는 속성을 지닌 것은?

> **보기**
>
> 기사 전설을 소재로 했다고 해서 모두 판타지 영화가 되는 것은 아니다. 기사 전설과 로맨 스를 현대적으로 결합하였던 제리 주커의 〈카멜롯의 전설〉은 성배도 신검도 별다른 힘을 발 휘하지 못하는 보기 드문 '리얼리즘 기사 영화'이다.

① ㉠   ② ㉡   ③ ㉢   ④ ㉣   ⑤ ㉤

💡 ① 〈보기〉의 성배와 신검은 모두 초자연적인 물건이다. '성배도 신검도 별다른 힘을 발휘하지 못하는'이라고 하였으므로, 리얼리즘은 초자연적인 것과 의미상 대립된다고 할 수 있다.

16 **다음 글의 내용과 일치하지 않는 사실은?**

> 성평등가족부가 1월 16일 자녀 양육 부담을 경감하고 돌봄 공백을 해소하기 위해 아이돌봄서비스 지원을 대폭 확대한다고 16일 밝혔다. 우선 아이돌봄서비스 이용 때 정부 지원을 받을 수 있는 소득 기준을 기준 중위소득 200% 이하에서 250% 이하 가구까지 확대했다. 한부모·조손·장애·청소년부모 가구 등 돌봄 부담이 큰 가구에 대해서는 연간 정부지원 시간을 기존 연 960시간에서 120시간 추가해 최대 1080시간까지 지원한다. 아울러 6~12세 아동에 대한 정부지원 비율을 높이고, 인구감소지역 이용 가정에는 본인부담금의 5%를 추가 지원해 지역 간 돌봄 격차를 완화하고 서비스 이용 부담을 낮췄다.
>
> 이어 아이돌봄서비스의 안정적인 공급과 아이돌보미 처우 개선을 위해 돌봄 인력에 대한 지원도 강화한다. 아이돌봄서비스 이용요금(돌봄수당)은 전년보다 5% 인상해 시간당 1만 2180원에서 1만 2790원으로 올렸으며, 이에 따라 올해 관련 예산도 1203억 원 증액했다. 영아돌봄수당은 시간당 1500원에서 2000원으로 인상하고, 시간당 1000원의 유아돌봄수당과 1일 5000원의 야간긴급돌봄수당을 새로 도입했다. 아이돌봄서비스는 아이돌봄서비스 누리집(idolbom.go.kr) 또는 모바일 앱에서 신청할 수 있으며, 정부지원을 받기 위해서는 사전에 읍·면·동 주민센터 또는 복지로 누리집(bokjiro.go.kr)에서 신청하면 된다.
>
> 이와 함께 4월부터 아이돌봄서비스의 전문성과 신뢰성을 높이기 위해 아이돌봄사 국가자격제와 민간 아이돌봄서비스 제공기관 등록제를 본격 시행한다. 앞으로 정해진 교육과정을 이수하는 등 역량이 입증된 인력은 아이돌봄사 국가자격증을 발급받아 공공뿐 아니라 민간 영역에서도 활동할 수 있게 된다. 또한 일정한 법적 요건을 갖추고 시·군·구에 등록한 민간 아이돌봄서비스 제공기관의 등록 정보를 공개해 신뢰할 수 있는 돌봄서비스를 선택할 수 있는 환경이 조성될 것으로 기대된다.
>
> — 「보건복지부 보도자료」

① 아이돌봄서비스 정부 지원 대상 가구의 소득 기준이 기준 중위소득 250% 이하로 확대되었다.

② 한부모·조손·장애·청소년부모 가구는 기존보다 연간 정부 지원 시간이 최대 120시간 늘어났다.

③ 아이돌봄사 국가자격제 시행으로 자격을 취득한 인력은 민간 영역에서도 활동할 수 있다.

④ 아이돌봄서비스 이용요금의 인상에 따라 관련 예산 역시 증액되었다.

⑤ 아이돌봄서비스 정부 지원을 받기 위해서는 온라인에서만 신청이 가능하다.

💡 ⑤ 아이돌봄서비스 정부지원을 받기 위해서는 사전에 읍·면·동 주민센터 또는 복지로 누리집(bokjiro.go.kr)에서 신청하면 된다고 명시돼 있다.
① 첫 번째 단락에 정부 지원 소득 기준을 기준 중위소득 200% 이하에서 250% 이하로 확대했다고 명시하고 있다.
② 돌봄 부담이 큰 가구에 대해 연 960시간에서 120시간을 추가해 최대 1080시간까지 지원한다고 명시했다.
③ 아이돌봄사 국가자격제를 통해 자격을 취득한 인력은 공공뿐 아니라 민간 영역에서도 활동 가능하다고 명시돼 있다.
④ 아이돌봄서비스 이용요금(돌봄수당)은 전년보다 5% 인상해 시간당 1만 2180원에서 1만 2790원으로 올렸으며, 이에 따라 올해 관련 예산도 1203억 원 증액했다는 내용이 명시돼 있다.

17 **다음 밑줄 친 부분의 의미와 통하는 속담을 고르면?**

> 우리들은 때로는 눈에 띄게 변혁을 목격하기도 하지만, 대개 오랜 시간 동안 서서히 탈바꿈하는 '중심'의 교묘한 변신이 우리들 일상의 얼개를 뒤바꾸고 있음을 망각하고 있다.

① 가랑비에 옷 젖는 줄 모른다.
② 당장 먹기는 곶감이 달다.
③ 소금 먹은 놈이 물 켠다.
④ 중이 제 머리는 깎지 못한다.
⑤ 도둑을 맞으려면 개도 안 짖는다.

💡 ① 조금씩 없어지는 줄 모르고 재산 같은 것이 줄어드는 것
　② 당장 하기 좋은 것은 그때뿐이고 오래 가지 못함
　③ 죄를 지으면 벌을 받기 마련임
　④ 아무리 긴한 일도 제 손으로 못하고 남의 힘을 빌어야 처리할 수 있는 것이 있음/ 제 허물을 제가 알아차리기 어려움
　⑤ 운수가 나빠 일이 잘 되지 않을 때에는 모든 것이 제대로 되지 않음

18 **다음 작품에 대한 설명으로 옳은 것은?**

> 딛배 바회ᄀᆞᆷ히
> 자ᄇᆞᆫ온손 암쇼 노히시고
> 나ᄒᆞᆯ 안디 붓ᄒᆞ리샤ᄃᆞᆫ
> 곶ᄒᆞᆯ 것가 받ᄌᆞ오리이다.

① 《삼국사기》에 실려 있다.
② 8구체 향가다.
③ 현존 최고(最古)의 신라 향가다.
④ 예언 형식의 참요(讖謠)다.
⑤ 신라인의 소박한 미의식이 나타나 있다.

💡 ⑤ 이 작품은 〈헌화가〉로, 신라인의 소박한 미의식이 드러나 있는 작품이다.
　① 《삼국유사》에 실려 있다.
　② 4구체 향가다.
　③④ 〈서동요〉에 대한 설명이다.

19 1970년대 이후 한국 문단사에는 역사와 시대에 대한 성찰의 결과, 대하소설들이 많이 등장했다. 이에 해당하지 않는 작품은?

① 황석영의 〈장길산〉
② 박경리의 〈토지〉
③ 조정래의 〈아리랑〉
④ 최명희의 〈혼불〉
⑤ 조세희의 〈난쟁이가 쏘아올린 작은 공〉

💡 ⑤ 조세희의 〈난쟁이가 쏘아올린 작은 공〉은 급격한 산업화 이후 빈부격차의 심화로 인한 소외계층에 대한 관심을 주제로 한 소설이다.

20 다음 대화에서 A가 범한 오류와 가장 비슷한 것은?

> A: 여보세요.
> B: 여보세요. 손 선생님 계신가요?
> A: 지금 안 계시는데요.
> B: 어디 멀리 가셨나요?
> A: 예, 지금 강의 중이십니다.
> B: 강의는 언제 끝나나요?
> A: 글쎄요, 수업 끝나고 회원분들과 상담이 계시다고 하셨어요.
> B: 아, 그러면 나중에 다시 연락드리겠습니다.

① 선생님은 학교에 볼일이 있으셔서 일찍 학교에 가셨습니다.
② 손님, 주문하신 커피 나오셨습니다.
③ 내일 부산 역전 앞에서 만나자.
④ 국장님, 대리님이 외부에 나갔습니다.
⑤ 우리가 진 까닭은 상대를 너무 얕보았다.

💡 A의 마지막 대화에서 '상담이 계시다'고 하면서 높임의 대상이 아닌 '상담'을 직접 높였다. 이는 바르지 못한 표현으로 간접 높임을 사용해 '상담이 있으시다'라고 써야 한다.
② 높임의 대상이 아닌 '커피'를 직접 높였으므로 '커피 나왔습니다'라고 고쳐야 한다.
① 올바른 문장이다.
③ 역전 앞은 중복된 표현으로 '역 앞' 또는 '역전'이라고 고쳐야 한다.
④ 압존법이 쓰인 표현으로 올바른 문장이다.
⑤ 주술의 호응이 맞지 않으므로 '얕보았기 때문이다'라고 고쳐야 한다.

상식 요모조모

상식
요모조모

뉴스 속 와글와글 / Books & Movies

상식 파파라치

트럼프 정부, 「김치 먹어라!」
미 연방정부 식단 지침에 어떤 일이?

미국 보건복지부(HHS)와 농무부(USDA)가 1월 7일 「2025~2030 미국인을 위한 식단 지침」을 공개한 가운데, 해당 지침에 김치가 포함되면서 이목을 끌고 있다. 해당 지침은 향후 5년간 학교 급식과 군대 식단, 저소득층 영양 지원 프로그램(SNAP) 등 연방 정부가 집행하는 모든 영양 정책의 기준이 된다. 새 지침의 핵심은 가공식품 중심 식단에서 벗어나 「진짜 음식(Real Food)」으로 돌아가라는 것인데, 특히 김치를 장내 미생물 건강을 위한 권고 식단에 명시했다. 지침은 ▷김치 ▷사우어크라우트(독일식 양배추 절임) ▷케피어(다균종 발효음료) ▷미소(일본식 된장) 등의 발효식품을 채

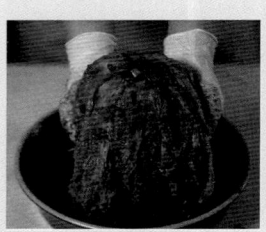

소·고섬유질 식품과 함께 섭취하라고 명시했다. 이처럼 김치가 미국 정부의 공식식단 지침 문서에 직접 명시된 것은 처음 있는 일이다.

남성 과학자 이름만 각인된 에펠탑, 137년 만에 여성 과학자 72명 새긴다?

프랑스 파리시가 1월 26일 보도자료를 통해 에펠탑 운영업체 SETE와 「여성과 과학협회」로부터 에펠탑에 이름이 새겨질 여성 과학자 72명의 후보 명단을 제출받았다고 밝혔다. 해당 명단에는 노벨 물리학상과 화학상을 받은 마리 퀴리, 프랑스의 유명 수학자 소피 제르맹 등이 포함됐다. 이 명단은 의견 수렴을 위해 과학·

기술·의학아카데미에 제출될 예정으로, 명단이 최종 확정되면 에펠탑 1층 외벽에 이 여성 과학자들의 이름이 새겨진다. 이번 작업은 최초의 여성 과학자로 불리는 고대 그리스의 여성 수학자 이름을 따 「히파티아(Hypatia)」 프로젝트라는 명칭이 붙은 것으로 전해졌다.

한편, 1889년 완공된 에펠탑 1층 외벽에는 ▷근대 화학의 아버지라 불리는 라부아지에 ▷근대 전기학의 기초를 세운 앙페르 등 19세기까지 프랑스 과학 발전에 크게 기여한 남성 과학자 72명의 이름이 4면에 거쳐 금빛으로 새겨져 있다. 하지만 여성 과학자들은 한 명도 없어 이에 대한 비판이 있어 왔다.

탕후루 떠난 자리를 채우다?
재고 지도까지 등장한 「두쫀쿠」

쿠키 1개당 5000원을 훌쩍 넘음에도 없어서 못 먹는다는 두바이 쫀득 쿠키, 이른바 「두쫀쿠」 열풍이 우리 사회를 강타했다. 두쫀쿠는 지난 2024년 유행한 두바이 초콜릿에서 착안해 국내에서 만들어진 디저트로, 피스타치오 페이스트로 버무린 카다이프(중동식 면)을 마시멜로로 감싼 형태의 쿠키다. 두쫀쿠는 겉은 쫀득하지만 안은 바삭한 식감을 가지고 있는 것이 특징이다. 이는 카페와 제과업계에서 처음 출시돼 지난해 하반기부터 SNS에서 선풍적인 인기를 끌며 유통가 전반으로 빠르게 확산됐다. 이와 같은 인기에 온라인에는 두쫀쿠를

파는 카페와 재고 등을 모아 놓은 「두쫀쿠 지도」까지 등장했다.

한편, 이와 같은 우리나라의 두쫀쿠 열풍에 외신들의 관심도 이어졌는데, 영국 BBC는 1월 14일 「두바이 초콜릿에서 영감을 받은 디저트, 한국을 강타하다」라는 제목의 기사에서 국내 두쫀쿠 열풍을 보도하기도 했다.

가려우면 빗자루로 등 긁는 소가 있다?
과학계 뒤흔든 「도구 쓰는 소」

오스트리아 빈 수의과대학교 앨리스 아우어스페르크 박사팀이 1월 20일 국제학술지 《커런트 바이올로지(Current Biology)》에 「베로니카라는 암소가 나무 솔을 유연하게 도구로 사용하는 것을 실험으로 확인했다」고 밝혔다. 베로니카(Veronika)는 오스트리아의 한 유기농 농장에서 사는 13살의 암소로, 종종 몸이 가려울 때 혀로 나무 빗자루를 휘감아 가려운 곳을 긁는 것으로 전해졌다. 과학계에 따르면 이렇게 도구를 다목적으로 사용하는 비영장류 포유류 사례가 보고된 것은 처음 있는 일로, 특히 인간이 소와 함께 살아온 약 1만 년 동안 소가 도구를 사용하는 모습을 확인한 것도 처음이다.
연구팀이 관찰한 베로니카는 빗자루로 등을 긁는 것 외에도 나무 빗자루의 솔 부분과 손잡이 부분을 각각 다른 용도로 썼다는 점에서 과학계의 놀라움을 자아낸 것으로 전해졌다. 베로니카는 등을 긁을 땐 주로 솔 부분을 썼지만, 복부처럼 살결이 연하고 민감한 부위를 긁을 때는 나무 손잡이를 밀거나 누르듯이 자극해서 쓴 것이다. 연구팀은 이와 같은 행동은 소

라는 종이 다기능 도구를 사용할 수 있음을 보여주는 첫 증거라며, 이는 도구 사용능력을 지닌 동물의 범위를 넓혀주는 것이라고 밝혔다.

미국 뉴욕으로 진출한 군고구마?
K푸드 열풍 속 가성비 한끼로 부상

미국 매체 뉴욕포스트가 1월 19일 군고구마가 뉴욕 직장인의 점심 메뉴로 인기를 끌고 있다고 보도했다. 이 같은 군고구마의 인기는 물가 상승으로 점심 한끼가 부담스러운 뉴요커에게 가성비 좋은 메뉴이기 때문으로 분석된다. 현재 뉴욕의 패스트푸드 세트 가격은 15달러(약 2만 원)에 달하고, 한때 1달러에 판매되던 조각피자 역시 이제는 1.5달러 이상으로 오른 상태다. 하지만 군고구마는 개당 2~4달러(약 3000~6000원) 수준이라는 점에서 점심값 부담이 커진 뉴욕 직장인들 사이에서 가성비 좋은 한끼로 부상한 것이다. 여기에 군고구마는 양에 비해 포만감이 높은 데다 영양소가 풍부하다는 점도 인기 요인이 됐다. 뉴욕포스트는 「고구마가 구소련 시절 배급 식량을 먹는 것처럼 보일 수 있으나 사실 군고구마는 한국·일본·중국 등 동아시아권의 겨울철 대표 간식」이라는 내용도 전했다.
한편, 군고구마의 인기에는 소셜미디어(SNS)의 영향도 컸는데, 조지아주의 푸드 인플루언서 코트니 쿡이 고구마 윗부분을 뜯어 치즈스틱을 넣어 먹는 영상은 틱톡에서 1000만 회 이상의 조회수를 기록하기도 했다.

화제의 책과 영화

BOOKS & MOVIES

책 BOOKS

바임 욘 포세 著

2023년 노벨문학상을 수상한 노르웨이 작가 욘 포세의 신작 소설이다. 노르웨이 서해안의 작은 가상의 마을인 바임(Vaim)을 배경으로 펼쳐지는 바임 3부작의 첫 번째 소설로, 이후 〈바임 호텔〉(2026), 〈바임 위클리〉(2027)가 차례로 발표될 예정이다.

3장으로 구성된 소설은 화자가 교차되는데, 1장은 바임이란 마을에 혼자 사는 어부 야트게이르의 관점에서 서술된다. 야트게이르는 「엘리네」라는 비밀스러운 이름을 지어준 자기 배를 타고 대도시 비에르그빈에 갔다가 10대 시절 짝사랑했던 엘리네를 만나게 된다. 그런데 그녀는 남편 프랑크한테서 도망쳐 함께 바임으로 돌아가자고 야트게이르를 재촉하고, 야트게이르는 그 말을 따른다.

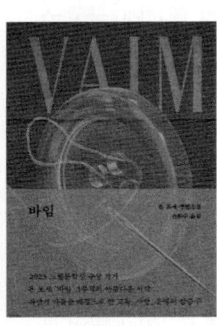

이어 엘리아스의 독백으로 채워진 2장을 넘어 프랑크의 관점에서 서술되는 3장에 이른다. 엘리네의 남편 프랑크는 진짜 이름이 올리바이고 모두에게 올리바로 불리지만, 엘리네에게는 처음부터 끝까지 프랑크로 불린다. 하지만 갑자기 그의 삶에 찾아온 엘리네는 불현듯 프랑크 곁을 떠났고, 야트게이르라는 어부와 살다 그가 죽자 다시 그를 찾아온다. 이 2명의 남성들은 파도처럼 들이닥치는 엘리네의 존재에 혼란과 불안을 느끼면서도 마치 운명처럼 담담히 받아들인다.

주인 노예 남편 아내 우일연 著

한국계 미국인 작가 최초로 2024년 퓰리처상 전기(Biography) 부문을 수상한 우일연 작가의 작품으로, 자유를 찾아 북부로 향한 크래프트 부부의 실제 여정을 다룬 책이다.

작품의 배경은 노예제가 시행되던 1848년 12월 미국 남부의 조지아주 메이컨으로, 이곳에 사는 흑인 노예 부부인 엘렌과 윌리엄은 자유를 위해 대담한 탈출을 계획한다. 피부색이 밝은 아내 엘렌은 병약한 백인 남성 주인으로, 남편 윌리엄은 그를 보필하는 흑인 노예로 위장해 대낮에 이동하기로 한 것이다. 이들의 첫 번째 목적지는 노예법이 폐지된 자유의 주인 1600km 떨어진 필라델피아였다. 그런데 이들은 여느 흑인 노예들처럼 숲을 헤매거나 강을 건너는 방식이 아닌, 기차와 증기선, 최고급 역마차로 이동한다. 그 과정에서 둘의 실제 주인이 나타나고 악명 높은 노예상인과 맞닥뜨리는 위험을 겪기도 하지만, 결국 이들은 그해 크리스마스 이브에 필라델피아에 도착한다.

이후에도 두 사람은 영국 리버풀까지 여정을 이어가면서 흑인 인권운동가들과 합류하기도 하는데, 훗날 기록에 따르면 전 생애에 걸친 그들의 이동경로는 8000km에 달했다. 무엇보다 독자들은 이 부부의 탈출 여정에 손에 땀을 쥐고 몰입하다가, 어느새 자유를 찾는 인간의 보편적 투쟁과 마주하게 된다.

영화 MOVIES

왕과 사는 남자

감독 _ 장항준
출연 _ 유해진, 박지훈, 유지태, 전미도

조선 전기 계유정난으로 어린 나이에 왕위에서 쫓겨나 강원도 영월로 유배된 단종(端宗)의 이야기를 담은 작품으로, 단종의 죽음에 이르기까지의 공백을 여러 기록과 상상력으로 채운 영화다. 영화는 「단종의 시신에 손을 대는 자는 삼족을 멸한다」는 어명에도 시신을 수습한 뒤 평생을 숨어 살았다는 영월 호장 엄홍도와 단종의 관계가 중심이 돼 펼쳐진다.

1457년 노산군으로 강등된 이홍위는 강원도 영월로 유배를 떠나게 된다. 이 시기 산골마을 광천골의 촌장 엄홍도는 유배 온 양반 덕분에 부유해졌다는 옆 마을의 소식을 듣게 된다. 이에 그는 마을의 부흥을 위해 자기 마을도 유배지가 되기를 자처하고 가까스로 유배지 유치에 성공한다. 한명회는 그런 그에게 「누가 오든 감당할 수 있겠느냐」고 묻고, 엄홍도는 부푼 꿈으로 이를 맞이하지만 광천골을 찾은 이는 왕위에서 쫓겨난 어린 선왕이었다. 살아가려는 기색조차 보이지 않는 왕을 보면서, 졸지에 선왕을 감시하는 임무를 맡게 된 엄홍도와 마을 사람들의 근심은 깊어져만 간다. 그리고 엄홍도는 어린 선왕과 점차 가까워지면서 깊은 갈등에 빠지게 된다.

한편, 이 영화는 단종의 이야기에서 항상 핵심이던 수양대군을 등장시키지 않으면서 단종이자 노산군이자 이홍위의 모습을 더욱더 다각도로 그려낸다.

영화 속 톡!톡!톡!
"더 이상 나로 인해 내가 아끼고 사랑하는 사람들을 잃고 싶지 않다."

파더 마더 시스터 브라더

감독 _ 짐 자무쉬
출연 _ 톰 웨이츠, 아담 드라이버, 마임 비아릭, 케이트 블란쳇

짐 자무쉬 감독이 2019년 〈데드 돈 다이〉 이후 6년 만에 선보인 신작으로, 지난해 베니스 영화제 황금사자상 수상작이다. 영화는 각각 미국 북동부, 아일랜드 더블린, 프랑스 파리에서 사는 세 가족의 이야기를 옴니버스 형식으로 담아냈다.

영화의 시작은 미국에서 홀로 지내고 있는 아버지의 집을 방문하는 누나와 남동생의 이야기를 담은 「파더」이다. 아버지의 경제 상황과 건강을 걱정하는 남매는 막상 아버지 앞에서는 제대로 된 질문을 하지 못하고, 묘하게 어색한 분위기 속에서 평범한 척 대화를 하다 헤어진다. 하지만 자식들이 떠나자마자 본색을 드러내

는 아버지의 반전이 유머를 선사한다. 두 번째는 1년에 한 번 아일랜드 더블린에서 지내고 있는 어머니의 집에서 티타임을 가지는 언니와 동생의 「마더」가 이어지는데, 모녀들의 대화는 겉돌기만 한다. 마지막으로 비행기 사고로 부모님을 잃고 그들의 파리 아파트를 찾은 쌍둥이 남매의 「시스터 브라더」가 펼쳐진다. 이들은 부모님의 유품을 정리하면서 자신들이 전혀 알지 못했던 그들의 모습을 발견하고 과거를 추억한다.

이렇게 영화는 각기 다른 관계성을 형성하고 있는 주인공들을 내세운 세 개의 에피소드를 독립적으로 전개하면서, 특별한 사건 없이 인물들 간의 일상적인 대화로 채워 나간다.

영화 속 톡!톡!톡!
"넌 내가 가장 아끼는 아들이지." / "외아들이잖아요."

상식 파파라치가 떴다!

궁금한 건 절대 못 참는 상식 파파라치가 우리의
일상 곳곳에 숨어있는 흥미깃거리들을
캐내어 시원하게 알려드립니다.

👍 동서로 나뉜 충청도, 그런데 왜 남도·북도일까?

우리나라의 6개(충청도, 전라도, 경상도)의 도는 모두 남과 북으로 지정돼 있다. 경기도의 경우 남북도로 나뉘어 있지는 않으나, 행정체계를 보면 경기도청은 수원에 위치하고 있으며 서울의 북쪽에 위치한 의정부에 경기도청 북부청사가 위치해 있다. 여기서 드는 궁금증! 충청도는 동서로 나뉘어 있는데, 왜 이름은 충청남도와 충청북도일까?

1896년 행정구역 개편 시 편의 때문?

본래 충청도였던 지명이 충청남도와 충청북도로 나뉘어진 것은 1896년 단행된 행정구역 개편에 따른 것이다. 당시 행정구역 개편은 기존의 8도제를 전라도, 경상도, 충청도, 평안도, 함경도만 남도와 북도로 나누어 13도제로 편성한 것이었다. 이 시기 다른 도와 달리 동과 서로 나뉜 충청도가 남도와 북도가 된 데에 대한 구체적인 이유를 사료에서 찾아보기는 힘들다. 다만 건양 원년(1896년) 8월 4일의 칙령 제36호 부록 「지방구역급군등설명서」에 따를 때 남북도 구분은 좌우(동과 서) 구분이 불편했기 때문이라는 내용이 있어, 행정상 편의 때문인 것으로 추측된다. 또 당시 충남의 수부도시와 충북의 수부도시를 기준으로 남과 북이 나뉘었다는 설도 전해진다. 1895년 갑오개혁 이후 23부제가 실시되면서 충청도는 ▷공주부(수부도시는 공주) ▷홍주부(홍성과 예산) ▷충주부(충주)로 관할구역이 나뉘어졌다. 이후 행정구역 개편 때 상대적으로 더 북측 위도에 위치한 충주(북위 37~38도)를 포함한 지역을 충북으로, 이보다 낮은 북위(36~37도)에 위치한 공주와 홍주 등은 충남으로 설정했다는 것이다.

충주+청주, 그래서 「충청도」

충청도라는 명칭은 「충주(忠州)」와 「청주(淸州)」의 앞 글자를 딴 것으로, 이 지역은 삼한시대에는 마한에 속했고 삼국시대 때는 백제의 중심 지역이었다. 충청도라는 이름은 고려 예종 때(1106년) 관내도·중원도·하남도를 합쳐 「양광충청주도(楊廣忠淸州道)」라 부른다는 데서 처음 등장했다. 이후 조선 태조 4년(1395) 때는 양광도를 충청도와 경기도로 분리하고 관찰사를 충주에 두었다. 그리고 1896년 칙령 제36호로 13도제가 시행되며 충청북도와 충청남도가 분리돼 현재에 이르게 된 것이다.

한편, 1989년에는 충청남도 대덕군 대부분의 지역과 대전시가 대전직할시로 승격되면서 충청남도에서 분리됐다. 이후 2012년 7월 1일에는 충청남도 연기군 전체와 공주시 일부, 충청북도 청원군 일부를 관할로 하는 세종특별자치시가 출범했으며, 2014년 7월 1일에는 청주시와 청원군이 청주시로 통합된 바 있다. 그리고 현재는 충청남도와 대전시의 통합이 추진되고 있다.

💡 전라도(全羅道)는 전주(全州)와 나주(羅州)의 앞 글자를 합친 것이며, 경상도(慶尙道)는 경주(慶州)와 상주(尙州)의 앞 글자를 합친 명칭이다.

충청도를 이르는 별칭, 호서지방(湖西地方)

호서지방은 대전광역시, 충청남도, 충청북도, 세종특별자치시 일대를 통칭하는 용어로, ▷영남지방 ▷호남지방과 함께 삼남 지방으로 칭해진다. 호서라는 명칭은 충청북도 제천시 「의림지(義林池)」의 서쪽 지방이라는 의미에서 유래한 것으로 전해진다. 의림지는 삼한시대에 축조된 저수지로 고대 수리시설 중에서 오늘날까지 폐기된 적 없이 사용되고 있는 유일한 곳이다. 이 밖에 호남(湖南)은 전라도 지역을 이르는 말로, 말 그대로 「호수의 남쪽」이라는 뜻이다. 그 호수는 전북 김제의 벽골제(碧骨堤) 또는 충남과 전북을 가르는 호강(湖江, 지금의 금강)이 유력 근원지로 꼽힌다. 또 경상도 전 지역을 아우르는 명칭인 영남(嶺南)은 소백산맥과 태백산맥으로 둘러싸인 지역으로, 문경새재(鳥嶺)의 이남 지역을 통틀어 의미한다.

👍 두바이에는 없는 한국의 「두쫀쿠」 열풍! 그 이전에 인기를 끈 디저트들은?

최근 소셜미디어(SNS)를 중심으로 「두바이 쫀득 쿠키」, 줄여서 「두쫀쿠」라 불리는 디저트 열풍이 거세게 일고 있다. 앞서 프랑스 마카롱이 한국식 변형을 거쳐 「뚱카롱」으로 불리며 인기를 끌었듯이, 두쫀쿠는 앞서 2024년 큰 유행을 일으켰던 「두바이 초콜릿」을 한국식으로 재해석한 디저트이다. 이는 피스타치오 페이스트로 버무린 카다이프를 마시멜로로 감싼 형태로, 이 두쫀쿠 이전에도 한국식으로 변형된 독특한 디저트들이 큰 인기를 끌었던 바 있다. 과연 두쫀쿠 이전에 국내에서 열풍을 일으켰던 디저트에는 어떤 것들이 있을까?

뚱카롱　프랑스의 전통 디저트인 「마카롱(Macaron)」을 한국식으로 재해석한 디저트로, 이름 그대로 뚱뚱한 마카롱이라는 뜻이다. 프랑스 마카롱이 작고 얇은 데 반해 뚱카롱은 크고 두꺼우며, 달콤함을 더욱 강조한 것이 특징이다. 이는 일반 마카롱보다 필링(크림·가나슈·버터크림) 양이 훨씬 많은데, 그 필링 역시 말차, 흑임자, 인절미, 미숫가루, 팥 등 한국 고유의 재료들까지 활용된 것이 특징이다.

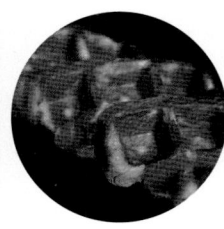

크로플　프랑스 빵인 「크로와상」과 「와플」을 합친 이름으로, 와플팬이나 와플메이커에 크루아상 생지(가공하지 않은 반죽)를 넣고 구운 디저트이다. 크로플은 겉은 바삭하지만, 속은 크로와상 특유의 겹겹이 쌓인 페이스트리 식감과 버터의 진한 풍미를 동시에 느낄 수 있다는 특징이 있다.

달고나 커피　차가운 우유 위에 커피와 설탕, 따뜻한 물을 같은 비율로 섞어 만든 크림을 얹어 먹는 커피로, 실제 달고나(뽑기)가 들어가지는 않지만 그 맛이나 완성된 크림의 모양이 달고나를 연상시키는 데서 붙은 이름이다. 달고나는 설탕과 베이킹소다를 불에 녹인 뒤 실온에서 굳힌 것으로, 1960~1990년대 주로 학교 앞 등에서 판매됐던 대표적 군것질거리다. 달고나 커피는 특히 2020년 코로나19로 집에서 머무르며 소일거리로 시간을 보내는 이들이 늘어나면서 큰 인기를 끈 바 있다.

탕후루　중국 전통 간식에서 유래한 탕후루도 한때 열풍이 거셌는데, 이는 딸기·샤인머스캣·키위 등의 각종 과일에 설탕 시럽을 발라 굳혀 만든 간식이다. 특히 1020세대에서는 「식후탕」(식사 후 탕후루의 준말) 같은 신조어까지 나올 정도로 선풍적인 인기를 구가했다.

요거트 아이스크림　탕후루의 1년 여간의 인기 이후 그 자리를 대체한 디저트로, 토핑을 곁들인 요거트 아이스크림을 말한다. 이는 기본 요거트 아이스크림에 벌집 꿀, 생과일, 시리얼, 온갖 과자류를 자신의 취향대로 조합할 수 있다는 점에서 큰 인기를 끌었다. 무엇보다 토핑을 통해 만들어진 자신만의 아이템이나 특별한 메뉴 조합은 SNS 인증샷으로 큰 인기를 끌었다.

두바이 초콜릿　아랍에미리트(UAE) 두바이의 한 디저트 브랜드가 제조·판매하는 초콜릿으로, 초콜릿 속을 버터에 볶은 카다이프와 피스타치오 크림으로 채운 것이다. 두바이 초콜릿은 UAE의 한 유명 인플루언서가 2013년 12월 올린 ASMR 먹방 영상이 주목받은 것을 계기로 국내는 물론 전 세계적으로 인기를 끌었다.

2026 공공기관 채용정보

정부가 1월 27일 올해 공기업 등 공공기관 330여 곳에서 정규직 2만 8000명을 채용할 계획이라고 밝혔다. 이는 코로나19 사태가 있었던 2020년(3만 2명) 이후 6년 만에 가장 많은 것이다. 또 청년인 턴도 2만 4000명을 채용한다고 밝혔는데, 이는 전년 대비 3000명 늘어난 것이다.

이처럼 공공기관이 청년층을 포함한 정규직 채용 규모를 늘린 것은 최근 높아진 실업률과 「쉬었음 인구」 증가 등의 고용한파와 무관치 않다. 지난해 12월 기준 실업률은 4.1%로 2020년 이후 5년 만에 최고치를 기록했는데, 특히 청년층(15~19세) 실업률은 6.2%로 2021년 이후 처음으로 6% 대를 넘어선 상황이다. 여기에 비경제활동인구에 속하는 「쉬었음 인구」는 지난해 255만 5000명에 이른다.

재정경제부에 따르면 공공기관들의 올해 정규직 채용 계획 2만 8000명 중 한국철도공사가 1800명 을 뽑아 가장 많다. 이어 국민건강보험공단(1138명), 서울대학교병원(1076명), 한국전력공사(1042 명), 한국보훈복지의료공단(991명), 부산대병원(728명) 순이다.

한편, 재경부는 1월 27~29일 열린 「2026 공공기관 채용정보박람회」에 현장 방문객 약 8만 명, 온 라인 방문객 약 19만 명 등 총 27만 명이 참여했다고 밝혔다. 이번 박람회에는 기업은행, 한국철도 공사, 한국도로공사, 근로복지공단, 국민건강보험공단 등 148개 공공기관이 참여했으며, 주요 기관 상담 부스에서는 4600건 이상의 심층 상담이 진행됐다.

🔵 공공기관이란?

공공기관은 정부의 출연·출자 또는 정부의 재정지원 등으로 설립·운영되는 기관으로서 「공공기관의 운영에 관한 법률」 제4조 1항 각호의 요건에 해당하여 기획재정부장관이 지정한 기관을 의미한다. 해당 법률 제5조에 따르면 공공기관은 공기업과 준정부기관, 기타공공기관으로 분류된다.

공공기관의 유형

공기업	시장형 공기업, 준시장형 공기업
준정부기관	기금관리형 준정부기관, 위탁집행형 준정부기관
기타공공기관	공기업·준정부기관을 제외한 공공기관

◆ 2026년 공공기관 채용정보(※ 전일제 기준으로, 채용 규모나 접수 일정 등은 변동 있을 수 있음)

SOC

기관명	모집 부문	채용 규모	원서 접수
인천국제공항공사	• 일반정규직: 일반직(5급), 안전보안직 S6급(을) • 무기계약직: 방재직 다급	• 일반: 신입 29명, 경력 2명 • 무기계약: 신입 15명	일반(일반직은 3·4분기, 안전보안직은 1분기 예정)/무기계약(3분기 예정)
한국공항공사	일반정규직: 행정(경영, 항공교통 등), 전산, 시설(토목, 건축, 기계 등), 기술(전기, 통신전자), 안전직(공항보안, 보안검색감독, EOD, 구조소방)	150명	2분기 예정
한국도로공사	• 일반정규직: 5급(행정직, 기술직) • 무기계약직	• 일반: 243명 • 무기계약: 신입 69명	일반(1·3분기 예정)/무기계약(수시)
한국교통안전공단	• 일반정규직: 6급(행정, 기술, 연구교수) • 무기계약직: 사무, 검사, 상담, 보안, 시설, 환경	• 일반: 109명 • 무기계약: 25명(변동 가능)	1분기 예정
한국도로교통공단	• 일반정규직: 7급갑(교통안전, 교통교육, 교통방송, 일반행정 등) • 무기계약직: 교통직(교통안전, 교통방송, 일반행정 등)	• 일반: 106명 • 무기계약: 40명	일반(2분기 예정), 무기계약(3분기 예정)
한국철도공사	일반정규직: 사무 및 기술	신입 및 경력 1500명	상반기(1분기 예정), 하반기(3분기 예정)
국가철도공단	• 일반정규직: 사무, 토목, 건축, 전기, 통신, 기계 • 무기계약직: 국가중요시설방호, 환경미화, 청사경비 등	• 일반: 72명 예정 • 무기계약: 신입 15명 예정	일반(하반기 예정)/무기계약(상·하반기 예정)
한국토지주택공사	• 일반정규직: 사무(일반행정, 법률, 회계 등)/기술(건축, 토목 등) • 무기계약직: 행정(주거복지, 고객관리 등)/기술(시설, 승강기 관리 등)/ 전문(보건·영양관리, 법무관리 등)	• 일반: 약 338명 • 무기계약: 약 85명	2·3분기 예정
한국수자원공사	• 일반정규직: 일반직 • 무기계약직: 실무직(사무, 기술 등)	• 일반: 신입 273명 예정 • 무기계약: 신입 34명 예정	일반(3분기 예정)/무기계약(1·3분기 예정)
한국국토정보공사	일반정규직: 기획경영직, 국토정보직	신입 35명 예정	하반기 예정
국토안전관리원	• 일반정규직: 5급, 6급 채용형 청년인턴(행정, 토목, 건축, 공업) • 무기계약직: 공무직	• 일반: 신입 74명, 경력 10명 • 무기계약: 신입 50명	2분기 예정
한국해양교통안전공단	6급(사무직, 기술직)	신입 40명	2·4분기 예정

금융

기관명	모집 부문	채용 규모	원서 접수
IBK기업은행	일반정규직: 금융일반, 디지털·IT	신입 약 305명(예정)	1·3분기 예정
한국산업은행	일반정규직: 신입행원(5급)	133명(잠정)	미정
한국수출입은행	일반정규직: 전문직(일반, 지역전문가 등) 및 사무직	신입 약 68명 내외	상·하반기 예정
신용보증기금	일반정규직: 5급(상경계) 등	신입 74명	2·4분기 예정
기술보증기금	일반정규직: 기술보증 및 기술평가(금융일반, 이공계, 박사 등), 전산, 법무·채권관리	신입 93명 예정	2분기 예정
한국무역보험공사	일반정규직: 조사·인수 등	신입 약 31명 내외	상·하반기 예정
예금보험공사	일반정규직: 금융일반(경영, 경제, 법), 디지털 등	신입 25명 내외	하반기 예정
주택도시보증공사	일반정규직: 관리6급	신입 38명 내외	상반기 예정
한국주택금융공사	•일반정규직: 일반행정, IT •무기계약직: 사무관리직	•일반: 신입 48명 예정 •무기계약: 신입 8명 예정	일반(3분기 예정)/ 무기계약(수시)
한국자산관리공사	일반정규직: 5급(금융일반, 건축, IT)	신입 81명, 경력 4명	2·3분기 예정
우체국금융개발원	•일반정규직: 행정직, 기술직, 연구직 •무기계약직: 금융상담직(예금, 보험, 고객상담)	•일반: 신입 64명 •무기계약: 신입 50명 이상	일반(1·2분기 예정)/ 무기계약(2·4분기 예정)

에너지

기관명	모집 부문	채용 규모	원서 접수
한국남부발전(주)	일반정규직: 사무, 기계, 전기, 화학 등	약 110명	상·하반기 예정
한국남동발전(주)	일반정규직: 4직급 나(사무, 기계, 전기, 화학, 토목, 건축, ICT 등)	신입 130명	1분기 예정
한국동서발전(주)	일반정규직: 4직급 및 촉탁	신입 139명(상반기 49명, 하반기 99명 예정)	3분기 예정
한국서부발전(주)	일반정규직: 사무, 발전, 화학, ICT, 토목, 건축	신입 90명 예정	1분기 예정
한국수력원자력(주)	•일반정규직: 사무, 원전ENG, 원전발전, 수력·양수, 신재생에너지, 토목, ICT •무기계약직: 조리원, 자동차운전원 등	•일반: 431명(대졸 신입은 340여 명) •무기계약: 7명	일반(상반기 예정), 무기계약(수시)
한전KPS	일반정규직: 사무, 기술(기계, 전기 등)	신입 및 경력 262명	2분기 예정
한국가스공사	일반정규직: 일반직 6급(사무직, 기술직), 별정직, 연구직	271명	상·하반기 예정

기관명	모집 부문	채용 규모	원서 접수
한국가스안전공사	•일반정규직: 5급(행정직, 기술직, 연구직) •무기계약직; 시설관리원, 미화원, 운전원 등	•일반: 행정직 약 16명, 기술·연구직 약 88명 •무기계약: 신입 약 17명	1·3분기 예정
한국가스기술공사	•일반정규직: 6급2(사무, 기술) •무기계약직: 특정직(기술 등)	•일반: 신입 148명 •무기계약: 신입 37명	2·4분기 예정
한전원자력연료(주)	일반정규직: 일반직(사무, 기술, 연구), 별정직	신입 33명	2분기 예정
한국원자력환경공단	일반정규직: 5급가(사무직, 기술직)	신입 20명	2분기 예정
한전KDN	•일반정규직: 4직급(사무, 기술) •무기계약직: 별정직(시설, 경비, 미화), 5직급(고졸)	•일반: 신입 166명 예정 •무기계약: 신입 31명 예정	상·하반기 예정
한국전력공사	일반정규직: 일반직(4직급), 현장·기술직(5직급), 연구직 등	962명 예정	상·하반기 예정
한국전력기술(주)	일반정규직: 사무, 기술/연구	200명	1·3분기 예정
한국전기안전공사	일반정규직: 경영관리, 기술, 연구 등	신입 135명, 경력 10명	2분기 예정
한국전력거래소	일반정규직: 4직급(을)(사무, 기술직)	36명	1분기 예정
한국지역난방공사	일반정규직: 6급을(사무, 기술직)	55명	하반기 예정
한국에너지기술평가원	일반정규직: 에너지R&D, 기획·평가·관리, 경영관리	신입 19명	2·4분기 예정

산업진흥정보화

기관명	모집 부문	채용 규모	원서 접수
한국산업안전보건공단	•일반정규직: 전문직 •무기계약직: 전문직	•일반: 신입 100명 •무기계약: 신입 7명	일반(1분기 예정)/ 무기계약(수시)
한국언론진흥재단	일반정규직: 5급A	신입 18명 내외	2·4분기 예정
한국지능정보사회진흥원	일반정규직: 일반직(사무직)	13명	3분기 예정
중소벤처기업진흥공단	일반정규직: 일반직	신입 50명 내외	하반기 예정
한국인터넷진흥원	•일반정규직: 경영, 정책, 기술 •무기계약직: 일반계약직, 공무직	•일반: 신입 60명 •무기계약: 신입 21명, 경력 3명	일반(1분기)/ 무기계약(하반기)
대한무역투자진흥공사	•일반정규직: 통상직 •무기계약직: 공무직(사무, 시설 등)	•일반: 신입 30명 •무기계약: 신입 17명	일반(3분기)/ 무기계약(1·3분기)
한국승강기안전공단	일반정규직: 6급(사무직, 기술직)	신입 20명	2분기 예정
한국소비자원	일반정규직: 5급(사무직)	신입 20명, 경력 7명	2분기 예정
한국산업기술시험원	•일반정규직: 일반직(행정, 연구직) •무기계약직: 행정, 연구, 사무, 기술, 기능직	•일반: 신입 22명 •무기계약: 신입 11명	3분기 예정

고용·보건·복지

기관명	모집 부문	채용 규모	원서 접수
국민연금공단	•일반정규직: 일반직, 기금운용직, 연구직 •무기계약직: 상담직렬 공무직	•일반: 일반직(신입 175명), 기금운용직(경력 49명) •무기계약: 신입 및 경력 64명	1·3분기 예정
공무원연금공단	일반정규직: 사무직, 기술직	신입 46명	상반기 예정
건강보험심사평가원	•일반정규직: 행정, 심사, 전산, 연구직 •무기계약직: 상담원, 시설관리원 등	•일반: 140명 내외 •무기계약: 15명 내외	1분기 예정
한국보훈복지의료공단	•일반정규직: 의무직(의사, 간호사, 약사, 보건기사), 사무직, 기술직 등 •무기계약직: 업무지원직(청소, 경비, 고객지원, 급식)	•일반: 신입 765명 •무기계약: 신입 226명	일반(3·4분기 예정)/ 무기계약(수시)
근로복지공단	•일반정규직: 행정(일반, 전산, 심사, 재활 등)–정기/ 기술·연구·전문직·의료직 등–수시 •무기계약직: 기능/행정직, 서무·사무보조	•일반: 신입 937명 •무기계약: 신입 167명	일반(2·4분기 예정)/ 무기계약(수시)
국민건강보험공단	•일반정규직: 행정·건강·약무·요양·전산·기술·연구직 •무기계약직: 업무지원직, 수탁지원직	•일반: 신입 약 1030명, 경력 약 58명 •무기계약: 신입 및 경력 약 88명	일반(상·하반기 예정)/ 무기계약(2·4분기 예정)
한국고용정보원	일반정규직: 경영사무, 정보화, 연구	신입 32명	1분기 예정
한국사회보장정보원	•일반정규직: 6급갑(행정, 전산직), 연구직 등 •무기계약직: 행정, 전산, 상담직 등	•일반: 신입 45명 •무기계약: 신입 및 경력 23명	상·하반기 예정
한국장애인고용공단	•일반정규직: 5급(일반직, 별정직 등) •무기계약직: 시설정비, 경비, 미화 등	•일반: 신입 47명 •무기계약: 신입 17명	일반(2분기 예정)/ 무기계약(수시)
한국산업인력공단	일반정규직: 일반행정, 기술연구	신입 54명	1·3분기 예정

외교·법무

기관명	모집 부문	채용 규모	원서 접수
한국국제협력단(KOICA)	일반정규직: 일반직, 산업, 보훈(5급)	16명(미정)	3분기 예정
한국법무보호복지공단	일반정규직: 일반직 7급(보호직, 취업지원직 등)	신입 18명, 경력 10명	3분기 예정
대한법률구조공단	•일반정규직: 일반직, 변호사 •무기계약직: 상용직	•일반: 일반직 7급(90명), 변호사(35명) •무기계약: 신입 12명	일반(1분기 예정)/ 무기계약(수시)

문화·예술·체육

기관명	모집 부문	채용 규모	원서 접수
서울올림픽기념국민체육진흥공단	•일반정규직: 일반직 7급(사무, 기술 IT 등) •무기계약직: 사무 등	•일반: 신입 36명 내외 •무기계약: 신입 35명 내외	일반(3분기 예정)/ 무기계약(수시)
㈜강원랜드	일반정규직: 일반직, 전문기술직	신입 약 15명	2분기 예정
한국관광공사	일반정규직: 일반직 5급	신입 31명	1·2분기 예정
그랜드코리아레저㈜	일반정규직: 미정	약 55명	2분기 예정
대한체육회	일반정규직: 일반직, 전문기술직	신입 약 15명(변동 가능)	2분기 예정

농림·수산·환경

기관명	모집 부문	채용 규모	원서 접수
한국환경공단	일반정규직: 환경, 전기, 건축, 정보기술 등	신입 184명 예정, 경력 2명	1·2분기 예정
한국산림복지진흥원	•일반정규직: 5급(산림교육, 산림치유 등) •무기계약직: 공무직(일반행정)	•일반: 신입 52명 •무기계약: 신입 17명	1·3분기 예정
국립공원공단	•일반정규직: 공원행정, 레인저, 자원조사, 재난안전, 특정직(연구) 등 •무기계약직: 탐방안전 수익시설 사무행정 등	•일반: 약 70명 •무기계약: 약 40명	일반(하반기 예정)/ 무기계약(분기별 예정)
한국농어촌공사	•일반정규직: 5급, 6급(행정직, 기술직) •무기계약직: 7급(사무원, 기술원)	•일반: 신입 220명 •무기계약: 신입 50명	9월 예정
한국농수산식품유통공사	일반정규직: 5급 행정 등	18명	하반기 예정
축산물품질평가원	일반정규직: 축산물품질평가직, 행정직	신입 41명	1·3분기 예정

연구교육

기관명	모집 부문	채용 규모	원서 접수
한국해양과학기술원	•일반정규직: 연구직, 연구지원직 •무기계약직: 연구직, 연구지원직, 공무직	•일반: 38명 •무기계약: 19명	하반기 예정
국방기술진흥연구소	일반정규직: 연구직, 관리직	신입 및 경력 33명	2분기 예정
국방과학연구소	•일반정규직: 연구직, 기술직, 관리직, 기술기사직, 행정직 •무기계약직: 사무, 조리, 시험지원, 운전 등	•일반: 135명 •무기계약: 15명	하반기 예정
한국조세재정연구원	일반정규직: 연구, 사업관리, 일반행정 등	신입 및 경력 18명 예정	상반기 예정

◆ 주요 공공기관 소개 및 자소서 항목

한국가스공사

① 알아보기

기관 유형	공기업(시장형)	임직원 수	4,305명
주소	대구광역시 동구 첨단로 120	홈페이지	www.kogas.or.kr
인재상	가치창조인, 책임실천인, 융합전문인, 협력소통인		
기관 소개	청정 에너지인 천연가스의 공급을 통한 국민생활의 편익 증진 및 복리 향상을 위하여 1983년 8월 설립됐다. 주요업무는 LNG 인수기지와 천연가스 공급배관망을 건설하고, 해외에서 LNG를 수입하여 인수기지에서 재기화한 후 도시가스사와 발전소에 안정적으로 공급하는 것이다.		
2026년 채용 계획	• 일반정규직: 전일제(일반직 6급, 연구직, 별정직)/ 271명 • 고졸채용: 전일제(일반직 7급(기술직))/ 31명		
채용 절차	• 서류전형: 지원자격 충족 여부 검증 • 필기전형: 인성검사, NCS 직업기초능력평가, 직무수행능력평가 • 면접전형: 직업기초면접, 직무(PT)면접 • 신원조회: 채용 결격사유 조회		
우대사항	취업지원대상자, 장애인, 저소득층, 북한이탈주민, 다문화가족, 경력단절여성, 자립준비청년		

② 자기소개서 항목

1. [지원 동기] 자신의 지원 분야에 전문성을 높이기 위한 구체적 노력(구체적 과정, 경험 등 포함)과 이를 잘 수행할 수 있다고 생각하는 이유를 담아 지원 동기를 작성해 주십시오. 또한 과거의 교육과정이나 경력들이 지원 분야 업무와 어떤 관련성이 있는지와 그러한 전공지식·기술 및 경험들이 실제 업무 수행에 어떤 방식으로 도움을 줄 수 있는지 구체적으로 기술해 주십시오. (약 1000byte)

2. [조직협업능력] 조직 또는 팀의 공동 목표를 달성하는 과정에서 자신과 의견이 다른 사람과 갈등이 발생했던 사례를 작성하고 갈등을 해결하기 위해 상대방을 설득했던 구체적인 행동을 기술해 주십시오. (약 1000byte)

3. [갑질 인식] 직원으로서 상호 존중하는 자세를 갖고 갑질 근절 문화 확립을 위해 노력해야 하는 이유를 본인의 경험을 중심으로 기술해 주십시오. (약 1000byte)

4. [관련 분야 이해도] 최근 에너지 분야 이슈 중 중요하다고 생각되는 한 가지를 선택하고, 이에 관한 자신의 견해를 기술해 주시기 바랍니다. (약 1500byte)

5. [KOGAS 핵심 가치] KOGAS의 핵심 가치 및 이에 기반한 인재상은 다음과 같습니다.

핵심 가치	기반 역량	新인재상
안전 우선	책임감, 안전의식, 고객우선	책임 실천인: 주인의식을 가지고 자신의 일을 완수하며, 안전우선 ESG 가치 실현을 책임감 있게 실천하는 인재
미래 주도	전문성, 미래지향, 변화와 혁신	혁신 전문인: 최고의 전문성 기반으로 급변하는 기업환경 변화를 통찰하고 혁신하여 기업의 미래성장을 주도하는 인재
열린 사고	창의력, 도전의식, 존중	도전 실행인: 열린 사고로 새로운 가능성에 끊임없이 도전하고 실행하여 반드시 목표를 달성하는 인재
소통 협력	신뢰, 소통·협업 능력	소통 협력인: 상호신뢰 관계를 바탕으로 적극적으로 소통하고 협업하여 조직의 공동목표 달성을 견인하는 인재

위 네 가지 중에서 본인의 역량과 부합하는 한 가지 항목을 선택하여 타인과 차별화될 수 있는 본인의 핵심역량을 구체적 경험을 바탕으로 기술하여 주십시오. 또한 지속가능한 에너지 기업으로서 KOGAS가 나아가야 할 방향도 함께 고려하여 입사 후 실천할 목표 및 자기계발 계획에 대해 구체적으로 기술해 주십시오. (약 1500byte)

◯ 한국가스공사 필기·면접전형 Tip

[필기전형]
• 인성검사: 공사 인재상 부합 여부, 가치관 등을 평가해 필기전형 시 적격자를 선발하며, 적격자의 인성검사 결과를 직업기초면접 자료로 활용
• NCS 직업기초능력: 업무 수행에 필요한 의사소통, 수리, 문제해결, 자원관리, 기술능력, 조직이해 등의 능력을 평가하며, 특정 유형의 단일 형태 검사 문항이 아닌 단문/장문형, 연산/자료분석형, 추론/분석형 등 다양한 유형의 검사 문항 제시
• 직무수행능력: 직무 수행 시 필요한 전공 관련 지식 평가

[면접전형]
• 직무면접(100점): 직무 관련 제시된 주제 또는 상황에 대해 응시자 개인별 일정시간(약 20~30분) 동안 워드프로세서 등을 활용하여 자료 작성 후 주제 발표
• 직업기초면접(100점): 공사 핵심 가치, 인성검사 결과 및 입사지원서(자기소개서 포함) 기반으로 개인별 직무를 수행하는 데 필요한 기초적인 역량을 평가

◯ 한국가스공사 체험형 인턴 모집은?

직무 내용	경영지원, 설비운영 등
근무지	대구(본사) 및 전국 지사
모집인원	약 150명
계약기간	임용일로부터 6개월
지원자격	• 원서접수 마감일 기준 만 18세 이상, 만 34세 이하인 자(군필자의 경우 만 37세 이하를 최대로 군복무기간 만큼 연령 상향) • 학력, 전공 제한 없음

한국전력공사

① 알아보기

기관 유형	공기업(시장형)	임직원 수	2만 3450명
주소	전라남도 나주시 전력로 55	홈페이지	recruit.kepco.co.kr
인재상	P.O.W.E.R. 열정·소통·창의·청렴·책임을 갖춘 인재		
기관 소개	전원개발 촉진, 전력수급 안정화, 국민경제 발전 기여를 목적으로 한국전력공사법에 의해 설립된 법인이다. 설립 목적에 의거해 전력자원의 개발, 발전, 송전, 변전, 배전 및 이와 관련되는 영업, 연구 및 기술 개발, 해외사업 등을 수행하고 있다.		
2026년 채용 계획	• 일반정규직: 전일제(일반직(4직급), 현장·기술직(5직급), 연구직)/ 962명 • 고졸채용: 전일제(사무, 기술)/ 80명		
채용 절차	• 서류전형: 자격증 가점 • 필기전형: NCS 직무능력검사, 인성·인재상·조직적합도 검사 • 직무면접: 직무면접 점수 및 1차 직무능력검사 점수 • 종합면접: 종합면접 점수 • 최종전형: 재학생(송배전) 교육부 채용연계형 직무교육 과정 수료 및 자격증 취득자 • 건강검진 및 신원조사: 채용건강검진, 채용 결격사유 조회(적부심사)		
우대사항	취업지원대상자, 장애인, KEPCO 에너지드림스쿨 우수수료자, 고졸 체험형인턴 우수 수료자, 고졸 채용형인턴 정규직 전환 제외자		

② 자기소개서 항목

1. [지원동기 및 입사 후 포부] 한국전력공사에 지원하게 된 동기, 입사 후 희망하는 직무와 직무 수행을 위한 역량개발(교육, 경험, 경력 등) 노력을 작성하고, 이를 통해 본인이 한국전력공사에 어떻게 기여할 수 있을지 기술하여 주십시오. (700자 이내)

2. [인재상 부합도] 본인은 어떤 점에서 한국전력공사의 인재상에 부합하는지에 대한 구체적인 사례를 들어 기술하여 주십시오. (700자 이내)

3. [핵심 가치 이해] 한국전력공사의 핵심 가치(도전혁신, 고객감동, 미래성장, 상생소통) 중 중요하다고 생각하는 가치 한 가지를 선택하여 주시고, 그 가치를 실현하기 위해 본인이 노력했던 경험/경력 등을 구체적인 사례와 함께 기술하여 주십시오. (700자 이내)

◯ **한전 자소서 항목별 예상 및 기출 꼬리질문**

Q. 한전을 선택한 구체적 이유는?
Q. 입사 후 직무 수행 중 직면할 수 있는 어려움과 대처 방법은?
Q. 인재상의 각 핵심 요소 중 본인이 가장 자신 있는 부분이 있다면?
Q. 회사 내에서 한전의 핵심 가치를 구현하기 위한 본인의 역할은?
Q. 과거 경험 중 그 핵심 가치와 충돌했던 경험이 있다면? 그랬다면 어떻게 처리했는가?

한국토지주택공사

① 알아보기

기관 유형	공기업(준시장형)	임직원 수	9,017명
주소	경상남도 진주시 충의로 19	홈페이지	www.lh.or.kr
인재상	LH C.O.R.E. Leadership(소통·성과·도전·공익으로 미래가치를 창출하는 핵심인재)		
기관 소개	토지의 취득·개발·비축·공급, 도시의 개발·정비, 주택의 건설·공급·관리 업무를 수행함으로써 국민주거생활의 향상과 국토의 효율적인 이용을 도모하여 국민경제의 발전에 이바지하는 것을 설립 목적으로 하는 기관이다.		
2026년 채용 계획	•일반정규직: 전일제(사무, 기술)/ 약 338명 •무기계약직: 전일제(행정, 기술, 전문)/ 약 85명 •고졸채용: 전일제(사무, 기술)/ 약 36명		
채용 절차	•서류전형: 자격증, 어학 평가/ 지원자격 충족여부 검증(*우대사항 가점 포함) •필기전형: NCS 직업기초능력평가, 직무수행능력평가 •면접전형: 직무면접(지식·경험 등 평가), 인성면접(경험·상황 등 평가) •임용: 채용 결격사유 등 확인		
우대사항	•특별우대: 취업지원대상자, 장애인, 사회배려계층(기초생활 수급자, 북한이탈주민, 다문화가족, 자립준비청년), 지역인재(이전지역, 비수도권) 등 •일반우대: 지원분야 직무관련 고급자격증, 공모전 수상내역, LH청년 인턴 탁월·우수·성실 수료자 등		

② 자기소개서 항목

1. 한국토지주택공사의 어떤 사업에 관심이 있으며 어떤 부분에 기여하고 싶은지, 본인의 주요 직무 역량 및 강점을 기반으로 기술해 주십시오. (500자)

2. 본인의 전문성 또는 역량 향상에 가장 도움이 되었던 경험, 경력, 활동을 먼저 기술하고, 귀하가 지원한 직무를 수행하는 데 어떻게 활용(도움)이 될 수 있는지 기술해 주십시오. (500자)

3. 소속된 조직에서 정한 규칙이나 규범을 지키는 데 있어 어려움을 겪었던 경험을 아래의 순서에 따라 기술해 주십시오. (700자)
   - 해당 규칙(규범)을 준수하려고 한 이유와 규칙 준수를 위해 노력한 과정
   - 해당 규칙(규범)을 준수하기 위해 노력한 결과와 해당 경험이 본인에게 미친 영향

4. 소속된 조직에서 다른 구성원과 갈등 또는 의견 차이가 발생했던 경험을 아래의 순서에 따라 기술해 주십시오. (600자)
   - 갈등(의견 차이)을 중재하기 위해 본인이 활용한 전략과 그 이유
   - 해당 전략을 한국토지주택공사 업무 상황에 어떻게 적용 가능한지

5. 지원한 직무 관련 프로젝트를 수행하면서 발생한 문제를 해결하고 성과를 낸 경험을 기술해 주십시오. (600자)

한전KPS(주)

① 알아보기

기관 유형	공기업(준시장형)	임직원 수	6,608명
주소	전남 나주시 문화로 211	채용 홈페이지	www.kps.co.kr
인재상	Global A.C.E(Globally Advanced, Client Oriented, Expert) 세계무대 선도, 고객 지향적 사고, 최고의 기술 전문가		
기관 소개	발전플랜트 설비 진단 및 성능 개선, 국내외 발전설비 O&M, 신재생 및 산업설비, 송전 설비 등에 대한 Total Solution을 제공하는 전문 공기업이다.		
2026년 채용 계획	•일반정규직: 전일제(사무, 기술)/ 신입 및 경력 262명 •고졸채용: 전일제(기술)/ 50명		
채용 절차	•서류전형: 지원 자격 충족여부 검증, 우대사항 가점 •필기전형: NCS 직업기초능력평가, 직무수행능력평가, 인성검사 •면접전형: 토론면접, 개별면접, 신체검사 •최종합격자 발표: 자격 진위여부 확인, 채용 결격사유 검증		
우대사항	취업지원대상자, 장애인, 이전지역인재, 저소득계층, 다문화가족의 자녀, 북한이탈주민, 고급·가점자격증 보유자, 영어우수자, 자립준비청년 등		

② 자기소개서 항목

1. 본인의 경험 중 직면한 문제를 해결하기 위하여 문제의 원인을 찾아 극복하고 해결했던 사례에 대하여 구체적으로 기술해 주시기 바랍니다. (500자 내외)
   - 당시 문제가 되었던 상황은 무엇이며, 어떠한 과정을 통해 원인을 찾아냈습니까?
   - 원인을 극복하며 포기하지 않고 업무를 수행한 이유와 그 결과에 대해 기술해 주시기 바랍니다.

2. 본인의 학교생활, 동아리, 동호회 등 조직 내 일원으로서 동료들과 협력하여 어려움을 극복하고 성과를 달성하기 위해 노력했던 경험에 대해 기술해 주시기 바랍니다. (500자 내의)
   - 본인이 수행한 업무가 무엇이며 왜 그러한 업무를 맡게 되었습니까?
   - 사람들과 함께 일을 처리해 나가면서 그 사람들과의 긍정적 관계 구축을 위해 추가적으로 기울인 노력과 그 결과에 대해 기술해 주시기 바랍니다.

3. 약속과 원칙을 지켜 신뢰를 형성하거나 지킨 경험에 대해 구체적으로 기술해 주시기 바랍니다. (500자 내외)
   - 당시 상황에 대해 구체적으로 기술하여 주시기 바랍니다.
   - 약속과 원칙을 지키기 위해 어떤 노력을 하였으며 그 이유는 무엇입니까?
   - 그 일을 계기로 본인에게 생긴 변화 또는 느낀 점은 무엇입니까?

한국철도공사

① 알아보기

기관 유형	공기업(준시장형)	임직원 수	3만 2693명
주소	대전광역시 동구 중앙로 240	채용 홈페이지	info.korail.com
인재상	사람지향 소통인, 고객지향 전문인, 미래지향 혁신인		
기관 소개	고속열차와 일반열차를 통해 안전하고 편리한 여객 서비스를 제공하는 공기업이다.		
2026년 채용 계획	•일반정규직: 전일제(사무 및 기술)/ 신입 및 경력 1500명 •고졸채용: 전일제(사무 및 기술)/ 신입 300명		
채용절차	•서류전형: 지원자격 및 자기소개서 검증 등 •필기전형: NCS 직업기초능력평가, 철도법령 •실기(체력)전형: (실기) 토목 등 일부 분야에 한하여 평가/ (체력심사) 차량, 건축, 전기통신 직렬에 한함 (*2개 항목(근력 필수) 3등급 이상 시 적격) •면접전형: 경험·상황면접, 인성검사 •신체·적성검사: 신체검사, 철도적성검사 등		
우대사항	•취업지원대상자, 장애인, 국민기초생활 수급자, 북한이탈주민, 다문화가족, 자립준비청년, 한국철도공사 체험형 인턴사원 우수 수료자 •자격증: 공통 직무 자격증, 안전 자격증, 각 직렬별 직무 관련 자격증 등(단, 지원자격에 해당하는 자격증은 우대 자격증에서 제외)		

② 자기소개서 항목

1. 다양한 사람들과 함께 일하는 과정에서 의견 충돌이나 역할 분담 문제 등 갈등 상황을 겪은 경험이 있다면, 그 상황을 어떻게 조율했는지 구체적으로 서술해 주세요. (700자 이상 1000자 이내)

2. 조직 내 급격한 변화나 낯선 상황에서 스트레스가 있었더라도 유연하게 극복하고 긍정적인 결과를 도출한 경험이 있다면 서술해 주세요. (700자 이상 1000자 이내)

3. 관심 있는 분야의 트렌드를 주도적으로 학습하고, 실질적인 성과로 연결한 경험이 있다면 구체적으로 설명해 주세요. (700자 이상 1000자 이내)

4. 지원한 직무에 관심을 가지게 된 계기와 한국철도공사에 입사한 후 이루고 싶은 목표를 구체적으로 기술해 주세요. (700자 이상 1000자 이내)

● 한국철도공사 체험형 인턴 모집은?

직무 내용	고객안내 및 업무 보조	근무지	전국 각 역 및 사업소 등
모집 인원	약 900명	계약기간	임용일로부터 6개월
전형절차	체험형 인턴사원을 신청하고 신입사원 채용 필기시험에 불합격한 지원자 중 필기시험 고득점 순으로 선발 예정		

한국공항공사

① 알아보기

기관 유형	공기업(시장형)	임직원 수	2,774명
주소	서울특별시 강서구 하늘길 78	채용 홈페이지	www.airport.co.kr
인재상	융합인, 전문인, 배려인		
기관 소개	공항을 효율적으로 건설·관리·운영하고 항공산업을 육성·지원함으로써 항공수송을 원활하게 하고, 나아가 국가경제 발전과 국민복지 증진에 기여하기 위하여 1980년에 설립된 공기업이다. 현재 김포국제공항을 비롯한 전국의 14개 공항을 운영하고 있으며, 항공기 안전운항을 책임지는 항로시설본부와 10개의 항공무선표지소를 관리하고 항공기술훈련원에서 국내·외 항공전문 인력을 육성하고 있다.		
2026년 채용 계획	일반정규직: 전일제(행정, 전산, 시설, 기술, 안전직 등)/ 150명		
채용절차	• 서류전형: 지원자격 충족여부 검증, 자격증 및 우대사항 가점 • 필기전형: NCS 직업기초능력평가, 직무수행능력평가 • 면접전형: 경험·상황면접 • 신원조회: 채용 결격사유 조회(적부심사)		
우대사항	취업지원대상자, 장애인 등		

② 자기소개서 항목

1. [경험기술서] 본인이 지원한 분야의 직무와 관련하여 경력(경험)에 대한 본인의 담당 직무, 역할 및 구체적 행동, 주요 성과에 대해 작성하시기 바랍니다. 금전적 보수를 받고 일정 기간 동안 일했던 이력이나 직업 외적인 활동으로 산학 활동, 팀 프로젝트 활동, 연구회 활동, 동아리·동호회 활동, 온라인 커뮤니티 활동, 재능기부 활동 등이 포함될 수 있습니다. (600자 이내)

2. 본인이 알고 있는 한국공항공사에 관한 내용(국내외 환경변화, 조직특성, 추진업무) 등은 무엇이며 그 정보를 어떻게 얻게 되었는지 기술해 주시기 바랍니다. 또한 그중 어떠한 면에 이끌려 우리 공사에 지원하게 되었는지 기술해 주시기 바랍니다. (300~800자)

3. 본인이 한국공항공사의 인재상과 직무에 맞는 인재가 되기 위해 어떠한 면에서 준비가 되어 있으며 해당 능력을 갖추기 위해 어떠한 노력을 하였는지 작성해 주십시오. (300~800자)

4. 집단(학교, 회사, 동아리, 동호회 등)에서 기존보다 더 나은 성과를 창출하기 위해 적극적으로 새로운 방법을 시도하고 성과를 낸 경험에 대해 작성해 주십시오. (300~800자)

5. 집단(학교, 회사, 동아리, 동호회 등)에서 집단 내 구성원들의 입장 차이를 이해하고, 이를 중재하기 위해 노력하여 건설적으로 해결한 경험에 대해 작성해 주십시오. (300~800자)

6. 지역사회 참여, 사회봉사, 공공활동 등 사회 공공의 가치 실현을 위해 활동했던 경험을 구체적으로 작성해 주십시오. (300~800자)

근로복지공단

① 알아보기

기관 유형	준정부기관(기금관리형)	임직원 수	1만 236명
주소	울산광역시 중구 종가로 340	채용 홈페이지	www.comwel.or.kr
인재상	일하는 사람에게 희망을 드리는 동반자		
기관 소개	일하는 삶의 보호와 행복을 위해 산재·고용보험과 근로복지사업을 수행하는 공공기관이다. 공단은 산재보상과 요양·재활서비스, 노후 생활보장, 긴요한 생활안정자금 지원, 보육·문화 여가활동 지원 등의 업무를 담당하고 있다.		
2026년 채용 계획	•일반정규직: 전일제(행정 및 기술)/ 신입 937명 •무기계약직: 전일제(기능/행정직, 사무/사무보조)/ 신입 167명		
채용절차	•서류전형: 지원자격 충족여부 검증, 자격증 및 우대사항 가점 •필기전형: NCS 직업기초능력평가, NCS 직무기초지식평가, 직업성격검사 •면접전형: 1대多면접(경험·상황면접) •신원조회: 서류검증 및 임용등록		
우대사항	•취업지원대상자, 산재근로자 본인 또는 자녀, 장애인, 저소득층, 다문화가족, 북한이탈주민, 자립준비청년, (최)우수인턴 등 •우대자격증: 지원분야 직무관련 자격증(추후 채용공고 참조)		

② 자기소개서 항목

1. 근로복지공단이 다른 조직과 차별화되는 점은 무엇이며, 그것이 귀하의 지원 동기에 어떤 영향을 미쳤는지 자세히 기술하여 주십시오. (1000byte)

2. 귀하가 지원한 직무에서 필요한 전문성은 무엇이라고 생각하는지 작성하고, 이를 갖추기 위하여 귀하가 노력한 경험에 대해 자세히 기술하여 주십시오. (1000byte)

3. 근로복지공단에서 직무 수행 시 마주하게 될 고객의 특성에 대해 작성하고, 귀하의 경험을 바탕으로 이들의 니즈 파악 및 응대 시 주의할 점에 대해 기술하여 주십시오. (1000byte)

4. 새롭거나 익숙하지 않은 문제를 자기주도적으로 해결하거나, 새로운 업무 영역에서 성과를 창출했던 경험에 대해 작성해 주십시오. (1000byte)

5. 계획 또는 일정대로 목표를 달성하는 것이 불가능한 상황에 처하여 이를 극복하기 위해 노력했던 경험에 대해 자세히 기술하여 주십시오. (1000byte)

◯ **근로복지공단 체험형 인턴 모집은?**

직무 내용	사무행정, 고객지원 등
근무지	울산(본사) 및 전국 소속기관, 소속병원
계약기간	임용일로부터 6개월
지원자격	원서접수 마감일 기준 만 15세 이상 만 34세 이하인 사람(원서접수는 2026년 2·4분기 예정)

국민건강보험공단

① 알아보기

기관 유형	준정부기관(위탁집행형)	임직원 수	1만 6287명
주소	강원도 원주시 건강로 32(반곡동)	채용 홈페이지	www.nhis.or.kr
인재상	국민의 평생건강을 지키는 건강보장 전문인재(① 국민을 위하는 인재 ② 정직으로 신뢰받는 인재 ③ 혁신을 추구하는 인재 ④ 전문성 있는 인재)		
기관 소개	「국민건강보험법」 및 「노인장기요양보험법」에 따라 국민의 질병·부상에 대한 예방·진단·치료·재활과 출산·사망 및 건강증진에 대하여 보험급여를 실시함으로써 국민보건 향상과 사회보장 증진에 기여하고 있는 기관이다. 또 일상생활을 혼자서 수행하기 어려운 노인에게 신체활동 또는 가사활동 지원 등의 장기요양급여를 실시함으로써 노후의 건강증진과 생활안정 도모를 목적으로 설립됐다.		
2026년 채용 계획	• 일반정규직: 전일제(행정, 건강, 약무, 요양, 전산, 기술, 연구직)/ 신입 약 1030명, 경력 약 58명 • 무기계약직: 전일제(업무지원직, 수탁지원직)/ 신입 및 경력 약 88명 • 고졸채용: 전일제(행정직)/ 신입 약 50명		
채용 절차	• 서류전형: 지원자격 충족여부 검증, 직무능력 중심 정량·정성평가 • 필기전형: NCS 직업기초능력평가+직무시험(국민건강보험법 또는 노인장기요양보험법), 인성검사 • 면접전형: 경험행동면접, 상황면접, 토론면접 • 신원조회: 채용 결격사유 조회, 임용후보자 등록		
우대사항	취업지원대상자, 장애인, 기초생활수급자, 한부모가족지원대상, 다문화가족, 북한이탈주민, 자립준비청년, 이전지역인재, 우리공단 청년인턴 경력자 등		

② 자기소개서 항목

1. 다른 사람과 같이 협동을 해야 하는 상황에서 개인적인 불편을 감수하면서도 맡은 역할을 끝까지 마무리하기 위해 노력했던 경험에 대하여 본인의 행동 및 결과를 포함하여 구체적으로 기술해 주시기 바랍니다. (1000bytes 이내)

2. 신뢰를 기반으로 타인에게 좋은 영향을 주거나, 누군가로부터 '믿을 수 있는 사람'이라는 피드백을 받았던 경험에 대해서 그 경험이 본인에게 어떤 의미였는지 느꼈던 점을 포함하여 구체적으로 기술해 주시기 바랍니다. (1000bytes 이내)

3. 이전과 다른 접근을 통해 기존의 일과 관련한 미래에 발생할 수 있는 문제를 미리 예방했던 경험에 대하여, 그러한 접근을 시도한 이유와 당시 결과를 포함하여 구체적으로 기술해 주시기 바랍니다. (1000bytes 이내)

4. 본인이 현재 가지고 있는 지식 혹은 기술, 경험을 바탕으로 지원 분야와 관련된 본인의 강·약점을 강화 및 보완한 경험에 대하여 객관적 지표를 포함하여 구체적으로 기술해 주시기 바랍니다. (1000bytes 이내)

① 알아보기

기관 유형	준정부기관(위탁집행형)	임직원 수	6,568명
주소	강원특별자치도 원주시 혁신로 40	채용 홈페이지	www.bohun.or.kr
인재상	보훈, 봉사, 전문, 화합		
기관 소개	「한국보훈복지의료공단법」에 의해 1981년 11월 설립된 국가보훈부 산하의 준정부기관이다. 공단은 국가유공자의 진료와 재활, 복지를 위해 6개 보훈병원과 8개 보훈요양원을 운영하고, 호국정신 함양과 제대군인 사회 복귀를 지원하기 위해 교육연구 사업을 수행하고 있다.		
2026년 채용 계획	•일반정규직: 전일제(의무직, 사무직, 기술직 등)/ 신입 765명 •무기계약직: 전일제(청소, 경비, 고객지원, 급식)/ 신입 226명		
채용절차	•서류전형: 지원자격 충족여부 검증, 자격증 및 우대사항 가점 •필기전형: (사무직) NCS 직업기초능력평가, 직렬별 전공과목/ (간호직) 간호학 •인성검사: 면접 시 참고자료로 활용 •면접전형: (사무직) 발표면접, 토론면접, 인성면접/ (간호직) 임상술기면접, 인성면접 •신체검사 및 신원조회: 채용 결격사유 조회(직무에 따라 채용건강검진 대체통보서 가능)		
우대사항	•법정가점: 취업지원대상자 •사회형평 가점: 장애인, 기초생활수급자, 한부모가족, 북한이탈주민, 다문화가족, 경력단절여성, 자립준비청년 •경력가점: 공단근무경력자, 청년인턴 •자격가점: 자격(면허)소지자, 한국사능력검정시험 심화 취득자		

② 자기소개서 항목

1. [조직이해능력] 공공기관으로서 한국보훈복지의료공단이 수행하는 역할과 가치에 대해 본인의 관점에서 설명하고, 그러한 조직의 특성과 비전에 따라 본인의 역량이나 태도를 어떻게 발휘할 수 있을지 구체적으로 서술해 주시기 바랍니다. (700자 이내)

2. [대인관계능력] 공동의 목표나 조직의 어려움을 인식하고, 주어진 역할 외에도 자발적으로 문제 해결에 나서거나 책임감 있게 행동했던 경험에 대해 그때의 상황과 왜 그렇게 행동했는지에 대해 구체적으로 서술해 주시기 바랍니다. (700자 이내)

3. [문제해결능력] 반복되거나 비효율적인 업무 방식 또는 구조를 개선하기 위해 창의적 접근이나 새로운 시도를 주도했던 경험에 대해, 문제의 본질과 해결과정, 결과를 구체적으로 서술해 주시기 바랍니다. (700자 이내)

4. [의사소통능력] 갈등이 있거나 감정적으로 예민한 상황에서 상대방의 입장을 이해하고 배려하는 태도로 소통하여 관계를 개선하거나 문제를 해결했던 경험에 대해 그 과정과 본인의 소통 방식, 결과를 구체적으로 서술해 주시기 바랍니다. (700자 이내)

5. [자원관리능력] 제한된 시간과 자원 속에서도 계획적으로 우선순위를 조정하고 업무를 효율적으로 수행한 경험에 대해 구체적인 판단 기준과 실행 전략, 성과를 구체적으로 서술해 주시기 바랍니다. (700자 이내)